나에게 꼭 맞는
직업을 찾는 책

DO WHAT YOU ARE
SIXTH EDITION
: Discover the Perfect Career for You
Through the Secrets of Personality Type
by Paul D. Tieger, Barbara Barron, and Kelly Tieger

DO WHAT YOU ARE

나에게 꼭 맞는
직업을 찾는 책

MBTI® 검사가 검증한 열여섯 가지 성격 유형을 통해 내 성격에 딱 맞는 직업을 찾는다

폴 D. 티거 · 바버라 배런 · 켈리 티거 | 이민철 · 백영미 옮김

2021년도
최신 개정판

민음인

감사의 말

개정 6판을 펴내며

이제까지 우리가 성격 유형에 대해 공부해 오는 과정에서 여러 모로 도움을 주신 고마운 분들을 헤아리자면 그야말로 수천 명이 될 것이다. 수년 동안 함께 작업했던 100여 명의 고객들, 서로 경험담을 나누며 매우 많은 가르침을 주었던 1,000여 명의 직업 전문가들과 워크숍 참가자들에게 우선 감사드린다.

흥미롭고 재능 있는 사람들과 인터뷰할 수 있도록 다리를 놓아 준 친구들과 동료들에게도 감사의 말을 전하고 싶다. 개정 6판에 이르기까지 매번 많은 시간과 경험 그리고 통찰을 나누어 준 모든 사람들과 조언을 해 준 많은 분들에게 마음의 빚을 지고 있다. 우리는 진짜 전문가라 할 수 있는 여러 정보원들로부터 직업적 필요와 진정한 직업 만족의 기준에 대해서 가르침을 받았다. 그들을 만나서 이야기를 들을 수 있었던 기회는 우리에게 기쁨이자 특권이었다.

존경받는 많은 선생님들과 함께 연구하며 가르침을 받았지만, 그중에서도 특히 맨 처음으로 성격 유형에 대한 가르침을 주셨던 고(故) 메리 맥콜리 선생님과 고(故) 고든 로렌스 선생님께 감사드린다. 그분들은 세상 사람들이 성격 유형에 대해 이해하는 데 엄청난 기여를 하셨기에, 그 빈자리가 너무도 크게 다가온다. 또한 우리의 학문적 이해를 크게 확장시켜 주셨던 고(故) 테리 듀니오 선생님께도 감사를 표하고 싶다.

이 책의 전반적인 질을 높이는 데 헤아릴 수 없이 많은 기여를 한 넬리 사빈에게 감사한다. 그녀가 내놓은 수많은 착상들과 참신한 질문들뿐만 아니라 그녀의 창의력과 세심하고 조직적인 도움은 이 책을 훨씬 더 훌륭하고 유용한 책으로 만들었다.

6판으로 개정하는 데 큰 도움을 준, 조교 한나 리틀러의 탁월한 기술에 감사를 전한다. 『나에게 꼭 맞는 직업을 찾는 책』브랜드와 디지털 프레젠스(디지털 작업물)를 위해 쉼 없이 달려 준 크리스 리틀러에게도 감사하는 바이다. 이번 개정판의 편집자인 마리사 비질란테와 이안 스트라우스, 에이전시 콜린 모하이드를 비롯해서 리틀 브라운 출판사에서 함께 작업해 온 다수의 편집자에게도 감사하다. 특별히 우리의 첫 번째 편집자이자 최근까지도 에이전트였으며 항상 좋은 친구였던 고(故) 크리스티나 워드에게, 우리가 작가라는 새로운 여행의 첫발을 내디딜 때부터 그녀가 보내 준 한 치의 흔들림 없는 열광적인 지원에 감사드리고 싶다. 키트, 당신이 많이 그리워요.

이 책이 삶의 질을 높이는 데 얼마나 큰 도움을 주었는지에 관한 이야기를 공유해 준 수백 명의 독자들에게도 또한 감사드린다. 독자 여러분, 여러분의 피드백이 얼마나 우리에게 큰 선물인지 상상할 수 없을 것입니다. 감사합니다.

우리가 성격 유형이 실제로 무엇인지를 배울 수 있도록 수십 년 동안 물심양면으로 지원해 준 가족들과 친구들에게도 감사의 마음을 전한다.

폴 D. 티거와 바버라 배런 그리고 켈리 티거

| 차례 |

DO WHAT YOU ARE

직업은 삶을 어떻게 변화시키는가
내게 꼭 맞는 일을 어떻게 찾을 수 있을까

이 책은 어떻게 당신의 삶을 변화시킬까

1992년에 첫 출간된 이후, 이 책은 100만 명이 넘는 사람들이 만족스러운 직업을 찾고 좀 더 성공적으로 직장을 구하는 데 도움을 주었다. 이 책을 통해 자신에게 맞는 직업을 찾고 인생을 바꾼 수백 명의 사람들은 자신이 더욱 생산적이고 인정받으며 행복한 사람이 되었다는 소식을 전해 왔다.

취업을 위한 안내서들은 이미 수십 권이 나와 있다. 하지만 『나에게 꼭 맞는 직업을 찾는 책』은 모든 다른 안내서와 근본부터 다르다. 이 책은 모든 사람에게 적용되는 일반적인 충고를 제공하지 않는다. 사람들이 서로 다르다는 명백한 사실처럼, 어느 한 사람에게 맞는 충고가 종종 또 다른 사람에게 맞지 않는 경우가 있다는 것도 분명하다. 우리는 과학적으로 입증되고 널리 인정받는 성격 유형Personality Type이라 불리는 시스템을 통해서 구직 활동 과정을 개인화하여, 자기 자신에 대한 가치 있는 통찰을 제공하고, 타고난 재능을 최대한 발휘할 수 있는 직업을 찾도록 도울 것이다.

왜 조언들로 넘쳐 나는 인터넷을 놔 두고 책에서 도움을 얻고자 할까?

진실은 이렇다. 성격 유형을 발견하는 데 도움이 되거나 자기 자신을 이해하고 분류하기 위한 다른 도구들을 제공하는 웹사이트들은 셀 수 없이 많다. 하지만 그 어떤 웹사이트도 당신 손에 들린 이 책이 알려 주는 것만큼 심도 있게 다루지 않는다. 그러니, 부디 온라인에서 당신의 유형을 확인하고 어떤 특성들이 있는지 확인해 보자(멋진 것들이 있다!). 하지만 직업 만족도가 어떤 모습을 띨 수 있는지 미묘하고 개별적인 시각을 알아보려면 다시 책을 참고하자.

당신은 직업을 몇 번 바꾸었는가

지금 이 책을 읽고 있는 당신은 이제 막 첫 직장을 선택하려는 학생일지도 모르고, 얼마간의 휴식기를 끝낸 뒤 여러 가능성을 궁리하며 다시 일터로 돌아갈 계획을 세우고 있는 사람일지도 모른다. 아마도 당신은 지금 하는 일이 마음에 들지 않아서 좀 더 나은 직장을 찾으려는 사람일 수도 있다. 혹은 하던 일을 관두고 전혀 다른 일을 시작할 꿈을 꾸고 있지는 않은가.

매년 수백만 명의 사람들이 직업을 바꾼다는 통계가 있다. 사실, 보통 사람들은 대부분 일생 동안 열두 개에서 열다섯 개 정도의 직업을 갖는다. 하지만 당신이 당장 그만두기 힘든, 불만족스러운 업무에 계속 붙잡혀 있어야 한다면, 이러한 통계도 별 위로가 되지 못할 것이다.

사람들이 과감하게 직장을 그만두고 새롭게 출발을 하지 못하는 데는 몇 가지 현실적인 이유가 있다. 사람들에게는 대부분 부양할 가족이 있다. 따라서 설령 불만족스러운 일이라고 해도, 사표를 던지기 위해서는 많은 용기가 필요하다. 현재 직장을 다니면서 새 일자리를 구하는 것도 쉽지 않다. 그리고 실제로 직장을 관두고 구직 활동을 한다는 것은 상상만 해도 두려울 것이다. 특별히 새 일자리를 빨리 구한다는 보장이 없는 상황인 데다, 우리 대부분은 실업 기간을 버틸 만한 재정적인 지원도 충분하지가 못하다.

당신은 하는 일이 불만스러워도, 주위 사람들은 당신이 그 일을 계속하기를 바랄 수 있다. 직업을 바꾸는 시기에는 가족과 친지들의 지원과 격려가 중요한 버팀목이 된다. 가까운 사람들이 당신의 결정에 동의하지 않는다면, 당신이 지금 하는 일을 계속 유지하게 될 공산은 더욱 커진다.

일단 특정한 삶의 방식에 익숙해진 상태에서 생활 방식을 새롭게 바꾸겠다고 결심하기는 쉽지 않다. 만약 당신이 어느 정도 성공을 이뤄 냈고, 인정받는 데 익숙한 상황에서, 이를 뒤엎고 새 출발을 하기란 거의 불가능해 보인다.

게다가 더욱 곤란한 상황은 대개 사람들이 자신의 행복을 위해서 무엇을 해야 하는지 잘 모른다는 것이다. 경험을 통해 우리 자신이 무엇을 싫어하는지는 알지만 창조적으로 생각하는 법을 모르기 때문에 만족스러운 대안을 찾아내는 사람은 드물다.

뿐만 아니라 직업을 바꾸는 일은 엄청난 스트레스를 줄 수 있고, 그 과정에 몇 달이 걸리는 경우도 흔하다.

그러나 여기 희소식이 있다. 성격 유형을 이해함으로써 삶의 질을 향상시켜 줄 만족스러운 직업을 찾을 수 있다. 직업을 바꾼다는 것은 두려움을 주는 반면에, 현상 유지를 하는 것은 더 쉬워 보일지 모른다. 하지만 이 책을 통해서 일터에서 만족스러운 면을 정확히 찾고, 자신에게 꼭 맞는 직업을 찾는 방법을 발견할 수 있다. 이것은 가능하고, 노력을 기울일 만한 가치가 매우 크다. 우리가 보증한다!

이 책은 당신을 어떻게 도울까

『나에게 꼭 맞는 직업을 찾는 책』은 더 나은 직업을 선택하게 하고, 성공적인 취업 활동을 하도록 도우며, 어느 직업에서나 효과를 발휘하도록 만들어졌다. 우리는 성격 유형과 직업 만족의 상관관계에 대하여 배운 것에 희열을 느끼고 있으며, 우리의 가장 중요한 발견을 여러분과 나누고 싶다. 이력서나 자기소개서 쓰는 법, 성공을 위한 옷차림과 같은 흔히 볼 수 있는 정보를 재탕하려고 하는 게 아니라는 점을 알아주기 바란다. 우리의 주요 관심사는 당신에게 맞는 직업 만족이 어떤 것인지를 이해시키는 것이고, 당신이 원하는 직업을 찾아가도록 돕는 것이다.

이 책을 읽고, 성격 유형을 이해하면서 얻게 되는 많은 이로움을 즐겨라. 당신의 성격 유형을 깨닫고 이해하는 것은 당신이 자신을 바라보는 방식에 변화를 가져올 수 있다. 그것은 차례로 당신이 하는 모든 일과 당신의 인생의 모든 측면에 영향을 미친다. 성격 유형은 높은 평가를 받고 있으며《포춘》선정 주요 500대 기업에서도 매일 이것을 활용하고 있다. 과거 30여 년간, 우리는 성격 유형을 활용하여 기업 관리자들이 직원에게 동기를 부여하고, 직원들과 원활하게 소통하는 데 도움을 주었다. 교사들이 천차만별의 학생들을 지도하는 데 도움을 주었고, 업무 팀이 강점과 약점을 이해하고, 좀 더 생산적으로 의사소통하도록 도와주었다. 그리고 직업 상담자들과 컨설턴트들을 훈련시켜서, 그들의 고객이 최상의 직업을 선택하도록 돕게 했다. 당신에게 자녀가 있다면, 성격 유형은 가족의 역동(力動)에 관한 완전히 새로운 통찰을 제공하고, 자녀를 이해하고 자녀와 더 원활하게 소통하도록 도울 것이다. 당신에게 반려자가 있다면, 성격 유형은 당신과 파트너 사이의 유사성과 차이점을 이해하고, 받아들이며, 그것에 감사하도록 도울 것이다. 요컨대, 이 책으로부터 얻는 지식이 자기 자신과 타인을 바라보는 방식을 완전히 변화시킬 것이라는 점을 확신한다.

이 책을 읽을 때, 독자 여러분의 능동적인 참여가 필요하다. 사실 우리는 무엇을 하라고 강요하는 일에는 관심이 없다. 그 대신, 여러분의 인생에 쓸모 있는 어떤 과정을 소개하고 싶다. 그래서 이 책을 통해 적절한 질문을 하고 많은 정보와 사례를 제공하려 한다. 하지만 무엇이 자신에게 최선인지는 본인이 잘 알기 때문에, 해답은 결국 여러분 자신으로부터 나와야 한다. 우리는 이 작업에 협동적인 노력이 필요하다는 것을 알고 있다. 즉 우리는 전문적인 지식과 경험을 제공하고, 여러분은 자기 자신에 관한 필수적인 정보를 제공해야 한다. 결국 우리는 함께 힘을 모아 당신에게 맞는 최상의 직업을 찾는 일에 성공할 것이다.

이 책은 세 부분으로 나뉜다. 제1부 '풀리지 않는 성격의 비밀'에서는 단계를 밟아 나아가면서, 자신의 성격 유형을 발견하고 이해하게 될 것이다. 제2부 '직업 만족을 위한 세 가지 요소'에서는 진정으로 만족스러운 직업이 갖춰야 하는 세 가지 요소에 대해 배울 수 있다. 마지막으로 제3부 '내 성격에 맞는 직업을 찾아서'에서는 자신의 성격 유형을 적절히 활용하는 방법이 제시되어 있다. 이를 통해 자신과 같은 성격 유형을 가진 사람들이 어떤 종류의 일에서 만족을 얻는지에 대해서도 알 수 있다. 같은 성격 유형을 가진 사람들이 좋아하는 것과 싫어하는 것, 그들의 성공과 좌절에 대해 읽는 동안 당신은 직업 만족을 얻기 위해 당신에게 필요한 것이 무엇인지를 구체적으로 알게 될 것이다.

이 책에서는 직업 만족을 위한 핵심 요소를 목록으로 만들었으며, 이상적 업무 환경을 위한 제언, 업무와 관련해서 당신이 갖고 있는 장점, 그러한 장점을 극대화하기 위해 힘써야 할 부분에 관해 자세히 서술했다. 물론 각 성격 유형에 적합한 직업 후보군의 목록도 제시해 놓았다. 또한 특정한 성격 유형에 특히 효과적인 구직 전략을 제시했다. 이 책은 당신이 정보 수집, 자기 홍보, 면접, 추후 관리, 의사 결정 과정에서 자신의 타고난 장점을 어떻게 드러낼 것인지, 그리고 타고난 단점을 어떻게 최소화할 것인지에 관해 설명할 것이다. 그리고 마지막으로 지금 하고 있는 일을 계속하려는 이들을 위해 좀 더 행복해지기 위해서 할 수 있는 일을 구체적으로 이야기할 것이다.

나에게 꼭 맞는 직업을 찾는 이야기

40여 년 전 우리가 성격 유형에 대한 연구를 시작했을 때, 우리는 세계적으로 가장 존경받는 전문가들에게 훈련을 받는 극적인 행운을 잡았다. 직업 안내서를 구하는 고객들과 함께하면서 이 도구가 얼마나 강력한지 깨달았다. 그때 우리는 직업을 위한 특별한 훈련을 제공하는 첫 번째 워크숍을 계획하고 진행했다. 이후 몇 년 동안 수천 명의 진로 상담자와 인력 관리 전문가, 그리고 재취업 주선 상담자를 훈련했다. 1986년에 우리는 성격 유형 도구 키트를 만들었다. 이 책에는 우리가 훈련했던 전문가들과 상담자들의 경험뿐 아니라 그들의 고객과의 경험도 담겨 있다.

이제 당신은 자신을 발견하는 믿을 수 없는 여행을 시작할 것이다. 이 책은 당신에게 직업에 대한 실용적이고 규범적인 조언을 제시하고, 삶을 다각도에서 볼 수 있는 놀라운 통찰력을 제공할 것이다. 이 책의 미래 개정판을 위한 여러분의 의견과 제안을 진심으로 환영하며, 여러분의 문의 사항에 답하도록 노력하겠다. 여러분에게 커다란 성공이 함께하기를 기원한다.

— 폴 D. 티거와 바버라 배런

이야기는 계속된다

솔직히 성격 유형 전문가들의 곁에서 자라는 과정은 흥미로웠다! 어린 시절, 부모님이 학교 친구부터 식당 종업원까지 우리 주변에 있는 모든 사람들을 유형화하는 일은 흔했다. 성격 유형의 틀은 내 삶의 모든 부분에 영향을 끼쳤다. 나는 성격 유형이라는 렌즈가 세상을 고찰하는 데 엄청나게 유용하다고, 유일한 렌즈는 아니지만 확실하게 도움이 되는 렌즈라고 생각한다.

『나에게 꼭 맞는 직업을 찾는 책』의 이번 판 책임자로서, 나는 이 책을 완전히 그리고 비판적으로 개정하려고 노력했다. 이 책을 처음 출간한 1992년 이후로 세상은 엄청나게 변했고, 그 후로 지금까지 5번의 개정판이 나왔지만, 1990년대와 마찬가지로 2020년대에도 모든 정보와 조언들이 유효한지 단어 하나하나 되짚어 보는 일은 겸허하고 유익했다.

나에게 성격 유형이 준 가장 큰 선물은 자기 인식과 공감, 두 가지다. 성격 유형을 통해 내면을 들여다보며 나의 동기와 강점, 성장 가능성을 이해할 수 있게 된다. 이는 종종 나 자신을 밝히는 데 도움이 되는 행동을 비추는 빛처럼 작동한다. 또한 외면을 비추는 빛처럼 작동하여, 자신이 대우받고 싶은 대로 상대방을 대우하라는 백금률Platinum Rule을 따르는 데 도움을 준다.

여러분에게도 성격 유형의 렌즈가 유용하기를 바라며, 만족스러운 직업을 찾는 여정에 최선을 다하기를 희망한다!

—켈리 티거

DO WHAT YOU ARE

미래의 직업 환경은 어떻게 달라지는가
유망한 산업과 직업군 바로 알기

『나에게 꼭 맞는 직업을 찾는 책』의 마지막 개정판이 출간된 이후 7년 동안, 세상은 우리가 전혀 예상할 수 없는 방향으로 변화했다. 전 세계적인 유행병은 일상과 일의 리듬을 바꿔 놓았고, 이 상황의 영향은 더 지켜봐야 한다. 직업과 가정이라는 매개 변수가 조정되었기에, 우리는 직업의 미래가 어떻게 될지 정확하게 알 수 없을지도 모른다. 경제에서 건강, 기술, 사회적 상호 작용에 이르기까지, 규칙이 바뀐 것처럼 느껴진다. 수많은 사람들이 그저 일하려고 애쓰는 때에 '나에게 꼭 맞는 직업'을 찾으려고 노력하는 게 사치처럼 보일 수도 있다.

하지만 우리는 다르게 생각한다. 자신에게 맞는 일을 하는 것은 사치가 아니다. 모든 직업이 동일하지 않고, 거의 언제나 다른 선택 혹은 다른 길이 존재한다. 규칙들이 다시 쓰여지고 있다면, 자신에게 더 잘 맞도록 다시 쓰는 건 어떨까? 이 책에서 얻을 수 있는 자기 인식으로 무장한 당신은 직장에서 더 큰 만족감을 얻기 위해 선택과 조정을 할 수 있다. 당신은 더욱 경쟁이 치열해지는 시장에서 자신을 차별화할 수 있는 도구를 갖고 있다. 이 책은 변화하는 세상 속에서도 만족스럽고 잘할 수 있는 일을 파악하는 데 도움이 될 수 있다.

우리는 당신에게 세계적인 변화에 직면하여 회복력을 유지하는 산업과 향후 없어서는 안 될 자리로 진화할 직업에 대해 알려 줄 수 있다.

어떤 이들은 자신의 열정이 이끄는 대로 직업을 선택한다. 이들은 단지 열정만으로 그림을 그리거나, 음악을 만들거나, 암 치료법을 발견하기 위한 연구를 한다. 그리고 우리는 확실히 이런 사람들이 애쓴 덕을 보고 있다. 반면에 어떤 사람들은 좀 더 현실적이어서, 직업을 선택할 때 실용적인 측면을 더욱 따진다. 당신이 어느 쪽에 속하든 상관없이, 지금 직업을 구하고 있다면 전문가들이 미래에 가장 유망하리라고 예상하는 직업군을 살펴보는 것이 도움이 될 것이다. 이와 함께, 우리는 몇 가지 중요한 추세에 관한 정보들을 나눌 것이다.

어느(미국 노동통계국에서 발간한) 직업 전망서 최신판에 따르면, 2018년에서 2028년까지 고용 성장은 건강 관리와 사회복지 분야에 집중될 것이다. 2028년에는 다른 산업 분야들보다 건강 관리 산업이 14퍼센트 성장하고 190만 개의 새로운 직업들이 늘어나며 더 많이 확장될 것이라고 전망된다. 건강 관리 분야의 인력이 이보다 더 중요했던 적이 없었던 만큼, 이러한 수요가 이러한 추정치를 넘어 계속 증가하는 모습을 쉽게 볼 수 있다.

기술 산업 또한 홈 디자인, 교통 같은 다른 산업들과 끊임없이 융합하고 발전하는 스마트 기술과 함께 성장한다. 임시직 선호 경제(긱 이코노미 gig economy)의 일자리는 전통적인 회사원보다 좀 더 많은 유연성을 제시한다. 그리고 많은 사람들이 그 일자리를 통해 자신에게 맞는 일정과 수입원을 창출할 기회를 찾고 있다. 대체 에너지 기술과 직업은 끊임없이 폭발적으로 증가하며 화석 연료 산업을 붕괴시키고, 더 많은 고임금 일자리를 만들어낸다. 그리고 자동화로 인해 많은 직업들이 쓸모없게 될 테지만, 사람들에게 새로운 기회와 효율성을 창출해 줄 것이다.

물리 치료사 보조원(27.1퍼센트), 유전자 상담사(27.0퍼센트), 수학자(26.0
퍼센트), 운영 연구 분석가(25.6퍼센트), 애플리케이션 소프트웨어 개발자
(25.6퍼센트), 산불 감시관과 예방 전문가 (24.1퍼센트), 중고등과정 건강 전
문 교사(23.2퍼센트), 그리고 정맥 채혈사(사혈 전문의)(35.9퍼센트)를 포함
한 다른 직업들도 빠른 속도로 성장하리라 예상된다.

건강 관리: 필수 불가결

건강 관리는 지난 15년 동안 가장 탄력적인 산업이었다. 경제 기복에
도 불구하고 건강 관리 분야의 일자리는 평균보다 거의 세 배 빠른 속도
로 끊임없이 성장하고 있다. 인구의 고령화와 더불어 의료 기술의 양과 질
모두의 증가로 인해 건강 관리 서비스에 대한 수요가 증가하고 있다. 기대
수명이 길어짐에 따라 앞으로 건강 관리 서비스는 많은 일자리 기회를 끊
임없이 제공할 것이다.

건강 관리는 가장 크고 빠르게 성장하는 분야일 뿐만 아니라 다른 산업
보다 더 높은 급여를 받는 경향이 있다. 건강 관리 종사자와 기술자들의
평균 연봉은 전국 평균의 거의 두 배에 달했다. 그리고 이처럼 방대한 산
업에는 다양한 유형의 직책과 작업 환경이 존재한다. 기술자에서 사회복

지사, 일반 관리자에 이르기까지, 가장 잘 알려진 의사와 간호사 외에도 많은 직업들이 있다. 건강 관리 산업은 모두를 위한 일이라는 걸 쉽게 알 수 있다.

긱 이코노미 The Gig Economy : 임시직 선호 경제

지난 10년간 프리랜서 붐을 만들어 낸 모든 노동자, 제품 및 서비스를 지칭하는 용어인 '긱 이코노미'에 대해 많이 들어 보았을 것이다. 음식 배달부터 차량 공유, 가사일에 이르기까지 모든 것을 아웃소싱하는 앱과 서비스의 급속한 증가와 함께 긱 이코노미는 사람들에게 무엇보다도 유연성을 제공하는 많은 틈새 일자리를 만들어 낸다. 프리랜서는 보육 및 노인 요양, 교육 그리고 기타 시간제 고용 같은 일을 두고 자신의 일정을 조율하며 할지 말지 선택할 수 있다.

월급쟁이(샐러리 맨)와는 달리 긱 워커(임시직 노동자)는 프로젝트별로 작업한다. 이들은 보통 앱 같은 일종의 기술 기반 플랫폼을 통해 매번 작업을 선택하고, 고객에 맞춰 일을 수행한다. 좋은 점은 더 큰 자율성과 유연성이다. 나쁜 점은 감소한 안정성과 줄어든 수익이다.

2005년부터 2015년까지 보면 자영업자 수가 19퍼센트 이상 증가했는데, 이는 2009년 경기침체기의 기술 발전과 정규직 고용 기회 감소로 인한 영향이 컸다. 업워크 Upwork 와 프리랜서 노동조합 Freelancers Union 은 2017년 미국 노동 인구의 36퍼센트가 프리랜서로 근무했다고 추정했으며, 2027년에는 그 수치가 50퍼센트까지 증가할 것으로 예상하고 있다.

긱 이코노미에 의해 창출된 일자리는 긱 워커가 직접 차지하는 반면, 긱 이코노미는 플랫폼을 프로그램하고 관리하는 회사에서도 일자리를 창출한다. 앱 프로그래머, 고객 서비스 담당자 그리고 마케팅 전략가 등은 필요한 직업들 중 일부다.

녹색 미래

지구에 좋은 소식이 일자리에도 좋은 소식이다! 신재생 에너지 분야는 매년 신기술을 구현하는 비용이 감소하면서 호황을 누리고 있다. 《포브스 Forbes》는 2025년까지 미국에서 화력 발전소 가동 비용이 풍력 발전소와 태양열 발전소를 교체하는 비용을 초과할 것이라고 주장한다. 전 세계의 정부들이 탄소 발자국carbon footprint을 줄이겠다는 목표를 세우고 있는 만큼, 청정 에너지에 대한 의무는 끊임없이 숙련된 노동자들에 대한 수요를 이끌어 낼 것이다. 노동 통계국이 가장 빠르게 성장할 것이라고 예측한 두 가지 일자리가 태양광 발전 설치자와 풍력 터빈 서비스 기술자라는 사실은 그리 놀랍지 않다!

그리고 이러한 추세는 이미 시작되었다. 2019년 보고서에 따르면, 청정 에너지 분야에서 근무하는 미국인이 화석 연료 분야의 노동자보다 3배로 더 많다. 이는 330만 명의 미국인들이 녹색 에너지 분야에서 근무한다는 것을 의미한다! 50개 주 전체에 풍력 발전소가 있고, 39년 만에 최저치로 떨어진 석탄 소비를 볼 때 청정 에너지가 화석 연료를 대체할 준비를 갖춘 것으로 보인다. 게다가 청정 에너지 일자리는 석탄보다 더 높은 임금을 지불하는 경향이 있기 때문에, 석탄에서 청정 에너지로의 경제적 전환은 빠르게 일어날 것이다. 이는 노동자들에게 좋을 뿐 아니라 장기적으로는 우리 모두에게 이롭다.

자동화: 효율 증대

인공지능, 즉 AI는 많은 미국인들에게 논쟁의 여지가 있는 주제인 휴머노이드 로봇과 공상과학 소설의 이미지를 떠올리게 한다. 자동화를 둘러싼 많은 두려움의 중심에는 로봇이 인간의 일자리를 빼앗아 실업자로 만들 것이라는 생각이 있다. 자동화가 증가하면서 분명 일의 성격이 달라지겠지만, 기술은 항상 사람들이 하는 일을 변화시켰다는 사실을 많은 사람들이 잊고 있다.(한때 손으로 옷을 꿰매던 사람들이 산업혁명과 공장에서 만든 옷으로 인해 '퇴물'이 된 일을 떠올려 보자.) 그리고 대량 생산 제품들 쪽으로 흔들리던 추가 수공예 및 장인들이 만든 제품들이라는 새로운 시장으로 다시 돌아오고 있다.

옥스퍼드 대학교의 최근 분석에 따르면, 향후 25년 안에 주로 제조업과 서비스 분야에서 전체 일자리의 50퍼센트 정도가 자동화로 대체될 것이라고 전망된다. 이것은 경제 지형을 적잖게 변화시킬 것이다. 하지만 우리가 무엇을 모르는지 모른다는 것을 기억하면 도움이 된다. 처음 ATM기가 등장했을 때, 사람들은 은행원이 쓸모없게 될까 봐 걱정했다. 그러나 지점에 ATM기를 증설하여 비용을 절감하게 되면서, 많은 은행들이 더 많은 지점을 열 수 있게 되었고, 궁극적으로는 고용이 증가되었다.

자동화는 프로그래밍과 디자인, 업무 현장에 투입된 AI의 수행을 감독하는 관리자, 마케팅 등과 더불어, AI의 윤리 체계 개발 및 시행에 대한 강력한 필요성을 포함하여 인간을 위한 새로운 종류의 일자리를 창출할 것이다. 그리고 사무실에서 일하는 사람들의 경우, '바쁜 업무' 작업을 자동화하면 보다 창의적이고 비판적인 사고가 필요한 부분에 집중할 수 있다.

교육 훈련, 잘 맞는 것 찾기

교육 비용이 가파르게 증가하고 있는 현실에서 어떤 일자리를 얻기 위해 교육이나 훈련을 더 받느냐의 여부는 사소한 고려 사항이 아니다. 대학원에서 학위 공부에 전념하는 사람들까지도, 종종 다른 돈벌이의 병행이 가능하도록 짧고 탄력적인 교육 프로그램을 요구한다. 게다가 다양한 분야의 일을 추구하려는 필요와 욕구를 가지고 있는 사람들도 늘어나는 추세인데, 그런 경우 가족들에 대한 책임감을 가지고, 새로운 교육 훈련과 생계 유지 사이에서 균형을 잡아야 한다. 다행히 교육 제도 또한 변화하고 있다. 공인된 사이버 대학 같은 선택지들이 당신이 원하는 학위를 따는 데 비용 대비 효율적이고 유연한 방법을 제공할 것이다.

다음에 나오는 표는 앞으로 7년간 가장 빠른 성장을 보일 것으로 예상되는 직업, 그리고 거기서 요구하는 교육 훈련 수준을 나타낸 미국 노동부 통계다. 당신의 성격 유형에 맞는 직업의 종류를 알고 나서 이 표를 참고하면 어떻게 당신이 현재 위치에서 원하는 일자리로 찾아갈 수 있는지 알 수 있을 것이다. 실제로 당신이 교육 훈련 자체에 흥미가 있다면 교육, 훈련, 도서관 관련 직업에서 나오는 170만 개의 예상 직업 가운데 하나를 선택할 수 있다!

교육 훈련 수준	가장 빠르게 성장하는 직업들	가장 크게 성장하는 직업들
석사 학위 이상	물리 치료사 의학자 결혼 및 가족 상담 치료사	의료 보조원 대학 및 대학원 교수 내과 의사 및 외과 의사
학사 학위	생체 공학 엔지니어 통역가 및 번역가 시장 조사 분석가 및 마케팅 전문가	회계사 및 감사 토목 기술자 네트워크 및 통신 시스템 관리자
전문대 졸업	수의 보조사 물리 치료사 치과 위생사 및 보조사 대체 의학자	간호사 법률 보조원
단기 직업 훈련	가족 건강 도우미 개인 요양 도우미 건설 인부 및 보조원	소매점 판매원 보육 교사 고객 서비스 담당자

이 책에서 이어지는 성격 유형별 장을 읽으면, 어떤 경향들은 당신과 같은 유형에게 해당되고, 어떤 경향들은 해당되지 않는다는 점을 알게 될 것이다. 더 자세히 알아보고 싶다면 노동 통계국 웹사이트를 방문하자. 그곳에서 유용한 자료를 얻을 수 있다.

제1부

풀리지
않는
성격의
비밀

D O   W H A T   Y O U   A R E

DO WHAT YOU ARE

나에게 맞는 직업은 따로 있다
이상적인 직업을 찾기 위한 기본 지침

자기 자신에게 맞는 직업을 찾는 것은 중요하다. 만약에 맞지 않는 일을 하면서 40~50년을 보낸다면, 그것은 당신의 인생을 내팽개치는 것과 같다. 하지만 만족스러운 직업을 당신의 손아귀에 넣을 수 있을 때는 그 정반대가 된다.

당신에게 이상적인 직업은 어떤 것인가

자신에게 맞는 직업은 당신의 삶을 향상시킨다. 그러한 직업은 성격의 가장 주요한 특성을 발달시키기 때문에 개인적인 성취감을 느끼게 한다. 즉 자신에게 맞는 일을 한다는 것은 원하는 방식대로 일할 수 있다는 것을 말하며 동시에 그 일이 자기 자신을 반영한다는 것을 의미한다. 자신의 타고난 장점을 활용할 수 있고, 내가 잘 못하는 일을 하도록 강요 받는 일이 적다.

지금 내게 맞는 일을 하고 있는지를 어떻게 판단할 수 있을까? 여기 몇 가지 일반적인 지침이 있다. 만약 현재 직업이 없더라도, 적합한 직업을 구하기 위해서 다음 지침들을 마음에 새겨 두라. 만약 당신이 일을 하고 있다면, 현재 직업을 어떻게 평가해야 하는지 살펴보라.

당신이 자신에게 맞는 일을 하고 있다면

— 일하러 가기를 고대한다.

— 일하는 동안 활력을 느낀다.

— 자신의 기여가 인정되고 직장에서 존경받는다고 느낀다.

— 타인에게 자신의 직업을 소개할 때, 자랑스러움을 느낀다.

— 함께 일하는 동료들과 잘 지내고, 그들을 존중한다.

— 자신의 미래에 대해 낙관적이다.

확실하게 짚고 넘어갈 점이 있다. 행복하게 일하고 있는 사람들이 많은 것처럼 직업 만족을 향한 길도 매우 다양하다는 점을 인식하는 것이 중요하다. 모두가 동경하는 단 하나의 꿈의 직업은 없다. 다만 당신에게 맞는 이상적인 직업이 있을 뿐이다.

직장에는 무수한 변수들이 있다. 직업에 만족하기 위해서는 먼저 자신이 무엇을 선호하는지 알아야 하고 그 선호에 맞는 직업을 찾아야 한다. 어떤 직업은 안정적이고, 어떤 직업은 위험하고 도전적이다. 또 어떤 일은 체계적인데, 그렇지 않은 일도 있다. 어떤 일은 사교성을 요구하는데, 다른 일은 차분하게 집중할 것을 요구하기도 한다. 당신은 어떤 종류의 직업이 자신에게 가장 잘 맞는지 정확히 알고 있는가? 이에 관해서 한번쯤 생각해 본 적이 있는가?

사람들은 저마다 능력과 가치관이 다르기 때문에 다양한 직업이 존재한다는 것은 다행스러운 일이다. 높은 수준의 경영 판단을 즐기는 사람들이 있다. 반면에 이런 종류의 일에 맞지 않는 사람들이 있다. 어떤 사람들은 돈을 최고로 친다. 그들이 가장 원하는 것은 돈을 많이 버는 것이다! 하지만 어떤 사람들은 사회 발전에 기여하는 일을 가장 하고 싶어 한다. 그들에게 돈은 덜 중요하다. 어떤 사람들은 사실과 세부 사항 그리고 통계 수치를 아주 능숙하게 다루지만, 반면에 손익 계산서를 읽으려면 머리에 쥐가 나는 사람들이 있다.

한 사람에게 완벽하게 꼭 맞는 직업이 다른 이에게는 얼마나 어울리지 않을 수 있는지를 보여 주는 극적인 예가 있다. 우리는 한 회사에서 근무하는 여러 명의 헤드헌터들을 훈련시키고 있었다. 이들의 업무는 이미 직장이 있는 사람들에게 전화를 걸어 회사를 옮기도록 설득하여, 다른 회사의 빈자리를 채우는 일이었다. 만약 어떤 사람이 직장을 옮겨서 새로운 회사에서 적어도 3개월 이상 머물게 되면, 그 헤드헌터는 일정한 중개료를 받았다. 그 일은 빼어난 의사소통 기술과 가능한 빨리 많은 자리를 채우는 능력이 요구되는, 매우 경쟁적이고 결과 지향적인 업무였다.

우리가 훈련시킨 헤드헌터 가운데 한 사람인 아더는 이보다 더 행복해할 수 없었다. 그는 이 일의 빠른 속도감을 즐겼다. 아더는 활기가 넘치는 사람이었고, 사람들과의 만남을 즐기는 달변가였다. 그는 뛰어난 논리력을 사용하여 사람들이 직장을 옮기도록 설득했고, 그 목표를 달성하는 데서 커다란 만족을 얻었다. 그는 이 업무가 돌아가는 방식을 이해했다. 쉰 번 시도하면 열 사람 정도가 관심을 나타내고, 이 열 사람 가운데 두세 사람이 직장을 옮긴다. 아더의 두둑한 배짱도 업무에서 한몫했는데, 왜냐하면 그는 업무 중에 자주 거절을 당했지만 그것을 결코 개인적인 거절로 받아들이지 않았다. 아더에게 힘을 불어넣어 주는 것은 한 가지 업무를 매듭짓고 새로운 일로 넘어가는 것이었다. 그는 온종일 열심히 일했고, 많은 돈을 벌었다.

줄리는 아더의 경우와 완전히 달랐다. 아더와 마찬가지로, 줄리도 사람들과 대화하면서 그들과 유대를 맺는 것을 즐겼다. 그러나 아더와는 달리,

줄리는 사람들에게 가장 알맞은 일자리를 찾아 주기를 바랐다. 일을 통해 사람들이 성공과 만족을 경험하기를 원했다. 그녀는 직장 상사로부터 사람들 개개인에게 너무 많은 시간을 소비하지 말고 일처리를 빠르게 하라고 거듭 주의를 받았다. 그러나 줄리는 단순히 빈자리를 채우는 일을 하기보다는 고객들에게 직업 상담을 해 주었다. 돈 자체는 그녀에게 동기 부여가 되지 못했다. 그녀는 단순히 이직을 성공시키는 일에서 전혀 보람을 느끼지 못했다. 그리고 6주 후에 줄리는 직장을 그만두었다.

필요, 욕구, 흥미, 기술, 가치관, 그리고 성격에 있어서 사람들은 제각기 다르다. 여러분이 나와 동일한 성격 유형이 아니라면, 나는 여러분이 즐기는 일을 싫어할지도 모른다. 서로 다른 직업과 한 직업의 서로 다른 면은 다른 종류의 사람에게 만족을 준다. 그러나 현재까지는 직업 상담가나 직업 안내서들이 이러한 근본적인 진실을 완전히 이해하거나 반영하지 못했다.

만족스러운 직업을 구하려면, 먼저 자기 자신에 대해서 알아야 한다

앞서 말한 바와 같이, 직업 만족의 비밀은 당신이 가장 좋아하는 일을 하는 데 있다. 소수의 운 좋은 사람들은 이 비밀을 인생의 초반에 깨닫지만, 대부분 사람들은 그들이 할 수 있는 것, 해야만 하는 것, 그리고 하고자 원하는 것, 이 세 가지의 조건에서 헤어 나오지 못하고 있다. 이에 대한 우리의 조언은? 당신이 누구인지에 집중하면, 나머지 문제는 알아서 제자리를 잡을 것이다.

엘렌은 화가 났다. 엘렌이 아주 따분하다고 여기는 직장 동료에게 복잡한 소매 체인망에 대한 시스템을 설계하는 막중한 임무가 부여된 것이다. 이 일을 맡으려고 6개월간 애써 온 엘렌은 충격을 받았다. 명백히 뭔가가

잘못됐다. 하지만 그게 무엇일까?

엘렌은 이 직장에 들어오기 전부터 이 일에 대한 연구를 많이 해 왔다. 그녀는 업무가 요구하는 분석력과 경험을 갖고 있었고, 직장에서 인기도 좋았다. 이전까지 그녀는 불만족스러운 직업에 계속 몸담아 왔지만, 이번에는 달랐다. 왜 황금 같은 기회가 사라졌을까? 왜 그 지루한 동료가 엘렌을 제치고 막중한 업무를 맡게 된 것일까?

우리는 그 해답을 알고 있다고 생각했다. 그 동료는 홀로 조용히 장시간 일하는 것에 매우 만족했고, 꾸준히 그 업무를 마무리했다. 사무실에서 그리 유쾌한 사람은 아니었지만, 지적이고 안정감이 있었으며, 결코 말썽을 일으키지 않았다. 사실 그는 그 일에 완벽히 들어맞는 사람이었다. 그리고 그는 일을 하면서 행복했다.

반면에 엘렌은 마감 시한을 맞추기 위해 직원들을 자극을 하면서 긴박하게 일하는 것을 좋아하고 고객들과 상담하는 일을 즐겼다. 그녀는 컴퓨터 시스템의 복잡한 내용을 설명하는 데 뛰어났고, 사람들을 매혹시켜서 놀라운 일을 하게 만들었다. 그녀는 회의에 참석하는 일을 좋아했으며, 온종일 회의하면서 보내는 것을 꺼리지 않았다. 불행히도 이런 활동들은 엘렌이 맡길 원하는 핵심 업무에 해당하지 않았다.

엘렌이 그녀의 책임을 적절하게 다룰 수 있었는데도 불구하고 그 일은 고독을 많이 요구하고 집중이 필요하며, 그녀가 바라는 것보다 소위 직무 중심적이라는 점이 명백했다. 그녀는 자신의 계획에서 한 가지를 고려하지 못했다는 걸 깨닫게 되었다. 바로 그것은 자신의 성격 유형이다!

그녀는 맞지 않는 직장에서 8년을 허비했다는 사실에 마음이 아팠다. 의문의 여지없이, 그녀의 앞선 직업은 흥분을 주지 못했다. 하지만 실제로 잘못된 분야에 있었던 것은 아니었다. 그녀는 단지 그 분야의 맞지 않는 부서에서 일해 온 것이다. 엘렌은 같은 회사의 영업부로 자리를 옮겼고, 요즘 그녀는 새로운 위치에서 승승장구하고 있다.

간단한 실험을 통해서 우리가 말하고자 하는 바를 분명히 하겠다. 종이 위에 당신의 서명을 해 보라. 썼는가? 이번에는 다른 쪽 손으로 서명을 해 보라. (만약 전혀 사인을 할 수 없고 신음 소리만 난다면, 당신만 그런 게 아니다. 대부분이 유사한 반응을 할 것이다.) 자주 쓰는 손을 사용할 때 느낌이 어떤가? 대부분 자연스럽고, 쉽고, 빠르고, 힘들지 않다고 느낄 것이다. 다른 쪽 손을 사용했을 때는 어떤가? 전형적인 대답은 느리고, 어렵고, 진이 빠지며, 피곤하고, 너무 오래 걸린다, 힘과 집중이 더 필요하다는 것이다.

이 예시를 통해서 직무에서 당신의 타고난 장점을 사용하는 것에 대해 생각할 수 있다. 잘 쓰는 손을 사용하는 것이 편안하고 확실하다. 만약 다른 손을 사용하도록 강요받는다면, 당신은 아마도 새로운 능력을 개발할 수 있을지도 모르겠다. 하지만 반대 손을 사용하면, 잘 쓰는 손을 사용할 때처럼 수월하지 않을 뿐더러, 결코 기술적으로도 빼어난 결과를 낳지 못할 것이다.

직업 적성 검사가 당신의 모든 것을 설명해 주지는 않는다

직업 전문가들은 특정한 사람들이 특정 분야의 직업에서 더 뛰어나므로 가능하면 그 사람에게 잘 어울리는 직업을 찾는 것이 중요하다는 점을 오래전부터 알았다. 문제는 그러한 전통적인 접근 방식은 충분한 설득력을 갖지 못한다는 것이다. 그 종래의 분석은 오로지 능력과 흥미, 가치관이라는 세 가지에만 주목한다.

물론 직업을 선택할 때 이 세 가지 요소는 매우 중요하다. 확실히 업무를 잘 수행하기 위해서는 업무에 맞는 적절한 기술이 필요하다. 일에 흥미가 있으면 업무 수행에 도움이 된다. 그리고 자신의 일을 자랑스러워하는 것도 중요하다. 그러나 결코 이것이 다가 아니다. 당신의 성격은 흥미와 가치관 외에도 추가적인 다른 차원을 갖는다. 일반적으로 직업이 자신의 성격과 보다 많은 부분에서 어울릴수록, 당신은 직업에서 더 큰 만족을 얻을 것이다.

엘렌의 경우에서 보듯이, 자주 놓치지만 중요하게 고려해 봐야 하는 사항 중에 하나가 일을 할 때 타인으로부터 얼마 만큼의 자극이 필요하냐는 것이다. 당신은 많은 사람들과 어울릴 때 더욱 힘을 얻는가, 아니면 소수의 사람들이 모여 있을 때나 일대일로 대화하는 것이 더 편안한가, 또는 혼자 일하는 것이 편한가? 이러한 선호는 직업 선택에 커다란 영향을 준다. 다른 중요한 요소들로는 무의식중에 더욱 주목하는 정보의 종류와 결정을 내리는 방식, 그리고 더 조직적인 환경에서 살고 싶은지 아니면 더 자발적으로 살고 싶은지 등이 포함된다. 이러한 선호 경향들은 개인의 정신이 작동하는 기본 바탕이 되고, 각각의 성격 유형마다 분명한 차이를 보인다. 이러한 사항들을 고려하지 않은 채 자신에게 어울리는 최상의 직업을 찾으려 시도하는 것은 지도 한 장 없이 망망대해에서 작은 섬을 찾으려고 애쓰는 것과 같다. 운이 따른다면 섬을 찾을지도 모른지만 그렇지 못할 가능성이 더 크다!

조앤은 초등학교에서 수학를 가르치며 7년을 보냈다. 그녀는 완전히 지쳤고, 이 일이 자신에게 맞는지 고민하고 있다.

조앤이 선생님이 되는 것은 아주 자연스러운 일처럼 보였다. 네 형제 가운데 맏이인 그녀는 동생들을 돌보며 자랐다. 학창 시절에는 수학에 두각을 나타냈고, 가르치는 일에 관심이 있었다. 조앤은 초반에 진로 상담을 꾸준히 받았는데, 모든 결과가 같은 방향을 가리키는 것처럼 보였다. 고등학교와 대학교에서 조앤은 그녀의 기술, 흥미, 가치관을 바탕으로 한 직업 적성 검사를 받았다. 매번 직업 상담가는 그녀가 교사 자격증을 취득해서 어린아이들에게 수학을 가르치도록 격려했다. 모든 것은 완벽해 보였다.

초등학교 교사로 1년을 보낸 뒤, 조앤은 공립 초등학교의 경직된 구조에 점차 염증을 느끼게 되었다. 그녀는 선생과 학생 모두가 지켜야 하고 동시에 자신이 강제해야 하는 수없이 많은 규율들이 싫었다. 그녀는 아이들의 흥미와 자신의 창조적 영감에 부응하지 못한 채, 수업 계획을 여섯 주 앞서서 미리 준비해야만 한다는 점이 마음에 들지 않았다. 그녀는 표준 교과서가 무의미하다고 느꼈고, 선생과 학생들이 필수적으로 해야 하는 많은 일들이 그녀를 지치고 괴롭게 했다. 동료 선생님들은 그녀와는 다른 흥미와 가치관을 가지고 있는 듯 보였기 때문에 조앤은 깊은 소외감을 느꼈다. 그녀는 같은 관심사를 가진 사람들과 함께 도전적인 일을 수행하면서 얻을 수 있는 지적인 자극을 원하고 있다는 점을 알았다. 그녀는 학년을 바꿔 보기도 하고 학교까지 바꿔 보았다. 그러나 어떤 것도 도움이 되지 않았다.

조앤은 여러 번의 직업 상담을 통해 자신이 정신적으로 문제가 있는 것이 아니라는 것을 알고 안심했다. 그녀는 단지 자신에게 맞지 않는 일을 하고 있던 것이다. 그녀의 초기 상담가가 진단했듯이, 조앤은 가르치는 일에 어울리는 많은 자질들을 갖추고 있었다. 하지만 지적인 도전, 능력 개발의 기회, 창조적인 혁신과 같은 조앤에게 가장 자극을 주는 일들은 그녀의 업무에서 완전히 결여되어 있었다. 게다가 공립 학교의 체계에서는 자신에게 맞지 않는 고도로 체계적이고 세부적인 방식으로 업무를 할 수 밖에 없었다.

마침내 조앤은 대학원에 들어가 수학 교육 석사 학위를 따기로 했다. 대학에서라면 업무 계획이나 의무 사항에서 더 많은 유연성을 활용할 수 있고, 더 고난도의 수업을 가르칠 수 있으며, 지적인 환경에서 일할 수 있기 때문이다.

조앤은 정말로 석사 학위를 받고, 곧 작은 대학의 수학과에서 일자리를 얻었다. 최근에 그녀는 대학원 수준의 수학 수업을 강의하며, 박사 학위를 목표로 계속 공부하고 있다.

직업 상담의 전통적인 접근 방식이 적절하지 않은 또 다른 이유가 있다. 당신의 능력, 흥미, 가치관은 모두 나이를 먹어 가면서 변하기 때문이다. 직업 경력이 쌓이면서 새로운 기술과 능력을 습득한다. 나이가 들면서 새로운 흥밋거리를 찾는다. 그리고 인생의 후반기로 가면서 인생의 목표가 바뀌기도 한다. 당신은 특정한 시기의 깨달음에 따라 계속 직업을 바꿀 수 있으며, 또는 자기 자신이 누구인지 깊이 이해하기 시작하면서 또 다른 선택을 할 수 있다.

39세의 알렉스는 시카고 교외에 있는 병원에서 일하는 성공한 내과 전문의다. 그는 집안의 전통에 따라 의사가 되는 것을 당연하게 받아들이고 자랐다. 대학, 의과 대학, 수련의, 그리고 레지던트 과정을 거치는 12년 동안, 그는 결코 자신의 결정에 의문을 제기하지 않았다. 그러나 5년 동안 의사 생활을 하면서, 자신과 가족들에게 커다란 영향을 끼칠 고통스러운 결론에 도달했다. 다시 말해 그는 더 이상 의사 생활을 원하지 않게 된 것이다. 게다가 지난 과거에도 자신이 의사가 되기를 진정으로 원한 적이 없었다는 것을 깨달았다.

알렉스와 같은 경우는 드물지 않다. 이 말이 의심스럽다면, 주변의 열 사람에게 다음과 같이 물어보라.

"당신이 원하는 대로 직업을 고를 수 있다면 어떻게 하겠는가?"

아마도 절반 이상의 사람들이 지금과 다른 일을 원할 것이다.

우리들 대부분은 준비가 거의 없는 상태로 일생에서 가장 중요한 일 중 하나인 직업 선택에 대한 결정을 내린다. 인생 초기에 내린 결정들이 전 생애에 영향을 미칠 일련의 사건들로 이어진다. 하지만 젊은 시절에는 직업 선택의 경험이 거의 없기 때문에, 이상적인 열망에 압도되거나 선택이 가져올 미래의 결과에 대한 관심이 부족한 경향이 있다. 대부분의 사람들은 다양한 상황에서 자신을 시험해 볼 만큼 오래 살지 못했다. 그리고 부모나 선생님 또는 상담가나 친구들로부터 그릇된 직업적 충고를 받는 경우도 많다. 의심의 여지없이 많은 이들이 시작부터 잘못된 출발을 하고 있다.

그 해결책은 무엇일까? 바로 지속적으로 영향을 미칠 직업에 대한 결단을 내리기 전에, 가능한 가장 높은 자기 인식 수준을 성취하는 것이다. 다행히도 자기 발견을 하는 데는 권위자나 많은 돈, 실험 기간이 필요치 않다.

타고난 성격에 맞는 직업을 찾아라

당신에게 맞는 직업은 당신의 성격 유형의 모든 요소로부터 직접 흘러나오기 때문에, 자신이 어떤 행동을 하는 이유를 이해하는 데 일정 시간을 보내는 것이 필요하다. 진짜 나를 발견하려는 의식적인 노력을 기울이면서, 당신은 적절한 직업 선택을 위한 타고난 장점과 성향에 집중하는 법을 배울 수 있다. 성격 유형을 통해서 우리는 체계적이고 효과적인 방법으로 성격상 장점과 약점 모두를 평가할 수 있다. 일단 이것들을 이해하고 나면, 항상 자신의 장점을 활용하고 있는지 확인하는 방법을 알게 될 것이다.

사람들은 저마다 서로 구별되는 성격을 갖는다. 우리는 태어나서 죽을 때까지 동일한 성격 유형으로 살아간다.

아마도 당신은 의문을 품을지도 모른다. '잠깐만, 나는 평소에는 하나의 성격을 유지하다가도, 어떤 경우에는 아주 딴 사람이 되는데. 그렇다면 성격은 주변 환경에 영향을 받는 게 아닐까?'

대답은 '아니오.'이다. 환경은 성격에 영향을 미치지 않는다. 우리는 특정 상황에서 달리 행동하는가? 확실히 그렇다! 대부분 사람들은 다양한 행동 양식을 보인다. 그렇지 않다면, 우리는 그렇게 성공적으로 현실에 대처해 나갈 수 없을 것이다. 확실히 집에서 행동하는 것과 일터에서 행동하는 것이 다르고, 낯선 이들과 있을 때, 친한 친구들과 있을 때, 야구장에서 또는 장례식장에서 행동하는 것에는 차이가 있다. 그러나 상황이 변한다고 해서 사람들의 근본적인 성격 유형이 바뀌는 것은 아니다.

이 모든 것은 환경 요인들이 별로 중요하지 않다는 말이 아니다. 환경 요인도 매우 중요하다. 부모님, 친척, 교사, 그리고 경제적, 사회적, 정치적인 환경 모두가 삶의 방향을 결정하는 데 중요한 역할을 한다.

만약 성격 유형을 타고난다는 생각이 의심스럽다면, 당신의 자녀들이나 조카들 또는 한 가정의 아이들을 관찰해 보라. 그들의 성격에 서로 차이가 있는가? 확실히 그렇다. 태어날 때부터 그 차이는 분명해 보인다.

성격 유형이라는 개념은 새로운 게 아니다. 사람들은 늘 개인들 사이의 유사점과 차이점에 대해 인식하고 있었으며, 지난 세기 동안 이러한 차이점들을 이해하고 분석하기 위한 많은 시스템과 모형이 개발되어 왔다. 그 결과, 오늘날 인간 행동에 대한 이해 수준은 열여섯 가지의 성격 유형으로 정확하게 구분할 수 있을 정도까지 향상되었다.

서로 다른 성격 유형의 사람들이 자신에게 알맞은 직업을 찾는다는 것은 대단한 일로 보인다. 하지만 세상의 모든 성격은 열여섯 가지 유형으로 구분이 가능하다. 앞으로 보겠지만 자기 자신의 성격 유형과 타인의 성격 유형을 구분하는 것, 특정 성격 유형이 특정 직업에서 성공하는 이유를 이해하는 것, 그리고 사람들이 서로 다른 방법으로 직업 만족을 찾는 이유를 검토하는 것이 가능하다.

DO WHAT YOU ARE

나 자신에 대해서 얼마나 알고 있는가
MBTI 검사 없이 성격 유형을 찾는 법

이 장에서는 성격 유형이 작용하는 방식에 대해 배우고, 자신의 성격 유형을 찾는 방법에 대해 알아볼 것이다. 우선 성격 유형의 발달 역사에 대해 알아보자.

성격 유형은 어떻게 발달했는가

성격 유형이라는 개념은 스위스 심리학자 카를 융과 두 명의 미국 여성, 캐서린 브리그스와 그녀의 딸 이사벨 브리그스 마이어스의 작업에 의해 발달되었다. 절충주의 정신분석학자이자 지그문트 프로이트의 제자였던 융은 정신 기능과 사람들이 선호하는 태도를 이해한다면 종잡을 수 없는 행동도 사실상 예측 가능하다는 점을 깨달았다.

오랫동안 인간 성격 사이의 유사점과 차이점에 큰 흥미를 느껴온 캐서린 브리그스는 사람들을 분류하기 위한 이론을 개발하는 데 착수했다. 1921년에 융의 성격 이론이 『심리학적 유형*Psychological Type*』이라는 제목으로 출간되었다. 1923년에 이 책을 읽은 캐서린은 융의 모델을 택하여 심도 있는 연구를 시작했다.

이 책에서 펼쳐질 성격 유형에 대한 연구와 이 책의 주제는 캐서린 브리그스와 이사벨 브리그스 마이어스의 선구적인 연구와 저작으로부터 많은 도움을 받았다. 그들은 카를 융이 만든 유형과 관련된 이론을 세우고, 그것을 확장하여 실용화했다. 융은 세 가지의 성격 선호도와 여덟 개의 성격 유형이 있다고 상정했다. 캐서린 브리그스와 이사벨 브리그스 마이어스는 수년간의 연구를 바탕으로 네 개의 성격 선호도와 열여섯 개로 구별되는 성격 유형이 있다고 결론지었다. 이것이 이 책에서 다루게 될 열여섯 가지 성격 유형이다. 우리 논의의 상당 부분은 상담 심리학회지에서 출간된 이사벨 브리그스 마이어스의 저작과 기타 저작들로부터 끌어왔다. 이 책에 나온 특정 내용은 상담 심리학회의 출판 허가를 받은 것이다.

1940년대부터 캐서린 브리그스와 이사벨 브리그스 마이어스는 심리적 유형을 검사하는 테스트인 MBTI를 개발해서 사용했으며, 이것은 오랫동안 개정을 거듭해 왔다. MBTI 테스트를 통해 축적된 자료들은 계속 연구되면서 그 테스트 결과에 대한 과학적 타당성을 제공한다.

이사벨 브리그스 마이어스가 결론짓고, 우리의 경험을 통해 반복적으로 입증되듯이 열여섯 가지의 성격 유형은 존재하며, 각 개인은 이 열여섯 가지 성격 유형들 중 하나로 정해진다. 하지만 이것은 사람들 개개인의 차이를 부정하는 말은 아니다. 개개의 사람들은 확실히 독특하기 때문이다. 동일한 성격 유형을 가진 100명의 사람들은 저마다 모두 다를 것이다. 왜냐하면 부모와 유전자도 다르고, 살아온 경험, 흥미 따위도 서로 다르기 때문이다. 그러나 또한 매우 많은 공통점을 지니고 있다. 당신의 성격 유형을 찾는 것은 그러한 공통성을 활용하는 방법을 탐구하고 배우는 일에 도움이 된다.

성격 유형에 점점 익숙해질수록, 모든 성격 유형이 타고난 장단점을 가지며 동등한 가치를 지니고 있다는 점을 이해하게 된다. 좋거나 나쁘거나, 똑똑하거나 둔하거나, 건강하거나 허약한 성격형이 있는 것이 아니다. 성격 유형을 통해서 사람의 지능, 성공 가능성, 미래 적응력을 예측할 수는 없다. 하지만 성격 유형은 한 개인에게 무엇이 최고의 동기 부여가 되고 최상의 힘이 되는지를 발견하는 데 진정으로 도움이 되고, 선택한 직업에서 이러한 요소들을 스스로 찾도록 도움을 준다.

성격 유형은 어떻게 결정되는가

성격 유형을 결정하는 방법 중에 한 가지는 MBTI 검사를 받고, 전문가로부터 채점과 결과 해석을 받는 것이다. 그러나 이러한 방식은 책에서는 불가능하기 때문에 여기서는 또 다른 방식을 제시하고자 한다.

첫 단계는 제시된 네 가지 성격 유형의 영역에 대해 읽는 것으로 시작된다. 각각의 성격 유형의 영역을 읽으면서, 어느 영역이 당신에 가깝게 들리는지 생각해 보라. 당신이 선호하는 대부분이 진실하게 들릴 것이다. 그러나 그 선호도들은 일반론이기도 하고 극단적인 면을 포함한다는 것을 기억하라. 각 선호도의 개별적인 예시에 초점을 두기 보다는 당신의 행동과 일관되게 비슷한 행동 패턴에 초점을 맞추라. 다시 말해 하나의 예시가 정말 자신의 이야기처럼 들릴지라도, 나머지 모든 예들도 살핀 후에 결정을 내리길 바란다는 것이다.

각각의 영역에 대한 논의의 끝에서, 당신은 한 연속선을 보게 된다. 자신의 선호도가 얼마나 강한지를 가장 정확히 반영하는 연속선의 한 지점에 표시를 해 주기 바란다. 당신의 표시가 연속선의 중심에 가까울수록 당신의 선호도는 덜 분명한 것이다. 다시 말해 당신의 표시가 중심에서 멀어질수록 당신의 선호도는 강한 것이다. 당신이 선호가 확실하지 않더라도,

중간 지점에서 볼 때 어느 쪽에 더 가까운지 표시해 보라. 성격 유형을 결정하는 데 가장 도움이 되는 것은 당신의 선호가 얼마나 분명한지가 아니라, 당신의 선호가 각 연속선에서 어느 쪽에 치중하는가이다.

이러한 방식으로 네 가지 영역에서 각각 선호도를 평가하여, 네 개의 문자 코드를 뽑을 것이다. 그 코드는 당신의 성격 유형을 나타내거나 가장 유사한 성격 유형이 된다. 이 장의 끝 부분에, 자신의 성격 유형 코드를 기록할 공간이 제공될 것이다.

성격 유형을 파악하기 위한 두 번째 단계는 당신의 선호도에 대한 설명을 읽어 보고 평가해 보는 것이다. 그러나 이 두 번째 단계는 뒤에 나오므로 일단 지금은 성격 유형에 대해 배워 보자.

성격 유형의 영역

성격 유형을 판단하기 위한 체계는 인간 성격의 네 가지 기본 측면에 바탕을 둔다. 즉, 우리가 세상과 상호 작용하는 방식과 에너지를 집중하는 곳, 선천적으로 주목하는 정보의 종류, 의사 결정하는 방식, 그리고 조직화된 방식으로 사는 것을 선호하는가 아니면 보다 자발적인 방식으로 사는 것을 원하는가 등이다. 우리는 성격의 이러한 측면들을 영역이라고 부르는데, 왜냐하면 아래와 같이 극단들 사이에서 연속선으로 그려질 수 있기 때문이다.

성격 유형의 영역

| 세상과 상호 작용하는 방식과 에너지를 발휘하는 방향 | 외향형(E) ←———————|———————→ 내향형(I) |

선천적으로 주목하는 정보의 종류	감각형(S) ←——————	——————→ 직관형(N)
의사 결정 방식	사고형(T) ←——————	——————→ 감정형(F)
조직화된 방식을 선호하는가 아니면 자발적인 방식을 선호하는가	판단형(J) ←——————	——————→ 인식형(P)

사람의 성격은 이 네 가지 연속선의 한 지점에 놓이게 된다. 우리는 연속선의 상반되는 양극 지점을 선호도라고 부른다. 당신이 연속선의 외향적인 편에 있다면 당신은 외향적인 면을 선호한다고 한다. 당신이 내향적인 편에 있다면, 당신은 내향적인 면을 선호한다고 한다.

현실에서는 일상적으로 각 연속선의 양쪽 모두를 번갈아 사용하지만, 사람에게는 타고난 선호도가 있다. 양손을 번갈아 가며 서명을 했던 연습을 기억하는가? 당신의 선호도는 대개 더 편하고 자동적이며 믿을 만하다. 이런 까닭에 자신의 선호도를 이용할 때 가장 성공적이 된다. 한 연속선에 특별히 두드러진 선호도가 없다면, 당신은 중간 지점에서 살짝 벗어난 지점에 있을지 모르겠다. 만약 당신이 극단적인 선호도를 가지고 있다면 한쪽 끝이나 반대편 끝에 있을 것이다. 서로 반대되는 극단의 선호를 가지는 사람들은 서로 매우 다르다.

당분간 네 가지 영역을 설명하기 위해 사용하는 용어에 대해 크게 신경쓰지 마라. 어떤 경우에는 용어의 의미가 당신이 알고 있는 뜻과는 다를 수도 있다. 그것들이 당신에게 익숙한 말임에도 불구하고 이 문맥에서는 다른 의미를 갖는다. 곧 이에 대해 자세히 설명하겠다.

네 가지 영역에는 양 끝에 상반되는 선호도를 가지고 있는데, 특정한 문자로 표현되는 총 여덟 가지의 선호도가 나온다. 이 여덟 가지의 문자들은 열여섯 가지의 성격 유형을 가리키는 조합에서 사용된다. 당신만의 독특한 선호도 조합이 여타 선호보다 좀 더 의미가 깊을 것이다.

이 시점에서 당신은 성격 유형이 왜 하필 열여섯 가지인지 그 이유가 궁금할지도 모르겠다. 열두 가지의 성격 유형은 불가능한가? 아니면 스무 가지 또는 100가지 성격 유형은 어떤가? 간단한 수학으로 그 답을 구할 수 있다. 여덟 개 문자의 가능한 모든 조합을 계산해 보면, 열여섯 가지의 성격 유형을 도출할 수 있다. 이사벨 브리그스 마이어스가 제시한 다음의 도표를 보는 것이 이해하기 한결 쉬울 것이다.

ISTJ	ISFJ	INFJ	INTJ
ISTP	ISFP	INFP	INTP
ESTP	ESFP	ENFP	ENTP
ESTJ	ESFJ	ENFJ	ENTJ

외향형Extraversion**과 내향형**Introversion

성격 유형의 첫 번째 영역은 우리가 세상과 어떻게 상호 작용하는지와 에너지를 어느 방향으로 쏟는지와 관련된다. 카를 융은 외향성과 내향성의 개념이 자신의 외부 세계에서 살아가는 방식과 자신의 내면세계에서 살아가는 방식을 묘사한다고 지적했다. 필요에 따라 우리 모두는 양쪽 세계에서 기능하지만, 외부 세계와 내면세계 중 어느 하나를 선천적으로 선호한다. 자신이 선호하는 세상에서 기능할 때 우리는 힘을 얻는다. 다시 말해 선호와 반대되는 세상에서 기능할 때 더 힘이 들고 지칠 수 있다. 우리는 외부 세계를 선호하는 자들을 외향형이라 부르고, 내면세계를 선호하는 자들을 내향형이라 부른다.

대부분 사람은 외향적인 것은 말이 많은 것으로, 내향적인 것은 말 없이 수줍어하는 것으로 생각한다. 이것은 성격 유형을 설명하는 용어들을 사람들이 얼마나 잘못 이해하고 있는지를 보여 주는 좋은 예가 된다. 단순히 말이 많고 적음을 가지고 외향적이나 내향적이라고 판단하기에는 충분하지 않다.

외향적인 사람과 내향적인 사람은 자기의 힘을 서로 반대 방향으로 쏟기 때문에 이들 사이에는 명백하고, 커다란 차이점이 있다. 외향적인 사람은 그들의 힘과 관심을 바깥 세상에 집중한다. 이들은 일대일이나 단체로 사람들을 만나서 많은 상호 교류를 즐긴다. 이들은 사람이나 사물의 외부 세계에 지속적으로(선천적으로) 끌린다. 외향적인 사람은 세상을 이해하기 위해서 경험이 필요하기 때문에 다양한 활동을 즐기는 경향이 있다. 이들은 타인과 어울리고 많은 사람들을 사귀면서 활력을 충전한다. 활동의 중심이 되고 싶어 하고 붙임성이 있기 때문에 새로운 사람들과 자주 쉽게 어울린다. 이들은 상황을 보면서 자신에게 '내가 어떻게 이 상황에 영향을 줄 수 있을까?' 하고 묻는다.

내향적인 사람들은 자신의 관심과 힘을 내면세계에 집중한다. 이들은 홀로 시간 보내기를 즐기고, '힘을 충전하는 시간'을 필요로 한다. 세상을 경험하기에 앞서 그것을 이해하려고 애쓰는데, 이것은 이들의 활동이 대부분 정신적이라는 것을 의미한다. 이들은 일대일이나 소모임 같은 비교적 작은 규모에서 이루어지는 사회적 상호 작용을 선호한다. 내향적인 사람은 관심의 중심이 되는 것을 피하려 하고 보통 외향적인 사람에 비해 속내를 잘 드러내려 하지 않는다. 이들은 새로운 사람을 사귈 때 서서히 친해지기를 선호한다. 내향형들은 상황을 보고 '이 상황은 나에게 어떤 영향을 미칠까?'라고 자문한다.

매우 외향적인 피터는 이렇게 말한다.

제가 슈퍼에 갔다 오면 아내는 늘 "여보 잘 다녀왔어요?"라고 묻습니다. 아내가 물건을 빠짐없이 사왔는지를 확인하는 것이라고 생각할지도 모르지만, 사실 제가 얼마나 외향적인지 알고 있는 아내가 의미하는 바는 '아는 사람을 많이 만나고 왔느냐.'죠. 제게 있어 사람들과 사귀는 일, 특히 친구를 사귀는 것은 즐거운 일이고 제게 힘을 불어넣어 줘요. 저는 어딜가든 상관없이 거의 항상 아는 사람들을 보면 먼저 반갑게 다가갑니다.

아주 내향적인 브렌트는 피터와는 정반대로 느낀다.

저도 사람들을 좋아해요. 하지만 순간적이고 피상적으로 사람을 사귀는 것은 원치 않습니다. 제 아내는 파티를 즐기지만 나는 파티가 피곤할 뿐입니다. 저는 이름을 기억할 수 없고 아마도 다시 또 만날 일 없는 사람들을 만나야 한다는 사실에 진이 빠지고 불만스럽게 느껴집니다. 그게 무슨 소용 있겠습니까.

자신이 외향성을 선호하는지 내향성을 선호하는지는 일상생활의 모든 면에서 드러난다. 예를 들어, 대학 신입생인 질의 공부 습관을 보자.

저는 항상 친구들과 함께 공부하는 걸 좋아해요. 한 수업에선 스터디 그룹을 짜서 아주 성공적으로 과제를 해냈죠. 주변에 아무도 없을 땐, 도서관에 가요. 기숙사 방에 앉아 혼자 공부하는 것보다 지루하지 않거든요. 도서관에선 항상 같이 공부할 친구들을 찾을 수 있죠.

보통 대부분의 외향적인 사람은 실제로 공부하기 위해서 도서관에 가는 게 아니다. 그들은 사람들과 함께 있기 위해 도서관에 간다.

외향적인 사람이 무슨 생각을 하고 있는지 궁금하다면, 당신은 아직 상대의 생각을 듣지 못한 것이다. 왜냐하면 외향형은 당신에게 생각을 애기할 것이기 때문이다. 내향적인 사람이 무슨 생각을 하는지 궁금하다면 당신은 그에게 질문한 적이 없거나 좀 더 생각할 시간을 줘야 한다. 질문을 하면 외향형은 대개 말로 시작하는데, 왜냐하면 이들은 말하면서 생각을 정리하는 것을 가장 편하게 여기기 때문이다. 실제로 외향형은 종종 생각하기 위해 말하는 것이 필요하다. 한편 내향형은 질문에 답하기까지 자주 머뭇거리곤 하는데 왜냐하면 내향형들은 조용히 생각하는 것이 더 편안하기 때문이다. 케이크를 오븐에 구워서 꺼내는 것처럼, 내향적인 사람은 자신의 생각을 내면에서 충분히 구운 뒤에 세상에 내놓는다. 외향적인 사람은 내면에서 생각의 일부분을 굽고 세상 밖으로 꺼낸 후 마무리하는 것을 선호한다(그것은 물론 절반만 구워진 생각을 낳는다). 하지만 외향형들은 결국 자신의 생각을 제대로 마무리한다.

외향적인 숀은 다음과 같이 회상한다.

초등학생 때, 수업 시간에 선생님이 저를 지목해 주기 원할 때면 매우 흥분하곤 했습니다. 나는 꽤나 활발하게 팔 전체를 흔들었기 때문에 지친 한쪽 팔을 다른 팔로 지탱해 줘야 했습니다! 그러나 선생님이 마침내 저를 진짜 지목했을 때, 저는 종종 답을 까먹고 있었어요. 당연히 선생님은 매우 지당하신 말씀을 하시곤 했죠.

"숀, 넌 답을 모르면서 왜 손을 든거니?"

저는 그때는 몰랐지만 지금은 그 이유를 압니다. 저는 답을 말로 표현하는 게 필요했어요. 전 머릿속으로 가만히 답을 생각하고만 있을 수는 없었죠.

숀과는 달리 내향적인 학생들은 선생님의 질문에 답을 하기 위해서 마음속으로 답을 형성하는 시간을 필요로 한다. 대부분의 초등학교 교사들은 외향적이기 때문에 한 아이에서 다른 아이로 관심의 방향을 빠르게 옮기는 경향이 있다. 우리는 워크숍에서 선생님들로 하여금 내향적인 아이들에게 질문을 할 때에는 그 아이들이 대답할 때까지 몇 초 더 기다려 주도록 하는 훈련을 시켜 왔다. 그리고 나중에 이 선생님들로부터 아이들의 수업 참여도가 세 배는 올랐다는 얘기를 들었다!

많은 외향적인 사람들은 자신의 성격이 직장 생활에 도움이 된다는 사실을 아는데 왜냐하면 이들은 지체 없이 대답할 수 있기 때문이다. 누군가가 질문을 하면, 외향적인 사람들은 우선 얘기부터 꺼낸다. 결국에 이들이 답을 찾아내어 타인을 설득할 수 있다는 것은 이해할 만하다.

대부분의 내향적인 사람들과 마찬가지로 마하는 전혀 다른 경험을 갖고 있다. 그녀는 첫 직장에서 얼마나 곤란을 겪었던지 결코 잊을 수가 없다고 토로했다.

직장 상사 네 명을 포함한 회사의 모든 사람들이 강한 외향형이었던 것 같아요. 저는 항상 아이디어 회의나 판매 회의에 참가하는 것 같은 모임 활동을 강요받았어요. 그리고 우리는 늘 모여서 토론을 했죠! 하지만 심각했던 건 제 상사는 제게 질문에 답할 시간을 충분하게 주지 않곤 했어요. 아마 그는 저를 멍청하다고 여겼거나 답을 모르기 때문에 시간만 질질 끈다고 생각했나 봐요.

외향적인 사람들은 내향적인 사람들에 비해 훨씬 개방적인 성향을 띠고, 사적인 정보를 자유롭게 나누려 한다. 이에 반해 내향형들은 좀 더 개인적인 성향을 지닌다. 내향적인 베일리의 경우에서 알 수 있다.

우리 부서의 새로 온 여자 동료 한 명이 제가 요리를 잘한다는 소문을 들었나 봐요. 그녀는 제게 계속 저녁 식사에 초대해 달라고 졸랐죠. 마침내 그녀를 집으로 초대했고 멋진 시간을 보냈어요. 하지만 다음 날 그녀는 매주 열리는 직원

회의에서 저와 보낸 그 대단한 저녁 식사에 대해 얘기를 꺼내 놓았죠. 그녀의 과장된 찬사는 최악이었고 게다가 제 집안 모든 물건들에 대해서 끊임없이 시시콜콜 묘사했습니다. 그녀는 제가 과거 30년간 수집해 온 개인적인 귀중품들에 대해서도 모두 얘기했습니다. 저는 화가 잔뜩 났어요. 만약 제가 직장 동료들에게 나에 대한 많은 것들을 알리길 원했다면, 집에 초대해서 관광을 시켜 줬겠죠!

그 외향적인 직장 동료는 우연히 자신이 베일리의 사생활을 침해했다는 것을 알고 당황스러웠다. 그녀는 선의를 가지고 베일리의 훌륭한 취향에 대해서 진심으로 얘기한 것뿐이라고 생각했다.

외향적인 사람의 재능은 '넓이'이고 내향적인 사람의 재능은 '깊이'라는 점을 인식하는 것이 중요하다. 대개 외향형들은 많은 것들에 관심이 있지만 반드시 그 수준까지 매우 깊은 것은 아니다. 내향형은 더 적은 수의 관심사를 갖고 있지만 훨씬 깊은 수준에서 그 흥미를 추구한다. 일단 당신이 내향형에게 관심사에 대해 말해 보라 하면 이들은 끝없이 계속 말할지도 모른다.

외향형과 내향형의 특징

외향형	내향형
타인과 함께 있을 때 활력을 얻는다.	홀로 시간을 보낼 때 활력을 받는다.
관심의 집중을 받기 원한다.	관심의 집중을 피한다.
생각보다 행동이 앞선다.	생각하고 그다음에 행동한다.
생각을 밖으로 드러낸다.	머릿속에서 생각한다.
눈에 잘 띄고 친해지기가 더 쉽다.	좀 더 개인적이다.
개인 정보를 자유롭게 공유한다.	개인 정보를 소수의 사람과 나눈다.

듣기보다는 말을 많이 한다.	말하기보다는 주로 듣는 편이다.
열정적으로 의사소통한다.	열정을 마음속에 간직한다.
빠르게 대응한다.	충분히 생각한 후에 답한다.
빠른 속도를 즐긴다.	느린 속도를 즐긴다.
깊이보다 넓이를 선호한다.	넓이보다 깊이를 선호한다.

지금까지 읽은 것을 바탕으로, 당신이 외향형과 내향형 중에 어느 쪽인지 짐작할 수 있는가? 때때로 판단하기가 어려울 수도 있다. 왜냐하면 사람은 나이를 먹으면서 삶의 방식에 변화를 주기 때문이다(예컨대 당신은 이전보다 내면세계에 좀 더 관심을 가질 수 있다). 또는 직업적 요구 때문이기도 하다(예컨대 직장에서 원하기 때문에, 당신은 사회에서 원하는 방식을 익혀 왔는지도 모른다). 만약 외향형과 내향형 사이에서 아직 결정을 못했다면, 자신에게 다음과 같은 질문을 해 보라.

"남은 인생 기간을 둘 중에 한 가지 방식으로 살아야 한다면 어느 쪽을 택할 것인가?"

깊이 생각해 보면 자신에게 맞는 유형을 찾을 수 있을 것이다.

당신의 선호도를 아래에 있는 연속선에 표시하시오.

감각형Sensing과 직관형Intuition

성격 유형의 두 번째 영역에서는 사람이 선천적으로 눈여겨보는 정보의 종류에 관해서 다룬다. 존재하는 것에 집중하는 사람들이 있는 반면에 가능성에 집중하는 사람들도 있다. 이 접근 방식들은 근본적으로 다르다.

몇 가지 용어를 설명하겠다. 우리는 감각이라는 용어를 오감을 사용하여 정보를 수집하는 과정을 묘사할 때 사용한다. 감각을 선호하는 사람들(우리는 그들을 감각형이라 부른다)은 보고, 듣고, 느끼고, 냄새를 맡고, 맛보는 것에 집중한다. 이들은 무엇이든 측정할 수 있고 문서화가 가능한 것을 신뢰하며 현실적이고 구체적인 것에 관심을 둔다. 이들은 세상에 대한 정확한 정보를 제공해 주는 오감과 개인적인 체험을 신뢰한다. 이들은 현재를 지향하고 무엇이든 지금 이 순간 일어나는 일에 집중한다. 감각형은 과거의 체험을 바탕으로 상황을 바라보고 무슨 일이 벌어지고 있는지에 대해 정확히 판단하기를 원한다.

모든 사람들이 정보를 취하기 위해 오감을 사용하는 것이 명백한데, 어떤 사람들은 사실 자체보다 사실에 기초한 의미, 관계, 가능성에 더 관심을 보인다. 이들은 오감보다는 육감(직관)을 더 신뢰한다고 말할 수 있다. 직관을 선호하는 사람들(직관형)은 선천적으로 행간을 읽고 모든 것에서 맥락을 찾으려 한다(직관은 문자 N으로 축약한다). 직관형은 암시와 추론에 주목한다. 이들은 미래를 지향한다. 다시 말해 이들은 사건을 예측하려 하고 보통 사물들을 있는 그대로 두기보다 변화를 주려고 시도하는 경향이 있다. 직관형은 상황을 바라보며, 그 상황이 무엇을 암시하는지를 알기 원한다.

사람들은 일상에서 감각과 직관을 함께 사용한다. 감각형은 자신의 오감이 가져오는 자료들을 잘 알아채고, 직관형은 누군가가 한 말 또는 행동의 뜻을 해석하고, 문제를 다루는 새로운 방식을 이해하거나 누가 그 일을 했는지 추측한다. 모든 사람들은 감각이나 직관 이 둘 가운데 하나를 더욱 선호한다. 우리는 모두 한 방식을 좀 더 자연스럽게 사용하며, 하나의 방식에서 더욱 성공적이다.

직관형은 이질적인 아이디어들을 연결해서 무언가에 대한 잠정적 이론을 도출하는 데 뛰어나다. 감각형은 이론에 타당성을 더해 주는 사실을 인지하고 기억하는 데 특히 능숙하다.

감각형인 엘리자베스와 직관형인 모니크는 화장품 제조회사에서 같이 일한다. 어느 날 사장은 급히 부장들을 소집해서 분기 평가를 가졌다. 광고 예산, 주요 경쟁업체와 비교한 시장 점유율, 다음 분기의 사업 목표 등 회사의 재무 건전성과 관련된 여러 슬라이드를 넘기는 그의 말투는 유쾌했다. 그러다 사장이 갑작스레 발표를 마쳤다.

모니크와 엘리자베스는 즉시 사무실로 돌아가 서로 의견을 나누었다. 모니크는 사장의 유쾌한 말투에도 불구하고 회의실에 들어가자마자 뭔가 잘못되었다는 느낌을 받았다고 언급했고, 혹시 사장이 제시한 것 이상으로 더 많은 일이 벌어지고 있는 건 아닌지 궁금했다. 모니크는 다른 부장들이 나누던 은밀한 시선을 알아차렸고, 엘리자베스에게 연구 개발 분야에 대해서 사장과 부사장 사이에 묘한 긴장감이 돈다고 말했다. 회의에서 전혀 다뤄지지는 않았지만, 모니크는 회사에서 큰 기대를 걸고 있지만 여전히 개발 중인 새로운 피부 관리 제품군이 그들이 희망했던 것만큼의 성과를 내지 못한 건 아닌지 궁금했다.

엘리자베스는 새로운 제품군의 예상 수익에 대해 언급했던 슬라이드를 떠올렸고, 그 수치를 자신이 작업했던 광고 예산과 비교했다. 그리고 사장의 낙관적인 말투와 광고에 할당된 금액의 차이를 이해한 그녀는 모니크의 예감에 동의했다.

뒤에 밝혀진 것처럼, 모니크와 엘리자베스 둘 다 옳았다. 사장은 며칠 후에 나쁜 소식을 발표했다. 그리고 우리가 본 것처럼, 이유는 다르지만 모니크와 엘리자베스 모두 크게 놀라지는 않았다. 이들은 서로 다른 정보에 주목했음에도, 둘 다 같은 결론에 도달했다.

직관형과 감각형은 다음 사례에서도 볼 수 있듯이 같은 상황을 아주 다른 방식으로 접근한다. 감각형은 데이터를 수집하고 프로세스를 통해 순차적으로 움직이는 실용적인 접근 방식을 취하는 반면, 직관형은 고정관념을 깨는 사고를 하며 해결책을 찾기 위해 독창적이거나 참신한 방법을 선택할 수 있다.

리지와 마리아는 친한 친구 사이로, 몇 달 사이에 각자 약혼을 했다. 당연히 그들은 서로를 자신의 들러리로 지명했다. 두 여자는 웨딩드레스를 찾기 시작했다. 리지는 십여 벌의 드레스를 입어 보았지만, 어느 것에도 만족하지 못했다. 마지막으로 입어 본 드레스는 심지어 드레스가 아니라 길이가 긴, 치렁치렁한 치마였다. 직관형인 리지는 파격적으로 생각했다. 그녀는 그 치마를 구입한 뒤 친구에게 치마 아래쪽 여분의 천으로 상의를 만들어달라고 요청할 수 있었다. 약간의 우여곡절이 있었지만, 리지는 마음에 드는 세상에 단 하나뿐인 아름다운 드레스를 입게 되었다. 그녀는 무엇이 될 수 있는지에 대한 통찰력을 가졌고, 성과를 거두었다.

감각형인 마리아는 좀더 전통적인 방식으로 접근했다. 우선 확실히 좋아하는 요소들을 바탕으로 수십 벌의 드레스들로 된 핀터레스트 보드를 만들었다. 드레스를 입어볼 때가 되자, 그녀는 자신의 요구 조건에 딱 들어맞는 두 번째 드레스에 푹 빠졌다. 사실 마리아가 입게 된 드레스는 늘 상상해 왔던 것과 거의 흡사했다. 모든 세부 사항들이 마음에 쏙 들었고, 이보다 더 행복할 수 없었다.

감각형은 바로 지금 이 순간을 즐길 줄 아는 대단한 능력을 지니고 있다. 자주 이들은 상황이 그저 존재하는 것에 만족한다. 반면에 직관형은 미래를 예측하고 변화에 관심을 두는 경향이 있다.

감각형인 압둘과 직관형인 제시는 종종 마을 저수지를 따라 산책을 한다. 압둘은 이 산책을 즐기는데, 자연으로 돌아가서 자연과 접촉할 수 있기 때문이다. 그는 숲의 향기를 사랑하고, 산책하며 보는 대부분의 나무들을 식별할 수 있다. 무엇보다 계절의 변화를 실시간으로 관찰할 수 있다는 게 가장 좋은 점이다. 종종 그는 이틀 전 봤던 꽃망울이 활짝 핀 것도 알아차린다. 제시도 야외에 나가는 것을 좋아한다. 그러나 산책 중에 그녀는 현재 프로젝트를 위한 새로운 아이디어에 관해 얘기하고 생각하는 데 많은 시간을 보낸다. 아이디어를 브레인스토밍하고 발산하는 장소인 야외에서 압둘과 대화하는 시간은 그녀에게 매우 소중하다. 압둘처럼 그녀도 자연을 즐기지만, 그녀의 즐거움은 나무와 꽃 자체보다 주변 환경이 주는 영감과 연상에서 더 많이 온다.

직관형과 감각형 모두 조직에서 중요한 역할을 맡는다. 직관형은 선천적으로 가능성에 주목하고, 감각형은 자연스럽게 현실에 관심을 둔다. 두 성격 유형이 만날 때마다 똑같은 시나리오에 대한 서로 다른 변주가 매일 수천 번 일어난다. 감각형와 직관형은 세상을 근본적으로 다르게 바라보고, 자주 상대방 통찰의 가치를 제대로 평가하는 데 실패한다.

직관형인 알렉스는 다음과 같이 말한다.

저는 아이디어 맨입니다. 회사 사정이 어려울 때, 상황을 호전시킬 새로운 접근 방법을 생각해 내는 것만큼 제게 기분 좋은 일은 없습니다. 이 회사의 문제는 아무 비전이 없다는 것입니다. 특히 제 상사인 워렌 부장까지도요. 제가 그에게 가서 이 회사 미래에 중대한 영향을 미칠 수 있는 훌륭한 아이디어를 얘기해 봐야 그가 관심 있는 건 '비용이 얼마나 될 것 같나? 기간은 얼마나 소요될까? 자네가 이 새로운 업무를 수행하는 동안 자네 일을 누가 맡아서 하지?'입니다.

당신이 예상하다시피, 감각형인 워렌은 상황을 다르게 본다.

아마 알렉스 대리가 나보다 더 창의적이기 때문일지도 모르죠. 하지만 나는 솔직히 그 사람 아이디어가 어디서 오는지 잘 모르겠네요. 그 아이디어가 나쁘다기보다는 대부분 너무 비현실적입니다. 그는 여기서 일이 진행되려면 뭐가 필요한지를 이해하지 못합니다. 제 상사에게 계획을 추천하기 위해서는 치밀한 비용 대비 편익 분석을 제시해야 합니다. 이것은 제게 비용, 시간, 회사에 미칠 영향 등에 대한 실질적인 자료들이 필요하다는 걸 뜻합니다. 이런 모든 일을 하려면 알렉스 대리가 관심이 없는 그런 종류의 주의 깊고 방법론적인 연구가 필요합니다.

감각형과 직관형의 특징

감각형	직관형
확실하고 구체적인 것을 신뢰한다.	영감과 추론을 신뢰한다.
현실적으로 응용할 수 있는 새로운 생각을 좋아한다.	새로운 생각과 개념 그 자체를 좋아한다.
현실과 상식을 중시한다.	상상과 혁신을 중시한다.
이미 검증된 기술을 사용하고 다듬기를 좋아한다.	새로운 기술을 배우는 것을 좋아한다. 기술을 익히면 쉽게 싫증 낸다.
구체적이고 문자 그 자체에 충실한 경향이 있다.	일반적이고 비유적인 성향을 띠고 은유와 비유를 사용한다.
자세한 처방을 제공한다.	두루뭉술하게 비약적으로 정보를 제공한다.
과거와 현재를 지향한다.	미래를 지향한다.

지금까지 사람들은 실제로 두 개의 서로 다른 방식으로 정보를 취급한다는 것이 명백해 보인다.

아래 연속선에서 당신의 선호를 표시하시오.

성격 유형의 세 번째 영역은 우리가 판단을 내리고 결론에 이르는 방식에 관한 것이다. 세상과 소통하고 정보를 취하는 데 두 개의 서로 다른 방식이 있는 것처럼, 결정을 내리는 방식에도 서로 다른 두 가지가 있다. 이 두 방식은 사고와 감정에 의한 것이다.

성격 유형의 맥락에서 보면, '사고'는 객관적으로 결정하는 것을 나타내고 '감정'은 개인의 가치에 바탕을 두고 결정을 내리는 것과 관련된다. 정서가 의사 결정 과정에서 부분적인 역할을 할 수 있음에도 불구하고 여기서의 감정은 단순히 자신이나 타인에게 중요한 것에 바탕을 두고 결정을 내리는 것을 의미한다.

사고형은 논리적인 결정을 선호한다. 이들은 객관적이고 분석적으로 의사 결정을 하는 자신의 능력에 대해 자랑스러워한다. 사고형은 유쾌하지 않은 결론이 나오더라도 증거를 분석하고 가늠해서 결정을 내린다. 감정형은 자신의 관심도와 느낌에 기초해서 판단을 내린다. 감정형은 감정을 나누고 공감할 수 있는 자신의 능력을 자랑스러워한다. 사고형과 감정형은 명백히 다른 우선순위를 갖는다.

어떤 사람들은 자신이 사고형인지 감정형인지를 판단할 때 매우 어려움을 겪기도 한다. 때때로 이 용어들은 하나의 선택이 다른 선택에 비해 바람직하지 못하다는 어떤 암시를 포함한다. 물론 우리 문화에서는 특정 행동과 관련된 매우 강력한 성적인 편향이 있다. 남성과 여성 사이에서 기대되는 성 역할이 다르기 때문에 일부 사람은 자신의 선호를 잘못 판단하기도 한다. 본래 사고형인 여자는 좀 더 감정형처럼 행동하도록 사회화됐을 가능성이 있다. 본래 감정형인 남자가 좀 더 사고형처럼 행동하도록 사회화됐을 수도 있다. 아래 내용을 읽으면서, 당신이 성장해 온 환경에 신경 쓰지 말고 당신의 진정한 모습이 어떤 것인지를 고민해 보라. 이렇게 선호도를 분명히 하는 것은 오랫동안 가짜 성격형으로 살아온 사람들에게 큰 깨달음을 주고 자유로움을 선사한다.

앞서 말했던 것처럼 사람은 감정과 사고를 둘 다 사용한다. 사고형에게도 감정과 개인적인 가치가 있고, 감정형도 완벽히 논리적일 수 있다. 하지만 사람들은 제각기 한 선호 과정을 다른 선호 과정보다 더 자연스럽게, 더 자주, 그리고 더욱 성공적으로 사용한다.

사고는 대개 의사 결정의 합리적인 방식으로 여겨지는 반면 감정은 비합리적으로 여겨진다. 그러나 여기서 말하고자 하는 것은 이런 것이 아니다. 사고와 감정은 모두 합리적인 방식이다. 말하자면 사고와 감정은 의사 결정 과정에서 서로 다른 판단 기준을 사용할 뿐이다.

감정형인 로버트는 인문 대학의 학생처 부학장이다. 그는 교칙을 위반한 학생들에 대한 징계 청문회를 수행하고 적절한 처벌을 결정하는 책임을 맡고 있다. 헨리라는 한 학생이 기숙사에서 마리화나를 피우다 적발됐다. 이런 경우 보통 두 학기 근신과 한 학기 정학 처분이 내려진다. 이 사건을 조사하다가, 로버트는 신입생인 헨리가 문제가 많은 두 상급생들과 함께 방을 써 왔다는 점을 알게 되었다. 헨리는 학업 성적이 우수했고 이전에 결코 어떤 사건 사고에 관련이 없었다는 점도 알게 됐다. 헨리는 깊이 반성하면서, 자식 공부를 위해 헌신해 오신 부모님이 처벌 결과를 어떻게 받아들일지 걱정하고 있었다. 이런 모든 상황들은 고려한 결과 로버트는 한 학기 근신에 이어 6주간 학교에서 행해지는 '마약 바로 알기 프로그램'에 의무 참석하는 것으로 헨리에 대한 처벌을 확정했다.

사고형인 학장은 이 처벌이 지나치게 관대하고 비합리적이라고 생각했다. 그녀는 모든 학생들에게 동등한 기준을 적용하지 않는 것은 위험한 선례를 남기는 것이라 판단했기 때문에, 로버트에게 그의 결정에 대한 해명을 요청했다. 이에 로버트는 다음과 같이 설명했다.

제가 헨리에게 정학 처분을 내릴 수도 있었을 겁니다. 하지만 저는 상황을 다음과 같이 봤습니다. 신입생들이 얼마나 선배를 열심히 따르는지를 감안한다면, 학교는 헨리와 문제 학생들을 한 방에 배정하지 말았어야 했습니다. 제가 보기엔 학교가 그런 문제를 조장한 것입니다. 헨리는 본래 착하고 성실한 학생이며 학교의 자산이라고 할 수 있어요. 무엇보다 학교는 학생에 대한 교육을 최우선으로 생각해야 합니다. 저는 헨리가 이번 경험을 통해 충분히 배우고 반성하고 있다고 생각합니다. 그래서 그의 인생에 큰 영향을 줄 수도 있는 지나치게 엄한 처벌은 필요 없다고 봅니다.

비록 로버트의 결정은 자신의 개인적 가치관과 상황 판단에 바탕을 두고 있긴 하지만, 그는 분명히 비합리적으로 판단하지는 않았다.

감정형인 로렌과 사고형인 제롬의 경우는 이러한 선호가 각자의 균형을 유지하는 데 서로 도움을 주는 좋은 예다. 이들은 잡지사 편집부에서 함께 일하고 있고 서로를 높이 평가하고 있다. 제롬은 설명한다.

"로렌은 사람들을 아주 잘 받아 주죠. 저는 작가와 갈등이 생기거나, 사람들의 태도가 이해되지 않을 때, 로렌에게 조언을 구합니다. 그녀는 항상 사람들이 왜 그런 식으로 느끼는지 이해해요. 어떤 상황에 대처하는 로렌의 통찰력과 행동 방식은 제게 여러모로 도움이 됐습니다."

로렌은 말한다.

"제롬은 아주 정직한 사람이에요. 늘 재치 있거나 사교적이진 못해도 항상 정직하죠. 일을 논리적으로 처리하고 싶을 때면, 제 느낌을 따르는 대신 저는 늘 제롬과 상의해요. 그의 말하는 내용이나 직설적인 태도가 항상 마음에 드는 것은 아니지만 아주 객관적인 의견을 얻을 수 있죠. 그런 객관성이 제게 필요하기도 하고 그런 면에서 제롬을 높게 평가합니다."

사고형은 차가워 보일 정도로 분석적이고 감정형들은 감상적으로 보일 정도로 개인적이다. 사고형과 감정형이 충돌할 때, 감정형은 감정이 상하는 반면 사고형들은 뭐가 잘못됐는지 혼란스러워한다.

감정형인 토니는 사무용 가구 제조 회사의 영업 사원이다. 그는 사무실을 재단장하려는 회사의 대표들과 함께하는 점심 회의에 참석하기 위해 시카고행 아침 비행기를 예약했다. 토니의 상사는 이 중요한 고객들을 접대하기 위해 전날 밤에 떠났다.

토니가 열 시 회의에 한 시간 반이나 늦게 도착했을 때, 그의 상사는 매우 화가 났다. 토니는 비행기가 엔진 과열로 디트로이트에서 비상 착륙을 했고 약 두 시간을 기다린 후에야 다른 비행기의 일등석을 타고 올 수 있었다고 해명했다.

토니의 얘기가 끝나자마자, 상사는 토니가 일등석을 타게 되면서 회사가 부담해야 하는 추가 운임이 얼마나 되냐고 물었다. 토니는 깜짝 놀라서 상사를 노려보았고 자신이 겪은 일에 전혀 공감하지 못하는 상사의 태도에 기분이 언짢았다.

토니의 상사는 매우 당황하며 말했다.

"자네가 왜 나한테 이러는지 이해할 수 없네. 그건 내가 자네의 안전에 관심없다는 게 아니라, 자네 상태는 괜찮은 것 같아서 그저 추가 비용이 궁금했던거지."

성격형을 판단하는 데 도움을 주기 위해, 다음의 상반된 의견 가운데 어느 쪽을 찬성하는지 생각해 보라.

감정형인 타라는 어려운 결정을 내려야 할 처지에 있다. 회사의 구조 조정으로, 그는 마케팅 부서의 직원 한 명을 해고해야 한다. 해고 대상자는 회사에서 22년간 근무했던 쉰일곱 살의 테드와 2년 근무한 서른여섯의 알렌이다.

상사 케이트와의 회의에서 타라는 왜 테드 대신 알렌을 해고해야 하는지 설명했다.

테드는 지금까지 열심히 근무해 왔습니다. 그가 항상 성실하게 자기 임무를 완수하고 동료들에게도 도움을 준 것에 대해 높이 평가합니다. 그에겐 대학생 아들 하나가 있고 올 가을에 그의 둘째가 대학에 들어갑니다. 그의 아내 메리는 건강이 안 좋고요. 그 나이에 새 직장 구하기가 쉽지 않다는 것도 고려해야지요. 반면에 알렌은 아직 젊어요. 게다가 그는 야망이 있고 활동적입니다. 그가 새 일자리를 구하는 건 어렵지 않을 겁니다. 게다가 테드의 근면성과 회사에 보여 준 충성심에 합당한 보상을 한다면, 직원들에게 우리 회사에서 일을 한다는 자긍심을 심어 주리라고 봅니다.

사고형인 케이트는 상황을 다르게 파악한다.

테드가 대단히 훌륭한 직원이라는 건 누구나 다 압니다. 하지만 이번 결정은 한 개인을 위해서가 아니라 우리 회사를 위한 최선의 선택을 해야 합니다. 테드의 전성기는 이미 지났습니다. 앞으로 그는 더 나아지지 않을 겁니다. 알렌은 전성기를 앞두고 있어요. 알렌은 앞으로 회사에서 아주 중요한 역할을 할 겁니다. 또한 테드의 경력 때문에, 회사는 테드에게 알렌에 비해 연간 2,000달러를 더 지급하고 있습니다. 테드에게 의료 보험 비용도 더 많이 들어가겠죠. 유감스럽지만 테드 대신에 알렌을 해고하자는 의견에 찬성할 수 없습니다.

만약 알렌을 해고해야 한다고 생각한다면 당신은 감정형일 가능성이 크고, 테드를 해고해야 한다고 생각한다면 사고형일 것이다.

사고형과 감정형의 특징

사고형	감정형
한 걸음 물러서서 문제를 사무적으로 분석한다.	한 걸음 다가가서 행동이 남에게 미칠 영향을 고려한다.

논리, 정의, 공정함을 중요시한다.	공감과 조화에 가치를 둔다.
모든 일에 한 가지 기준을 적용한다.	규칙의 예외를 인정한다.
단점을 보고 비판적인 경향이 있다	타인을 기쁘게 해 주고 싶어 한다.
	쉽게 감사를 표시한다.
차갑고, 무뚝뚝하고, 무관심해	감상적이고 비논리적이며 심약해
보일 수 있다.	보일 수 있다.
요령 있는 것 보다 진실한 것이 중요하다.	진실한 것만큼 요령 있는 것도 중요하다.
감정이 논리적일 때 의미가 있다.	논리적이든 그렇지 않든
	감정은 의미가 있다.
성취 욕구에 의해 동기 부여를 얻는다.	인정받고자 하는 욕구로 동기 부여된다.

당신의 위치는 아래 연속선에서 어디라고 추측하는가.

사고형(T) ←——————————|——————————→ 감정형(F)

판단형Judging**과 인식형**Perceiving

성격 유형의 네 번째 영역은 우리가 조직적인 방식으로 살기를 원하는
가 아니면 더 자발적인 방식으로 살기를 바라는가와 연관된다.

판단을 선호하는 사람은 질서 정연하고 잘 짜여진 조직적인 삶을 살고,
문제들이 해결됐을 때 가장 행복해한다. 이들은 판단하고 결정하기를 좋
아한다. 판단형은 삶을 통제하고 조정하려고 한다. 반면 인식을 선호하는
사람들은 자발적으로 유연하게 살 수 있을 때 가장 행복하다. 이들은 사물
을 있는 그대로 인식하려 하고 모든 종류의 가능성을 염두에 둔다. 인식형

은 삶을 통제하기보다 이해하려고 한다.

판단형이 반드시 비판적인 것은 아니다(이들은 독선적인 사람이 아니다). 이들은 문제를 해결하고 싶어 할 뿐이다. 마찬가지로 인식형이 반드시 직관력이 뛰어난 것은 아니다(다만 사물을 정확하게 보는 것에 대해 민감할 뿐이다). 이들은 단순히 여러 대안을 인식하기를 바란다.

판단형과 인식형의 두드러진 차이는 어떤 일의 마무리 단계에서 드러난다. 판단형은 마무리를 지을 때까지 계속 긴장하며 결정을 내리려고 애쓴다. 반면에 인식형은 결정 자체를 강요받을 때 긴장한다. 즉 이들은 마무리를 짓기보다는 여러 대안을 고려하는 것을 선호한다.

일상에서 사람들은 판단하고 인식한다. 어느 누구도 하나의 방식만으로 경직되게 행동하지 않는다. 판단과 인식 사이에서 균형을 유지하는 것이 좋은데, 왜냐하면 판단형은 경직되기 쉽고, 독선적이며, 융통성이 모자랄 위험이 있고, 인식형은 일을 매듭짓지 못하고 대안만 고려하고 있을 위험이 있기 때문이다.

인식형인 신시아가 자원해서 지역 서점을 위한 블로그를 운영하려고 하자 주민들은 열렬히 환영했다. 신시아는 이런 일에 타고난 듯 보인다. 그녀는 대인 관계가 원만하고 지역 사회에서 유명하며, 예술적 재능도 있었고 이전에도 블로그를 만들어 본 경험이 있었다. 신시아는 게시글을 위해 중요한 자료와 아이디어를 수집하기 시작했다. 그러나 한 달이 지나도 게시물은 올라오지 않았다. 사람들이 해명을 요구하자, 신시아는 침착하게 설명했다. 어머니가 집에 놀러 왔고, 아이가 몸이 아팠으며 게다가 남편과 일주일간 스키를 타러 갔다 오느라 기대만큼 일을 하지 못했다는 것이다. 그녀는 필요한 자료를 수집하는 데 문제가 생긴 데다, 사람들과 연락을 원활하게 하지 못했다고 말했다. 결국에 신시아는 멋진 블로그를 완성했다. 그리고 그 과정은 또 다시 시작되었다. 이후 6개월 동안 그 서점은 블로그에 겨우 네 개의 게시글을 올렸는데, 그래도 신시아는 이 사실이 매우 자랑스러웠다.

그러나 서점 관리자인 애슐리는 이런 사실에 굉장히 화가 났다. 판단형인 애슐리는 게시글이 매주 올라오기를 기대했고, 그달의 주요 일정이 표시된 달력이 메인 화면에 포함되기를 원했다. 애슐리는 신시아의 작업이 너무 불만족스러워 결국에 블로그를 직접 맡기로 했다. 그녀는 어려움 없이 필요한 정보를 수집했고, 기사가 부족할 땐 부족한 대로 블로그에 게시글을 올렸다. 애슐리는 서점을 위한 전문적이고 간결한 블로그를 만들었다. 종종 내용이 단조로웠지만 항상 제날짜에 어김없이 게시글이 올라왔다.

시작, 중간, 끝을 가진 구조 안에서 살아가는 판단형은 계획적이고 질서가 있는 세계를 선호한다. 이들은 일어나는 일들을 통제하고 결정 내리길 원한다. 판단형은 사물을 흑과 백으로 보는 경향이 있고 상황의 한편에 치중하기를 좋아한다. 문제가 공중에 떠 있는 것보다 해결된 상태를 더 편안해한다. 즉 판단형은 적응력이 떨어지고, 뜻밖에 벌어지는 일을 좋아하지 않는다.

인식형은 자발성을 발휘할 많은 기회가 주어지는 유연한 세계를 좋아한다. 이들은 구조를 갑갑하게 여기고 일이 자연스럽게 흘러가는 것을 선호한다. 인식형은 새롭고 변화하는 환경에 적응하기를 즐기고 결정 내리는 것을 미루는 경향이 있다. 이들은 언제든지 일을 열린 결말로 남기기를 바라고 가능하면 판단을 유보하기 원한다. 인식형은 문제를 회색 지대에서 바라보며 살면서 일어나는 예상치 못한 일들을 즐긴다.

제프와 아미는 자전거를 사려고 운동용품점에 갔다. 인식형인 제프는 점원에게 30분이 넘도록 여러 가지 질문을 했다. 하지만 그는 최적의 자전거를 고르지 못했다. 게다가 가게의 환불 정책도 마음에 들지 않았다. 제프는 결국에 좀 더 알아볼 생각으로 가게를 빠져나왔다. 집으로 가는 길에 정보를 얻기 위해 두 군데 가게를 더 들렀다.

판단형인 아미는 진열된 자전거를 몇 분간 살펴본 뒤, 점원에게 물었다.

"자전거 좀 추천해 주실래요?"

점원이 가장 많이 팔린 자전거를 권해 주자, 그녀는 말했다.

"좋아요. 그걸로 할게요."

직장 생활에서, 특히 일에 쫓기는 상황에 처했을 때는 인식형과 판단형 사이에서 갈등이 생기기 쉽다. 이런 경우 사람은 저마다 선천적으로 다르게 행동한다는 것을 알게 되면 상대의 거슬리는 행동이 견디기 쉬워지고 또한 더 쉽게 그런 행동을 예측하게 된다.

인식형인 이렌과 판단형인 수잔은 같은 회사의 교육 훈련 부서 직원이고, 일일 경영자 훈련 강좌를 함께 운영한다. 두 사람은 전에도 개별적으로 여러 번 이 프로그램을 운영한 경험이 있는데, 함께 일하는 것은 이번이 처음이다. 이렌과 수잔은 프로그램의 책임질 몫을 나눴다. 이렌은 오전 여덟 시에 프로그램을 시작하여 30분 동안 도입부를 진행하고, 수잔은 오전 여덟 시 반부터 휴식 시간인 열 시까지, 한 시간 반 동안 진행되는 첫 부분을 발표할 것이다. 오전 여덟 시, 스물다섯 명의 참가자 가운데 일곱 명이 아직 오직 않았다. 판단형인 수잔은 프로그램을 바로 시작하길 원했지만 인식형인 이렌은 나머지 사람들이 다 올 때까지 기다리기로 했고, 그렇게 15분이 흘렀다. 이렌이 도입부를 발표하는 도중에 프로그램에 관한 참가자들의 질문이 여럿 나왔다. 수잔은 능숙하게 다수의 의문은 일과가 진행되면서 자연히 풀릴 것이라고 말하며 개입하려 했지만, 이렌은 질문에 즉각 답변을 해 주는 것이 좋겠다고 판단했다. 이렌이 발표를 끝낼 즈음, 시간은 아홉 시가 됐는데 이는 수잔의 90분 발표 시간이 한 시간밖에 남지 않았음을 의미했다. 수잔은 숨가쁘게 발표를 진행하여 대부분 중요한 주제를 다뤘지만 혼란과 스트레스를 받으며 마무리했다.

휴식 시간인 열 시가 되자, 수잔은 화가 나서 이렌에게 따졌다. 이들은 곧 첨예한 충돌 상황에 놓이게 되었다. 수잔은 이렌이 시간 관리를 무책임하게 했다고 나무랐다. 그녀는 이렌이 오전 발표 시간을 질질 끄는 바람에 자신의 발표는 급하게 간신히 끝낼 수 밖에 없었다고 주장했다. 수잔은 일곱 명을 기다리느라 열여덟 명이 시간을 낭비한 것은 말도 안 된다고 생각했고 자신의 지적에 이렌이 반박했을 때 당황스러웠다고 말했다. 그녀는 자신의 발표 시간이 충분하지 못했고, 자신의 사려 깊은 계획들이 말도 안 되는 이유로 엉망이 되어 버렸다는 사실에 분노했다.

이렌은 수잔이 과민 반응을 보이는 데다 너무 답답하다고 생각했다. 그녀는 늦은 참가자들을 기다려 준 것은 매우 적절한 일이었다고 생각했다. 게다가 이렌은 끼어들기는 프로그램 진행 시에 자주 발생하는 부분이라고 생각했다. 프로그램의 원활한 진행을 위해 질문을 일찍 받는 것이 낫다고 느꼈다. 대신 빠진 부분은 나중에 보충할 수 있겠다고 여겼다. 이렌은 수잔이 자신의 답변을 짧게 자른 사실을 받아들이기 힘들었으며 사람들 앞에서 자신의 권위가 침해당했다고 느꼈다.

아직 프로그램이 끝나지 않았기 때문에, 두 사람은 서로 좀 더 협조하면서 일을 마무리하기로 했다. 이렌은 시간을 잘 지키겠다고 약속했지만 자신과 참석자 간의 질의응답은 유지하기로 했다. 수잔은 일할 때 융통성을 발휘할 것을 약속했지만, 참석자들 앞에서 이렌에게 그날의 일정을 상기시키는 권한은 유지했다. 다행히도 남은 프로그램은 차질 없이 진행되었다.

판단형인지 인식형인지를 판단하는 척도 중 하나는 책상 정리 상태다. 전형적으로 판단형의 책상은 매우 깔끔하며 잘 정돈되어 있다. 자주 쓰는 물건은 찾기 쉬운 자리에 있다. 검토할 업무들과 완료된 업무들은 각각 구분되어 서랍에 보관된다. 중요한 정보는 쉽게 찾을 수 있게 서류철에 담겨 있다. 판단형의 책상에서 밑줄이 그어진 '해야 할 일 목록'을 발견하는 것은 드문 일이 아니다.

반면에 인식형의 책상은 정리가 덜 된 채로 있다. 누군가 이것을 지적하면 인식형은 항상 필요한 것은 언제든지 찾을 수 있다고 주장한다.

책상 정리 상태(벽장, 지갑, 자동차의 상태)는 당신의 정신이 어떻게 작동하고 있는지를 보여 준다. 앞으로 4개월 뒤에 열리는 행사 안내 책자를 받았다고 하자. 판단형은 다음 사항 중에서 어느 하나를 선택한다.

— 작년에 참가했거나 더 급한 일이 있기 때문에 그 책자를 버린다.
— 신청서를 작성하고 등록비와 함께 보낸다.
— 관심을 가질 만한 이에게 안내 책자를 건네준다.

판단형은 결정을 내리고 안내 책자를 책상에서 치워 버린다.

인식형은 같은 상황에서 다르게 행동한다. 먼저 남은 4개월은 긴 시간이다. 그때까지 많은 일이 있을 수 있기 때문에, 인식형은 결정을 내리기엔 아직 이르다고 생각한다. 그 안내서가 필요하다고 생각되면 쌓아 놓은 서류 더미 속에 놓아둔다. 그 책자가 별로 중요하지 않다고 생각하면 책자에 대해 까맣게 잊어버릴 것이다. 인식형은 결정을 내리지 않았기 때문에 결정을 내릴 때까지 안내서는 책상의 다른 서류 속에 묻혀 있게 된다.

앞으로 할 일이나 지금 할 일의 목록을 적어 놓는 사람들은 드물지 않다. 그러나 인식형은 다양한 종류의 일들을 자신의 구상 속에 그냥 넣어두는 것 같다. 이들은 결정을 지나치게 미루는 탓에 기회를 놓치기도 한다.

판단형과 인식형의 특징

판단형	인식형
결정을 내린 후에 가장 만족한다.	선택을 남겨 두었을 때 가장 만족한다.
먼저 일하고 나중에 시간이 남으면 논다.	현재를 즐기고 일은 나중에 마무리한다.
목표를 정하고 그것을 제때 달성하기 위해 일한다.	새로운 정보를 접하면 그때마다 목표를 수정한다.
결과를 중시한다.	과정을 중시한다.

임무를 완수하는 것을 강조한다.	일이 수행된 방식을 강조한다.
일을 끝내는 것에서 만족감을 얻는다.	일을 시작하는 데서 만족을 얻는다.
시간을 한정된 자원으로 보고 마감 시간을 진지하게 고려한다.	시간을 새롭게 바뀌는 자원으로 보고 마감 시간을 탄력적으로 생각한다.

어떤 유형이 당신에게 맞는지를 생각하면서, 환경이 종종 당신의 참모습을 진정으로 반영하지 않는 방식으로 행동하도록 강요할 수도 있다는 점을 생각해 보길 바란다. 우리 대부분은 적어도 일정 기간 동안, 특히 일터에서는 판단형처럼 행동해야만 한다. 당신이 직장에 다닌다면, 제시간에 출근해야 하고, 마감 시간을 준수해야 하며 많은 결정을 내려야 한다. 당신의 사생활과 직장 생활이 서로 점점 더 얽혀 상황이 복잡해질 수도 있다. 이 때문에 어느 유형이 진짜 나에 가까운지 판단하기가 어려워질지도 모른다. 이런 경우엔 한 걸음 물러서서 만약 당신이 바라는 대로 행동할 수 있다면, 어떤 성격 유형이 당신에게 가장 커다란 만족감을 줄지 궁리해 보라.

아래 선에 당신의 성격 유형을 표시해 보자.

지금까지 네 가지 유형 중 당신의 선호를 예상해 보았다. 이제 아래 공간을 주어진 문자로 채워 넣어라.

_____ _____ _____ _____

(외향형 또는 내향형)　(감각형 또는 직관형)　(사고형 또는 감정형)　(판단형 또는 인식형)

축하한다! 이 과정을 통해서 당신은 자신의 성격 유형을 확인하는 일, 그리고 그 이상의 것을 얻었다. 하지만 당신의 성격 유형을 정확히 결정했는지 확인하는 과정은 한 단계가 더 요구되는데, 이것을 우리는 검증이라 부른다.

당신의 성격 유형을 찾아라

열여섯 가지 성격 유형 중에서 당신의 성격 유형을 검증하는 것은 다음 장에 잘 나와 있다. 다음 장의 도입부를 읽은 후, 당신은 당신에게 맞는 성격 유형을 선택해야 할 것이다.

예컨대, 당신의 성격 유형 선호도를 외향형, 감각형, 사고형, 판단형이라고 추정한다면, 우선 ESTJ형에 대한 설명을 찾아 읽는다.

ESTJ형이 실제 당신의 성격 유형이라면 당신은 그 성격에 대한 설명에 매우 만족할 것이다. 사실 대부분의 사람들은 성격 유형의 설명이 자신을 얼마나 정확히 묘사하는지를 보고 깜짝 놀란다. 이와 같이 느꼈다면 당신은 높은 확률로 성격 유형을 검증한 것이다. 결정을 재빨리 내리는 기질이 강한 사람들이 다른 가능성을 미리 차단해 버리는 것을 방지하기 위해 '확률이 높다.'는 표현을 했다(그리고 당신은 자기 자신이 어떤 사람인지 안다). 그래서 성격 유형을 좀 더 완벽하게 서술한 다른 여러 장들을 읽을 때까지, 이 연습을 통해서 추정된 성격 유형을 일종의 '작업 가설'이라고 생각하길 제안한다.

반면에 ESTJ형에 대한 설명을 읽고 어느 정도 내 모습 같기는 하지만 아주 그렇지는 않다면 아마도 아직 진정한 성격 유형을 찾은 것이 아니다.

그런 상황에 처했을 때, 당신이 할 일이 여기 있다. 앞부분의 선호도에 대한 연속선으로 돌아가라. 중앙 지점에 가깝게 표시한 연속선(즉 덜 확실한 선호)에 주목하라. 그다음 중앙 지점에서 멀리 떨어져 표시된 연속선(더 확실한 선호)을 보라.

다시 ESTJ형의 예로 돌아가서 외향, 감각, 사고는 매우 확실하게 느껴졌지만 판단에 대한 선호는 분명치가 않다고 생각했다. 그러면 당신은 실제로 ESTJ형보다 ESTP형일 가능성이 높다. 간단히 배우겠지만 이 두 성격 유형은 문자 세 개가 동일하긴 하지만, 여러 면에서 분명한 차이가 있다. 따라서 ESTP형을 설명한 부분도 더불어 읽어 보기를 바란다.

당신이 실제로 판단보다 인식을 선호한다고 밝혀진다면, ESTP형에 대한 설명이 훨씬 당신과 어울릴 것이다. 따라서 진정한 성격 유형을 찾기 위해서 성격 유형을 탐색하는 이러한 과정을 여러 번 거쳐야 할지도 모른다.

아마 당신은 '자신의 성격 유형을 금세 찾을 수 있어야 하는 게 아닐까?'라는 질문을 할지 모른다. 그러나 늘 그런 것은 아니다. 종종 주변 환경은 사람들이 자기답게 사는 것을 방해하기도 한다. 예컨대 부모님이 특정한 행동만을 칭찬하거나 자녀의 관심 분야(건축 공부) 대신에 부모가 바라는 것(말하자면 가족 사업 경영)을 하도록 강요했을 수 있다.

어린 시절을 위와 같이 힘들게 보낸 사람들은 자기방어책으로 특정한 행동 방식에 억지로 적응하기도 한다. 이것은 자기를 바라보는 방식에 영향을 주어서, 살아남은 당신과 진정한 당신 사이에 장벽을 놓을 수 있다. 이번 기회를 통해 진정한 당신의 모습을 찾으려는 노력을 기울이기 바란다.

네 가지 선호 경향을 주의 깊게 이해하는 것이 중요하다. 왜냐하면 당신의 성격 유형은 선호 경향들이 서로 상호 작용하는 특정한 방식으로 결정되기 때문이다. 당신은 아마도 '상승효과synergism'라는 개념에 친숙할 것이다. 기본적으로 상승효과synergy는 개개의 부분들로 있을 때 힘의 합보다 부분들을 합했을 때 힘의 합이 더 커지는 효과를 말한다. 이것은 성격 유형에도 마찬가지로 적용된다. 예를 들어 '어느 누구도 단순한 감각형일 수는 없다.'는 사실을 아는 것은 '어떤 사람들은 직관보다 감각을 선호한다.'는 사실을 아는 것만큼 유용하다. 감각을 선호하는 사람들은 나머지 선호들과 결합하여 여덟 가지 종류로 나눠질 수 있다. 즉 성격 유형은 이러한 유용한 정보를 제공하는 (문자로 나타내는)선호들의 조합이다.

이 책의 나머지 부분에서 유용한 정보를 얻기 위해서 당신의 성격 유형을 확인할 필요는 없다. 하지만 제2부로 넘어가기 전에 자신의 성격 유형을 성공적으로 찾는다면 이 책에서 확실히 더 많은 것을 얻을 수 있을 것이다. 이번 장을 복습하고 다음 장을 읽으면서 진정한 성격 유형을 발견하는 데 시간제한을 둘 필요는 없다는 점을 명심하길 바란다. 당신이 이번 장을 다 읽은 뒤에도 자신의 성격 유형을 알지 못한다고 해서 경찰관이 체포하지는 않을 것이다. 숨 가쁘게 돌아가는 세상에서 우리는 모든 것을 빨리 결정해야만 한다는 압박감을 자주 느낀다. 시간을 들여서 이 책을 충분히 복습하라. 성격 유형이 가장 정확하게 당신을 반영할 때까지 가설을 계속 다듬어 나가라. 그러다 보면 작은 승리를 획득하는 순간이 찾아온다. 즉 진정한 나를 찾은 것이다!

열여섯 가지 성격 유형
진정한 나의 모습을 발견하라

이번 장에서는 검증 가능한 열여섯 개의 성격 유형에 대해 다룰 것이다. 당신에게 맞는 유형이 바로 이 열여섯 개 가운데 있을 것이다.

당신의 성격 유형이 당신의 생각과 감정을 완벽하게 묘사하지는 못할지도 모른다. 그러나 완벽한 묘사는 아니더라도 일반적으로 그것은 당신에 대한 묘사처럼 들려야 한다. 다시 말해, 성격 유형이 묘사하는 설명의 대부분에 동감해야 한다.

이번 장에서 성격 유형을 설명하면서 직장 생활에 대해 서술하는 것을 의도적으로 피했다. 의아할 수도 있겠지만 지금은 '진정한 나'를 정확히 집어내려고 시도하고 있다는 점을 명심하자. 당신이 직장에서 의무적으로 하는 행동은 당신이 직장 밖에서 원하는 대로 하는 행동과 매우 다를 것이다. 직업과 관련된 성격 유형은 제3부에서 살펴볼 것이다. 자신의 성격 유형과 흔히 연결되는 업무 관련 장점과 약점들은 3부에서 볼 수 있다.

여러 가지 성격 유형의 설명들을 검토한 후에 당신은 다음과 같이 생각할지 모른다.

"잠깐, 모든 성격형에서 내 모습을 조금씩 엿볼 수가 있네."

실제로 이렇게 생각하는 경우는 드물지 않다. 그러나 중요한 점은 비슷해 보이는 조각들을 찾는 게 아니라 진정한 성격 유형을 찾는 것이다. 대부분 자신의 성격 유형에 대한 묘사가 매우 정확하고 심오한 통찰력이 있다는 사실을 깨닫게 된다.

우리는 독자 여러분이 성격 유형의 타당성을 납득했기를 기대한다. 여전히 성격 유형은 '귀에 걸면 귀걸이, 코에 걸면 코걸이가 아닌가.'라는 의심이 든다면, 어떤 성격 유형과 정반대되는 성격 유형(예컨대 INTP형과 ESFJ형) 모두를 읽어 볼 것을 권한다. 이 두 유형이 매우 다른 종류의 사람들을 묘사하고 있다는 것을 알게 될 것이다.

여기서 서술한 성격 유형은 성격의 장점뿐만 아니라 단점도 포함하고 있다. 이 설명을 통해 때때로 큰 장점의 정반대에는 취약점이 있다는 것을 알게 될 것이다. 예컨대 사고력이 탁월한 사람은 타인의 감정에 공감하는 능력이 부족할 가능성이 매우 높다. 성격의 단점을 알게 되면서, 우리는 직장에서나 직장 밖에서 행동의 균형을 맞출 수 있다.

ENFJ형　외향적, 직관적, 감정적, 판단적 성격형

ENFJ형은 사람을 매우 좋아한다. 인간관계를 가장 중시하고 자연스레 타인에 대해 관심을 갖는다. 이들은 인생을 따뜻하게 바라보며, 모든 것을 자기 자신과 연결시키려고 한다.

이상적이고 자신의 가치관에 맞춰 살기 때문에 존경하는 사람이나 대의명분, 제도에 매우 충실하다. 책임감 있고, 양심적이며 인내심이 강할 뿐만 아니라, 힘이 넘치고 열정적이다.

ENFJ형은 자기비판적인 기질을 타고난다. 하지만 타인이 느끼는 감정에도 책임을 느끼기 때문에 결코 공개적으로 타인을 비판하지는 않는다. 이들은 적절한 행동이 무엇인지를 잘 알고 있으며, 품위 있고 매력적이며

사교적이다. 침착하고 인내심이 있어 주변을 조화롭게 만드는 능력이 탁월하다. 타고난 지도자형으로 인기 있고, 카리스마도 있다. 이들은 사교성이 좋은데, 보통 말하는 재능을 활용한다.

또 실제 상황이 어떤지보다는 그 상황에 대해 어떻게 느끼는지를 바탕으로 결정을 내린다. 이들은 확실성을 넘어서는 가능성과 이러한 가능성이 타인에게 영향을 미치는 방식에 관심이 많다. 선천적으로 질서정연하기 때문에 조직적인 세계를 선호하고 타인들도 조직적이길 기대한다. 결정을 내리는 사람이 누구든 문제가 해결되길 바란다.

ENFJ형은 연민과 이해심이 많아 남을 보살피고 도와주려 한다. 사람을 잘 이해하고 책임감 있으며, 배려심이 많다. 또 이상주의자이기 때문에 주로 남의 좋은 면을 보려고 한다.

ENFJ형의 단점: 현실 직시 능력 부족, 지나친 타인 의식

ENFJ형은 매우 동정적이고 배려심이 많기 때문에 타인의 문제나 감정에 지나치게 관여하기 쉽다. 때로는 가치가 없는 대의명분에 시간과 정력을 허비하기도 한다. 일이 잘 풀리지 않으면, 그 일에 압도당하기도 하며 실망이나 환멸을 느낄 수 있다. 이런 경우에는 위축되고 자신이 무가치하다고 느끼기도 한다. 따라서 자신이 염려하는 사람들의 한계뿐만 아니라 자기의 한계를 받아들이는 것을 배울 필요가 있다. 또한 '상황을 가려 가며 싸우는 방법'과 현실적 기대를 유지하는 방법을 배울 필요가 있다.

평화를 열망하기 때문에 자기 자신의 필요나 현실 문제를 간과할 수 있다. 다툼을 싫어하기 때문에 때때로 정직하고 평등한 관계를 맺지 못한다. 타인을 매우 의식하므로 상황이 비판적이거나 남의 감정을 상하게 하는 경우에는 중요한 사실을 묵과할 수 있다. 따라서 ENFJ형은 갈등을 인간관계의 불가피한 부분으로 인정하고, 그것을 다루는 법을 배워야 한다.

ENFJ형은 열정적이고 성격도 급하기 때문에, 중요한 사실들을 모두 수집하기 전에 잘못된 가정을 하거나 성급한 결정을 내리기도 한다. 여유를 두고, 계획의 세부 사항에 좀 더 주의를 기울일 필요가 있다. 충분한 정보를 모을 때까지 기다린다면, 실수를 줄일 수 있을 것이다.

ENFJ형은 칭찬을 좋아하는 데 비해 비난에 쉽게 상처받는다. 정직하고 선의의 비판에도 당황하고 상처받거나 화를 내기도 한다.

ENFJ형은 매우 이상적이어서 자신이 원하는 방식으로 사물을 바라보는 경향이 있다. 이들은 관계를 이상화하기 쉽고 자신의 신념과 상반되는 사실들을 무시하기도 한다. 설령 동의하지 않더라도 사실에 직면하는 법을 배우지 못한다면 이들은 해결책을 발견하기보다는 결국에 자신의 문제를 무시하게 될 것이다. 대체로 ENFJ형은 자신의 가슴뿐만 아니라 시야도 열어 두어야 한다.

INFJ형 내향적, 직관적, 감정적, 판단적 성격형

INFJ형은 아이디어의 세상에 산다. 이들은 확고한 신념과 원칙, 그리고 진실성으로 무장한 독립적이며 독창적인 사람들이다.

INFJ형은 호의적인 상황에서도 자신의 생각과 결정을 믿는다. 자신의 내적 비전이 주류의 의견이나 기존의 권위를 넘어서는 가치를 지닌다고 믿으며 이에 의해 움직인다. 보다 심오한 의미를 간파할 줄 아는 직관적인 통찰력으로 상황을 주시한다. 타인의 지지가 없어도 이들에게 자신의 영감은 중요하고 생명력을 가진다.

INFJ형은 충실하고 헌신적이며 이상적이다. 자신의 아이디어가 받아들여지거나 적용되도록 강력하게 밀어붙인다. 진실성을 중시하고 고집스러워 보일 정도로 단호해질 수 있다. 공익을 위한 최선의 선택이 무엇인지에

관한 자신의 신념과 비전을 바탕으로, 위대한 지도자가 될 수도 있다. 이들은 종종 자신이 기여한 일로 사람들에게 명예와 존경을 받는다.

이들은 조화와 일치를 중요시하기 때문에 남을 설득하여 자기 관점의 타당성을 인정받으려 한다. 논쟁이나 위협보다는 인정과 칭찬을 통하여 타인의 협력을 이끌어 낸다. 동료애를 촉진하고 갈등을 해소하기 위해서 라면 어떠한 역경도 받아들일 것이다.

이들은 사려 깊은 결정을 내리고, 자극적인 상황에서 행동하기 전에 신중하게 생각한다. 한 번에 한 가지 문제에 깊이 전념하여 몰두하는 경향이 있다.

인간적이고 공감을 잘하는 INFJ형은 타인의 복지를 위해 헌신하려는 강한 욕구를 갖고 있다. 이들은 사람들의 감정과 관심사를 이해하고 복잡한 심성의 사람과도 잘 지낸다. 이들은 깊이 있고 복잡한 성품을 지니고 있으며, 예민하면서도 강렬한 기질을 갖고 있다. 무심해 보이거나 친해지기 어려울 수 있지만 자신이 신뢰하는 사람들과 내면을 기꺼이 공유하려 한다. 소수의 사람들과 깊고 오랜 우정을 유지하는 경향이 있고, 적절한 환경 아래서는 사적인 따뜻함과 열정을 충분히 발휘한다.

INFJ형의 단점: 비현실적, 좁은 시야

INFJ형은 자신의 아이디어에 매우 깊이 빠져들기 때문에, 때때로 비현실적인 모습을 보이며 일상적인 것을 무시할 수 있다. 주변에 좀 더 관심을 기울이고 검증된 정보에 의지한다면 자신의 창조적인 아이디어가 현실 세계에 기반을 두는 데 도움이 될 것이다.

또 자신의 원칙을 지키는 데 매우 철두철미하기 때문에 시야가 좁아질 수 있다. 변화에 저항할 수 있고 한번 결정한 판단을 바꾸는 데 저항하기도 한다. 때때로 자신을 지지하지 않는 중요한 사실들을 놓치거나 자기의 가치관과 충돌하는 아이디어를 무시한다. 타인의 반대 의견을 듣지 않기도 하는데, 왜냐하면 이들에게 자신의 위치는 의문의 여지가 없기 때문이다. 다른 유형과 마찬가지로, 자기 자신과 자신의 일을 좀 더 객관적으로 바라볼 필요가 있다.

INFJ형은 자신의 비전에 매우 방어적이기 때문에, 타인이나 상황을 지나치게 지배하려는 성향이 있다. 종종 완벽주의자가 되어 비판에 극도로 민감하게 반응할 수 있다. 이들은 심지가 강함에도 불구하고, 대인 관계에서 발생하는 갈등을 다루는 것을 어려워하는데 갈등이 악화될수록 실망하고 환상에서 깨어나기도 한다. 자기 자신과 인간관계에 대해 보다 객관적인 태도를 가질수록 이런 종류의 상처에 덜 취약해질 것이다.

ENFP형 외향적, 직관적, 감정적, 인식적 성격형

ENFP형은 열정과 새로운 아이디어로 가득하다. 긍정적이고, 자발적이며, 창조적이고, 자신감이 강하다. 거기다 독창적 사고와 가능성을 알아보는 뛰어난 감각을 지니고 있다. 이들에게 삶이란 흥미진진한 드라마와 같다.

이들은 가능성에 관심이 많기 때문에 모든 일에서 최대한 많은 선택을 할 수 있도록 상황을 열어 두는 것을 선호한다. 사소한 것에서 중요한 사실을 포착할 수 있는 날카롭고 직관력 있는 관찰자다. 이들은 호기심이 많고 판단하기보다 이해하려고 하는 편이다. 상상력이 풍부하고 적응을 잘하고 신중하며, 무엇보다 영감을 중요시하므로 종종 타고난 발명가가 된다. 때로는 이단아가 되어 혁신적인 방법을 발견하는 데 능숙하다. 사상이나 행동을 위한 새로운 길을 개척한 다음 그 길을 활짝 열어 놓는다.

이들은 혁신적인 아이디어를 즉흥적으로 실천한다. 풍부한 아이디어를 가지고 있으며 여러 가지 문제들로부터 자극을 받는다. 역시 남과 함께 어울리면서 에너지를 획득하고 자기 재능과 타인의 강점을 성공적으로 결합시킬 수 있다.

이들은 매력적이고 생기발랄하다. 부드럽고 다정하게 사람들을 대하고, 남을 돕는 일에 발 벗고 나선다. 통찰력이 풍부하고 직관적이며 타인의 발전에 관심이 많다. 이들은 충돌을 피하려 하고 평화를 사랑한다. 사물을 유지 관리하는 일보다 사적인 인간관계를 유지하는 데 더욱 많은 에너지를 쏟으며, 폭넓은 인간관계에서 느낄 수 있는 다양성을 생생하게 누리기를 기대한다.

ENFP형의 단점: 주의 산만, 자기 조절 능력 부족

ENFP형은 아이디어를 생산하는 일에 능숙한 반면에, 한 번에 한 가지에만 관심을 기울이거나 결정을 내리는 일에 어려움을 느낀다. 매우 다양한 가능성을 엿보기 때문에 자신이 지향하는 최상의 활동과 관심사를 선택하는 데 어려움을 겪는다. 때때로 선택을 잘못하거나 한 번에 너무 많은 것들과 관계 맺기도 한다. 에너지를 쏟아부을 장소를 신중하게 선택하는 것이 시간과 재능의 허비를 막는 길이다.

문제는 초반에 해결해야 하며 새로움을 창조해야 한다고 느낀다. 중요하고 도전적인 일에 자신의 영감을 적용하는 것을 즐긴다. 하지만 일의 후반으로 갈수록 흥미를 잃으면서 착수한 일을 매듭짓는 데 필요한 자기 조절 능력의 부족을 드러낸다. 이들은 많은 일을 벌이는 듯 보이지만 끝까지 마무리하는 일은 드물다. 일을 끝낼 때까지 사소하지만 필요한 일을 수행하는 일에 노력을 좀 더 기울여야 한다. 종이에 중요한 사실들을 적어놓고 참고하는 것이 도중에 딴 길로 새는 일을 방지하는 데 도움이 된다.

ENFP형은 그렇게 체계적인 사람은 못 된다. 따라서 시간 관리법이나 정리법을 배워 응용하면 큰 도움을 얻을 수 있다. 좀 더 현실적이고 실용적인 사람들과 팀을 이루었을 때 일을 더 잘 해낸다. 이들은 특히 장시간 홀로 일하는 것을 싫어하기 때문에, 협동 작업이 잘 맞는다. 그래서 작업이 덜 흥미로울수록 가급적 혼자 일하는 것을 피하고, 함께 일할 사람을 찾으려 한다.

이들은 세부 사항에 별 관심이 없다. 상상력을 발휘하여 독창적인 것을 창조하면서 큰 즐거움을 얻기 때문에, 어떤 일을 진행하는 데 필요한 정보 수집에는 신경 쓰지 않을지도 모른다. 이들은 미리 준비하고 계획하기보다 즉흥적으로 작업하기도 한다. 정보 수집을 따분하게 여기기 때문에, 굉장한 아이디어가 있어도 매듭을 짓지 못한다. 골치 아픈 세부 사항 처리는 미루고 새롭고 특이한 것으로 옮겨 가려고 한다. ENFP형은 의식적으로 현실 세계에 참여하려고 노력하고, 자기의 혁신적인 아이디어를 작동시킬 수 있는 좀 더 실제적인 아이디어를 수집하고자 할 때 더욱 효율적일 수 있다.

INFP형   내향적, 직관적, 감정적, 인식적 성격형

INFP형은 무엇보다도 내면의 조화를 중요시한다. 이들은 민감하고 이상적이며 충성스럽다. 자신의 개인적 신념에 대해 강한 긍지를 가지고 있고, 종종 자신의 신념이나 중요한 가치에 헌신함으로 동기 부여를 받는다.

이미 알려진 것 이상의 가능성에 흥미가 있고, 대부분 에너지를 자신의 꿈과 비전에 쏟아붓는다. 열린 자세를 갖추고 호기심과 통찰력이 풍부하며 장기적인 비전을 갖고 있다. 일상적인 문제들를 유연하게 받아들이고 인내하며 잘 적응하지만, 자신의 내적 충실함에 매우 엄격하고 매우 높은

(사실 거의 불가능한) 기준을 적용한다.

또한 많은 이상과 충성심을 갖고 있다. 책임지기로 결심한 것에는 무엇이든 매우 헌신한다. 지나치게 많은 책임을 떠맡으려는 성향이 있고, 모든 것을 마무리하려고 한다.

바깥세상에 대해 초연한 태도를 보이지만 내면에서는 깊이 보살피려고 한다. 감정 이입을 잘하고, 동정적이며, 이해심이 많고 타인의 감정에 매우 예민하다. 이들은 다툼을 피하려 하며 자신의 가치관이 위협당하지 않는 한, 타인에게 잘 보이려 하거나 그들을 지배하는 데 관심이 없다. 말보다는 글로써 자신의 감정을 타인과 나누는 것을 선호한다. 타인에게 자기 이상의 중요성을 설득하려 할 때 가장 열성적이 된다.

INFP형은 결코 감정을 강하게 표현하지 않으며 보통 말이 없고 차분해 보인다. 하지만 일단 친해지면 상대에게 열정적이고 따뜻한 태도를 보인다. 이들은 사람들에게 친절하지만 피상적인 관계는 피하려고 한다. 자신의 목표와 가치를 이해하는 사람들을 매우 소중하게 생각한다.

INFP형의 단점: 비논리적, 융통성 부족

INFP형은 논리를 중요시하지 않기 때문에, 때때로 사실을 다룰 때 실수를 하거나 자신이 비논리적이라는 것을 모를 수 있다. 이들의 꿈이 현실과 동떨어져 있을 때, 사람들은 이들을 괴짜로 여기거나 신비롭게 볼지도 모른다. 따라서 현실적인 사람들에게서 자신의 아이디어를 현실화하기 위한 조언을 구하면 좋을 것이다.

자신만의 아이디어에 매우 빠져들기 때문에 다른 관점을 무시하는 경향이 있고 때로는 융통성이 부족하다. 물리적인 환경에 별로 관심이 없고 바쁠 때는 주변 세상이 어떻게 돌아가는지 알아채지 못하는 경우가 흔하다.

INFP형은 아이디어를 필요 이상으로 오랜 기간 동안 궁리할지도 모른다. 이들은 완벽주의적 성향을 가지고 있기 때문에 자신의 아이디어를 타인과 공유하지 않은 상태로 아주 장기간 갈고닦는다. 이로 인해 고립되어 좌절감에 빠질 수 있으므로 자신의 생각을 표현할 수 있는 방법을 찾는 것이 중요하다. 좌절을 피하기 위해서는 좀 더 행동 지향적으로 생활하는 것이 필요하다.

INFP형은 감정적으로 몰두하기 때문에 비평에 매우 민감하다. 스스로 불가능해 보이는 높은 수준에 도달하기 위해 자신을 지나치게 채찍질하는 경향 때문에 상황을 더 복잡하게 만든다. 이것은 실제로 대단한 업적을 이룰 수 있음에도 불구하고 자신이 부족하다는 생각 때문에 좌절로 이어질 수 있다. 이들은 실망에 빠지면 주위의 모든 것을 부정적으로 보는 성향이 있다. 작업에 대해 보다 객관적으로 바라보는 법을 배우려고 노력하면 비평과 실망으로 흔들리지 않는 데 도움이 될 것이다.

또 동시에 여러 사람들을 기쁘게 하려는 성향이 있기 때문에, 인기 없는 역할을 맡는 것은 힘든 일이 될 수 있다. 타인을 비난하는 것을 어려워하며 거절하는 것도 힘들어한다. 또한 타인이 제시한 아이디어나 계획에 부정적으로 의사를 표시하지 않으므로 사람들이 자신에게 동의하고 있다고 오해하게 만들 수 있다. 좀 더 자기주장을 하고, 타인을 정직하게 비판하는 법을 배우는 것이 도움이 될 것이다.

ENTJ형 외향적, 직관적, 사고적, 판단적 성격형

ENTJ형은 위대한 지도자나 의사 결정자가 될 수 있다. 이들은 쉽게 모든 것에서 가능성을 보고 자신의 비전이 실현되는 방향으로 타인을 이끌면서 행복해한다. 이들은 타고난 사상가이고 매우 장기적인 기획자다.

매우 논리적이고 분석적이기 때문에 대개 이성과 지성을 요구하는 것에는 무엇에든 능통하다. 모든 일을 능란하게 처리하려 하므로, 자연스레 문제점을 지적하고 즉각 그것을 개선하는 방법을 찾아낸다. 이들은 일을 단순히 있는 그대로 받아들이기보다는 구조를 완벽하게 만드는 데 매진한다. 복잡한 문제 해결을 즐기고 호기심을 불러일으키는 어떤 것이든 굴하지 않고 통달하려 한다. 무엇보다 진리를 소중히 여기며 논리적인 이성으로만 설득할 수 있다.

ENTJ형은 계속 열정적으로 지식을 확장하기 위해, 새로운 것을 계획하고 체계적으로 조사한다. 복잡하고 이론적인 문제와 씨름하는 것을 즐기고, 호기심을 불러일으키는 것이면 무엇이든 통달하려고 노력한다. 이들은 사물의 현재 상황보다 행동의 미래 결과에 더 커다란 관심을 갖고 있다.

따뜻하고 담백한 성품을 지닌 타고난 지도자인 ENTJ형은 자신이 처한 어떤 상황에서든 책임을 다하려고 한다. 이들은 선견지명이 있고 비전을 타인과 공유하는 능력이 있기 때문에, 대중들을 조직적으로 잘 이끈다. 다소 엄격한 규범의 틀 안에서 살아가려 하고, 타인에게도 같은 것을 기대한다. 따라서 도전적이고 스스로에게 하는 것만큼 열정적으로 타인을 독려한다.

ENTJ형의 단점: 성급함, 타인의 감정에 무감각

다음 도전이나 더 원대한 목표로 옮겨 가려는 욕구 때문에, ENTJ형은 때때로 너무 성급하게 결정을 내린다. 속도를 늦추는 것은 관련 자료를 모두 수집하고 자신이 하는 행동으로 인한 현실적이고 개인적인 파급 효과를 예상해 볼 기회를 제공할 것이다. 행위 지향적인 태도 때문에 사실과 현실을 재검토하기 위해 멈추기보다는 결정을 내리자마자 바로 행동한다.

자신의 삶에 논리적으로 접근하기 때문에, 타인의 감정에서 논리를 보지 못하는 경우 그들의 필요나 느낌에 대해 냉정하고 무디며, 참을성이 없고 무감각할 수 있다. ENTJ형은 시비 가리길 좋아하고, 다가가기가 어려워 보일 수 있으며 타인의 상식적인 충고도 그리 환영하지 않는다. 단점을 보완하기 위해 습관적 비판보다는 주변 사람들의 의견을 듣고 그들의 기여에 대해 감사를 표시하는 태도가 필요하다. 자신의 아이디어를 실행하기 앞서 타인의 의견을 들어보려고 의식적으로 노력하는(사실 습관화하는) 것과 지배적이고 독선적인 행동을 피하려는 노력이 필요하다.

ENTJ형은 인생에 사무적으로 접근하기 때문에 자기 자신의 감정은 물론이고 타인의 감정을 위해 시간을 보내고, 인내심을 보여 주거나 공감의 여지를 거의 남기지 않는다. 자신의 감정이 무시되거나 표현할 수 없게 되면, 정서적 과민 반응 상태에 빠질 수 있다. 특히 존경하는 누군가가 자신의 권한에 의문을 제기하는 경우, 과민하게 반응하기 쉽다. 이들은 사소한 상황에서도 격렬한 반응을 보일 수 있는데, 이러한 반응은 가까운 이들에게 상처를 줄 수 있다. 자신이 실제로 느끼는 것을 생각해 보고 이해하는 시간을 가질 때, 더 효과적이고 행복할 수 있다. 건설적으로 자기 감정을 표출하려고 노력하면 자신의 감정을 절제할 수 있게 되며, 그런 상태를 즐기고 추구하게 된다. 놀랍게도 ENTJ형은 실제로는 보이는 것보다 경험과 자신감이 부족하다. 이들이 타인에게서 합리적이고 가치 있는 도움을 받아들일 수 있을 때, 개인의 성장은 물론 성공 확률도 높일 수 있을 것이다.

INTJ형　내향적, 직관적, 사고적, 판단적 성격형

INTJ형은 완벽주의자다. 자신의 독창적인 아이디어에 대한 흔들림 없는 믿음뿐만 아니라 자율성과 개인적인 성취에 대한 강한 욕구는 이들이 목표를 성취하도록 몰아간다.

논리적이고 비판적이며 재주가 많다. 새로운 아이디어가 적용된 결과를 예측할 수 있고 체계를 세우는 데 능하다. 자기 자신은 물론 타인에게도 높은 기대를 가지며 자신에게 요구하는 만큼 타인 역시 그 기대를 충족하기 위해 치열하게 몰아간다. 무관심이나 비난에 크게 신경 쓰지 않는다. 모든 성격 유형 가운데 가장 독립적인 INTJ형은 자기 자신만의 방식으로 일을 처리하려는 성향이 있다. 따라서 반대에 직면했을 때 보통 회의적이기도 하지만 단호함을 보이기도 한다. 보통은 권위에 별로 영향을 받지 않지만 더 큰 목표를 위해서는 필요에 따라 권위에 순응하기도 한다.

타고난 아이디어맨이며 독창성과 통찰력, 비전을 지녔다. 선천적 이론가로 복잡한 개념을 끈기 있게 파악한다. 뛰어난 전략가여서 상황의 장점과 단점을 명확하게 판단한다. 또한 관심 있는 주제에 대한 통찰력과 비전을 소유한 빼어난 조정자다. 자신의 힘으로 만든 아이디어나 계획에 대해서는 놀라울 정도의 힘과 집중력을 투자할 수 있다. 자신이 세운 높은 기준에 도달하고 그 수준을 뛰어넘으려는 결단력과 인내심을 통해 성취를 이루어 낸다.

INTJ형의 단점: 지나치게 높은 기대, 사무적 태도

때때로 INTJ형은 비현실적인 매우 높은 기준을 세워 놓고, 자기 자신이나 타인에게 지나치게 많은 기대를 하기도 한다. 사실 이들은 타인의 기준에는 별 관심이 없으며, 중요한 것은 자기 자신의 기준이다. 자신의 행동이 타인에게 어떤 영향을 끼치는지에 대한 이해가 부족해서, 비판적이고 직설적으로 남에게 충고를 하기도 한다. 다른 사람들이 자신의 비전에 도전하거나 감정을 표현하도록 격려하지 않는다. 다소 사무적인 태도를 유지하기 때문에 남들도 똑같은 방식으로 대우받기 원할 것이라고 생각한다. 따라서 겉보기에 비논리적으로 보이는 타인의 감정을 이해하는 것을 배우는 게 필요하며, 그런 감정도 합리적이고 타당하다는 것을 인정해야 한다. 이것은 INTJ형이 주변 사람들을 소원하게 만들거나 공격적인 태도를 방지하는 데 도움이 될 것이다.

INTJ형은 미래를 향한 자신의 비전과 아이디어에 대단한 가치를 부여하므로 현재 중요한 문제와 사실을 쉽게 놓칠 수 있다. 자신이 가진 아이디어의 현실적인 약점을 찾는 데 실패해서 업무 수행을 더 힘들게 만들기도 한다. 따라서 관련된 모든 사실적인 자료를 수집하는 것이 아이디어를 현실화하는 데 도움이 될 것이다. 더불어 자신의 이론적이고 복잡한 아이디어를 단순화해서 타인에게 설명해 보는 시도가 필요하다.

INTJ형은 주로 혼자서 시간을 보내고 혼자서 노력하기 때문에 타인의 참여나 도움을 무시할 수 있다. 타인의 도움이 비현실적인 아이디어를 일찍 찾아낼 수 있고 많은 시간을 투입하기 전에 필요한 변화와 향상을 가져오는 데 도움이 된다는 사실을 알아야 한다.

INTJ형이 효율성을 증대시키고 중요한 것을 얻기 위해서는 상대적으로 덜 중요한 일은 양보해야 한다. 이것은 고집을 부리고 타인을 지배하려는 이들의 성향을 감소시킬 것이다. 타인을 대할 때나 인생을 살아가는 데 있어 남들이 수긍할 수 있는 방법을 모색한다면, 좀 더 균형 잡힌 삶을 살 수 있다. 또한 자신감도 얻을 수 있으며 자신의 창조성을 세상으로부터 인정받을 수 있을 것이다.

ENTP형 **외향적, 직관적, 사고적, 인식적 성격형**

ENTP형은 자극과 도전을 사랑한다. 열정적이고 독창적이며 말하기 좋아한다. 영리하고 다재다능하며, 자신의 능력과 개인의 역량을 계속해서 발전시키려 노력한다.

이들은 타고난 모험가다. 새로운 아이디어에 강한 관심을 갖고 있고, 모든 가능성에 민감하게 반응한다. 강력한 결단력을 가지고 있으며 창조적 충동에 따라 움직인다. 이들은 무엇보다도 자신의 영감을 소중히 여기고 독창적인 아이디어를 현실화하는 데 노력을 기울인다. 이론적인 문제를 푸는 데 있어 도전적이며 탐구심이 많고 다재다능하며 어떤 상황에도 적응하는 재간이 있다.

민첩하고 솔직한 ENTP형은 어떤 위치에서든지 쉽게 결함을 파악하고 종종 이슈의 한쪽 편에 서서 논쟁하는 것을 즐긴다. 이들은 탁월한 분석력을 가졌고 대단한 지략가다. 본인이 원한다면 항상 일의 논리적인 원인을 찾아낼 수 있다.

또 한계에 도전하는 일을 즐기고, 대부분의 규칙과 규율에는 융통성이 있다고 여긴다. 때때로 관습에 얽매이지 않고 남을 돕는다. 자유롭게 살길 바라고 일상에서 재미와 다양성을 추구한다.

ENTP형은 창조적으로 사회관계를 다루기 때문에, 대개 아주 다양한 사람들과 사귄다. 이들은 유머 감각이 뛰어나고 긍정적으로 살아간다. 이들은 매력적이고 자극을 주는 동료이며 자신의 열정을 전염시켜 다른 사람들이 계획에 참여하도록 영감을 준다. 이들은 심판하기보다 사람을 이해하고 호응하는 것을 선호한다.

ENTP형의 단점: 요령 부족, 가식적 행동

ENTP형은 창조성과 혁신을 가장 중요하게 여기므로, 때때로 독창적이지 못하다는 이유로 표준적인 방식을 무시하기도 한다. 정형화되고 예측 가능한 것에 대한 혐오는 이들로 하여금 필수적인 일의 세부 사항에 주목하지 못하게 한다. 이들은 신선한 것만 추구하며 너무 급하게 행동하느라 때로 필요한 준비 사항을 무시하기도 한다. 그리고 주요 문제가 해결되면 본래의 계획을 끝까지 수행하기보다는 새롭고 자극을 주는 다른 모험을 찾아 떠난다. 따라서 착수한 일을 마무리 짓기 위해서는 소수의 업무에 전념하는 자세가 필요하다.

ENTP형은 말이 매우 빠르고 많기 때문에 다른 사람들의 기여를 무시하기도 한다. 이들은 정직하고 공정하지만 남을 평가할 때 직설적이고 요령이 부족한 면을 보인다. 그렇기 때문에 실제로 동의하지는 않는다고 해도, 타인의 감정도 중요하고 유효하다고 받아들이는 노력이 필요하다. 이들은 매력적이고 재미있고 연예인 기질이 있는 반면에 가식적으로 행동하기도 한다. 이들은 진실한 감정을 나누지 못한 채, 단지 상황에 적응하기 위해 연기하려는 욕구를 버릴 필요가 있다.

이들이 한 가지 일에 전념하기를 주저하는 이유는 더 매력적인 기회를 놓치면 어쩌나 하는 두려움에서 기인한다. 새로운 도전에 원활하게 대응하려는 욕구는 타인의 계획과 도전을 신뢰하지 못하고 하찮게 여기게 만들기도 한다. 자신의 행위가 타인에게 어떤 영향을 주는지 숙고하는 것은 이들이 좀 더 믿을 만한 사람이 되는 데 도움을 줄 것이다.

타고난 민첩함과 예측력 때문에 ENTP형은 대화 중에 종종 상대방의 말을 자르기도 한다. 현실에서 실제 벌어지는 일에 더욱 집중하고 타인의 반응에 좀 더 관심을 기울인다면, 거만해 보이거나 무례해 보이는 일을 피할 수 있을 것이다.

INTP형 내향적, 직관적, 사고적, 인식적 성격형

INTP형은 개념적 문제를 해결하는 데 타고났다. 이들은 빼어난 창의력을 동반하며 매우 지적이고 논리적이다.

겉보기엔 조용하고 내성적이며 초연한데, 안으로는 문제를 분석하느라 여념이 없다. 이들은 비판적인 동시에 회의적이며 꼼꼼하다. 자기의 많은 아이디어를 이해하기 위해 과학적 원리를 찾아서 사용하려고 노력한다. 이들은 논리적이고 목적 있는 대화를 즐기지만 가끔은 단지 재미로 격렬한 논쟁을 하기도 한다. 이들은 논리적인 이유로만 설득할 수 있다.

INTP형은 보통 기발하고 독창적인 사상가다. 지성을 소중하게 여기고 개인적인 완성에 강한 의욕을 가지며 타인을 더욱 발전시키는 데에도 흥미가 많다. 이들의 주된 관심사는 현재 인정받으며 확실한 것을 넘어서는 곳에서 가능성을 발견하는 것이다. 사물의 존재 방식을 향상시키거나 난제를 해결하기 위한 모델을 개발하기 원한다. 매우 복잡한 방법으로 생각하며, 사람보다는 개념과 아이디어를 체계화하는 데 빼어나다. 이들의 아이디어는 매우 복잡하기 때문에 타인과 대화하거나 사람들을 이해시키는 데 어려움을 느낀다.

INTP형은 매우 독립적이고 사색적이며 창의적인 활동을 즐긴다. 융통성이 있고 마음이 열렸으며, 해결책이 현실로 이루어지는 그저 바라보기보다는 창의적인 문제 해결책을 찾는 데 좀 더 관심이 있다.

INTP형의 단점: 냉정한 정직함, 끈기 부족

INTP형은 논리적인 분석에 크게 의존하기 때문에 타인에게 중요한 문제를 간과할 수 있다. 논리적이지 않은 부분이 발견되면, 이들은 그것이 아무리 중요하다고 해도 손을 떼는 위험을 감수한다. 정말 관심이 있다는 사실을 스스로 인정하는 것은 자신의 진실한 감정을 인식하는 데 도움이 될 것이다.

INTP형은 아이디어가 가지고 있는 결점을 탁월하게 탐색하지만 잘 표현하지는 않는다. 그래서 어떤 계획을 사소한 흠으로 중단시켜 전체 계획이 완성을 향해 나가는 것을 막기도 한다. 왜냐하면 이들은 비논리적인 부분 하나마저도 거부하기 때문이다. 가끔은 INTP형이 자신의 높은 비판적 사고 기술을 주변 사람에게 적용하는 경우도 있다. 이런 냉정한 정직함이 의도하지 않은 상처를 낳을 수 있기 때문에 타인에게 정서적으로 중요한 것에 대해서 듣고 질문하는 방법을 배울 필요가 있다.

INTP형은 문제 해결의 과정 자체를 기뻐하기 때문에 반복적이고 세세한 일을 견디지 못하는 경향이 있다. 그래서 맡은 업무가 마무리와 세부 사항을 지나치게 요구한다면 흥미를 잃고 일을 완성하지 못한다. 자신의 에너지를 외부로 돌리는 것은 아이디어를 실용화하고 타인에게 인정받기에 충분한 실용적 지식을 얻을 수 있게 한다. 언제나 가장 완벽한 수준에 도달하기 위해 노력하다가 때때로 좌절을 느낀다. 그런 감정들을 타인과 나누는 법을 배우는 것은 이들이 자기 자신에 대해서 좀 더 현실적이고 객관적인 시각을 갖는 데 도움이 된다.

ESTJ형   외향적, 감각적, 사고적, 판단적 성격형

ESTJ형은 일을 마무리하는 탁월한 능력을 갖고 있다. 이들은 일을 벌이는 것을 좋아한다. 맡은 일에 책임감이 강하고 성실하며 신뢰할 만하다. 구조적인 것을 좋아하기 때문에 세부 사항이 아무리 많아도 이를 모두 기억하고 정리해 놓는다. 이들은 효율적으로 목표를 달성하기 위해 체계적으로 준비한다.

이들은 결정을 내리고 싶어 한다. 이 경우 주로 과거 경험을 바탕으로 판단을 내린다. ESTJ형은 논리적이고 객관적이고 분석적이며 뛰어난 사고력을 지니고 있다. 사실 논리가 아닌 것으로는 설득될 것 같지 않다.

현실적이고 실용적인 ESTJ형은 추상적인 개념이나 이론적인 것보다 실질적인 것에 더욱 관심이 있다. 실질적으로 적용되지 않는 주제에 관심을 기울이지 않는 성향을 갖고 있다. 때문에 이들은 주변에서 벌어지는 일에 대해 잘 파악하고 있으며, 현재에 집중한다.

특정 규범을 지키며 살아가기 때문에, ESTJ형은 한결같고 의지할 만하다. 전통을 중시하고 체제를 유지하는 일에 관심이 있다. 이들에게 정서적이고 사회적인 생활은 다른 삶의 요소만큼 중요하지는 않지만 인간관계에 있어서는 꾸준함을 유지한다. 사람을 판단하는 데 능숙하고 명쾌한 규율주의자가 될 수 있다.

ESTJ형은 외향적이고 사교적이며, 직선적이며 친근하다. 꾸밈이 없기 때문에 누구나 쉽게 친구가 될 수 있다.

ESTJ형의 단점: 독선적, 논리의 비약

ESTJ형은 자기 자신과 남에게 엄격한 윤리적 잣대를 적용하기 때문에 타인에게 행동의 기준을 제시할 때 독선적으로 보일지 모른다. 좀 더 유연함과 열린 태도를 받아들인다면 경직되는 것을 막아 줄 것이다.

대부분 논리적이고 사무적인 태도로 상황을 분석하기 때문에 자신의 결정이 타인에게 미치는 영향을 잘 헤아리지 못한다. 차갑고 무심하게 보일 수 있으므로 종종 타인의 생각과 감정을 존중해 주는 것은 물론이고 자신의 감정도 잘 인식할 필요가 있다.

타고난 비평가인 ESTJ형은 대개 주변 사람들의 긍정적인 기여에 대해 고마움을 잘 표시하지 않는다. 따라서 타인의 재능과 노력을 잘 인식하고 그들에게 격려와 칭찬을 해 줄 필요가 있다.

때때로 자신의 계획에 매우 몰두하기 때문에 다른 사람이 말하는 것을 들으려고 하지 않는다. '만약 이렇게 되면 어떨까요?'라고 남에게 의견을 구하지 않기 때문에 자주 의미, 암시, 연결, 패턴을 놓치기도 한다. 열린 태도를 갖기 위해서 할 수 있는 간단한 방법은 본인이 말하기 전에 남에게 먼저 말할 기회를 주는 것이다.

이들은 자주 유용한 정보를 모두 모으거나 상황을 충분히 이해하는 것 없이 비약해서 결론을 내린다. 그렇기 때문에 무심코 지나쳤을지 모르는 대안을 포함한 충분한 정보를 숙지할 때까지 의식적으로 결정을 미루는 법을 배우는 게 필요하다.

상황에 대한 통제를 어느 정도 포기하면서, 세상을 흑과 백으로만 보지 말고 회색 지대를 볼 수 있다면 ESTJ형은 사회에 적응을 더욱 잘하고 성공적으로 살아갈 것이다.

ISTJ형 내향적, 감각적, 사고적, 판단적 성격형

ISTJ형은 진지하고 책임감이 강하며, 우리 사회의 현명하고 충실한 일꾼들이다. 이들은 자신의 헌신을 가치 있고 명예롭게 여긴다. 이들이 하는 말은 엄숙한 맹세와 같다.

실용적이고 현실적이며 철두철미하다. 게다가 매우 정확하고 체계적이며 집중력이 강하다. 무슨 일이든 질서 있고 믿음직하게 성취해 낸다. 확고하고 체계적인 아이디어가 있으며 최상의 방식이라고 믿는 것에 일단 착수하면 여간해선 흔들리거나 의욕을 잃지 않는다.

특히 조용하고 성실한 ISTJ형은 세부 사항에 대해서 매우 실용적인 판단력과 기억력을 가지고 있다. 자기의 관점을 정확한 증거를 인용해 뒷받침하고 과거 경험을 현재의 결정에 적용한다. 논리적이고 공정한 분석을 내리고, 일에 체계적으로 접근하여 제때에 마무리한다. 필요한 체계와 절차를 추종하며, 절차를 따르지 않는 사람들을 받아들이지 못한다.

ISTJ형은 태도가 신중하고 보수적이다. 상대방의 말을 귀담아 들으며, 분명하고 사실적인 진술을 좋아한다. 천성적으로 말이 없어서 위기의 순간에서도 차분해 보인다. 꾸준하고 책임감이 있으며 겉보기엔 순해 보이는 이면에 잘 드러나지 않는 강한 기질을 숨기고 있기도 하다.

ISTJ형의 단점: 경직성, 고집스러움

ISTJ형은 일반적으로 세부 사항과 일상적인 작업에 지나치게 몰두해서 자기 자신을 잃어버리는 경향이 있다. 일단 몰두하게 되면 경직되고 또 다른 관점에 적응하거나 받아들이려고 하지 않는다. 어떤 아이디어에서 즉각적이고 현실적인 응용 가능성을 찾지 못하면 새로운 아이디어를 의심스럽게 바라본다. 따라서 시간을 들여 목표를 전체적으로 바라보고 다른 대안도 고려해 볼 필요가 있다. 더 폭넓게 정보를 수집하고 의식적으로 자신의 행동이 미래에 미치는 영향을 예측하도록 노력한다면 모든 분야에서 효율성을 증대시킬 수 있을 것이다.

ISTJ형은 다른 사람의 욕구를 이해하는 데 어려움을 느끼는 경우가 많다. 자기와 많이 다른 사람의 경우에는 더욱 그렇다. 자기의 반응을 잘 표현하지 않기 때문에 차갑고 무심해 보이기도 한다. 이들에게는 타인에 대한 자신의 평가를 그냥 묻어 두기보다 직접 표현해 보는 것이 필요하다.

ISTJ형은 자신이 논리적이기 때문에 남들도 그러리라고 생각한다. 이들은 자기의 판단을 타인에게 강요하고 순해 보이는 사람들의 의견을 무시하는 결점을 갖고 있다. 자신의 방식에 남들이 순응하길 바라고 좀 더 창의적이거나 혁신적인 접근에 반대하기도 한다. 검증되지 않거나 비관습적인 방식에도 마음을 열게 되면 사람들의 차이점을 잘 견딜 수 있고 더욱 효과적인 대안과 선택 사항을 취하게 될 것이다.

ESFJ형　외향적, 감각적, 감정적, 판단적 성격형

ESFJ형은 직접적인 행동과 협력을 통해 실질적이고 현실적인 방법으로 남을 도우면서 동기 부여를 얻는다. 이들은 책임감이 강하고 친근하며, 공감을 잘한다.

인간관계를 매우 중요시하기 때문에 인기가 있고 자애로우며, 남의 비위를 잘 맞추고 말하기를 즐긴다. 타인과 조화로운 관계를 유지하고 싶어 하며 이를 위해 열심히 일한다. 사실 ESFJ형은 사람이든지 사물이든지 간에 감탄의 대상을 종종 이상화한다. 이들에겐 누군가가 자신에게 보내는 감사가 필요하며, 무관심과 비난에 매우 민감하다. 보통 의견을 강하게 피력하고 결단력이 있으며 문제 해결을 좋아한다.

ESFJ형은 실용적이고 현실적이며 사무적이고 체계적이다. 중요한 사실과 사항들을 기억하고 다른 사람들도 그들에 관한 사실을 잘 기억해 주길 원한다. 또 자기의 체험이나 지인들의 경험에 바탕을 두면서 계획을 세우거나 의견을 말한다. 또한 주위의 물리적인 환경에 대해 잘 인식하고, 활동적이고 생산적이길 원한다.

이들은 양심적이고 전통을 따르기 때문에 책임과 의무를 중시하고 규율을 지지한다. 사회적 유대를 중시해 단체의 활동적이고 충실한 회원이 된다. 이들은 사람들에게 도움이 되는 일을 하고, 친절하고자 애를 쓰며, 특히 어려울 때나 즐거울 때 더욱 노력한다.

ESFJ형의 단점: 지나친 갈등 회피 성향, 객관성 부족

ESFJ형은 평화롭게 지내는 것을 매우 중시하기 때문에 문제를 나서서 해결하기보다는 갈등을 피하려는 성향이 있다. 이들은 때때로 사람들의 의견과 감정에 지나칠 정도로 중요성과 가치를 부여해 긴장되고 어려운

순간에 실제 사실들을 보지 못하기도 한다. 그렇기 때문에 타인에 대한 자신의 예민한 감수성을 신뢰하면서, 갈등을 직접적이고 정직하게 다루는 법을 배울 필요가 있다.

남에게 도움이나 기쁨을 주려는 욕구 때문에 정작 자기 자신의 필요를 간과한다. 남에게 피해를 주거나 남을 실망시키고 싶지 않기 때문에, 이들은 부탁을 거절하거나 도움을 청하는 것도 어려워한다. 대개 건설적인 비판을 하거나 받는 것을 힘들어하는데 왜냐하면 자신에 대한 개인적인 비난으로 여기기 때문이다. 삶을 변화시키는 방법을 알지 못할 때 비관적이고 우울하게 된다. 이런 경우 객관성을 확보하기 위해 문제로부터 한 발짝 물러서 새로운 관점으로 바라보는 것이 도움이 된다.

ESFJ형은 남을 돕는 과정에서 때때로 거만하고 강압적으로 의사를 표시하기도 한다. 도움을 주기 전에 자신의 도움이나 제안을 남들이 정말 원할 때까지 기다려 주는 일도 필요하다.

정보를 확실하게 수집하고 행위의 영향을 고려할 충분한 시간을 갖기에 앞서, 자주 너무 성급하게 결정을 내린다. 이들은 일을 할 때 새로운 방식을 잘 시도하지 않는 까닭에 융통성이 부족해 보이기도 한다. 문제에 접근하는 새로운 방식을 고려하면서 결정을 유보하는 것이 때로는 더 나은 기초 정보를 제공하고 더 훌륭한 판단을 내리도록 도울 것이다.

ISFJ형   내향적, 감각적, 감정적, 판단적 성격형

ISFJ형은 충실하고 헌신적이며 타인에게 잘 공감하고, 타인의 감정을 잘 이해한다. 이들은 양심적이고 책임감이 강하며 도움 주는 것을 좋아한다.

매우 현실적이고, 조용하고 겸손한 사람들을 좋아한다. 이들은 사실을 다루는 일을 즐긴다. 세부 사항들을 잘 기억하고 일의 마무리까지 잘 견딘다. 명확하고 명쾌하게 진술되는 것을 좋아한다.

윤리적 성향이 강하기 때문에 일이 실제로 도움이 된다면 그 일을 완수하는 책임을 기꺼이 받아들인다. ISFJ형은 일처리에 있어 정확하고 체계적이다. 전통의 가치를 따르는 보수적 성향을 띤다. 의사 결정시 현실적으로 판단하고 상식적 관점에서 일에 안정성을 부여한다.

조용하고 원만한 데다 진지하고 성실하다. 친구나 동료들에게 다정하고 요령이 있으며 도우미 역할을 잘 수행한다. 남을 보살피기 좋아하고 현실적이고 실질적인 방법으로 돕기를 원한다. 이들은 남에게 친절하고 필요한 사람들과 잘 지낸다. 친구들을 감싸 주고 헌신하며, 자신의 의무를 충실하게 이행한다.

ISFJ형의 단점: 예측력 부족, 지나친 책임감

ISFJ형은 지금 이 순간에 매우 충실하기 때문에 특히 익숙하지 않은 경우에 사건을 폭넓게 바라보거나 상황의 가능한 귀결을 예측하는 데 어려움을 겪는다. 이 순간을 넘어서 바라보는 것과 일이 다르게 완결될 수도 있다는 것을 상상해 보는 것이 도움이 된다.

자기 자신과 타인에게 책임감을 느끼면서 단조로운 일상과 반복되는 일에 빠져 있을 수 있다. 모든 일을 꼼꼼하게 확인하고 직접 마무리하기 때문에 일벌레가 되기 쉽다. 천성적으로 공격적이거나 거칠지 않은 탓에 이용당하는 경우가 많다. 이들은 자주 억눌린 분노의 감정을 표출해서 구조 대원 역할에 빠지지 않는 것이 필요하다. 또한 자신의 필요와 성취를 다른 사람들에게 알리는 것도 필요하다.

ISFJ형은 기술적인 주제를 숙달하는 데 시간이 걸린다. 과하게 계획을 세우는 성향이 있으므로, 걱정으로 낭비되는 힘을 재조정하는 데 도움을 줄 전략을 개발하는 것이 필요하다. 휴식을 취하고 여가를 즐기는 여러 방식을 찾아봐야 한다.

ESTP형은 근심, 걱정 없이 늘 밝아 보인다. 이들은 활동적이고 친근하고 자발적이며, 미래를 계획하기 보다는 지금 이 순간을 즐긴다.

매우 현실적이기 때문에 자신의 감각으로 느끼는 세상에 관한 정보를 믿고 의지한다. ESTP형은 호기심 많고 날카로운 관찰자다. 사물을 있는 그대로 받아들이기 때문에 타인에게 개방적이고 너그럽다. 만질 수 있고, 나눴다가 다시 합칠 수 있는 실제 사물을 좋아한다.

말보다 행동을 선호하고 발생한 상황을 통제하는 것을 즐긴다. 이들은 훌륭한 문제 해결사인데, 필요한 사실적인 정보를 흡수해서 논리적이고 합리적인 해결책을 쉽고 빠르게 찾아내기 때문이다. ESTP형은 외교적인 협상가가 되어 비관습적인 접근법을 찾아내고 타인들이 타협을 하도록 설득할 수 있다. 근본적인 원리를 이해하고 느낌보다는 논리에 입각해서 결정을 내린다. 따라서 이들은 실용주의자들이며 상황에 따라 엄격한 면을 보이기도 한다.

ESTP형은 친근하고 매력적이여서 인기가 많으며 다양한 사람들과 잘 사귄다. 이들은 사교적이고 다재다능하며, 재미가 있어서 어떤 상황에서든 끊임없는 농담과 얘깃거리를 제공할 것이다. 분위기를 밝게 하고 갈등을 잘 추스려서 긴장 상황을 누그러뜨리는 데 일가견이 있다.

ESTP형의 단점: 계획성 부족, 타인의 감정에 둔감

ESTP형은 현재에 충실하면서 긴급한 상황을 그때그때 모면하는 식으로 생활해 나간다. 이러한 삶의 방식은 주위 사람들을 혼란스럽게 만들기도 한다. 계획성이 부족한 탓에 좋은 기회를 놓칠지도 모른다. 때로는 한 번에 지나치게 많은 일에 착수하는 바람에 과부하가 걸려서 곤란을 겪기도 한다. 제때에 일을 마무리 짓기 위해 현재의 순간과 물질 세계에서의 당장의 이득을 넘어서서 바라보는 노력이 필요하다.

게다가 ESTP형은 타인의 감정에 둔감한 편이고 특히 일을 서두르는 과정에서 직설적으로 행동하며 남을 배려하지 못하기도 한다. 이들의 현란함은 때때로 천박하게 보이고 자신이 즐겁게 해 주려던 사람들과 멀어질지도 모른다. 이들은 날카로운 관찰력을 발휘하여 주변 사람을 세심하게 배려할 경우에 좀 더 효과적으로 사람들과 협력할 수 있다. 이들이 자신의 배짱과 힘, 애정을 타인이 편안하게 받아들일 수 있는 수준으로 조절한다면 더욱 효과적일 것이다. ESTP형은 문제를 효율적으로 빠르게 해결하는 데 관심이 많은 까닭에 흥미가 없는 부분은 마무리 짓지 않고 다른 새로운 업무로 나아가는 성향이 있다. 미래를 대비하고 책임감을 키우기 위해서 시간을 관리하는 방법과 장기적인 계획을 수립하는 기술을 배워야 한다. 삶의 속도를 늦추면서 자신의 행동 준칙을 개발하고 자기 행동이 미치는 영향을 좀 더 고려한다면 더욱 효과적일 것이다.

ISTP형   내향적, 감각적, 사고적, 인식적 성격형

ISTP형은 말보다 행동을 앞세우며, 직설적이고 정직하며 실용적인 사람들이다. 가식이 없고 일이 이루어지는 방식을 잘 이해한다.

사물의 비인격적이고 근본적인 원리에 가장 관심이 많은데, 이것은 이들의 분석적인 성향 때문이다. 선천적으로 기계의 작동 방식을 잘 이해하며, 보통 손재주가 있어서 도구를 다루는 솜씨가 빼어나다. 상황을 있는 그대로 분명하고 직접적으로 진술하면서 논리적이고 사적인 판단을 내리는 편이다.

ISTP형은 호기심이 강하고 관찰력이 뛰어나며, 탄탄하고 믿을 만한 사실에 의해서만 확신을 갖는 성향이 있다. 사실 자체를 존중하고 자신이 잘 알고 이해하는 것들에 대한 정보를 수용하고 전달하는 능력이 뛰어나다. 현실주의자로서 이들은 자원을 효과적으로 이용하여 적시에 실용화시킨다.

조용하고 내성적인 ISTP형은 차갑고 초연해 보이기도 하며 친구와 어울릴 때를 제외하고는 수줍어하는 성향이 있다. 이들은 자기 주도적이고 평등주의자이며 공정하다. 충동적으로 행동하는 성향이 있어서, 갑작스러운 도전이나 문제에 적응력이 강하고 대응 역시 잘한다. 재미를 좇고 행동을 지향하기 때문에 보통 야외 활동과 운동을 즐긴다.

ISTP형의 단점: 지나친 비밀주의, 결단력 부족

ISTP형은 개인적으로 판단을 내리므로 종종 가장 중요한 이슈에 관해서도 비밀을 유지해 주변 사람들이 무슨 일이 벌어지고 있는지 까맣게 모르게 한다. 타인과 반응이나 감정, 걱정을 공유하는 것을 불필요하다고 생각하며, 어려워한다. 자신의 삶에 대해서 주변 사람들이 알기 원하고 알 필요가 있다는 점을 인정하고, 자기 삶에 대해서 정확한 설명을 할 수 있는 유일한 사람이 바로 본인이라는 점을 알아야 한다.

ISTP형은 매우 현실적이어서 어떤 일을 하든 효율적인 방법을 찾으려 한다. 자유 시간을 원하기 때문에 자주, 필요 이상으로 준비하지 않으며, 계획을 도중에 포기하기도 한다. 따라서 어떤 일을 준비할 때 모든 단계를 충실히 이행하고 세부 사항들을 완벽하게 숙지하는 것이 결점을 보완하고 무관심을 줄이는 데 도움이 될 것이다.

ISTP형은 늘 새로운 정보에 관심이 많고 모든 선택 사항에 대해 열어 놓기 때문에, 결정 내리기를 어려워한다. 재미와 자극만을 좇다 보면 경솔하게 행동하고 쉽게 지루해질 수 있다. 목표를 정해 놓고 사람이나 일에 헌신한다면 무계획적인 삶이 초래하는 위험을 피할 수 있다.

ESFP형 외향적, 감각적, 감정적, 인식적 성격형

ESFP형은 사람들과 어울리는 것을 즐기고 삶에 대한 진지한 열정을 갖고 있다. 장난끼가 많고 명랑하며, 순수하고 즐겁게 일을 하기 때문에 상황을 더 재미있게 만들어 준다.

ESFP형은 적응을 잘하고 느긋한 데다, 따뜻하고 친절하다. 또 매우 사교적이어서 사람들과 자주 앞에 나서서 일을 한다. 열성적이고 협조적으로 활동에 참여하고 보통 한 번에 여러 가지를 동시에 한다.

ESFP형은 현실적인 관찰자로서 사물을 있는 그대로 받아들인다. 이론적인 설명보다는 자기가 직접 듣고, 냄새 맡고, 맛보고, 만지고, 관찰한 것을 신뢰하는 성향이 있다. 구체적인 사실을 좋아하고 세세한 일에 대한 기억력이 뛰어나기 때문에 직접 체험에서 가장 잘 배운다. 이들은 상식을 통해서 사람과 사물을 다루는 실용적인 능력을 키운다. 정보를 수집하고 해결책이 저절로 떠오르는 과정을 관찰하기를 즐긴다.

자기 자신과 사람들에게 관대하며 자기 뜻을 관철시키려고 애쓰지 않는다. ESFP형은 재치 있고 공감을 잘하기 때문에 많은 사람들의 호감을 산다. 대부분의 경우 사람들이 자신의 제안을 수용하도록 만들 수 있기 때문에 그룹 내 갈등을 화해시키는 데 능하다. 사람들과 어울리는 것을 좋아하며, 좋은 대화 상대자가 된다. 이들은 현실적이고 실질적인 방법으로 남을 도우려고 한다.

또한 ESFP형은 자발적이고 매력적이며 설득력이 뛰어나다. 이들은 깜

짝쇼를 즐기고 사람들에게 즐거움을 주고 예기치 않은 기쁨을 줄 수 있는 방법을 찾는다.

ESFP형의 단점: 무책임함, 무절제함

ESFP형은 살면서 체험하고 즐기는 일을 최우선으로 여기기 때문에, 때때로 책임지는 일을 어려워하기도 한다. 끊임없는 사회 활동으로 곤란에 빠지기도 하는데, 왜냐하면 자신을 절제하지 못하고 유혹에 매우 쉽게 넘어가기 때문이다. 시작한 일을 매듭짓지 못하고 흐지부지하는 성향이 있어 동기 부여가 되지 않는 것처럼 보일 수 있다. 중요한 일부터 우선적으로 처리해 나가면서 일과 놀이 사이에 균형을 맞춘다면, 인생에 대한 폭넓은 시야와 더욱 장기적인 비전을 얻게 될 것이다. 성공적이고 안정된 조직 및 시간 운영 방식을 활용한다면 자신의 결점들을 극복하는 데 도움이 될 것이다.

ESFP형은 활동적으로 살기 때문에 늘 바쁘고 미리 계획을 세우지 못한다. 따라서 만약 접근 방법이 좀 더 세심했더라면 쉽게 대처할 수 있는 삶의 변화에 대비하지 못하게 된다. 그렇기 때문에 어떤 일이 벌어질지 예측하도록 노력하고 위기 상황에 대비하여 대안이 될 수 있는 계획을 개발해야 한다.

ESFP형은 행동의 논리적인 귀결을 고려하지 않고 결정을 내리는 성향이 있다. 개인적인 감정에 빠져서 객관적인 정보를 무시하기도 한다. 사람의 긍정적인 면만을 바라보는 경향이 있기 때문에 친구들을 매우 소중하게 여긴다. 어떤 행위의 인과 관계를 파악할 때 한 걸음 물러날 필요가 있으며 보다 강인한 의지를 가질 필요가 있다. 그러면 거절하는 것은 생각만큼 어렵지 않을 것이다,

ISFP형　내향적, 감각적, 감정적, 인식적 성격형

ISFP형은 친절하고 남을 배려하는 세심한 사람들이며, 내면에 개인적인 아이디어와 가치를 간직하고 있다. 흔히 말보다 행동으로 자신의 깊은 열정을 표현한다.

겸손하고 내성적인 ISFP형은 실제로 대단히 따뜻하고 열정적인 사람들이지만 친한 사람들을 제외하고는 자신의 그런 모습을 보여 주려 하지 않는다. 이들은 자신에 대해 직접적으로 표현하지 않기 때문에 오해받는 경향이 있다.

인내심이 많고, 유연하며, 남과 쉽게 잘 지내고 타인을 지배하거나 조정하려는 욕구가 거의 없다. 타인의 행동을 판단하지 않고 있는 그대로 받아들인다. 또 주변 사람이나 사물을 잘 관찰하지만 동기나 의미를 추구하지는 않는다.

전적으로 순간에 충실한 성향을 가지고 있기 때문에 필요 이상으로 준비하거나 계획하지 않으려는 경향이 있다. 여유 있게 일을 마칠 수 있는 이유는 다음 단계로 성급하게 넘어가려 하지 않고 온전히 지금 순간에 몰두하고 현재의 경험을 즐기기 때문이다.

자신의 체험과 감각을 통해 직접 배우고 느끼는 것에 흥미가 있으며 종종 예술적이고 미학적이며 자기를 위한 아름답고 개인적인 환경을 창조하려 한다.

ISFP형은 주도하려는 욕구가 없기 때문에 대부분 충실한 지지자, 훌륭한 팀원이 된다. 개인적인 가치로 삶의 모든 것을 판단하기 때문에 오랫동안 사귀면서 자신의 내적 충실함을 이해하는 사람들을 좋아한다. 기본적으로 사람을 신뢰하고 이해하며 조화로운 인간관계를 필요로 하고 다툼과 분열에 민감하게 반응한다.

ISFP형의 단점: 지나친 예민함, 좁은 시야

매우 예민한 기질의 ISFP형은 타인의 필요를 확실히 이해하고 때로는 이러한 필요를 채우기 위해 자기 욕구를 무시한 채 무리하기도 한다. 경우에 따라서 피로와 과로로 건강을 해치기도 한다. 이 때문에 타인을 돌보는 일에서 벗어나 자기 자신을 추스르는 데 시간을 할애할 필요가 있다.

이들은 순간적인 자기 경험에 완벽히 초점을 맞추기 때문에 현재를 넘어서서 보지 못하며 더 넓은 시각으로 보지 못하는 경향이 있다. 때로는 더 복잡한 맥락 속에서 사물을 이해하는 데 어려움을 겪기도 한다. 현재 존재하지 않는 가능성을 찾거나 보지 못하기 때문에 미리 대비하지 못하는 경우가 있다. 자주 시간과 자원을 조직화하는 데 어려움에 빠진다. 이들은 현재를 즐기고 좋아하는 활동에 참여하려는 충동을 억제하기 위해 열심히 노력해야만 할지도 모른다.

ISFP형은 상대방의 비평을 개인적으로 받아들여서 상처받고 낙담하기 때문에 타인의 비판에 취약하다. 사람이나 사물을 있는 그대로 받아들이고 악의적인 동기나 그밖의 다른 것을 보지 못하기 때문에 사람을 지나치게 잘 믿는 것처럼 보인다. 이들은 자기의 욕구를 좀 더 적극적으로 주장하고 타인의 행동이 의미하는 바를 생각해 볼 필요가 있다. 객관적으로 바라보고, 한 번 더 생각해 본다면 사람을 더 정확히 판단하는 데 도움이 될 것이다.

제2부

직업
만족을
위한
세 가지
요소

DO WHAT YOU ARE

당신의 진정한 성격 유형을 발견했다면, 왜 우리가 당신에게 직업을 정해 주고 떠나보내지 않는지 이유가 궁금할지도 모르겠다. 하지만 직업을 결정하는 것은 그렇게 단순한 문제가 아니다. 어떤 성격 유형의 사람이 특정한 분야에서만 직업 만족을 찾을 수 있는 것은 아니다. 예컨대 특정 성격 유형의 사람만이 치과 의사나 애견 미용사, 디자이너가 될 수 있는 것은 아니다. 어떤 성격 유형의 사람이든 모든 직업 분야에서 성공할 수 있다. 가장 중요한 것은 각각의 직업 분야에서 당신에게 가장 잘 맞는 일자리를 찾는 것이다. 이것은 자기 자신에 대한 깊이 있는 이해가 바탕이 되어야 한다.

우리는 성격 유형이 직업 만족의 열쇠라는 점을 이미 알고 있었지만 최근에 이르러서야 성격 유형의 복잡한 내용을 직장에서의 행복과 성공으로 전환시키는 정확한 방법을 깨달았다. 이제 진정으로 만족을 줄 직업 선택지를 찾고 있는 사람들에게 가장 중요한 성격 유형의 세 가지 요소를 짚어 줄 수 있게 되었다. 다음 3개의 장에서 각각의 요소를 차례로 설명하겠다.

DO WHAT YOU ARE

나의 기질은 무엇인가
직업 만족의 첫 번째 요소 바로 알기

사람이 제각기 타고난 성격이 다르다는 것은 굳이 말할 필요가 없다. 그러나 모든 사람들이 단 네 종류의 기질로 나뉠 수 있다는 사실을 당신은 아는가?

당신의 사촌은 열정적이고 흥분을 잘하고, 당신의 이웃은 매사에 일관성이 있는 사람이라고 가정하자. 이것은 대부분 타고난 기질의 차이 때문이다. 만약 스릴을 추구하는 사촌이 보험 회사에서 엄청나게 많은 숫자들을 계산하는 임무를 맡는다면 그는 지루해서 미쳐 버릴지 모른다. 이것은 큰 실수이다. 하지만 만약에 그가 같은 직장에서 화재로 타 버린 건물 현장을 조사하는 일을 맡는다면, 그는 자신의 업무에 흥미를 갖게 될 가능성이 높고, 따라서 일에서 만족을 얻을 것이다. 당신이 믿을 만한 그 이웃은 어떤가? 그에게는 수치를 계산하는 일이 완벽하게 맞을지 모른다!

역사적으로 철학자, 작가, 심리학자 등 많은 학자들은 모든 사람에게 적용되는 네 가지 특성에 주목했다. 기원전 450년경 히포크라테스는 네 가지의 기질에 대해서 설명했다. 중세에는 파라셀수스가 네 종류의 영혼에 의해 영향을 받는 네 개의 본성에 대해 묘사했다. 인디언계 미국인인 메디슨 휠은 기질과 유사한 네 명의 영혼 지킴이에 대해서 설명했고 힌두의 지혜에서도 네 개의 중심 욕망을 상정한다.

심리학자인 데이비드 커시는 다양한 문화와 시대, 역사에 걸쳐 존재한 서로 다른 네 가지 기질들이 매우 유사한 특성을 갖는다는 사실에 놀라움을 느꼈다. 이사벨 브리그스 마이어스의 작업을 통해서 성격 유형에 대해서 배우면서, 그는 성격 유형과 기질의 관계에 강한 흥미를 느꼈다.

커시는 성격 유형의 네 가지 결정체가 역사를 통해서 상정한 네 개의 기질에 들어맞는다고 판단했다. 그 네 가지 결정체는 아래와 같다.

— 전통주의자(SJ형)는 감각(S)과 판단(J)을 선호하는 사람이다.
— 경험주의자(SP형)는 감각(S)과 인식(P)을 선호하는 사람이다.
— 이상주의자(NF형)는 직관(N)과 감정(F)을 선호하는 사람이다.
— 개념주의자(NT형)는 직관(N)과 사고(T)를 선호하는 사람이다.

당신의 기질을 판단하는 방법 중에 하나는 당신 성격 유형을 나타내는 문자를 확인해 보는 것이다. 아래의 열여섯 가지 성격 유형 중에 SJ와 SP는 나열된 네 개의 알파벳의 두 번째와 네 번째에 위치하고 NF와 NT는 중간에 위치한다(만약 당신의 성격 유형이 ENFP형일 경우, 당신은 ENFJ, INFJ, INFP와 함께 NF형(직관적 감정형)기질에 속한다).

성격 유형과 네 가지 기질

SJ형 기질, 감각적 판단형	SP형 기질, 감각적 인식형	NF형 기질, 직관적 감정형	NT형 기질, 직관적 사고형
ESTJ	ESTP	ENFJ	ENTJ
ISTJ	ISTP	INFJ	INTJ
ESFJ	ESFP	ENFP	ENTP

ISFJ	ISFP	INFP	INTP

　같은 기질의 사람들에게는 매우 많은 공통점이 있고, 이들은 핵심 가치를 공유하는 경향이 있다. 하지만 같은 기질의 사람들이라고 해서 완전히 똑같은 것은 아니다. 각각의 기질은 다시 네 가지 형태로 나누어진다. 외향성 또는 내향성, 사고형 또는 감정형, 판단형 또는 인식형 등 다른 선호도들로 인해 제각기 다른 성격 유형으로 나타나게 된다.

　자신의 성격에 맞는 직업을 찾는 것이 중요하므로, 지금부터 네 가지 기질에 대해서 설명하고 그 기질이 직업 세계에서 어떻게 적용되는지에 대해 논의할 것이다. 각각의 논의에서는 기질의 장단점을 고려하여 구체적인 정보를 제시한다. 이것을 통해 성격 유형마다 제각기 결실을 맺는 환경이 얼마나 다른지 알게 되고, 개인적으로 만족스러운 직업에 집중하는 데 도움이 될 것이다.

전통주의자(감각적 판단형, SJ형 기질)　ESTJ형, ISTJ형, ESFJ형, ISFJ형

　감각형은 사실과 입증된 자료, 경험과 오감이 전해 주는 정보를 신뢰한다. 판단형은 체계적이고 질서 있는 세계를 선호하고 결정을 내리려는 욕구가 있다. 이 두 가지의 선호도를 합치면 감각적 판단형이 탄생하는데, 이들은 전통주의자로서 현실적이고 결단력 있는 유형의 사람이다.

　전통주의자들의 좌우명은 '고장 나지 않았다면 고치지 마.'이다. 전통주의자는 당연히 전통을 존중하고 제도를 준수한다. 이들은 안전과 예의범절, 규칙, 순응을 중요시한다. 전통주의자들은 권위와 관료제, 그리고 지휘

계통을 존중한다. 이들은 의무감에 얽매이고 항상 올바르게 처신하려고 한다. 이런 성향은 이들이 의지할 만하고, 믿음직하고, 특히 책임감이 강해 보이게 한다.

전통주의자는 사고(STJ)와 감정(SFJ) 모두와 연결될 수 있는데, 이들 사이에는 분명한 차이점이 있다. ESFJ형(외향적, 감각적, 감정적, 판단적 성격형)과 ISFJ형(내향적, 감각적, 감정적, 판단적 성격형)은 ESTJ형(외향적, 감각적, 사고적, 판단적 성격형)과 ISTJ형(내향적, 감각적, 사고적, 판단적 성격형)과는 달리 전통주의자의 모습과 크게 일치하지 않는다. ESFJ형과 ISFJ형에게는 사람들과의 관계가 중요하고 의사 결정시 사람을 중심으로 판단한다. 그래서 (그들의 판단 선호를 고려하지 않는다면)대부분의 전통주의자들은 구조가 분명하고 미래가 확고한 환경의 직장에서 매우 만족하는 데 반해, 감정 선호를 가진 전통주의자는 다른 사람과 유대를 유지하는 데 힘쓰고 타인을 직접 도울 수 있는 기회를 제공하는 일자리를 찾는다.

직장의 전통주의자

전통주의자는 단체에 소속되고, 봉사하며 옳은 일을 하는 것을 필요로 한다. 그들은 안정성, 질서 정연함, 협동, 일관성 등과 신뢰감을 중요시하며, 진지하고 성실하게 일하는 경향이 있다. 매우 많은 업무를 수행하는데, 타인에게도 마찬가지 것을 기대한다.

전통주의자의 장점: 든든함, 믿음직함

전통주의자는 현실적이고 조직적이며, 철두철미하고 체계적이다. 규율과 정책, 계약, 의례, 일정에 주의를 기울이며, 보호하고 감시하고 규율하는 데 탁월하다. 또한 입증된 사실을 다루는 일을 선호하고 그런 사실에 입각해 단체의 목표를 달성하려고 한다. 이뿐만 아니라 매 순간 자신이 올바르게 처신하는 것에 커다란 자긍심을 가진다. 주목이 필요한 곳을 살피고, 가용 자원을 사용하여 업무를 가능하면 효율적으로 처리한다. 하기로 마음먹으면, 항상 끝장을 보는 유형이다. 최상의 전통주의자는 든든하고 믿음직한 사람들이다.

전통주의자의 단점: 독단적, 상상력 결핍

전통주의자는 이론이나 추상적인 것에 별로 관심이 없고 현재에 비해 미래에도 큰 관심이 없다. 보통 장기적으로 전망하는 일에는 강하지 않다. 이들은 때로는 너무 성급히 결정을 내린다. 세상을 흑과 백의 이분법으로 바라보는 경향이 있다. 변화와 새로운 환경에 빠르게 적응하지 못하는 위험에 빠지기도 하고, 새롭거나 특이하고 입증되지 않은 일에 접근하는 것을 저항하는 편이다. 진지하게 검토하기 전에 해결책이 작동할 증거를 보고 싶어 한다. 가장 바람직하지 않은 전통주의자의 모습은 융통성이 부족하고 독단적이며 상상력이 결핍된 상태다.

전통주의자에게 알맞은 직업은 확실히 구분된 명령 체계를 가진 안정적인 기관 내에서, 상대적으로 높은 수준의 책임감을 요구하는 업무일 것이다. 체계를 좋아하기 때문에 일정한 수준의 규율과, 업무를 처리하는 표준 방식을 갖춘 단체가 편안할 것이다. 전통주의자는 규율과 보상이 모두 확실한 환경에서 일하기를 선호한다(이들은 모든 것이 유동적이거나, 혼란스러운 상태에 있는 직위나 단체를 좋아하지 않는다). 이들은 서로 헌신하고 권위를 존중하며, 책임감이 있는 동료를 좋아한다.

전통주의자들은 훌륭한 관리자가 된다. 이들은 조직에서 일하는 것을 높이 평가하며 지도자 위치에 있든 보좌를 하든 간에 단체의 중추 역할을 맡는다. 이들이 가장 흔히 수행하는 역할은 전통을 유지하거나 현상을 유지하는 것이다.

어떤 성격 유형의 사람이든 모든 분야의 직업에서 만족감을 찾을 수 있다고 했던 사실을 기억하는가? 법 집행 분야를 예로 들어 보자. 어떤 기질은 다른 기질에 비해 법 집행 분야를 더욱 선호할지 모른다. 하지만 만약 무슨 일을 하든지 개인적인 욕구를 충족시키는 방법을 찾을 수 있다면, 어떤 성격형의 사람이든 이 분야에서 만족감을 찾을 수 있다.

전통주의자가 경찰관이 되는 것은 드문 일이 아니다. 사실 몇 개의 연구 사례에서 보면, 어떤 지역에서는 경찰관의 절반 이상이 전통주의자 기질을 갖고 있었다! 경찰관과 같은 종류의 일은 전통주의자들을 끌어당긴다. 이들은 공익을 위해 봉사하는 일을 가장 선호하기 때문이다. 이들은 사회 법규를 강제하고 질서를 유지하며, 곤경에 빠진 사람을 돕는 데서 본질적인 만족을 찾는다.

다수의 경찰관들이 (우리가 논의할 다음 기질인)경험주의자들이기도 하다. 그러나 이들은 앞으로 보게 될 다른 이유로, 법 집행 분야에 끌린다.

경험주의자(감각적 인식형, SP형 기질)　ESTP형, ISTP형, ESFP형, ISFP형

감각형은 보고, 듣고, 느끼고, 냄새 맡고, 맛볼 수 있는 것에 집중하며 측정할 수 있거나 기록할 수 있는 것을 신뢰한다. 인식형은 모든 종류의 가능성을 열어 두길 원하고 유연한 방식으로 사는 것을 선호한다. 이 두 가지 선호도를 합치면 감각적 인식형이 탄생하는데, 이들은 반응이 빠르고 자발적인 유형의 사람들로, 이 책에서는 '경험주의자'라고 부른다.

경험주의자의 좌우명은 '인생이란 살기 위한 것이다!'이다. 이들은 네 가지 기질 가운데 확실히 모험을 가장 즐기는 유형이다. 행위와 충동, 현

재의 순간을 위해 살아간다. 지금 순간에 초점을 맞추면서 우선 처리해야 할 일이 무엇인지 판단하는 능력을 갖고 있다. 경험주의자들은 자유와 자발성을 중시하기 때문에 좀처럼 지나친 구조나 규칙과 관련된 행위나 상황을 택하지 않는다. 이들은 위험을 감수하고 적응력이 있으며, 무던하고 실용적이다. 경험주의자들 어느 분야에서든 능숙한 솜씨에 찬사를 보내며 대부분이 벼랑 끝에서 사는 것을 즐기는 스릴 추구형의 사람들이다.

직장에서의 경험주의자

경험주의자에게는 활동적이고 자유롭게 자기 충동에 따라 행동하는 것이 필요하다. 직장에서는 지금 당장 완성할 수 있는 일에 집중한다. 이들은 영웅적인 행동과 능수능란함을 높이 평가하고 하나의 도전에서 다음 도전으로 넘어가는 것을 즐긴다.

전통주의자와 마찬가지로 경험주의자도 STP형과 SFP형 두 가지로 나뉜다. SFJ형처럼, ESFP형과 ISFP형의 모습 역시 경험주의자에 대한 묘사와 완전히 일치하지는 않는다. 전형적인 경험주의자의 모습에는 남을 돕거나 자신의 가치관과 일치하는 결정을 내리려는 ESFP형과 ISFP형의 자연스러운 욕구가 반영되지 않는다. 경험주의자들은 전형적으로 많은 규칙과 계획, 구조 등으로부터 상대적으로 자유로운 직업에서 가장 만족을 느끼는 반면에, ESFP형과 ISFP형은 보통 타인의 필요에 우선 대응하길 원하고, 자신의 업무가 즉각적인 방식으로 사람들에게 영향을 미치기를 바란다.

경험주의자의 장점: 넘치는 활력, 유쾌함

경험주의자는 무슨 일이 벌어지고 있는지 분명하게 이해할 수 있고 기회를 재빠르게 포착한다. 현실 문제를 탁월하게 인식하며, 융통성과 용기,

슬기로움으로 문제를 처리한다. 이들은 위험을 감수하거나 즉흥적 일처리를 두려워하지 않는다. 기존 관행에는 별 관심이 없고 즉각적인 필요나 사고에 대응하면서 변화를 만들어 내는 것을 즐기기 때문이다. 하지만 이론이나 개념보다는 사실이나 현실 문제를 다루는 것을 선호한다. 경험주의자는 또 인간 행동을 날카롭게 관찰하며 훌륭한 협상가가 된다. 효율적이고 경제적으로 목표를 달성하기 위해 노력한다. 많은 경험주의자들은 손재주가 뛰어나서 도구나 장비를 능숙하게 다룬다. 최상의 모습일 때 이들은 재간 있고, 활력이 넘치며, 유쾌한 사람들이다.

경험주의자의 단점: 유치함, 충동적

경험주의자들은 언제 어디로 튈지 모른다. 충분히 생각하지 않고 경솔하게 행동하기도 한다. 이론적이고 추상적이거나 개념적인 것에 관심이 별로 없는 까닭에 사건과 관련 있는 중요한 연관성이나 패턴을 알아채는데 실패하기도 한다. 이들은 어떤 상황에서 위기 단계가 마무리되면 의욕을 잃어버리곤 한다. 여러 가지 대안을 생각하기 때문에 정해진 규칙을 어기기도 하고 실질적인 행동이나 계획을 회피하기도 한다. 경험주의자의 최악의 모습은 책임감이 없고, 믿음직하지 못하며, 유치하고 충동적으로 행동하는 것이다.

경험주의자에게 어울리는 직업은 자율성과 다채로움, 활동성을 부여하는 일이다. 이들은 바로바로 결과 확인이 가능한 일을 좋아하고 능숙하고 성공적으로 업무를 수행하기를 즐긴다. 재미를 좇기 때문에 무슨 일이든지 아주 높은 쾌감을 주어야 만족한다.

조직적인 단체에는 자연스럽게 끌리지 않는데도 불구하고, 이들은 소방관 같은 위기 상황에 대처하는 업무에서 틈새시장을 찾기도 한다. 이들은 연장을 사용하여 독립적이고 자발적으로 기술을 발휘하는 분야에서 일하기도 한다.

이제 이 기질에 대해 어느 정도 이해하게 되었다면 많은 경험주의자들이 왜 법 집행 분야에 끌리는지 그 이유를 알겠는가? 몇 가지 연구 결과에 따르면, 미국 경찰관의 25퍼센트가 경험주의자라고 한다. 매일 새로운 집의 현관문을 두드리고 차를 추격하는 등의 업무가 제공하는 흥분과 예측 불가능성, 위험까지 많은 이들이 경찰관이 되는 이유가 된다. 많은 경험주의자들에게 경찰관의 업무는 행동, 자발성, 순간의 완전한 체험이라는 이들의 필요를 만족시켜 준다.

이상주의자 (직관적 감정형, NF형 기질) ENFJ형, INFJ형, ENFP형, INFP형

직관형은 의미, 관계, 가능성에 관심을 둔다는 사실을 상기해 보자. 감정형은 개인의 가치관에 기초해서 결정을 내린다. 이 두 개의 선호도를 합하면 우리가 이상주의자라고 일컫는, 개인의 성장과 자기 자신과 남을 이해하는 데 관심이 많은 유형인 '직관적 감정형'이 탄생한다.

이상주의자의 좌우명은 '너 자신에게 진실하라.'이다. 이들은 네 개의 기질 가운데 가장 철학적인 정신을 지녔다. 이것은 이상주의자들이 삶의 의미를 영원히 탐구한다는 의미다. 인간관계에서 진실성과 온전함에 가장 높은 가치를 부여하고 타인을 이상화하는 성향이 있다. 이상주의자는 인간의 잠재력에 주목하고 타인의 성장과 발전을 돕는 일에서 탁월함을 발휘하는 경우가 많은데, 이런 종류의 일이 그들에게 커다란 만족감을 준다. 이들은 의사소통에 능하고, 긍정적인 변화의 촉매 역할을 한다.

직장에서의 이상주의자

이상주의자는 사람을 잘 사귀고 이해하는 자신의 타고난 재능을 발휘하면서 일하기 원한다. 이들은 업무와 관계된 사람들(예컨대 종업원, 직장 동료, 환자, 고객 등)에게 자연스럽게 공감하고 이들의 필요에 주목한다.

이상주의자의 장점: 포용력, 카리스마

이상주의자는 사람으로부터 최상의 능력을 끌어내고, 최고의 성과를 내도록 독려하는 방법을 안다. 또 갈등을 해소하고 사람들이 더 효과적으로 협력하도록 돕는 데 탁월하며, 사람이 자기 자신과 업무를 사랑하도록 돕는 능력도 갖고 있다. 이상주의자는 문제의 창의적인 해결법을 찾는 데도 뛰어나다. 말하기와 글쓰기에 능숙하고 자기 이상을 위해 열정적인 모습을 드러낸다. 최상의 모습일 때 이들은 카리스마를 발휘하고, 포용력을 보인다.

이상주의자의 단점: 변덕스러움

이상주의자는 개인적인 가치만을 근거로 결정을 내리곤 한다. 이들은 초연한 상태를 힘들어한다. 남의 문제에 깊이 마음을 쓰기 때문에 결과적으로 지나치게 관여하고 그 문제에 휩쓸리기도 한다. 때때로 지나치게 이상적이고 현실적이지 못하다. 이상주의자는 자기반성은 잘하지만 남을 훈련시키거나 비판하는 데 능숙하지가 않다. 때로는 조화를 이루기 위해 자기 자신의 의견을 묵살하기도 한다. 이상주의자들의 최악의 상태는 자신의 기분에만 사로잡히고, 변덕스러우며 지나치게 감정적이 되는 것이다.

이상주의자에게 맞는 일은 단순하고 반복적이거나 편의주의적인 일보다는 개인적으로 의미를 찾을 수 있는 일이다. 이상주의자들은 조화를 중요시하므로 경쟁이나 갈등이 심한 환경에서는 실력을 발휘하지 못한다. 그래서 민주적이고 모든 직원의 활발한 참여를 독려하는 기업을 선호한다.

이상주의자는 인간적인 가치를 지원하는 단체나 타인의 발전을 돕는 직업에 끌린다. 교육, 컨설팅, 상담, 예술 분야뿐만 아니라 인력 개발이나 개인적 직무 분야에서 흔히 종사한다.

법 집행 분야에서 이상주의자에게 맞는 업무는 무엇일까? 연구에 따르면 경찰의 10퍼센트 미만이 이상주의자로 구성되는데, 이들은 보통 순찰하는 일에 나서지 않는다. 대신에 사람들과 접촉하는 선천적인 재능을 활용하는 인력 관리 분야, 지역 프로그램이나 훈련 또는 개발 프로그램에서 성공적으로 업무를 수행한다.

개념주의자(직관적 사고형, NT형 기질) ENTJ형, INTJ형, ENTP형, INTP형

직관형은 모든 것에서 의미를 찾고 그 영향에 주목하며, 사고형은 사무적이고 논리적으로 결정을 내린다는 것을 상기해 보자. 이 두 가지 유형을 합치면 우리가 개념주의자라고 부르는, 지적이고 자신감 있는 직관적 사고형이 탄생한다.

개념주의자의 좌우명은 '모든 분야에서 최고가 되자.'이다. 이들은 네 가지 기질 가운데 가장 독립적이고 지식욕이 강하며 자기와 타인에게 매우 높은 기준을 적용한다. 선천적으로 호기심이 많은 개념주의자는 가능성을 발견하고 복잡한 것을 이해하며 현실적이거나 초이론적인 문제의 해결책을 세우는 데 탁월하다. 이들은 한마디로 변화를 창조하는 사람이다.

직장에서의 개념주의자

개념주의자는 가능성을 찾고 문제 해결을 위해 그 가능성을 논리적으로 분석하는 것을 좋아한다. 자신을 위해서든 전략적인 목적에서든 간에 끊임없이 지식을 흡수하는 데 관심이 많다.

개념주의자의 장점: 재치, 풍부한 상상력

개념주의자는 비전을 가진 위대한 혁신자가 될 수 있다. 이들은 큰 그림을 그리고 가능성을 볼 수 있으며, 어떤 조직에서 필요한 변화를 개념화하고 설계하는 것이 가능하다. 이들은 목표 달성을 위해 전략을 짜고, 계획하고, 체계를 세우는 데 뛰어날 뿐 아니라 즐기기도 한다. 개념주의자는 복잡하고 이론적인 개념을 이해하고, 원리나 경향을 이끌어 내는 능력이 탁월하다. 도전받는 것을 즐기고 자신과 남에게 요구 사항이 많으며 보통 건설적인 비판은 개인적 공격으로 받아들이지 않고 수용할 수 있다. 최상의 상태에서 이들은 자신감이 충만하고, 재치 있으며, 상상력이 풍부하다.

개념주의자의 단점: 거만함, 무관심함

이따금 개념주의자는 너무 복잡해서 이해하기 어려워 보이기도 한다. 또 필수적인 세부 사항을 놓치는 경우가 있다. 의심이 많은 편이고 종종 규칙이나 가정, 관습에 도전하기도 한다. 개념주의자 역시 권위와 다툼을 벌이기도 하고, 때로는 엘리트주의자로 비칠 수 있다. 타인에게 어떤 영향을 미치는지를 잘 이해하지 못하며, 조화로움이나 감정의 중요성에 관심이 없는 경우도 있다. 매우 경쟁적이기도 하지만 자신이 탁월한 성과를 낼 수 있다는 판단이 서지 않으면 어떤 계획이나 활동에 전혀 신경을 쓰지 않을 것이다. 최악의 상태에 있는 개념주의자는 거만하고, 무관심하며 자기 자신의 세계에 빠져 있다.

개념주의자에게 맞는 직업은 자율성과 다양성, 풍부한 지적 자극을 제공하고, 아이디어를 생산하는 기회와 도전적인 일을 찾을 수 있는 업무다. 자기보다 능력이 부족한 사람을 견디지 못하므로 이들은 주변에 매우 유능한 사람들이 필요하다. 권력을 중요시하기 때문에 힘 있는 직위나 권력자에게 끌린다.

권한에 대한 욕구가 강하기 때문에 종종 지도자의 자리에서 이들을 찾아 볼 수 있다. 이들은 대학교수나 고위 관리자, 과학이나 컴퓨터 분야와 의학 분야에 많이 등장한다.

당신은 개념주의자가 경찰의 어느 부서에서 주로 활약하고 있을지 추측할 수 있을 것이다. 법 집행 분야에서 많이 찾아볼 수는 없지만, 이들은 고위 관리직의 20퍼센트를 차지한다. 고위직은 이들에게 복잡한 문제를 해결하고, 장기적인 전략을 위한 비전이나 논리를 실현해 볼 기회와 권력을 제공한다.

당신은 어떤 기질인가?

이제 당신은 자신이 네 가지 기질 가운데 어느 것에 가장 가까운지 확인했을 것이다. 당신은 어느 기질에 가장 잘 맞는다고 생각하는가?

전통주의자(SJ)	경험주의자(SP)
이상주의자(NF)	개념주의자(NT)

그리고 어떤 성격 유형이 당신과 맞는다고 생각했는가?

만약에 당신의 성격 유형이 선택한 기질과 일치한다면 진정한 성격 유형을 찾은 가능성이 더욱 높아진 것이다.

당신의 성격 유형이 선택한 기질과 일치하지 않는다면 앞에서 정확한 성격 유형을 찾지 못한 것일 수도 있다. 예컨대 자신이 ENFP형이라고 생각했지만 개념주의자 기질에 가장 가깝다고 선택했다면, 당신은 실제로 ENFP형이 아니라 ENTP형일 가능성도 있다. 3장으로 돌아가서, ENFP형과 ENTP형에 대한 설명을 다시 읽고 어떤 것이 당신에게 가장 가깝게 들리는지 확인해 보라.

그래도 여전히 당신이 ENFP형라고 생각된다 하더라도 실망하지 마라! 나이가 들면서 우리는 자연스럽게 결점을 보완하면서 자기 성격을 개선해 나간다. 이 과정을 성격 유형 발달이라고 부르는데, 이는 6장에서 자세히 설명할 것이다. 간단히 설명하자면, 당신이 본래 ENFP형이지만 당신의 사고 기능을 개발하면서 개념주의자 기질에 더 가까워질 수 있다는 말이다. 6장을 읽고 나면 자기 성격의 어떤 부분이 발달하고 있는지를 알 수 있으므로, 진정한 성격 유형에 대한 최종 판단을 내리는 데 도움이 될 것이다.

05 나의 주기능은 무엇인가
당신의 타고난 장점을 확인하라

직업 만족을 위한 세 가지 공식의 두 번째 요소는 당신 성격에서 가장 강하게 드러나는 면과 가장 드러나지 않는 면에 대해서 이해하는 것이다. 선호도의 모든 부문이 중요한 역할을 하고 있지만, 한 성격 유형 내의 특정 선호도는 다른 선호들보다 더욱 강력하다. 당신은 자신의 장점을 활용할 수 있는 위치에서 일하고 싶을 것이다. 따라서 자신이 가장 쉽게, 가장 성공적으로 사용하는 선호도가 무엇인지 유심히 살펴볼 필요가 있다.

성격 유형의 기능과 태도는 무엇인가

당신은 외향형Extraversion과 내향형Introversion이 우리가 세상과 상호 작용하는 두 개의 서로 다른 방식이라는 사실을 기억할 것이다. 또 판단Judging과 인식Perceiving은 우리가 조직적인 환경에서 살길 원하는가 아닌가에 따라 나뉜다는 것 역시 기억할 것이다. 이 네 가지의 선호들은 당신의 성격 유형의 첫 번째와 네 번째에 위치한다. 우리는 이 선호도들을 '태도'라고 부른다.

당신은 역시 감각Sensing과 직관Intuition은 정보를 취하는 두 가지 방식이라는 것, 그리고 사고Thinking와 감정Feeling은 결정을 내리는 두 가지 방식이라는 사실을 기억할 것이다. 이 네 가지가 성격 유형의 두 번째와 세 번째 문자열에 반영되는데, 우리는 이것을 '기능'이라고 부른다. 기능은 성격 유형의 핵심인데 이번 장에서 그 이유를 설명하겠다.

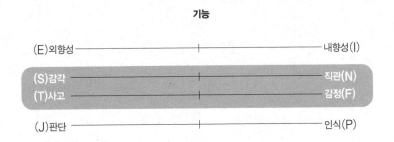

성격 유형의 기능 구조

각각의 성격 유형에는 '기능 구조'라 불리는 것이 있다. 이 구조는 기능을 가장 강한 것부터 약한 것으로 순서화하고 있다. 오랜 세월에 걸쳐 당신의 능력이 발달하고 변하더라도, 기능 구조는 일생 동안 같은 상태를 유지한다.

이 기능 구조는 선호도(성격 유형의 문자들)에 순위를 매기지 않는다. 단지 기능(성격 유형의 가운데 두 문자)에만 관계할 뿐이다. 우리는 어느 정도까지 네 가지 기능 모두를 사용하기 때문에 기능 구조는 가장 많이 사용하는 기능(성격 유형의 문자들로 표시되는 선호)과 가장 적게 사용하는 기능(성격 유형에서 나타나지 않는 문자들)을 포함한다.

각각의 성격 유형마다 그 유형에서 가장 중요한 기능이 있다. 즉 이것은 배의 선장에 비유될 수 있다. 우리는 이것을 주기능(1차 기능)이라고 한다.

감각, 직관, 사고, 감정 가운데 어느 것이나 주기능이 될 수 있다. 각각의 성격 유형에는 하나의 주기능만 존재하며 이것은 늘 변하지 않는다.

두 번째로 중요시되는 부분은 부기능(또는 2차 기능)이다. 각 성격 유형에는 부기능이 하나만 있으며, 이는 결코 변하지 않는다.

주기능과 부기능은 정보를 어떻게 수집하는지(감각 또는 직관)와 결정을 어떻게 내리는지(사고 또는 감정)에 관한 것이다. 우리는 이 두 가지 과정 모두를 사용하기 때문에 주기능과 부기능은 결코 같을 수 없다. 만약 당신의 주기능이 정보를 수집하는 기능이라면 부기능은 의사 결정 기능이고 그 반대도 마찬가지다.

성격 구조의 3차 기능은 늘 부기능과 반대된다. 성격 구조의 열등 기능(또는 4차 기능)은 항상 주기능과 반대된다. 주기능은 성격 유형에서 가장 강력한 선호도이므로 이 선호도에 반대되는 것은 가장 약한 선호도가 된다. 그래서 4차 기능을 열등 기능이라고 하는 것이다.

기능 구조의 이해를 위해, 가족 네 명이 자동차 여행을 떠난다고 생각해 보자. 앞 좌석의 운전자는 성격 유형의 기능 중 주기능에 비유할 수 있고 조수석에 앉은 사람은 부기능에 비유할 수 있다. 뒷좌석에는 애들 둘이 앉는다. 그중 열 살 된 아이가 3차 기능이고 젖먹이 아기는 열등 기능이 된다. 분명히 당신은 주기능이 총책임을 맡고 부기능은 길 안내를 돕길 바랄 것이다. 그러나 나머지 두 기능에도 여전히 관심을 가져야 한다(둘이 싸우지 않는지, 화장실에 보내야 하지 않는지 등등).

주기능과 부기능이 책임을 맡는 한 당신은 잘 기능한다. 만약 당신의 3차 기능이나 열등 기능이 책임을 지게 된다면 이것은 애들이 운전석에 기어올라서 차를 모는 것과 마찬가지다.

어느 것이 자신의 주기능, 부기능, 3차 기능, 열등 기능인지 어떻게 알 수 있을까? 아래의 표는 각각의 성격 유형에 대한 기능 구조를 보여 준다. 당신의 해당 부분을 찾아보라.

성격 유형의 기능 구조

	주기능	부기능	3차 기능	4차 기능
ISTJ	감각	사고	감정	직관
ISFJ	감각	감정	사고	직관
INFJ	직관	감정	사고	감각
INTJ	직관	사고	감정	감각
ISTP	사고	감각	직관	감정
ISFP	감정	감각	직관	사고
INFP	감정	직관	감각	사고
INTP	사고	직관	감각	감정
ESTP	감각	사고	감정	직관
ESFP	감각	감정	사고	직관
ENFP	직관	감정	사고	감각
ENTP	직관	사고	감정	감각
ESTJ	사고	감각	직관	감정
ESFJ	감정	감각	직관	사고
ENFJ	감정	직관	감각	사고
ENTJ	사고	직관	감각	감정

주기능은 총책임자라고 할 수 있다. 주기능은 여러 기능들이 서로 다투지 않도록 당신의 성격을 이끌고 방향을 제시한다. 누구나 어느 정도는 네 가지 기능 모두를 사용하지만, 주기능이야말로 가장 많이, 가장 자연스럽게 사용되는 기능이다. 주기능이 동일한 사람들 사이에는 공통점이 매우 많지만, 부기능이나 선호하는 면이 달라서 차이점도 클 수 있다.

만약 당신의 성격 유형에서 감각이 주기능이라면 당신을 주감각형이라 부른다. 즉 당신은 단순한 감각형이 아니라 탁월한 감각형이 될 것이다. 주감각형은 대개 경험하는 사실과 세부 사항들에 극단적으로 관심을 기울인다. 무엇보다 오감이 전달하는 자료를 신뢰하고 중요시하며 근본적인 세계관은 보고, 듣고, 만지고, 맛보고, 냄새 맡는 것에 전적으로 의지한다.

직관이 주기능이 될 경우 당신은 단순한 직관형이 아니라 강력한 직관형이 된다. 주직관형 사람은 구체적 사항이나 사실보다는 의미, 가능성, 패턴, 연관성에 강하게 흥미를 느낀다. 직관이 지각의 대부분을 가장 강력히 지배하는 것이다. 강력한 직관형의 사람들은 주어진 상황에서 그 무엇보다 의미와 대안을 찾는다.

사고가 주기능인 사람을 주사고형이라 부른다. 당신은 단순한 사고형이 아닌 강력한 사고형이다. 주사고형 사람은 사무적이고 논리적인 분석을 바탕으로 결론을 내리려는 욕구가 강하다. 즉, 주어진 상황을 객관적으로 관찰하여 결론을 내리려는 성향이 매우 강한 것이다.

감정이 주기능인 사람을 주감정형이라고 한다. 당신은 단순한 감정형이 아니라 강력한 감정형이다. 주감정형은 자기 자신의 가치관에 근거해서 결정 내리는 것을 가장 편안해한다. 주감정형의 사람들은 공감하고자 하는 욕구가 매우 강하며, 자신과 타인에게 가장 중요한 것이 무엇인지를 끊임없이 평가하며 살아간다.

부기능은 주기능을 보좌하는 역할을 한다. 이것은 부사령관이나 조연 배우라고 할 수 있다. 화려한 역할을 수행하지 않지만 꼭 필요한 역할을 해낸다. 당신의 주기능이 감각이나 직관(정보 수집 기능)이라면, 보조 기능은 사고나 감정(의사 결정 기능)이어야 한다. 감각과 직관을 주기능으로 가진 사람은 정보를 수집하면서 대부분의 시간을 보낸다.

만약 당신이 주기능이 감각인 경우 어떤 결론을 내리지 못한 채 자료를 수집하느라 대부분의 시간을 보낼 위험이 있다. 당신이 주직관형이라면 행동을 취하지는 않고 가능성을 찾는 데만 빠져 있을지도 모른다. 이런 상황에서 부기능이 나서서 주기능을 보완하게 된다. 부사령관으로서 부기능은 수집된 정보를 바탕으로 결정을 내리도록 당신을 재촉한다.

우리는 대부분 합리적이고 강한 부기능을 갖는다. 하지만 이따금 정보를 모으기만 하고 의사 결정을 하지 못하는 주감각형이나 주직관형의 사람들과 마주친다. 이런 사람들은 전형적인 만성적 관망자이거나 심하게 우유부단한 유형이다. 이런 관망자나 우유부단한 사람들을 보면 당신은 강한 보조 기능이 왜 중요한지 그 이유를 이해할 것이다.

당신의 주기능이 사고나 감정이라면(의사 결정 기능), 부기능은 감각이나 직관(정보 수집 기능)임에 틀림없다. 주사고형과 주감정형의 사람들은 자연스럽게 결정을 내리면서 시간 보내기를 선호한다. 주사고형이라면 모든 것을 분석하고 비평하느라 바쁠 터이고, 주감정형이라면 의견을 형성하고 사안에 대해서 어떻게 느끼는지를 결정하느라 열심일 것이다. 부기능은 주기능이 균형을 잡도록 도와주는데, 이 경우 부기능은 결정을 내리기 전에 정보를 충분히 모으라고 압박할 것이다.

이따금 부기능이 아주 약한 주사고형이나 주감정형의 사람들을 보게된다. 이들은 결정을 내리려는 의욕이 너무 강한 탓에, 필요한 정보를 충분히 모으지 않은 채로 결정을 내리곤 한다. 부기능이 아주 약한 주사고형이나 주감정형 사람은 원칙이나 개인의 가치관에 기초했든 아니든 간에, 융통성이 부족하고, 폐쇄적이며, 유연하지 못한 편이다.

감각이 주기능인 성격형 ISTJ형, ISFJ형, ESTP형, ESFP형

주기능이 감각인 사람들(강력한 감각형)은 무엇보다 사실과 구체적인 사항을 신뢰한다. 주감각형은 다시 네 종류로 나뉘어지는데, 저마다 수집한 정보를 조금씩 다르게 처리한다.

ISTJ형과 ISFJ형은 모두 감각이 주기능(사실을 선호하는)이고 둘 다 내향적이어서 내면세계에서 숙고하는 것을 선호한다. 이 유형들은 전통적이고 현실적이며 체계적이다. ISTJ형의 부기능은 사고로 이것은 ISTJ형은 객관적인 사실에 주목하고 이를 수집한다는 뜻이다. ISTJ형은 현실적이고 실용적이며 효율적이다. 반면 ISFJ형의 부기능은 감정이다. 다시 말해 ISFJ형은 사람과 관련된 사실을 수집하고, 자기의 가치관에 따라 타인을 고려하며 결정을 내린다는 뜻이다. ISFJ형은 충실하고 끈기가 있으며 봉사 정신이 강하다.

ESTP형과 ESFP형은 둘 다 감각이 주기능(사실을 선호)이고 모두 외향적이어서 주변에 있는 외부 상황의 세부 사실에 주목한다. 두 유형 모두 붙임성이 좋고, 적응을 잘하며, 힘이 넘친다. ESTP형의 부기능은 사고이므로 정보를 수집해서 논리적으로 결정한다. ESTP형은 실용적이고 설득력이 좋으며 팔방미인이다. ESFP형의 부기능은 감정인데, 다시 말해 타인을 좀 더 고려하면서 결정을 내린다는 뜻이다. ESFP형은 사교성이 좋고, 느긋하며 협력을 잘하는 편이다.

주기능이 직관인 사람들은(강력한 직관형) 모든 것에서 의미를 찾는다. 이 성격 역시 네 가지 유형으로 나눠지고, 자신이 추론한 것을 서로 다른 방식으로 사용한다.

INTJ형과 INFJ형은 모두 직관이 주기능(의미를 찾는다)이고 둘 다 내향적이다(내적 의미에 주목한다). 두 성격 유형은 독창적이고 선견지명이 있으며, 창의적이다. 하지만 이 역시 부기능에 의해 차이가 드러난다. INTJ형의 부기능은 '사고'다. 다시 말해 INTJ형은 패턴과 의미에 주목하고, 이를 객관적으로 분석한다. INTJ형은 논리 정연하고, 이론에 강하며, 체계적인 경향이 있다. 반면에 INFJ형의 부기능은 '감정'이다. 이는 INFJ형은 관계와 연관성을 보고 이것을 인간적 측면에서 분석한다는 의미다. INFJ형은 민감하고, 연민이 많으며, 사물을 전체적으로 보려 한다.

ENTP형과 ENFP형은 모두 직관이 주기능이고(의미를 찾는다), 둘 다 외향적이다(자연스럽게 주변에서 모든 가능성을 본다). 이 두 성격형은 창조적이고 수용적이며 상상력이 풍부하다. 그러나 ENTP형의 부기능은 '사고'이고, 이는 그들이 논리적이라는 뜻이다. ENTP형은 전략적이고 도전적이며 이론적이다. ENFP형의 부기능은 '감정'이고, 이들은 인간 지향적이다. ENFP형은 호기심이 많고 열성적이며 친절하다.

주기능이 사고인 사람들(강력한 사고형)은 논리적으로 결정을 내리려는 강한 욕구를 갖고 있다. 하지만 강력한 사고형의 사람들 역시 제각기 다른 네 가지 방식으로 상황을 분석한다.

INTP형과 ISTP형은 모두 사고가 주기능(매우 논리 정연하다)이고, 둘 다 내향적이다(자기 나름의 객관적인 잣대로 세상을 이해한다). 이들은 독립적이고, 분석적이다. INTP형의 부기능은 '직관'인데, 즉 INTP형은 개념과 추상적인 것에 편안함을 느낀다는 의미이다. INTP형은 독창적이고, 사색적이며, 이론적이다. ISTP형의 부기능은 '감각'이며, 이것은 ISTP형이 응용 지향적이라는 의미이다. ISTP형은 실용적이고, 모험심이 강하고, 자발적이다.

ENTJ형과 ESTJ형은 둘 다 사고가 주기능(매우 논리적)이고 모두 외향적이다(사람들과 일을 조직화하려고 한다). 이들은 결단력 있고 체계적이다. ENTJ형의 부기능은 '직관'이므로, 이들은 전체적인 그림과 미래의 가능성을 볼 수 있다. ENTJ형은 이론적이고 비판적이며 계획 지향적인 편이다. ESTJ형의 부기능은 '감각'이고, 이는 세부 사항에 좀 더 주목하고 지금 이 순간을 중요시한다는 뜻이다. ESTJ형은 실용적이고 현실적이며 양심적인 편이다.

감정이 주기능인 성격형 ISFP형, INFP형, ESFJ형, ENFJ형

감정이 주기능(강력한 감정형)인 사람들은 개인의 가치관에 근거해서 결정을 내리려는 욕구가 강하다.

ISFP형과 INFP형은 둘 다 감정이 주기능(자신의 판단이 인간적인지 고민한다)이고 모두 내향적이다(내면적 가치에 주목한다). 두 성격형 모두 섬세하고 적응력이 뛰어나며 충실하다. ISFP형의 부기능은 감각이고, 이것은 세부적이고 구체적인 현실에 주목한다는 것을 의미한다. ISFP형은 온순하고 관찰력이 뛰어나며 신뢰감을 준다. INFP형의 부기능은 직관이며, 이것은 INFP형이 자기 자신과 타인 모두의 가능성에 주목한다는 의미이다. INFP형은 공감을 잘하고 연민이 많으며 헌신적이다.

ESFJ형과 ENFJ형은 모두 감정이 주기능(자기 자신의 가치관에 근거해서 판단한다)이고, 둘 다 외향적이다(타인에게 집중한다). 두 성격형 모두 충실하고 매력적이며 붙임성이 좋다. 하지만 ESFJ형의 부기능은 감각인데, 다시 말해 이들은 사람들의 세부 사항에 주목한다는 뜻이다. ESFJ형은 철두철미하고 체계적이며 전통적이다. ENFJ형의 부기능은 직관이다. 다시 말해 이들은 타인의 잠재성에 주목한다. ENFJ형은 이상적이고 열정적이며 설득을 잘한다.

직장에서 장점을 활용하라

장점은 주기능과 부기능을 통해 드러난다. 반대로 3차 기능이나 열등기능을 사용할 때 자신의 약점이 드러난다. 따라서 자신의 주기능과 부기능을 이해하는 것은 매우 중요하다. 타고난 장점을 활용하는 것은 멋진 일이지만, 타고난 약점 때문에 취약함을 드러내는 것은 매우 스트레스를 받는 일이다.

당신의 타고난 장점을 이해하면 확실히 여러모로 이익이 된다. 일단 당신의 재능을 알게 되면 그것을 최대로 발휘할 수 있는 상황을 추구하게 되며, 성공할 수 있다는 자신감을 얻게 되므로 만족스러운 직업을 찾는 데 도움이 된다.

주감정형인 사람은 인간적으로 상황을 평가하는 데 탁월하다. 예컨대, 고객 서비스 담당자인 켈시의 경우를 보자. 켈시의 최대의 장점은 고객과 따뜻하고 친근한 유대 관계를 맺을 수 있다는 것인데, 확실히 고객들은 회사와 긍정적인 관계를 지속적으로 맺고 있다. 그녀는 고객의 불평불만을 들어 주고, 그들의 감정에 공감하면서 확실한 도움을 약속한다. 결과적으로, 켈시는 고객의 친구이자 회사의 지원자가 되었다.

객관적인 분석에 있어서는 주사고형을 따라갈 자는 없다. 에르네스토는 변호사로, 늘 법정에서 자신의 탁월한 사고 기능을 발휘한다. 그는 객관적인 태도를 유지하면서, 냉철하게 상황을 주시한다. 에르네스토는 서로 다른 전략으로 발생하는 결과를 논리적으로 평가하면서, 자신이 어떤 방법으로 접근할지 단호하고 침착하게 선택한다.

주직관형은 아무도 주목하지 않는 연관성과 의미를 찾는다. 애비는 광고 회사에서 카피라이터로 일한다. 그녀는 상품과 서비스 업종에 관한 작은 광고나 라디오와 텔레비전의 광고를 작성한다. 애비는 관련이 없어 보이는 사물들 사이에서 연관성을 발견하고, 타고난 창의적 능력을 발휘하여 그녀의 고객이 원하고 소비자들이 구매하기를 바라는 그런 종류의 이미지를 가져오는 재치 있는 카피를 생산해 낸다.

주감각형은 사실을 기억하고 그것을 유용하게 활용하는 데 있어서 독보적이다. 허브는 생물학을 연구한다. 실험실에서 그는 세부 사항에 대한 뛰어난 관찰력을 활용하여 빈번하게 일어나는 변화를 관찰하고 기록한다. 가설을 검증하기 위해, 세심한 기술과 정확성으로 반복적인 실험을 수행한다.

누구나 단점이 있기 때문에 당신의 단점을 인식하는 것 역시 현실적으로 분명히 이롭다. 타고난 단점을 인정하고 받아들인다면, 위태로운 환경이나 부적합한 업무를 피하는 데 도움이 된다. 일단 지뢰가 어디 묻혀 있는지 알게 된다면 그곳에서는 조심스럽게 걷게 된다. 즉 피치 못할 어려운 상황에서, 적어도 묵묵하게 적절한 행동을 준비할 수 있다.

우리는 열등 기능을 너무 자주, 지나치게 오래 사용하게 되면 스트레스를 받는다. 주감정형은 논리적이고 객관적이어야 하는(사고 기능을 사용할 때) 경우에 스트레스를 받는다. 주사고형은 타인의 감정을 다뤄야 하는(감정 기능을 사용할 때) 경우에 가장 힘들어한다. 주직관형은 사실과 세부 사항을 다뤄야 하는(감각 기능을 사용할 때) 경우 괴로워하고, 주감각형은 직관을 사용해서 의미를 찾아야 하는 경우에 스트레스를 받는다.

성격 유형이 ESFJ형인 제이의 경우를 살펴보자. 제이의 주기능은 감정인데, 이것은 결정을 내릴 때 자신의 가치관을 중시한다는 의미다. 제이의 가장 탁월한 장점은 사람에 대한 민감성이다. 사람들은 남을 배려하고, 공감을 잘하는 그의 성품과 남을 도우려는 그의 의지를 좋아하고 높이 평가한다. 자신이 옳다고 느끼는 감정에 기초하여 결정을 내리는 한, 제이는 자신을 자랑스러워하고, (필연적으로) 타인으로부터 격려와 지원을 받는다.

제이의 열등 기능(4차 기능)은 사고다. 그는 사무적으로 결정하는 것을 어려워한다. 자기 감정을 배제하고 논리적으로만 사고해야 하는 경우, 그는 열등 기능을 사용하게 된다. 이것은 그의 정신이 자연스럽게 작동하는 방식이 아니기 때문에 그를 불안하게 만들며, 과민 반응을 보이거나 유치한 수준의 결정을 내리게 한다.

직장 상사가 제이가 제출한 제안서를 비판했다고 가정하자. 실제 이것은 상사가 제이를 개인적으로 어떻게 생각하느냐의 문제는 아니다. 하지만 주감정형인 제이는 상대의 비판을 그 의도를 고려하면서, 객관적이고 사무적으로 평가하는 데 무척 어려움을 느낀다. 그는 단지 논리적인 분석에 관심이 없는 것이다. 이런 경우에 제이는 상사의 건설적인 제안을 놓치고, 마치 상사가 자신을 개인적으로 공격한 것으로 간주하여 상처를 받는다.

이제 제이가 자신의 주기능과 부기능을 알고 있다고 가정하자. 그는 자신이 모든 일을 지나치게 개인적으로 받아들이는 성향이 있다는 것과 논리적이기 위해서는 더욱 노력해야 한다는 점을 알고 있다. 남의 비판에 대해서 당황하거나 감정적으로 반응하는 것 대신 그는 자기 감정을 조절하고 마음을 열어 두리라고 다짐했고 따라서 상사의 비판으로부터 교훈을 얻을 수 있다. 게다가 제이는 다음 보고서는 좀 더 논리적으로 작성해야겠다는 점을 깨달았기 때문에 앞으로는 그런 취약한 처지에 빠지지 않을 것이다.

DO WHAT YOU ARE

나의 능력을 어떻게 향상시켜야 할까
성격의 결함을 보완하여 변화를 추구하라

'나이가 들면서 점점 자기다워지는 것이 문제다.'라는 말이 있다. 우리는 나이를 먹으면서 성장하고 변화함에도 불구하고, 성격 유형은 변하지 않고, 주기능과 부기능도 변함없이 그대로다. 그러나 한 성격 유형 안에서 성격을 균형 있게 개발하는 것은 가능할 뿐만 아니라 바람직하다.

사람들은 어느 정도는 예상되는 단계를 거치면서 성격을 발달시킨다. 성격 유형에 관해서 들어 보았든, 그렇지 않든 간에 우리 인생에서 특정 시기마다 서로 다른 흥미를 갖는 듯하다. 하지만 일단 성격 유형의 발달에 대해 이해한다면, 이런 변화들이 두서없이 일어나지 않는다는 것을 알게 된다. 성격 발달 과정에서 자신의 발달 단계를 인식하게 되면 자연스럽게 만족감을 주는 기능이 무엇인지 확인할 수 있다. 이것은 스물두 살 때보다 예순두 살 일 때 더욱 다르게 나타날지 모른다. 예전에 만족감을 주었던 활동이 이제 더 이상 그렇지 않은 까닭도 깨닫게 된다. 게다가 나이에 따라 어떻게 변화를 기대하고 어떻게 직업 선택의 영역으로도 확장시킬 수 있는지에 대한 통찰도 덤으로 얻게 될 것이다.

출생 후 여섯 살까지

사람들은 누구나 평생에 걸쳐 변하지 않는 성격의 '청사진'을 지니고 태어난다. 그러나 선호가 명확히 드러나기까지는 시간이 걸린다. 아이들은 생각을 정확히 표현하는 언어 기술을 완벽히 습득하지 못하기 때문에 성격 유형에서 선호를 정확히 확인하기가 더 곤란하다. 외향형인지 내향형인지는 초기에 쉽게 파악할 수 있는지 모르겠지만, 나머지 선호들은 분간하기 어렵다. 그리고 네 가지 기능은 동시에 발달하지 않기 때문에, 여섯 살 이전 아이들의 성격이 어떤지는 정확히 판단하기 힘들다. 아이들이 성격 유형에 따라 다르게 행동하는 모습을 관찰하면서, 부모와 교사는 아이들을 어른들에 맞추기보다는 아이의 유형에 맞게 가르치고 양육할 수 있을 것이다.

여섯 살에서 열두 살까지

여섯 살부터는 아이의 주기능이 드러나고 행동 양식도 더 분명해지기 시작한다. 주감각형의 아이는 여러 동작으로 구성된 맨손 체조를 야무지게 습득하는 경향이 있다. 주직관형은 집 안 잡동사니로 놀라운 악기를 만들어 낼지 모른다. 주사고형의 아이는 벌을 주는 어른 앞에서도 똑 부러지게 자기 의견을 내세운다. 주감정형의 아이는 특히 힘든 상황에 있거나 고통을 겪는 사람에 대한 연민을 나타내는 등, 타인에 대한 연민과 공감을 표현한다. 별다른 외부의 제약이 없다면 이 시기 동안 아이들은 자연스럽게 자신의 주기능을 강화해 나갈 것이다.

부모와 교사가 아이의 주기능 사용을 격려해 주는 것은 아이의 건강한 성장을 위해 매우 중요하다. 주기능은 성격 뒤에서 밀어 주는 힘이자 타고난 경쟁력의 원천이다. 격려를 받으면서 주기능은 꽃을 피운다. 그리고 아이는 능력 있고 자신감 넘치는 어른으로 성장한다. 아이가 주기능 사용을 억압받게 되면, 자신의 성격에서 핵심적인 부분을 신뢰하지 못하는 어른으로 자라나게 될지 모른다. 이것은 아이의 삶을 완성하는 데 분명히 방해된다.

열두 살에서 스물다섯 살까지

열두 살 무렵부터 우리는 자신의 부기능을 강화하기 시작한다. 부기능은 주기능과 균형을 이뤄서 효율적으로 정보 수집과 의사 결정을 하게 한다. 일단 주기능과 부기능이 확고하게 자리 잡으면(완벽하게 발달되지는 않았지만) 3차 기능과 열등 기능도 드러나게 된다. 스물다섯 살 무렵에 성격 유형은 뚜렷해진다. 하지만 다행히 스물다섯 살에 성격 발달이 끝나는 것은 아니다.

스물다섯 살에서 쉰 살까지

스물다섯 살을 넘기면서 우리는 3차 기능을 개발하기 시작한다. 대부분의 사람들은 나이 오십에 가까워지거나 그 이상이 될 때까지 3차 기능을 제대로 개발하지 못한다. 3차 기능의 개발은 이 시기에 보이는 중년의 위기와 더불어 나타난다.

3차 기능 개발과 중년의 위기가 같은 시기에 다가오는 것은 단순한 우연의 일치가 아니다. 삶의 전반기에 사람들은 주기능과 부기능을 주로 사용한다. 우리는 이 두 기능을 믿고 이것에 의지한다. 그리고 많은 세월이 흐르면서, 매우 능숙하게 사용하게 된다. 하지만 인생의 절정기인 이 시기에 도달하면서 사람들은 역시 괴로운 결론에 도달하게 될지 모른다. 첫째는 앞으로 남은 시간이 그리 많지 않다는 사실, 둘째는 이미 지난 시기와 마찬가지로 앞으로 도전할 시간도 별로 남지 않았다는 것이다. 중년에 접어든 사람들이 자신의 가치관을 재평가하고 우선순위를 조정하는 일은 드물지 않다.

중년기는 성격 발달에 있어 새로운 단계의 시작을 알린다. 무의식적으로 우리는 성격을 원만하게 다듬으려 애쓰고 더 효율적이고 유능한 사람이 되려고 노력한다. 3차 기능과 열등 기능을 개발하기 시작하는 것이다.

ISFP형(내향적, 감각적, 감정적, 인식적 성격형)인 마리오의 경우를 살펴보자. 마리오는 감정이 주기능이다. 부기능은 감각, 3차 기능은 직관이고, 열등 기능은 사고다. 이제까지 마리오는 매우 '수더분한' 사람이었다. 사물을 있는 그대로 받아들이고, 그것들이 왜 그런 방식으로 존재하는지 궁금해하지 않았으며, 더 깊은 의미를 추구하지 않았다. 이제 서른여덟인 마리오는 호기심이 더욱 강해졌다. 그는 자신이 늘 그런 식으로 행동해 온 이유가 궁금해졌고, 성장하면서 부모님이 그에게 어떤 영향을 끼쳤는지에 관심을 갖게 되었다. 형제들과 어린 시절에 관한 대화를 나누기도 하고, 자기 자신과 자신의 행동 패턴에 대해 알아보고자 상담을 받는 것까지 고려하고 있다. 마리오는 사물의 연관성에 흥미를 느끼게 됐으며, 사람들이 특정하게 행동하는 원인이 무엇인지 궁금해지기 시작했다. 그는 삶의 복잡성에 대한 지식을 심화시키고 있고, 가능성에 대해 새롭게 평가한다. 이것은 마리오의 직관 기능이 발달하는 명백한 증거다.

3차 기능을 개발하는 것은 아주 불안한 일이 되기도 한다. 나오미는 서른일곱 살의 주식 중개인이다. ENTP형(외향적, 직관적, 사고적, 인식적 성격형)인 나오미는 직관이 주기능이다. 부기능은 사고, 3차 기능은 감정이며, 열등 기능은 감각이다. 나오미는 뛰어난 수완가이다. 시장을 분석하고, 동향을 예측하고, 남을 설득하는 능력 덕택에 그녀는 이미 많은 돈을 벌어들였다. 나오미는 변화의 속도가 빠르고, 위험도가 높은 금융 분야에서 일을 하는 것이 매우 신났고, 탁월하게 업무를 수행했다. 하지만 최근 들어서 나오미는 일하는 재미가 뚝 떨어졌다. 하루에 열여덟 시간씩 일하는 것을 다소 주저하게 되었는데, 특히 그녀의 남자친구가 잠깐이라도 한 번씩 만나기를 원했기 때문이다. 그녀는 여전히 도전적인 업무를 즐기고, 성공을 아주 중요시하지만, 돈과 비싼 물건에 둘러싸인 채 혼자 지내는 것은 완전한 행복을 보장하지 못한다는 것을 깨달았다. 나오미의 3차 기능인 감정 기능이 발달하고 있는 것이다. 그녀는 아마도 삶의 방식에 변화를 줄 것이다.

마리오와 나오미처럼 중년기가 늘 심각한 변화를 가져오는 것은 아니다. 많은 이들은 조용히 새로운 취미나 활동을 개발하고 이제까지와는 조금 다르게 삶을 살아가기 시작한다. 중년기에 우리는 종종 다른 취미, 다른 관점, 다른 일의 방식에 대해 더 열린 자세를 갖는다. 행동에 좀 더 융통성을 갖게 되고, 예전에 지나쳤거나 사소하게 생각했던 일들에 관심을 기울이기 시작한다.

어떤 사람들은 단순히 자신의 3차 기능과 관련된 취미 생활을 시작하기도 한다(예컨대, 운동에 새로운 관심을 갖는 것은 감각 기능이 발달한다는 표시다). 다른 이들은 3차 기능과 관련된 정신적 통찰에 끌리기도 한다(객관성과 공정함을 새롭게 강조하는 것은 사고 기능이 발달한다는 조짐이다). 많은 이들은 3차 기능과 연관된 취미 생활과 정신적 자각 둘 다를 개발한다. 이것은 동시에 일어나기도 하고, 하나에서 출발하여 다른 하나로 나아간다.

일단 성격 유형 발달에 대해 이해하게 되면, 중년기 인생에 깊이, 즐거움, 능력을 더하기 위해 의식적으로 3차 기능을 개발하면서 일할 수 있다. 이것을 수행하는 방법은 개인에 따라 각자 다르다.

ENFP형인 테오는 마흔한 살이다. 그의 주기능은 직관이다. 부기능은 감정 기능이고 3차 기능은 사고, 4차 기능은 감각이다. 테오는 언제나 갈등보다는 화합을 선호했고, 남의 기분에 맞춰 주는 데 많은 시간을 쏟아 왔다. 이제 테오는 사고 기능을 개발하기 위해 열심히 노력하고 있다.

테오는 최근에 비싼 스니커즈 운동화 한 켤레를 샀는데, 2주도 못 가서 신발이 떨어지기 시작했다. 그가 신발을 가게로 가져가서 상황을 설명하자 가게 주인은 이렇게 말했다.

"걱정 마십시오, 손님! 이 운동화를 바로 공장으로 보내겠습니다. 신발 수선이 불가능하면, 새 운동화로 교환해드립니다. 근데 시간이 한 달 정도 걸릴 겁니다."

10년 전이라면, 테오는 이런 상황을 받아들였을지 모른다. 왜냐하면 그는 다툼이 일어나는 상황을 피하고 신발 가게 사장과 긍정적이고 친근한 관계를 유지하는 데 관심이 있었기 때문이다. 중년기의 테오는 사고 기능을 더욱 편하게 사용하게 되었고, 공평하게 대우받기 위해 화합을 조금 더 희생하기로 했다. 대신 테오는 이렇게 대답했다.

"그건 좀 말이 안 되는 것 같네요. 당신이 판 운동화 때문에 한 달 동안이나 내 운동을 중단할 수가 없다고요. 난 공장에서 신발을 산 게 아니고 당신 가게에서 샀잖소. 그리고 수선 비용도 신발 가격에 이미 포함됐잖아요. 지금 당장 새 운동화로 바꿔 주고 공장은 알아서 처리하세요."

가게 주인은 어쩔 수 없이 새 신발로 바꿔 주었다. 의식적으로 그렇게 행동할 계획은 없었지만, 테오는 이제 막 눈을 뜨고 있는 이성 기능(사고 기능)을 사용하는 데 끌렸고, 그 과정에서 더 좋은 결과를 얻었다.

쉰 살 이후

인생 후반기에서 우리는 열등 기능을 좀 더 성공적으로 사용하기 시작한다. 어떤 성격 연구가들은 열등 기능은 너무 개발이 안 됐기 때문에 결코 효과적으로 사용할 수 없다고 믿고 있다. 하지만 많은 이들은 인생 후반기에 열등 기능에 끌리고, 의식적으로 노력하면서 실제로 그 기능을 활용한다. 열등 기능을 사용하는 데 성공하려면 집중이 필요하다. 열등 기능은 당신의 취약점이긴 하지만 노력을 기울일 만한 가치가 있다.

쉰일곱 살의 아론은 제조업체를 상대로 컨설팅을 하고 있다. 그는 또한 매우 활발하게 자원봉사 활동을 해 왔다. ESFJ형(외향적, 감각적, 감정적, 판단적 성격형)인 아론은 감정이 주기능이다. 부기능은 감각이고, 3차 기능은 직관, 열등 기능은 사고다. 아론은 지역 사회에서 앞장서서 노숙자를 위한 저렴한 주거 시설을 만드는 일에 나서고 있다. 시간이 지나면서 아론은 새로운 자금처를 찾는 데서나 집을 만들기 위한 공간 사용의 대안을 고민하는 데 있어서 더욱 혁신적으로 접근하게 되었다(직관 기능을 사용). 아론은 항상 노숙자들에게 연민을 느꼈는데, 사고 기능이 발달하면서 그는 정치적인 과정에 대해 더욱 객관적 자세를 유지하고 쉽게 동요하지 않게 되었다. 그는 대도시에서 운영 가능한 프로그램과 시스템을 시행하기 위해 공을 들이고 있다(사고 기능을 사용). 이 일은 아론에게 어려운 과제이지만, 사고 기능을 통해서 그는 자신이 깊이 몰두하는 문제를 더욱 효과적으로 해결하게 되었다.

살아 오면서 성격 유형을 적절히 개발해 왔다면, 당신은 모든 기능(감각 기능, 직관 기능, 사고 기능, 감정 기능)을 사용할 수 있을 것이다. 나이가 오십이 넘어가면 모든 기능을 상황에 맞춰서 적절히 사용할 수 있다. 주기능과 부기능은 가장 강력한 힘의 원천이고 3차 기능과 열등 기능은 좀 더 감독이 필요하지만, 당신에게 더욱 폭넓은 기술을 제공할 것이다.

앞에서 기능들을 차를 몰고 여행 가는 한 가족에 비유했던 것을 기억하는가? 훌륭한 성격 발달이란, 3차 기능과 열등 기능(뒷좌석에 탄 아이들)이 더욱 성장했다는 것을 의미한다. 주기능과 부기능은 여전히 책임을 맡고 있고, 3차 기능은 이제 청년이며 열등 기능은 10대가 된 것이다.

모든 기능을 활용하는 과정에서 당신은 모든 성격 유형의 성향과 태도(외향형, 내향형, 판단, 인식)를 받아들일 수 있다는 점을 알게 된다. 당신이 내향형이라면, 새로운 사람들을 만나거나 취미의 폭을 넓히는 것 같은 외향적 활동을 더 편안하게 할 수 있게 된다. 당신이 판단형이라면, 인식 기능을 더 잘 사용할 수 있게 될지 모른다. 삶을 통제하려 하기보다는 휴식을 취하고, 놀고, 삶 자체를 경험하는 일에 시간을 더 보내게 된다.

의미를 확실히 하기 위해 마리앤의 예를 살펴보자. ENFJ형(외향적, 직관적, 감정적, 판단적 성격형)인 마리앤은 예순 살의 여성으로, 의료 사고 소송의 배심원으로 위촉되었다. 감정이 주기능인 마리앤은 개인적인 믿음과 가치에 바탕을 두고 피해자 입장에 공감하며 자신의 모든 결정을 내릴 것으로 보인다. 마리앤은 부기능이 직관이기 때문에 주로 증거의 의미나 정보의 일반적 패턴에 주목할 것으로 보인다.

실제로 마리앤은 두드러진 배심원이었다. 그녀는 감각 기능을 훌륭히 이용하여, 증거를 아주 꼼꼼히 살펴보고 배심원이 심의하는 동안에 관련된 특정 세부 사항을 상기시켰다. 그리고 놀랍게도 재판에서 자신의 열등 기능인 사고 기능을 사용하여 공정함을 유지할 수 있었다. 그녀는 동료 배심원이 단순히 동정심에서 판단을 내리지 않도록 촉구하기까지 했다. 게다가 외향형임에도 불구하고 말하기 전에 주의 깊게 듣는 법을 익혔고(내향성을 이용), 최종 평결을 발표하기 전에 한 번 더 숙고하는 법을 배웠다(인식 태도를 사용).

그러면 마리앤은 ENFJ형에서 ISTP형으로 바뀐 것일까? 아니다! 그녀는 자신의 성격을 훌륭하게 개발했기 때문에 적시에 필요한 성향을 불러올 수 있었다. 이 경우에 마리앤이 사실을 수집하고, 공정한 결정을 내리고, 열등 기능을 개발하는 데 열심히 노력했다는 점은 매우 적절한 일이었다. 그러나 25년 전이라면 쉽지 않았을 것이다.

성격 유형 발달에 도움이 되는 것과 안 되는 것

앞에서 말했듯이, 아이들이 주기능과 부기능을 사용할 때 지원해 주는 것은 필수적인 일이다. 과거에 어떤 성장 과정을 거쳤는지는 현재의 삶에 깊은 영향을 미친다. 당신은 자신의 인생을 성격 유형 발달과 관련지어서 고민해 본 적이 있는가? 타고난 능력을 개발하도록 격려받은 아이들은 일반적으로 자신의 모든 기능을 고르게 개발하게 된다. 반면 선천적인 능력 활용을 격려받지 못한 아이들은 사고 경향과 성향에 대해서 혼란스럽고 불분명한 채로 성인이 될 가능성이 높다. 이러한 혼돈은 직업 선택을 비롯한 성인 이후 삶의 모든 면에 영향을 미칠 수 있다.

부모와 교사들은 자연스럽게 자신과 비슷한 성격을 가진 아이들을 높이 평가한다. 역으로 그들은 자신이 잘 이해하지 못하는(용납할 수 없는) 자녀의 행동 때문에 혼란에 빠질 수 있다. 이것은 악의적이거나 고의적인 것이 아니다. 더욱 쉽게 이해할 수 있기 때문에, 사람이 자신과 비슷한 사람을 좋아하고 더 편하게 느끼는 것은 아주 당연하다.

어린 시절 대부분의 시간을 상상 속의 친구들과 보냈던 한 여인이 있었다. 그녀는 외진 시골의 농장에 살았다. 농장의 일상은 여자아이에겐 의미가 없었다. 그 아이는 가상의 소꿉놀이 친구를 만들어서 같이 얘기하고, 교류하고, 사고를 치기도 하면서 시간을 보냈다. 어떤 부모(특히 주감각형의 부모)들은 이런 상황이라면 아이가 환상에 빠진 것은 아닌지 두려워할지 모른다. 그러나 다행히 레베카의 부모님은 딸이 별 탈 없이 놀이에 몰두하는 것이 그저 기뻤다. 오늘날 레베카는 매우 성공한 연애 소설가가 되었고, 그녀는 성공의 원인을 어린 시절의 소꿉놀이 덕분으로 돌린다!

물론 성공 사례만 있는 것은 아니다. 에리카라는 젊은 여성은 명백한 주사고형으로 차갑고, 독립적이고, 감정을 잘 드러내지 않는다. 반면에 에리카의 부모는 모두 주감정형이었다. 그녀의 부모는 사람과 거리를 두는 에리카의 태도에 마음이 늘 편치 않았고, 아이의 성격이 무뚝뚝한 것이 자신들이 무슨 잘못을 한 탓이 아닌지 궁금했다. 아이에 대한 애착을 줄이려는 노력에도 불구하고, 에리카의 부모는 그녀가 아기일 때부터 아이가 달라지길 바라면서 의사소통했다. 부모는 에리카의 성향에 결코 적극적으로 간섭하지는 않았지만, 에리카는 늘 자기에 대한 의심으로 혼란스러웠다. 다행히도 그녀는 자신의 진정한 성격형을 알게 되면서 한결 자유로워졌다.

당신에게 아이가 있다면, 지금 당신이 무슨 생각을 할지 짐작한다.

"오, 대단하군요! 내게 필요한 건 단지 어떤 전문가가 내가 자식을 망쳐 놨다고 하는 얘기를 듣는 것이군요!"

우리는 당신의 느낌을 이해한다. 하지만 강조하고 싶은 점은 여러분이 무슨 잘못을 저질렀다는 게 아니라, 단지 우리가 부모와 많이 다른 것처럼, 우리 자녀들도 우리와 매우 다르다는 점을 잊기 쉽다는 것이다.

이 시점에서 당신이 어떻게 성장했는지 돌이켜 보는 것도 도움이 될 것이다. 부모나 선생님의 성격 유형을 캐내 보자는 것은 아니고, 한번 어린 시절을 되새겨 보자는 것이다. 어렸을 때 당신은 어떤 타고난 재능을 발휘했었는가? 당신의 노력은 인정받았는가? 당신의 주기능을 개발하는 데 칭찬과 격려를 받았다고 생각하는가? 아니면 당신은 타고나지 않은 방식으로 행동하기를 강요받지 않았는가? 대개는 그렇지 않겠지만 일부 사람들은 타인의 이해 부족이나 억압으로 인해 자신의 진정한 성격형을 지키느라 어린 시절을 힘들게 보내기도 한다. 아이들은 특히 타인의 기대에 부응하려는 성향이 매우 강하기 때문에, 부모의 기대에 맞추거나 그들의 인정을 받기 위해 자신의 타고난 기질을 자주 억눌러 버리곤 한다.

삶 전체를 볼 때 주위 환경은 성격 유형 발달에 도움이 되기도 하고 방해가 되기도 한다. 사람은 부모나 선생님뿐만 아니라, 친척, 친구들, 자라온 문화에도 영향을 받는다. 다음 사실을 생각해 보자. 미국 인구의 절반이 넘는 성격형은 외향적 감각형이다. 미국 인구의 약 4퍼센트만이 내향적 직관형이다. 전자의 성격형(행동 지향적, 사교적, 실용적이고 현실적인)이 후자의 성격형(사려 깊고, 자기 성찰적, 복잡하고 창조적인)보다 더 우월하다는 강력한 메시지가 우리 문화에 스며들어 있다.

당신에게 맞지 않는 옷이라도 무조건 입어야 한다는 강력한 압박은 인생 전반에 걸친 혼란을 낳을 수 있다. 당신이 의무감으로 당신에게 맞지 않는 특정 그룹의 사고방식을 받아들인다면(가족 간의 관계, 학교, 지역 사회나 직업 환경), 당신의 천성을 거부하고 부여받은 역할을 즐기지 못하는 결과를 낳을지도 모른다. 자신이 원치 않는 일을 하면서 20년을 보냈다면, 사람들은 타고난 흥미와 단절되며, 더 나쁜 상황은 자신의 능력에 대해서 왜곡된 생각을 갖게 될 수 있다.

타고난 성향대로 살아 보라고 격려받아 본 적이 없거나 당신의 진정한 본성이 헷갈린다 해도, 용기를 잃지 마라. 당신은 성격 유형을 통해 타고난 본성을 이해하고 생산적이고 성취하는 인생을 살 수 있게 될 것이다.

성격은 어떻게 발달하는가

성격 유형 발달 과정

일반적인 경향을 따른다면, 당신은 아마도 당신의 나이에 대응하는 기능을 개발하고 있을 것이다. 모든 이들은 자신만의 속도에 따라 진보한다.

성격 유형 발달 시간표는 단지 일반적인 상식선에서만 도움이 된다. 어느 누구도 스물다섯 살이 되는 생일날 아침에 깨어나서 "이제 내 3차 기능을 개발할 때가 왔구나!"라고 하지 않을 것이다. 사람들은 저마다 서로 다른 시기에 성격의 다른 차원에 관심을 기울인다. 똑같은 나이와 성격형을 갖는다고 해서 정확히 같은 방식으로 발전하지 않을 것이다. 여기 주어진 시간표는 단지 대략적인 지침이다.

성격 유형 발달 과정에서 당신의 위치를 확인하기 위해서 당신은 현재의 관심사나 행동을 조사할 필요가 있다. 여가 시간에 당신이 진짜 원하는 것을 더욱 추구하기 때문에, 직장에서 벗어났을 때의 행동에 초점을 맞추는 것이 최선이다.

사람들이 어떻게 감각, 직관, 사고, 감정을 개발하는지에 대한 다음 네 가지 설명을 주의 깊게 읽어 보고 어느 것이 당신과 유사하게 들리는지 확인하라. 지금, 인생이란 무대에서 어떤 기능을 개발하고 있는지 말할 수 있는가? 결정을 내릴 때, 최근의 흥밋거리에 대한 리스트를 작성해 보거나 당신을 잘 아는 사람에게 당신이 새로운 성격을 발달시키고 있는 증거를 본 적이 있는지 물어보는 것이 도움이 될 것이다.

당신이 개발하고 있는 기능을 고른 후에 기능의 구조를 참고해 보자. 그것은 당신의 부기능, 3차 또는 열등 기능인가? 당신은 성격 발달 시간표에 반하는 결과를 얻을 수도 있다.

감각의 발달

일반적으로 감각이 발달하는 사람들은 지금 일상적으로 일어나는 현재의 순간에 초점을 맞추기 시작하며, 다음과 같은 태도를 보인다.

— 대상의 감각적 측면(시각, 청각, 후각, 미각, 촉각)에 대해 더욱 잘 알게 된다.
— 자연을 새롭게 평가한다.
— 사실과 세부 사항에 관심을 갖게 되며 더욱 정확하고 치밀해진다.

— 더 현실적이 된다. 긴 프로젝트가 얼마나 걸릴 것인지, 그 프로젝트를 마칠 수 있는 현실적 가능성에 대하여 관심을 기울인다.

다음과 같은 영역에 새로운 관심이 생길 수 있다.

— 요리

— 만들기

— 미술과 공예

— 음악 감상

— 운동

— 도보 여행, 캠핑

— 정원 가꾸기

— 신문 읽기

— 세부 사항에 주목

— 숫자에 대한 관심

직관의 발달

일반적으로 직관이 발달하는 사람들은 변화를 더 잘 받아들이고 사물을 새로운 방식으로 바라본다.

— 숨은 의미와 상징이 드러내는 것에 더욱 관심을 갖는다.

— 영적인 문제와 삶의 의미에 대한 관심이 깊어진다.

— 상상력을 발휘한다.

— 사람이나 사물들 간에 연관성에 대해 생각해 보고, 큰 그림에 주목한다.

다음과 같은 일에 새로운 관심이 생길 수 있다.

— 예술, 디자인

— 종교

— 학업을 계속하거나 학위를 딴다

— 문제 해결, 브레인스토밍

— 발명

— 창의적 글쓰기

— 소설 읽기

— 타 문화를 배우기 위한 여행

— 광범위한 기획 및 사고

사고의 발달

일반적으로 사고가 발달하는 사람들은 자료를 고려할 때 좀 더 객관적인 태도를 유지하게 된다.

— 조화가 깨지는 것을 감수하면서, 공정함과 평등을 강조한다.

— 인과 관계와 행위의 논리적인 결과에 대해 알게 된다.

— 사람과 사물을 비판적으로 평가한다.

— 효율성과 능률에 관심이 생긴다.

— 논쟁 중일 때 양측의 입장을 모두 보는 능력이 높아진다.

다음과 같은 일에 새로운 관심이 생긴다.

— 타인의 권리

— 협상과 타협

— 체스와 같은 전략 게임

— 논쟁

— 소비자 인식

— 정치 문제

— 일관성을 유지하기 위한 노력

감정의 발달

일반적으로 감정이 발달하는 사람들은 자신의 행동이 타인에게 어떤 영향을 미칠지에 관해 알게 된다. 그들은 자신의 우선순위를 인간적 관점에서 재평가한다.

— 남을 따뜻하게 대하고 타인의 필요에 관심을 보인다.

— 우정을 키우며 개인의 경험과 감정을 공유한다.

— 의사소통과 경청 기술에 관심을 갖는다.

— 타인의 기여를 높이 평가한다.

다음과 같은 일에 새로운 관심이 생긴다.

— 자원봉사 활동

— 조언하기

— 과거의 인간관계를 복원하기

— 친목 모임을 주선하거나 참석하기

— 심리 치료

— 솔직하고 의미 있는 대화

— 글쓰기

— 일기 쓰기

— 감사를 표시하기

— 남을 칭찬하기

예를 들어, 당신이 쉰다섯 살의 INFJ형(내향적, 직관적, 감정적, 판단적 성격형)이라고 가정해 보자. 당신의 기능의 구조는 아래와 같을 것이다.

— 주기능: 직관

— 부기능: 감정

— 3차 기능: 사고

— 열등 기능: 감각

당신은 늘 의미를 찾는 데 능숙했고(직관), 직관을 통해 얻어 낸 정보를 가지고 타인에 대한 이해와 자신의 가치관에 근거하여(감정) 올바른 판단을 내렸다. 세월이 흐르면서 당신은 자신의 판단이 내린 논리적인 결과를 더 정확하게 예측하게 되었다(사고). 최근에는 맛있는 요리를 맛보기 위해 책자를 뒤적이게 되었고 요리 학원에 등록하기까지 했다. 당신은 은행 잔고에서 10센트가 부족한 이유를 찾아내려고 결심하기도 했다. 이것은 모두 감각이 발달하고 있다는 증거다.

감각은 당신의 열등 기능이다. 성격 유형 발달의 일정표에 따르면 당신은 쉰 살 이후에 열등 기능을 개발하기 시작할 가능성이 높다.

성격을 발달시키도록 노력하라

감각, 직관, 사고, 감정 등 당신의 기능을 개발할수록 올바른 결정을 내릴 수 있게 된다. 이것은 직업 선택과 같은 중요한 결정을 하는 데 있어서 상당히 중요한 기술이다. 다행히도 당신은 이 기술을 의식적으로 개발할 수 있다.

어떤 결정에 직면했을 때 정보 수집 기능(감각과 직관)을 우선 활용하라. 그다음 의사 결정 기능(사고와 감정)을 사용하라. 당신의 주기능이 무엇이든지 습관적으로 주기능에서 시작하지 말라. 주기능과 부기능을 사용하는 것이 더 쉬울 테지만, 3차 기능과 열등 기능을 사용하는 데도 특별한 노력을 기울여라. 주기능과 부기능, 3차 기능과 열등 기능은 모두 문제 해결 과정에서 중요하고 효과적인 역할을 한다. 만일 이 네 가지 기능 가운데 어느 하나라도 간과한다면 치명적인 문제를 일으키게 된다. 이상적인 문제 해결 접근 방식은 아래와 같다.

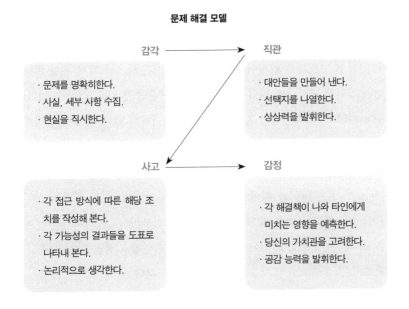

문제 해결 모델

감각 ⟶ 직관

· 문제를 명확히 한다.
· 사실, 세부 사항 수집.
· 현실을 직시한다.

· 대안들을 만들어 낸다.
· 선택지를 나열한다.
· 상상력을 발휘한다.

사고 ⟶ 감정

· 각 접근 방식에 따른 해당 조치를 작성해 본다.
· 각 가능성의 결과들을 도표로 나타내 본다.
· 논리적으로 생각한다.

· 각 해결책이 나와 타인에게 미치는 영향을 예측한다.
· 당신의 가치관을 고려한다.
· 공감 능력을 발휘한다.

당신이 이 네 가지 기능을 사용하기 위해 의식적으로 노력한다고 해도 실제 생활에서는 이 순서에 따라서 사용하지는 않을 것이다. 중요한 점은 이 절차를 정확하게 따르지 않는다 하더라도 그것들을 잘 활용할 수 있도록 고민해 보라는 것이다.

우리는 하루에도 수천 가지 결정을 내린다. 따라서 문제 해결 기술을 연습할 기회는 많이 있다. 특히 중요한 결정을 내릴 때는 당신이 존경하되 당신과 다른 장점을 갖고 있는 사람에게 상담을 받아 보는 것도 좋다. 예컨대 당신이 사고형이라면, 감정형인 사람에게 상담을 받는 것이다. 당신은 사람들이 저마다 상황을 얼마나 다르게 보는지를 알고 놀랄지도 모른다. 이러한 방식을 활용하는 것은 약점을 개발하는 데 도움이 되고 좀 더 효과적으로 결정을 내리게 할 것이다. 정신적 기능을 강화하는 것은 근육을 키우는 것과 마찬가지다. 연습하면 할수록 더욱 더 강해진다.

성격 유형 발달에 맞는 직업을 선택하라

당신이 어떤 직업을 갖고 있든 간에 성격 유형 발달은 당신이 이용할 수 있는 자연스러운 과정이라는 점을 명심하라. 타고난 성격 유형 발달에 맞는 직업을 택한다면 직업적인 성장과 즐거움을 동시에 얻을 수 있기 때문에 여러 가치 측면에서 좀 더 만족스럽게 일하게 될 것이다. 직업적으로 이것은 커다란 자신감을 주고, 결국엔 큰 성공으로 이어진다.

처음부터 당신의 주기능과 부기능에 맞는 직업을 선택하는 것이 중요하다. 이 점은 나이를 먹어도 변하지 않는다. 하지만 어느 특정한 시기가 되면 3차 기능이 더욱 중요해진다. 머지 않아 당신은 일터에서 3차 기능을 연마하고 활용하고 싶어질 것이다. 반면에 열등 기능은 당신의 직업 생활에서 결코 중요한 역할을 하지 못할지도 모른다.

직장 생활을 하면서 끊임없이 자기계발을 해야 할 필요를 느낄 것이다. 다만 그것이 극적인 변화일 필요는 없다. 새로운 도전이나 접근법, 기술에 관심을 갖게 되면서 당신의 전문 분야에 대한 관심도가 떨어지는 것을 상상해 보라. 이것은 성격 발달의 좋은 예다. 3차 기능을 강화하면 할수록 직업 선택의 폭은 더욱 넓어지게 된다. 훗날 당신은 10~20년 전이라면 맞지 않았던 직업에 끌리게 될지도 모른다.

ISTJ형(내향적, 감각적, 사고적, 판단적 성격형)인 모린은 감각이 주기능이다. 그녀의 부기능은 사고이고, 3차 기능은 감정, 열등 기능은 직관이다. 모린은 대학 졸업 후 의학 연구소에서 일했다. 그녀는 일단 다양한 실험 방법을 습득하게 되자 업무를 점점 더 좋아하게 되었고, 능숙하게 일을 해냈다. 모린은 언제나 정확하게 관찰했다. 그녀의 보고서는 꼼꼼하고 정확했다. 또 데이터를 직접 확인하고 나중에 검토하기 위해 기록하는 것을 즐겼다. 그리고 자신의 일이 언젠가 의학 분야에서 새로운 돌파구가 되리라 기대하면서 행복해했다. 그녀는 실험실에서 진행되고 있는 다양한 실험 과정의 모든 단계에 흥미가 있었다. 그녀는 꾸준하고 조용하며 믿을 만한 동료였고 오랫동안 자기 업무에 만족했다.

모린의 상사가 갑자기 일을 관두게 되자 모린은 담당 부서장의 직책을 맡게 되었다. 그녀는 실험실 기사들이 겪는 어려운 실험 절차를 돕고 기사들이 필요할 때 그들을 교육시키고 그들의 업무를 점검하고 감독하는 책임을 맡게 되었다. 모린은 새로 바뀐 직업이 자기에게 맞는지 확신하지 못했다. 그러나 3차 기능인 감정이 발달하면서 그녀의 새로운 기회는 성격유형의 발달 시간표와 맞게 되었다. 그녀는 자신이 놀랄 정도로 부서장의 역할을 훌륭히 해냈다. 그녀는 감독 능력을 개발했고 직원들이 서로 잘 협력하도록 이끌었다. 그리고 암과 관련된 연구에 집중하면서 실험실 업무도 병행했다.

그리고 모린은 임상 결과에 대해 더욱 관심을 갖게 되었다. 그녀는 암 치료 개발 및 후원과 관련하여 의사, 병원, 기구 등과 많은 연결 고리를 형성하였다. 그리고 암 환자와 직접 접촉하고, 그들을 방문하기 위해서 주말에는 자원봉사를 했다. 10년 전에 아무 의미가 없었던 이 일은 현재 그녀의 업무에 새로운 의미와 중요성을 부여해 준다.

모린은 요즘 실험보다는 암 연구와 치료에 대한 새로운 발달 상황을 평가하는 데 주력하고 있다. 그녀는 직업 생애의 후반부에서 직관을 활발하게 사용하고 있다. 여행을 많이 다니고 새로운 실험 절차를 배우며 전 세계에서 진행되고 있는 발달 상황에 대해서 많은 연구를 하고 있으며 지금은 암 연구와 치료 발달 평가 분야에서 저명한 전문가로 강의도 자주 하고 있다. 이런 일은 그녀가 젊었을 때는 상상하지 못했던 것이다.

여기서 모린의 개인적인 성장과 직업적인 성장을 분리할 수가 없는 것처럼 모린의 개인적인 삶과 직업적인 삶을 분리하기는 어려울 것이다. 삶의 다른 시기에 나타난 자연적인 관심과 연관된 직업 선택의 길을 추구하면서 모린은 유능한 직업인인 동시에 탁월한 인간이 되었던 것이다.

직업 만족을 위한 세 가지 요소 복습

이제 당신은 직업 만족을 위한 세 가지 요소를 알고 있다. 만족스러운 직업을 찾기 위해 반드시 이해해야만 하는 이 세 가지 요소를 한 번 더 복습해 보자.

1. 타고난 기질(4장)
2. 기능 구조(5장)
3. 성격 유형 발달 과정에 맞는 직업을 찾는 과정(6장)

제3부에서는 당신과 동일한 성격 유형을 갖고 있으며 여러 가지 면에서 당신과 비슷한 사람들의 직업 만족에 대한 사례들을 만나게 될 것이다. 그들의 사례를 읽은 후에는 그들이 어떤 방법으로 자신의 기질에 어울리고 성격 발달 과정에 맞는 직업을 찾았는지 알게 될 것이다. 또 그들이 주기능과 부기능을 활용하여 가장 효과적으로 직업에서 만족을 경험한 것처럼 당신도 이 책을 다 읽고 나면 그들과 같이 나에게 꼭 맞는 일을 찾을 수 있다.

제3부

내
성격에
맞는
직업을
찾아서

DO WHAT YOU ARE

'실패를 통한 배움이 최선이다.'라는 말이 있다. 마찬가지로 나 자신과 여러모로 비슷한 사람들의 좌절과 성공을 통해 배우는 것도 역시 최선의 방법이 될 것이다. 제3부에서는 매우 다양한 직업과 수입 수준, 나이와 배경을 지닌 사람들이 생생한 삶의 현장을 보여 준다. 이들은 모두 행복한 직업 생활을 누리고 있는 사람들이다. 어떤 이들은 직업 만족을 찾기까지 긴 세월을 보내며 다양한 직업을 전전하기도 했고. 또 다른 이들은 잘 짜인 계획을 따라 큰 시행착오 없이 만족스러운 직업을 찾기도 했다.

다음에 이어지는 열여섯 개의 장에는 자신의 성격 유형에 꼭 맞는 직업을 만나서 만족스러운 직업 생활을 누리고 있는 사람들의 사례가 실려 있다. 이 사례들을 통해서 우리는 타고난 장점을 직장에서 발휘하는 방법을 이해할 수 있을 것이다. 이 사례들을 보면서, 그들과 자신이 얼마나 비슷한지에 대해 생각해 본다면 당신이 직업 만족을 누리기 위해 필요한 것이 무엇인지 확인하는 데 도움이 될 것이다.

'만족할 수 있는 직업의 성격'에서는 당신과 같은 성격 유형의 사람들을 위한 명확하고 중요한 기준이 제시되어 있다. '성격 유형에 맞는 직업'에서는 구체적인 직업이 나열되어 있고 그런 직업들이 특정 성격 유형의 사람들에게 직업 만족을 가져다주는 원인을 분석한다.

일단 만족을 주는 직업군을 확인했다면, 다음은 성공적인 구직 활동 수행이 필요하다. 당연한 이야기지만, 서로 다른 성격 유형의 사람들은 제각기 다른 방식으로 구직 활동에 접근해야 한다. 따라서 가장 효과적인 구직 활동을 위해 분명하고 실용적인 지침을 제공하여, 자신의 장점은 강화하고 약점은 최소화하는 데 도움이 되도록 했다.

자신의 성격 유형과 일치하는 장을 다 읽고 난 후 당신에게 진정한 만족을 가져다줄 수 있는 직업을 하나 이상 확인하고 평가할 준비가 되었다면 당신은 마침내 자신에게 꼭 맞는 직업을 찾은 것이다!

외향적, 직관적, 감정적, 판단적 성격형

ENFJ형 커뮤니케이션 능력이 뛰어난 홍보의 대가

사례 1 **설득력 있는 세일즈의 달인 엠마** (개발 부서 책임자)

"애정과 능력을 합치는 거죠."

직업

엠마는 자신의 노력으로 발전하는 학교의 모습을 상상해 보는 것을 좋아한다. 그녀는 한 자립형 학교의 개발 부서를 이끌면서 학교 발전 기금을 마련하기 위해 자원봉사자들과 전문가들을 지휘하고 있다. 엠마의 일상은 사람들이 기부하도록 만드는 최선의 방식을 마련하기 위한 전략을 수립하는 일과 기부 액수를 조정하는 일이다. 이 일은 잠재적 기부자의 능력에 대한 연구는 물론 기부자의 관심 사항과 경향에 대한 조사와도 관련이 있다.

"기부는 능력의 문제라기보다 성향의 문제입니다."

이와 같은 방식으로, 엠마는 기부자들과 관계망을 형성하고 그들이 기부를 위한 완벽한 출구를 찾도록 돕는다.

개발 업무에서 제일 마음에 드는 부분은 기부를 원하는 사람을 학교와 연결해 주고 그 상호 작용을 통해 얻어지는 기쁨을 바라보는 일이다. 엠마는 애정과 능력의 결합을 통해서 일어나는 긍정적인 변화에 의해 힘을 얻는다. 그녀는 역시 사람들에게 연락해서 기부를 권하는 일에서 오는 '스릴'도 즐긴다. 학교를 향한 엠마의 열성적인 헌신은 그녀를 설득력 있는 세일즈의 달인으로 만들었고, 타인과 그 열정을 공유하고 그들을 동일한 통찰로 이끌었다. 기부금을 요청하는 일에 대한 그녀의 입장은 다음과 같다.

"사람들이 학교에 호감을 갖고 있다면, 일어날 수 있는 최악의 상황이 무엇이겠습니까? 그들은 거절을 많이 하긴 하지만 그들에게 기부를 할 수 있는 기회를 주고 싶습니다."

엠마가 좋아하는 업무의 특징은 한 팀의 일원이 되기도 하고 리더십도 발휘할 수 있는 동업자적인 환경이다. 그녀는 사람들이 동기 부여를 받아서 미래에 대한 힘을 발휘하도록 돕는 일을 사랑한다.

배경

이 일을 하기 전에, 엠마는 독립 컨설턴트이자 특별 이벤트를 담당하는 프리랜서로서 일했다. 그녀는 아이들을 위한 자선 행사를 기획하는 일 등 자신의 가치관에 맞는 홍보 관련 업무에 관심이 많았다. 그녀가 특별히 자랑스러워하는 일 중에 하나는 어린이 그림책 일러스트레이터들이 그린 작품 경매를 통해 기금 모금 행사를 진행한 일이다. 엠마는 거의 40여 명에 이르는 유명 일러스트레이터들과 접촉해서 그들의 작품을 기부하도록 설득했고 경매는 커다란 성공을 거두었다. 그녀는 광고 대행사에서 경영 컨설턴트와 워크숍 조력자로도 일했다.

엠마는 자신이 개발 부서의 책임자가 되기 위해 의도적으로 노력한 적은 결코 없었다고 말했다.

"저는 이 일에 빠졌어요. 이 학교와 사랑에 빠진 거죠. 우리 애들이 이 학교에 다닐 때였는데, 전 다른 자원봉사자처럼 학교의 일원이 되고 싶다고 느꼈죠. 대부분의 비영리 기관이 멋진 부분은 사람들이 참여할 수 있는 기회가 많다는 것이에요."

그래서 엠마도 이 학교 이사회 회원으로 자원봉사 활동을 시작하면서 학교 발전을 위한 더욱 큰 그림을 그리는 일에 지원했다. 자원봉사는 학생, 학부모, 학교 시설을 위한 여러 가지 특별 프로젝트에 그녀가 관여하도록 이끌었다. 엠마는 자신의 패기를 입증했다.

"행정 지원 업무를 매우 열심히 했어요. 학교와 제가 추구하는 가치가 일치한다는 것은 분명했죠."

친구들은 엠마의 이런 활동을 지지해 주었다. 이후에 학교 개발 부서에서 파트타임으로 일할 수 있는 길이 열렸고 그녀는 도전해 보기로 결심했다. 그 일은 엠마에게 잘 맞았다.

"개발부 책임자 자리에 제 전부를 걸었어요."

꼭 맞는 직업

엠마의 뛰어난 능력은 낙관주의 그리고 가능성에 대한 감각을 유지하는 데 있다.

"사람들을 존중하며 사명감을 가지고 일한다면, 모든 일이 잘 풀립니다. 저는 지금 제가 진행하는 일과 그 일의 장기적인 결과에 매우 신경 써야만 하죠. 아무리 보수가 많다고 해도, 당신이 진정으로 직장의 가치를 믿지 못한다면 결국 일이 잘 풀리지 못합니다."

기부를 원하는 사람들과 단체를 연결해 주는 엠마의 업무는 직관적 감정형이 추구하는 가치와 잘 맞아떨어진다. 사람들이 베푸는 데서 의미와 기쁨을 찾도록 도우려는 그녀의 욕구와 비영리 조직에 대한 신념은 자연스럽게 인간적인 관계를 추구하는 직관적 감정형의 기질을 반영한다. 그녀는 소통 기술과 임무에 대한 깊은 신뢰를 통해 기부자들과 접촉하고 그들의 목적의식에 호소하여 만족을 이끌어 내는 결과를 가져왔다.

주기능인 감정을 외향화하는 엠마는 사람들과 관계를 맺는 일에 끌린다. 엠마가 선택한 직업은 자신의 가치 체계를 보여 준다. 그녀는 사교적인 능력이 매우 탁월하고 사람 만나기를 즐기며 사람들에게 무엇이 중요한가를 발견한다. 대부분의 직관적 감정형과 마찬가지로, 엠마는 사람과 관련된 일과 글쓰기 분야에서 뛰어난 능력을 보이고 사람들로부터 최상의 것을 끌어내는 방법을 알고 있다.

부기능인 직관을 내향화시켜서 그녀는 숲 전체를 이해할 수 있고 미래의 가능성을 예측할 수 있다. 개발 업무는 멀리 보는 시야를 요구하는데 엠마는 업무의 의미와 장기적인 결과를 상상하고 예측하는 데 아주 많은 시간을 보낸다. 이 시간들은 엠마가 장단기 목표를 달성하기 위한 전략과 계획을 수립하는 데 도움을 주었다.

미래에 대한 기대

엠마는 아이들이 자라서 곧 학교를 졸업하게 되자, 새로운 도전을 고려하고 있다. 엠마가 한 학교에 끼칠 수 있는 영향은 제한적이지만, 독립 컨설턴트라는 새로운 모험을 통하면 수많은 학교에 끼칠 영향력을 극대화할 수 있다.

"사람들이 기금 마련에 대한 두려움을 떨쳐버리고 학생과 교직원, 가족 및 행정 직원 등 모두를 위한 독립적인 학교를 만들 기회를 가질 수 있도록 도울 수 있습니다."

이 분야에 대한 전문성과 의사 소통자로서의 탁월한 능력을 모두 갖춘 엠마는 지도가 필요한 학교에서 환영받는 존재가 되는 모습을 쉽게 상상할 수 있다.

탁월한 의사소통 능력의 소유자 미치 (인사 부서)
"저는 사람들이 잠재력을 최대한으로 실현하도록 돕습니다."

직업

사람들을 돕는 일은 미치의 업무 동기이자 주제다. 대형 보험 회사의 인사 부서에서 임원 채용 및 개발 관리자인 그는 사람들이 그들의 경력과 능력, 리더십을 발전시키도록 도울 수 있는 기회를 즐긴다. 미치의 일에는 세 가지 중요한 영역이 있다. 직원 채용, 퇴사한 직원의 '재취업' 알선, 그리고 워크숍이나 세미나를 통한 직원 교육 프로그램을 개발하는 것이다.

경기 변동에 따라 미치가 수행하는 채용과 재취업 알선 업무의 양은 달라진다. 그러나 그는 업무의 모든 부분을 즐기는데, 특히 자신이 개발하고, 지금은 대변인을 맡고 있는 '교육 개발 프로그램'에 대해서는 더욱 그렇다.

"제 직업에서 제가 제일 신바람이 나서 하는 일은 사람들이 성공적으로 일하도록 상담해 주는 일입니다. 그리고 교육 훈련 프로그램을 진행하는 데는 스릴을 느끼지요. 전 청중 앞에 서서 유용한 정보를 전해 주는 일이 좋습니다."

배경

미치는 취업에 관한 계획을 미리 세워 놓고 그 계획에 따라 기업 세계로 뛰어들었다. 그의 첫 번째 직업은 도자기 공방의 관리자였다. 그리고 진로 상담과 인사 분야에서 석사 학위를 따기 위해 대학원에 진학했다. 대학원에서 공부하면서 대학 취업 상담 부서에서 인턴으로 일했는데 이것이 그가 상담의 세계에 발을 들여놓게 된 계기가 되었다.

그는 졸업과 동시에 다른 대학에 취업 상담자로 취직했다. 2년 만에, 미치는 취업 개발과의 책임자로 승진했다.

"거기서 전 학생들한테 큰 세상에서 일하기 위해 필요한 이력서를 준비하는 법에 관해 떠들고 있었어요. 그런데 저는 큰 세상, 기업의 세계를 경험해 본 적이 한 번도 없었거든요. 그래서 큰 보험 회사의 인사부에 취직했습니다. 딱 2년간 경험을 쌓고 전문가가 되어 대학으로 돌아올 심산이었어요! 하지만 회사 일이 마음에 들어서 7년을 계속 일했습니다!"

보험 회사에 들어간 다음 미치는 인사부의 관리자로 승진했고 지금의 지위까지 올라왔다.

꼭 맞는 직업

미치는 사람들이 잠재력을 최대한 발휘하도록 돕는다. 대학에서 취업 상담원으로 일할 때나 대기업 인사부에서 일할 때, 그는 사람들이 그들의 가능성을 깨닫고 자신에게 맞는 것이 무엇인지 파악해서 최선의 역량을 발휘할 수 있도록 돕는 일에 저절로 끌렸다. 직관적 감정형이 대개 그렇듯, 다른 사람들에 대한 애정과 호의를 갖고 있는 그는 탁월한 의사소통 능력을 가진 사람이다.

타고난 상담가인 미치는, 고객 및 동료들과 관계를 맺는 일에서 자신의 주기능인 감정을 외향화한다. 그의 가장 큰 장점인 타인의 입장에 공감하는 능력은 실직자들을 도울 때 잘 발휘되었다. 그는 세미나나 교육 프로그램을 통해 유용한 정보를 제공하고 사람들에게 격려받는 것을 좋아했다. 미치는 서로에게 이익이 되는 사람들끼리 화합시키고 그 과정에서 노력에 대한 보상을 받는다.

미치의 주업무는 구직자들을 면접하고 그들을 적절한 자리에 배치하는 일이다. 그는 자신의 부기능인 직관을 내향화하여 구직자들의 업무 관련성과 가능성을 본다. 그의 직관력은 사람들의 동기를 이해하는 데도 도움이 된다. 그는 다양한 방법으로 자신의 창조성을 표현하는데, 직원들을 위해 개발한 도우미 프로그램이 그 대표적인 예이다. 그는 직관을 발휘하여 복잡하고 기술적인 정보를 이해하기 쉽고 흥미롭게 만든다.

미래에 대한 기대

미치의 다음 목표는 뚜렷하다. 5년 뒤에 회사의 부회장이 되는 것이다. 그는 자신의 영역을 확장하고 훨씬 더 많은 사람들을 도울 수 있게 되기를 가장 기대하고 있다.

미치는 더 많은 시간을 이 일에 할애하면서 자신의 변화를 알아차렸다.

"저는 직업의 세계와 제 장단점에 대해 현실적인 안목을 갖게 됐습니다. 야심도 커졌고, 돈이 중요하다는 것도 깨달았지요. 또 시야도 많이 넓어져서 사람들을 도울 수 있는 방법이 다양하다는 걸 알게 됐습니다. 그리고 10년 전에 비해 다른 사람들의 비판을 잘 수용할 수 있게 되었지요. 또 필요할 때는 모질게 행동하는 법도 배웠습니다. 사람을 해고하는 건 정말 힘든 일이었습니다. 아직도 동정심을 느끼면서 나쁜 소식을 조심스럽게 전하긴 하지만, 그래도 그 힘든 일을 이제는 할 수 있거든요."

그는 회사에서 승진하고 자신만의 기술을 더욱 연마하며 계속 성장하길 바란다.

사례 3 창의적인 선생님 매들린 (특수 교육 교사)

"아이들과 매일매일을 새롭게 만들자."

직업

매들린은 매일 내면의 잠재력을 깨우기 위해 노력한다. 그녀는 특수 교육에 전적으로 초점을 맞춘 사립학교의 1학년을 담당하는 교사다. 매들린에게 아이들과의 만남은 그 아이의 내면으로 다가가 아이만이 가진 독특한 아이디어와 관점, 재능을 발견할 수 있는 기회다. 그녀는 언어, 의사소통, 주의력에 장애가 있는 학생들과 함께한다. 그런 아이들은 대부분 전형적인 환경에서 어려움을 겪다가 그녀의 학교를 찾아왔다. 그들의 가족은 환멸이나 불안감을 느낄 수 있으며, 심지어 자녀가 성공하는 데 필요한 도구를 제공하는 일에 필사적일 수 있다.

매들린은 이런 가족들과 아이들을 만나 학습의 발판이 되고 즐거움을 불어넣어 주는 혁신적인 수업 계획을 짠다. 그녀는 학급 전체, 소규모 그룹, 일대일 상황에서 각 학생의 요구를 충족시키기 위해서 수업을 차별화한다. 그리고 학생들의 학업에 대한 욕구와 함께 사회적, 정서적 욕구도 돌보며 따뜻하고 협력적인 교실 문화를 조성하려고 신경 쓴다. 또한 다른 교사들 및 행정부서와도 협력하고, 각 학년에 맞춰 지도하며 학생들과 끊임없이 소통한다.

배경

매들린은 늘 엄마처럼 교사가 되고 싶었다. 어렸을 때 해양 생물학자나 배우 같은 다른 직업을 염두에 둘 때조차도 교사는 한 번도 장래 희망 목록에서 빠진 적이 없었다. 그런데 고등학교에 다닐 때 엄마가 35년이라는 오랜 교사 생활 끝에 녹초가 되어 무기력해지는 모습을 보고 장래 희망을 바꾸었다. 매들린은 결국 영화 학교에 진학했고, 이내 커뮤니케이션으로 전공을 바꾸었다. "깊이가 없고 끔찍하다."고 느꼈던 실습 훈련을 몇 번 겪고 난 뒤 자신이 중요하게 여겼던 임무, 진정으로 사람들을 돕는 일에서 너무 멀리 와 버렸음을 깨달았다.

매들린은 졸업과 동시에 도시의 비영리 영양학 센터에서 일을 시작했고, 남는 시간에는 친구 준과 함께 고아들을 찾아가 자원봉사를 했다. 일주일에 한 번씩 차로 30분 거리에 있는 사설 보육원을 찾아가는 동안, 준은 매들린에게 자신이 수강 중인 일반 교육과 특수 교육에 대한 이야기를 들려주곤 했다. 매들린은 문득 이런 생각이 들었다.

"그래, 그동안 이 일을 위해서 엉뚱한 길을 헤매고 다녔던 거야. 아이들과 함께할 수 있는 일을 해야겠어!"

그러고는 곧바로 전국 교사회에 지원해서 도심 지역에 위치한 자율형 공립학교에 근무하는 한편, 일반 교육과 특수 교육에서 동시 석사 학위를 받기 위해 매진했다. 그런데 매들린이 근무하는 학교는 환경이 형편없었다. 지도부와 교사들 사이에 신뢰가 전혀 없는 탓에 소극적인 성향이 만연해서 늘 맥이 풀리는 느낌이었다. 뭔가 잘못되었다고 느껴지는 학교 환경에서 2년간 고군분투한 끝에, 매들린은 특수한 도움이 필요한 학생들을 위해 헌신하는 학교로 자리를 옮겨 현재까지 다니고 있다.

꼭 맞는 직업

새로 옮긴 학교는 환경이 완전히 달랐다. 시시콜콜한 부분까지 감독하기는커녕 곧장 믿고 임무를 맡겼다. 매들린의 주기능인 감정은 긍정적이고 조화로운 근무 환경에 만족했다. 뭔가 진정한 변화를 이루고 있다는 믿음도 생겼는데, 이는 대부분의 이상주의자들이 중요하게 여기는 지점이다. 매들린은 학생들과 그들의 가족들을 연민과 진정한 이해로 받아들인다. 세심한 배려 그리고 진심 어린 공감과 친분으로 바꾸는 그녀의 능력은 주기능이 감정형인 유형의 전형적인 특징이다. 사회적, 정서적 학습과 성장에 항상 관심을 갖고 있는 매들린은 학생들을 존경과 사랑, 이해를 받을 자격이 있는 개인으로 대한다.

특수 교육에서는 혁신이 핵심으로, 매들린의 부기능인 직관으로 아이들에게 다가가 새롭고도 창의적인 방법을 찾아간다. 일반 교사는 한 학급의 25명 학생들을 위한 하나의 수업 계획을 가질 수 있는 반면, 매들린은 한 학급의 12명 학생들을 위한 많은 수업 계획을 가질 수 있다.

외향적인 동시에 판단형인 매들린은 교실을 장악하고 상황을 잘 헤쳐나가며 아이들의 열정에서 힘을 얻는다. 다정다감한 동시에 씩씩한 매들린의 높은 기대치는 그녀가 아이들의 능력을 믿고 있다는 사실을 드러낸다.

미래에 대한 기대

매들린은 새로 옮긴 학교에서 훨씬 행복하지만, 아직은 일을 통해서 자신의 가치가 충분히 채워지는 느낌을 받지 못하고 있다.

"소외 계층을 도우며 진보적인 교육의 본보기가 될 만한 학교를 찾고 싶어요. 자율형 공립학교에서는 대부분의 사람들이 함께 지내기 꺼리는 아이들을 돕는다는 점이 마음에 들었어요. 정말 좋았어요. 하지만 그들이 그다지 잘 해내는 것 같지 않았죠. 그런데 이 학교는 정반대예요. 교습 방법은 괄목할 만하지만 모두가 부유한 백인이거든요. 이렇게 훌륭한 교습 방법을 이미 너무나 많은 혜택을 누리고 있는 아이들이 주로 받고, 정작 필요한 아이들은 받지 못한다는 사실이 불공평하게 느껴져요."

매들린은 앞으로 5년에서 10년 안에 이런 기준들을 모두 충족시키는 학교를 찾아서 계급이나 인종과 상관없이 특별한 배려가 필요한 모든 아이들에게 다가가기를 희망한다.

ENFJ형이 만족할 수 있는 직업의 성격

엠마와 미치 그리고 매들린은 서로 다른 배경과 경험, 이력을 가지고 있지만 그들의 인생사를 하나로 엮을 수 있는 공통점이 있다. ENFJ형인 이 세 사람은 구체적인 관심사나 능력, 가치관이 서로 다를지도 모른다. 하지만 이들은 모두 직관적 감정형 기질을 가지고 있으며 주기능이 감정이고 부기능이 직관인 동일한 심리학적 기능 구조를 가지기 때문에 우리는 이 세 사람을 통해서 ENFJ형의 욕구에 대해서 많은 것을 관찰할 수 있다.

아래의 열 가지 요소들은 개인에 따라 정도의 차이가 있고 중요성의 순서는 다르지만, ENFJ형이 직업 만족을 느끼기 위해 필요한 것이다.

비록 같은 성격 유형의 소유자라고 해도 개인은 저마다의 개성이 다르므로, 이 목록을 ENFJ형 모두에게 똑같이 적용시킬 수는 없다.

우선 아래의 목록을 읽어 본 다음, 자신이 중요하다고 생각되는 순서에 따라 이들 열 가지 요소의 순서를 다시 정하라. 그러면서 현재와 과거의 직업 중 특히 좋았던 부분이나 싫었던 부분을 생각해 보고, 다양한 경험들을 관통하는 일관된 주제를 찾아보도록 하자.

1. 동료 및 고객들과 따뜻하고 서로 도움이 되는 인간관계를 맺을 수 있는 일.
2. 가치 있다고 생각하는 프로젝트의 문제점에 대해 창의적인 해결책을 제시할 수 있는 일. 그러면서 다른 사람들을 위한 노력이 긍정적인 결과로 나타날 수 있는 곳.
3. 나에 대한 기대치가 있고, 나의 공로를 인정해 주며, 업무 능력의 성장과 발전할 수 있게끔 격려받을 수 있는 환경에서 일하는 것.
4. 내가 신뢰하는 창의적인 사람들과 한 팀이 되어 바쁘게 생산적인 일을 하는 것.
5. 문제점을 창의적으로 해결할 수 있는 충분한 시간이 주어지고, 이에 대해 다른 사람들과 의견을 나눌 수 있는 일.
6. 생산성이 높고 여러 가지 프로젝트를 한 번에 추진할 수 있는 활동적이고 자극적인 환경에서 일하는 것.

7. 자신의 조직 능력과 의사 결정 능력을 활용하여 프로젝트를 자발적으로 추진하고 책임질 수 있는 일.

8. 다양한 활동이 인정되는 한편 정돈된 환경에서 계획적으로 할 수 있는 일.

9. 사람들 간의 갈등과 긴장이 없는 환경에서 할 수 있는 일.

10. 새로운 아이디어를 접할 수 있고, 타인의 삶을 향상시킬 수 있는 방식을 모색하는 게 가능한 일.

ENFJ형에게 맞는 직업

ENFJ형은 다방면에 관심이 있기 때문에 여러 가지 직업에 호기심을 느낀다. 아래 직업 목록을 살펴볼 때, 어떤 성격 유형을 가진 사람들이든, 모든 종류의 직업에서 성공을 거둘 수 있다는 점에 주의하자.

다음은 특히 ENFJ형이 만족을 느낄 만한 직업의 목록과 그 이유들이다. 여기에서 제시한 직업 목록 중 미처 생각하지 못했던 직업에 대해서도 그 가능성을 알아보도록 하자.

▌커뮤니케이션 분야

광고 회사 임원 | 홍보 전문가 | 홍보 부장 | 소셜 미디어 관리자 | 작가 및 저널리스트 | 연예인 및 예술가 | 기금 모금 전문가 | 취업 알선원 | 레크레이션 지도사 | 방송 프로듀서 | 뉴스 캐스터 | 정치인 | 로비스트 | 마케팅 책임자 | 인포그래픽 디자이너 | 잡지 편집자 | 그래픽 아티스트 | 웹 콘텐츠 편집자 | 멀티미디어 전문가 | 카피라이터 | 리포터 및 특파원 | 통역가 및 번역가 | 편집 주간

ENFJ형은 커뮤니케이션 분야의 대가들이다. 이들은 공감 능력이 뛰어나고 사람들에게 기쁨을 주려고 하는 욕구가 강해서 뛰어난 감각과 사교성을 갖추고 있는 경우가 많다. 이들은 대개 글을 쓰는 것보다는 말하기를 선호하지만 글솜씨 역시 뛰어난 편이다.

ENFJ형은 사람을 만나서 정보를 수집하는 것을 즐기고 이야기에서 근본적이고 개인적인 측면을 알고 싶어 한다. 특히 이들은 광고, 홍보, 기금 조성 분야의 일을 선호하는데, 그곳의 분위기가 지나치게 경쟁적이거나 갈등을 조성하지 않는다면 더욱 좋다. 또한 ENFJ형은 고객, 동료들과 쉽게 관계를 형성할 수 있기 때문에, 설득력 있고 유능한 대행인, 프로듀서, 취업 알선원, 정치인이 될 수 있다. 이들은 카리스마를 지닌 타고난 지도자이며 크고 작은 조직을 활성화하는 일을 좋아한다.

▌상담 및 복지 분야

심리학자 | 사회복지사 | 직업 상담사 | 라이프 코치 | 결혼 및 가족 상담 치료사 | 정신 건강 상담사 | 성직자 및 목사 | 약물 중독 재활 상담사 | 근로자 지원 상담사 | 기업 내 재취업 상담사 | 직업 재활 상담사 | 교육 심리학자 | 상담 교사 | 학생 생활 지도 상담사 | 노인 요양 복지사 | 요양 시설 원장 | 사회학자

ENFJ형은 다른 사람들이 자신에 대한 이해를 통해 삶의 행복을 누릴 수 있도록 돕고 싶어 한다. 이들은 사람들이 자신이 가지고 있는 개인적 문제를 인식해서 장애를 극복하도록 도울 때 기쁨을 느낀다. ENFJ형은 보통 따뜻하고, 인정 많고, 영향력 있는 치료자가 된다. 이들이 성직자가 되면 자신의 가치관을 남들과 나누고, 사람들로 하여금 잠재력을 최대한 실현하도록 도울 수 있다. 이들은 대안과 해결책을 쉽게 생각해 내고 타인과 그것

을 나눌 수 있다.

ENFJ형은 사람과 직접 접촉해서 그들의 성장을 도울 수 있는 교육 분야에 흥미를 느낀다. 이들은 교재의 의미에 초점을 맞추고 해석과 표현을 통해 가르칠 수 있는 과목을 선호한다. 이들에게는 모든 관점에 대해 관대하고 의견과 느낌을 자유롭게 나눌 수 있는 협력적인 업무 환경이 필요하다.

ENFJ형이 교사가 되는 일이 드문 것은 아니지만, 관리 및 컨설팅, 감독과 조정 같은 분야의 직업을 가질 수도 있다.

급속히 팽창하고 있는 보건 의료 분야에서 위와 같은 직업은 ENFJ형이 가진 사람을 전체적으로 평가하고, 진단, 치료하는 능력을 최대로 발휘하게 해 준다. 이들은 보통 질병의 정신적, 감정적, 영적 원인에 흥미를 느끼고 새로운 대체 치료법에 끌리는 경우가 많다. 또 작업 치료와 언어 치료를 통해 창조적으로 문제를 해결하고 싶어 한다.

비즈니스 및 컨설팅 분야

인력 개발 전문가 | 고객 서비스 담당자 | 판매원 교육 전문가 | 인사 채용 담당자 | 중소기업 임원 | 프로그램 설계자 | 영업 관리자 | 경영 컨설턴트(다양성, 팀 구축 분야) | 기업 및 단체 교육 전문가 | 재취업 컨설턴트 | 생태 관광 전문가 | 노사 관계 관리자 | 모임, 컨벤션 및 이벤트 기획자 | 산업 조직 심리학자 | 호텔 및 식당 지배인 | 캐스팅 디렉터 | 출판 디자이너 | 인터랙션 디자이너

ENFJ형이 컨설팅과 관련된 직업에 만족하는 이유는 이 직업들이 타인과 밀접한 관계를 맺으면서도 독립성을 유지할 수 있기 때문이다. ENFJ형은 탁월한 강사이자 코치로, 사람의 능력을 향상시키는 일을 잘한다. 이들은 다른 사람에게 이익이 되는 새로운 프로그램과 서비스를 창출하는, 창의적이고 정력적인 설계자가 된다. 이들은 중소기업이나 조직의 간부직을 선호하는 경향이 있다. 간부가 되면 일정한 권한을 갖고 긍정적인 영향력을 행사할 수 있고 다양성을 즐기며 새롭게 일을 하는 방법을 모색할 수 있기 때문이다.

기술 분야

고객 관리 담당자 | 기술 컨설턴트 | 프로젝트 관리자 | 고용 담당자 | 사용자 경험 디자이너

기술 분야의 확산과 함께 기술이 뛰어나고, 의사소통 능력이 빼어난 인력을 찾는 수요가 빠르게 증가하고 있다. ENFJ형은 도움을 주고, 동료와 관계를 맺으려는 자신의 욕구를 만족시킬 수 있는, 기술자와 최종 사용자 사이의 연락자 역할을 좋아한다.

기억해 둘 점은 위에 나열된 직업들은 이 성격 유형의 고유한 자질들을 만족스럽게 표현해 줄 수 있는 일부 영역에 지나지 않는다는 것이다.

구직 활동 최적화

자기 성격 유형의 장단점을 알고 있으면 구직 활동에 큰 도움이 된다. 자리나 유망한 고용주에 대해 조사하고 이력서를 작성하는 것부터 인터뷰를 준비하거나 연봉을 협상할 때도 사람들은 자신의 성격 유형대로 행동한다. 당신의 장점을 활용하고 단점을 보완한다면 구직 활동을 더욱 성공적으로 해나갈 수 있다.

성격 유형의 차이는 때로는 눈에 잘 띄지 않기도 하고 어떤 경우에는 극적으로 드러난다. 구직 과정에서는 성격 유형과 같은 미묘한 변수가 성공이냐 실패냐를 가르기도 한다. 외향적인 사람들은 폭넓은 인맥 형성을 즐기는 편이고, 내향적인 사람들은 이미 아는 사람들을 계속 만나는 것처럼 좀 더 제한적이고 좁게 인맥을 쌓는 경우가 많다. 감각형들은 한정된 범위의 사람들을 만나는 경향이 있고, 직관형의 사람들은 자기와 관련 없어 보이는 사람들까지 포함하여 폭넓게 사람들을 만나는 편이다. 감정형의 사람들은 매우 사적이고 친근하게 관계를 맺는 반면, 사고형 사람들은 더 객관적이고 초연한 태도로 사람들과 관계를 맺는다. 마지막으로 판단형은 모임에서 소수의 사람들에게 제한적인 질문을 하지만 인식형의 사람들은 온종일 상대방에게 모든 종류의 질문을 퍼부을 수도 있다.

ENFJ형을 위한 성공적인 구직 활동법

ENFJ형 사람들은 매우 쉽고 재미있게 구직 활동을 수행해 나간다. 실제로 ENFJ형은 직업을 탐색하는 능력이 아주 탁월하다. 다수의 직업 상담가들이 ENFJ형이기 때문에 구직자들을 위한 고전적인 충고들은 대부분 ENFJ형 구직자들에게 아주 잘 들어맞는다. ENFJ형의 가장 효과적인 구직 전략은 자신의 능력을 발휘하는 것이다.

창의적이고 짜임새 있는 구직 계획을 세워서 실천한다.

— 만족스러운 직업의 기준을 미리 세워 놓고 가장 중요하고 꼭 필요한 항목들을 충족시킬 수 있는 직업을 알아본다. 면접 전에 사람들도 만나고 자료를 조사해서 가능성이 있는 대안의 범위를 조사해 둔다.

— 창의성을 활용하여 자신을 홍보할 수 있는 최선의 방법을 찾아본다.

면접관에게 열정과 자신감을 보여 준다.

— 친근한 분위기를 조성해서 타인을 편안하게 해 줄 수 있는 능력을 보여 준다.

— 자신의 능력, 과거 경력, 지원 이유 등에 대해 논리 정연하게 표현한다.

인맥을 광범위하게 형성해서 활용한다.

— 관심 분야의 직종에 종사하는 사람들을 만나 정보를 수집하여 사전 조사를 한다.

— 친구, 가족, 과거의 동료들에게 전화해서 자신이 지금 직업을 구하고 있다는 사실을 알리고 도움이 될 만한 사람이 있으면 연결해 달라고 부탁한다.

아직 존재하지 않는 직업의 가능성을 찾아본다.

— 자신이 좋아할 만한 직업들에 대해 생각해 보고, 결정을 쉽게 내리지 않도록 한다. 친한 친구들에게 부탁해서 자신이 잘할 수 있을 것 같은 직업 목록을 작성하는 일

을 도와 달라고 한다.

— 면접 시 회사의 요구를 만족시킬 수 있는 능력과 경험이 있다는 것을 보여 준다.

구직의 모든 단계를 철저히 이행하고 특히 예의를 잘 지킨다.

— 약속 시간을 잘 지키고 조금 일찍 약속 장소에 나가는 것도 좋다. 약속한 사람과 만
난 다음에는 꼭 감사 편지를 보낸다.

— 사람들의 이름을 기억하기 위해 개인적 특징을 외워 두고 사전 조사나 일상적 경험
을 통해 개인적 정보를 뽑아 기억한다.

구직 활동 중 ENFJ형이 주의해야 할 점

ENFJ형에게는 보편적으로 다음과 같은 단점이 있을 수 있는데 이들의
단점은 단지 구직 활동만이 아니라 인생의 다른 측면에도 영향을 미친다.
그러므로 아래의 항목들 하나하나를 과거 경험과 결부시켜 생각해 보는
것이 도움이 될 것이다. '이건 나한테 맞는 얘기일까?'라고 스스로에게 물
어보고, 만약 그렇다면 '어떤 점이 내가 원하는 일을 성취하는 데 방해가
되었나?'에 대해 생각해 보자. 자신이 가진 단점을 극복하기 위해서는 3차
기능인 감각과 열등 기능인 사고를 의식적으로 개발해야 한다. 쉽지는 않
겠지만 자신에게 부족한 기능을 많이 사용하면 할수록 앞으로 문제는 더
욱 적게 발생할 것이다.

개인적 느낌만을 근거로 판단하지 않도록 한다.

— 객관적인 분석을 통해 어떤 행동의 논리적인 결과를 이해한다. 원인과 결과는 직관
적으로 파악하는 것이 아니라는 사실을 기억하고, 논리적 사고력을 가진 친구로부
터 도움을 받는다.

— 어떤 조직의 한 개인이 싫다는 이유로 그 조직을 포기하지 않는다. 한 개인과 맺고 있는 긍정적 인간관계를 근거로 직업 전체를 판단하지 않는다.

비판과 거절을 사적인 감정으로 받아들이지 않는다.

— 건설적인 비판이나 조언을 있는 그대로 받아들인다. 가족과 친구들의 지원과 격려에 의지하면 구직 활동 기간에 느끼는 스트레스 때문에 위축되지 않을 수 있다.

— 지원한 회사에서 떨어졌을 때 자책하지 않도록 한다. 그 거절을 개인적인 도전으로, 극복해야 할 장애물로 생각한다.

필요한 모든 사실을 수집하는 데 집중한다.

— 만나는 사람들을 통해 알 수 있는 사실과 현실에 주의를 기울인다. 새로운 만남을 이유로 구직 활동에서 일어나는 덜 흥미로운 일들을 무시하지 않도록 한다.

— 상대방이 하는 얘기를 액면 그대로 받아들이지 말고, 해당 직업 또는 회사가 실제로 어떤지 알기 위해 사전에 많은 질문을 준비한다.

가능성 있는 직업과 타인에 대한 현실적인 안목을 갖는다.

— 사람들을 있는 그대로 바라보고 그들의 한계를 인정한다. 사람을 이상화하거나 타인에게 맹목적으로 헌신하지 않도록 의식적으로 주의한다.

— 갈등이나 오해가 있을 때, 그것을 회피해서 문제를 더 크고 복잡하게 만들지 말고 신속하게 정면 대응한다.

서둘러 결정하지 않는다.

— 사전 조사를 충분하게 하는 것은 경솔한 결정을 막아 줄 것이다. 확실한 취직 결정을 내리기 전에 그 일이 정말 자신에게 맞는 일인지 여유를 갖고 생각해 본다.

— 서둘러 결정하려는 성향을 억제하지 못하면, 가능성 있는 다른 멋진 일자리를 놓치거나 마음에 없는 일을 하게 될 수 있다.

ENFJ형을 위한 마지막 조언

지금까지 ENFJ형의 성격 유형에 대해 구체적으로 살펴보았다. 이제 자신의 장점과 기질의 어떤 면이 특정 직업과 구직 방식에 맞는지 알게 되었을 것이다. 그러나 앞에서 제시한 직업들이 꼭 마음에 들지만은 않았을 수도 있다. 다음, 마지막 단계에서는 자신이 바라는 직업과 그 분야를 좁혀 보도록 하겠다.

성격 유형뿐만 아니라, 자신의 가치관, 관심사, 기술 같은 다른 요소들도 직업 만족 수준을 높이는 데 기여한다. 즉 자신과 직업이 서로 잘 맞으면 맞을수록, 더욱 만족감을 얻게 된다. 이제 전략적인 취업 계획을 수립하기 위해 지금까지 배운 모든 것들은 총동원할 준비를 하라. 23장의 연습 문제를 풀면서 이런 작업을 수행할 수 있다.

하지만 어쩌면 현재 일자리를 유지하는 것이 더 현명한 결정일 수도 있다. 재정적인 압박, 가족들의 기대, 어려운 시장 상황 등 다양한 이유 때문에 그렇다. 그래도 기운을 내길 바란다! 지금까지 이 책을 통해 배운 것들은 현재의 일자리에서 더 성공적이고 알차게 일하는 데 도움이 된다. 만약 직업을 바꿀 시기가 되었다면 이직에 관련된 훨씬 풍부한 아이디어를 얻을 수 있을 것이다.

더 만족스러운 직업을 찾을 수 없다면, 지금 하고 있는 일을 사랑하라

대부분의 직장에서는 직원들에게 업무 수행에 있어서 융통성을 발휘할 수 있는 다양한 기회를 제공하고 있다는 것을 명심하라. 당신의 요구가 반영되도록 현재의 업무에 변화를 주는 방법을 아래에 제시한다.

— 워크숍에서 대화를 시도해 보자.

— 직장 동료들 사이의 개인적인 갈등에 휘말리지 않도록 한다.

— 직장의 업무에 자원해서 도움을 주라.

— 개인적으로나 일과 관련해서 사람들을 도울 수 있는 지원 단체를 결성한다.

— 당신의 부서나 조직을 위한 홍보에 자원해서 나선다.

— 당신이 혼란스러움을 느끼거나 상황이 아니라고 판단될 때는 동료 직원에게 비공
   식적인 충고를 하는 것을 피한다.

— 회사 업무는 회사에 남겨 두라.

— 당신의 전문 분야에서 코치나 교육자가 되는 것을 고려해 보라.

— 매일, 매주 아니면 영감을 느낄 때, 친구들에게 격려 메시지를 이메일로 보내라.

— 당신의 상사에게 동기 부여를 해 준 것에 대해 감사를 표시하라.

— 같은 직업을 유지하면서 고용주를 바꿔 보라.

원하는 바를 성취하기 위해 자신의 자산을 활용하라

최고의 성공 비결이란 간단히 말해, 자신의 장점을 발휘하고 단점을 보완하는 것이라 하겠다. 이렇게 하는 방법을 몸소 익히게 되면, 성공할 수 있고 자신의 일을 사랑하게 될 것이다. 여기 ENFJ형의 장점과 단점 목록을 제시한다. 개개인 모두가 특별하지만, 다음 목록의 많은 부분을 자신에게 적용할 수 있을 것이다.

업무와 관련한 ENFJ형의 강점

— 탁월한 의사 소통과 발표 기술.

— 카리스마 있는 리더십과 합의를 이끄는 능력.

— 사람들로부터 협력을 이끌어 내는 열정과 능력.

— 단호함과 조직화하는 기술.

— 고정 관념을 깨고 새로운 가능성을 찾는 열정.

— 타인의 필요에 공감하고 예측하는 능력, 사람에 대한 순수한 관심.

— 다양한 관심사와 빠른 학습 속도.

— 행위와 아이디어로부터 큰 그림을 보고 숨은 뜻을 파악하는 능력.

— 생산적이고 목표를 달성하려는 욕구.

— 정말로 가치 있다고 여기는 일에 대한 강한 헌신.

업무와 관련된 ENFJ형의 약점

— 자신의 가치관과 충돌하는 프로젝트는 수행하기를 거부한다.

— 사람과 인간관계를 이상화하는 성향이 있다.

— 경쟁적이거나 긴장이 팽배한 환경에서 일하기 힘들다.

— 비능률적이고 비협조적인 구조나 사람을 견디지 못한다.

— 갈등을 피하려 하고, 불만을 덮어 버리려는 성향이 있다.

— 정보를 충분하게 수집하기도 전에 너무 급하게 결정을 내리려는 성향이 있다.

— 하급자들을 훈련시키기를 꺼린다.

— 서둘러 처리하느라 실수하는 경향이 있다.

— 세세한 점까지 관리하려 하고 통제권을 놓지 않으려는 성향이 있다.

▌ENFJ형의 성공 비결 ▌

서두르지 말라.

모든 것을 다 조종하려는 욕구를 버려라.

매사에 지나치게 사적인 의미를 부여하지 말라.

08 내향적, 직관적, 감정적, 판단적 성격형

INFJ형 긍정적인 변화를 가져오는 촉매자

사례 1 **사람들과 협력하여 음악을 만드는 바이올렛** (오디오 프로듀서)

"사람들과 창의적인 과정이 좋아요."

직업

바이올렛은 음악을 만든다. 그러나 흔히 상상하는 방식으로 만드는 건 아니다. 그녀는 재능 있는 싱어송라이터지만, 그녀의 본업은 광고에 들어가는 창작곡과 오디오를 프로듀싱하는 일이다. 그녀의 공식 직함은 뉴욕 스튜디오의 총괄 프로듀서로, 모든 음악과 오디오 제작 프로젝트를 감독한다. 광고에 사용되는 곡과 오디오를 녹음, 편곡, 믹싱, 마스터링하여 완성하는 일을 맡고 있다.

바이올렛은 자신의 스튜디오와 회사의 스튜디오에서 다른 프로듀서, 크리에이티브 디렉터, 작곡가, 엔지니어들과 함께 일한다. 예를 들어 그녀는 자동차 광고를 위해 30초짜리 타악기 기반의 힙합곡을 써 달라고 작곡가에게 요청하는 일, 사운드 디자인의 일부로 쓰이는 타이어가 끼익하는 소리, 농구공 드리블하는 소리, 새가 지저귀는 소리 등을 감독하는 일, 또는 엔지니어의 '청각 피로'를 덜어 주고 그들이 신선한 관점에서 오디오를 바라보게 하는 일을 하고 있다. 가끔 그녀는 오디오 트랙에 목소리를 빌려 주고, 탬버린을 두드리거나 카주를 연주하기도 한다. 이 모든 것들이 광고를 들을 때 들리는 사운드스케이프 제작에 들어간다.

배경

바이올렛은 대학에서 정치학과 프랑스어를 공부했지만, 정치 분야로의 취업은 전혀 고려하지 않았고, 창의적인 측면과 실용적인 측면 사이에서 고민했다. 재능 있는 음악가인 그녀는 학자금 대출과 생활비를 충당하기 위해 정규직 일자리가 필요하다는 점을 깨닫고는 그 열정을 직업으로 바꿀 수 있을지 궁금해했다. 대학 졸업 후 바이올렛은 보이스 오버 아티스트를 돕는 일을 했다. 그러다 고객 서비스 담당을 충원하려는 오디오 포스트 프로덕션 하우스를 알게 되었다.

"제가 찾는 정규직 일자리의 우선순위는 창의적인 환경에서 창의적인 사람들과 함께 일하는 것이었어요. 그곳에서 광고 음악 감독과 오디오 후반 제작에 대해 배울 수 있었습니다."

매일 밤 그리고 주말에는 스튜디오에 들어가서 자신의 음악을 작업했다.

1년 정도 지나서 바이올렛은 음악 감독으로 승진했는데, 이는 그녀의 성격에서 창의적인 측면과 실용적인 측면 모두를 아우르는 최고의 상황이었다. 몇 년이 지난 후 바이올렛은 에이전시 분야로 이직했는데, 이 일은 그녀에게 기업 환경이 이상적인 직장의 우선조건이 아니라는 점을 가르쳐 주는 디딤돌이 되었다.

"저는 함께 일하는 사람들과 진정한 유대감을 느낄 수 있는 소규모 팀을 훨씬 선호합니다."

그녀는 에이전시를 떠나 오리지널 음악, 음악 감독, 광고를 위한 오디오 포스트 프로덕션을 전문으로 하는 현재 회사, 뮤직 앤 오디오 포스트 프로덕션 스튜디오로 옮겼다.

꼭 맞는 직업

바이올렛은 많은 프로젝트들과 예산, 마감일을 효율적으로 조정하는 일을 좋아한다. 주기능인 직관은 그녀가 하는 매우 창의적인 작업에 의해 끊임없이 활성화되고, 독창적인 문제 해결을 통해 고객의 욕구를 충족시킨다. 고객의 요구 사항을 해결하기 위해 필요한 소리를 찾는 일이든, 새로운 것들을 조합하기 위해 음악에 대한 그녀의 광범위한 지식을 검색하는 일이든, 바이올렛은 고정관념에서 벗어나 모든 것들에 대한 자신의 취향과 직감을 믿는다.

그리고 부기능인 감정은 여섯 명으로 이루어진 팀과 긴밀하게 협력하는 것을 통해 여실히 보여 준다.

"저는 우리가 하는 일에 대해 깊은 관심을 가진, 유별날 정도로 창의적이고 똑똑한 사람들에게 둘러싸여 있습니다. 그리고 이는 제가 그들을 위해 최선을 다하고 모범을 보이도록 동기 부여를 합니다."

직장에서의 친밀하고 화복한 관계는 바이올렛의 행복에 있어 중요한 요소다. 타고난 리더인 그녀는 자신의 역할이 "내 팀을 돌보고, 일하는 동안에도 팀원들이 즐겁고 지치지 않도록 만드는 것"이라고 생각한다. 바이올렛의 핵심은 혼합된 소리, 일과 가정, 예술적인 측면과 사업적 측면 사이의 균형이다.

미래에 대한 기대

"지금 저를 이곳에 있게 만드는 것은 사람들과 창의적인 과정입니다."

궁극적으로 바이올렛은 자신의 음악을 만들거나 자신만의 소규모 팀을 육성하고, 창의적으로 일하는 상상을 한다.

"저는 항상 백만 가지의 새로운 것들을 시도하고 싶어 몸이 근질근질합니다."

그리고 지금도 그녀는 매일 어떤 형태로든 자신의 음악적 지식을 활용하고 있지만, 미래에는 어떤 방식으로든 혹은 자신을 위해서라도 자신의 음악으로 다시 돌아가고 싶어 한다.

현재 광고 분야에서 바이올렛은 현재와 미래의 트렌드를 파악하기 위해 끊임없이 주시하고 있다.

"가정용 기기와 팟캐스트가 오디오 전용 브랜딩을 다시 전면에 내세우면서 특히 음향 브랜딩의 수요가 어떻게 증가했는지 관찰하는 일이 무척 흥미로웠어요."

바이올렛은 소닉 브랜딩을 짤랑거리는 소리 또는 무언가를 구매할 때 나는 특정 소리처럼 '특정 브랜드와 관련된 소리 혹은 연상 기호'라고 묘사한다. 이런 소리들이 무의식적으로 우리의 경험에 스며들 수 있지만, 그런 디자인 뒤에는 항상 사람이 존재한다. 그리고 언젠가는 그 사람이 바이올렛일지도 모른다!

사례 2 **고통받는 사람들을 위한 타고난 치료자 델리아** (사회복지사)

"위로를 통해서 문제를 해결해요."

직업

델리아는 생각에 잠긴 채 느리고 신중하게 움직인다. 어떤 직업에서는 신중하게 생각하는 것이 행동에 비해 덜 중요하게 여겨질지도 모른다. 그러나 델리아의 직업 생활에서 그녀의 타고난 자질들은 바로 의사들이 요구하는 것이기도 하다. 델리아는 노인 전문 정신 병원에서 일하는 임상 사회복지사다. 델리아가 맡고 있는 환자의 80퍼센트는 치매를 앓고 있다. 그녀의 업무는 환자와 가족들에게 치료 과정과 치료 정보에 대한 교육을 시키는 일에 초점을 두고 있다. 델리아는 또한 환자 가족들이 치매로 인해 발생하는 문제에 잘 대처할 수 있도록 지원하고 있다.

배경

델리아는 사회복지학 석사 학위를 따면서 이 분야에 뛰어들었다. 그녀는 여러 병원과 지역 정신 건강 센터에서 일했고, 개인 치료사로도 활동했다. 델리아는 대부분 거동이 불편한 노인 환자를 대상으로, 직접 환자의 집으로 찾아가는 사회복지 단체의 치료사로 일하며 11년을 보냈다. 그러나 계속되는 통근으로 인한 스트레스와 근무 환경은 델리아가 추구하는 것이 아니었다. 그래서 그 일을 관두었다.

이제 델리아는 매일 예닐곱 명의 환자와 가족들을 방문해서 환자의 상태를 살펴보며 현재 상황을 평가하고 두 명의 정신과 의사들과 상의하여 치매의 다양한 증세를 다루기 위한 전략을 수립한다. 그녀는 의사의 권고 사항, 의학과 치료의 변화, 제안 사항 등에 관해 환자와 대화한다. 델리아는 치매 환자들이 불가피하게 겪기 마련인 자신의 상태를 결코 인정하려 하지 않는 이러한 부정이라는 성향을 극복하는 데 도움을 주고 있다. 환자의 말에 귀 기울이고 상황이 자연스럽게 흘러가도록 유도하는 그녀의 능력은 이 분야에서 매우 탁월하다고 인정받고 있다.

꼭 맞는 직업

델리아의 직관적 감정형 기질은 사회복지와 치료사 분야 업무와 잘 맞는다. 사람을 돕고 이해하고자 하는 그녀의 본능적인 열망은 그녀의 공감하는 능력과 함께, 크게 보면 사람들은 서로 연결돼 있다는 것에 대한 이해와 동시에 일어난다. 이것은 그녀를 효과적인 문제 해결사이자 고통받는 사람들을 위한 타고난 치료자로 만든다.

델리아의 주기능은 직관이다. 그녀의 업무 대부분은 증상과 태도를 해석하는 일과 정보들에서 찾아낸 연관성에 바탕을 두고 있다. 델리아는 목소리를 듣고 분위기와 단서를 파악하는 데 능숙한 것이 틀림없다. 큰 그림에 대한 델리아의 직관적인 이해력은 정보에서 이질적이거나 관련 없는 부분을 감지하는 데 중요한 역할을 한다.

델리아의 부기능인 외향화된 감정은 그녀가 뛰어난 공감 능력을 발휘하게 한다.

"사람들은 제가 편하대요. 저는 늘 그런 얘기를 들어 왔어요."

델리아는 사람을 대할 때 어떠한 판단을 내리려 하지 않고 완전히 집중한다. 때문에 사람들은 그녀가 진정으로 자신의 말을 귀 담아 듣고 염려하고 있다고 믿는다. 타인을 거울처럼 비추는 델리아의 무의식적인 태도는 모든 사람들을 편하게 만든다. 또 그녀의 장점은 나이 드신 분들을 결코 소홀하게 대우하지 않는 다는 점이다. 델리아는 노인들을 존중하고 결코 그들을 무시하지 않는다. 그녀의 어머니도 치매를 앓으셨는데, 그 때문에 정말 우울한 시기를 보냈다고 인정했다. 그래서 다른 환자들의 처지를 잘 이해하고 도울 수 있었다.

미래에 대한 기대

델리아는 현재 일의 환경과 업무가 아주 마음에 든다. 노인을 대상으로 하는 의학 분야는 빠르게 성장하는 매우 흥미로운 분야다. 고령화사회로 진입하면서 치매 환자가 매우 빠르게 증가하고 있기 때문에 이 분야에서 일하는 사람들은 끊임없이 치매의 새로운 형태를 찾고 있다.

"이 분야에서 일하는 사람 대부분이 어르신을 부양하고 있어요. 저도 삼촌을 부양하고 있죠."

환자들뿐만 아니라 동료들 역시 델리아를 지지하고 높이 평가하고 있다. 델리아에게는 그녀의 능력을 알아보고 그녀의 직업적 성장을 격려해 주는 두 명의 상사들이 있다. 델리아는 훌륭한 일을 하는 동료 집단의 일원으로 일한다는 사실에 감사함을 느끼고 있다.

그녀는 환자를 다루는 일과 더불어서 확장형 치매 환자에게서 나타나는 특별한 징후에 관한 연구를 수행하고 있다. 그녀는 인류의 삶에 도움을 줄 수 있는 흥미진진한 연구에 깊이 몰두할 수 있는 기회를 소중하게 여기고 있다. 그녀는 앞으로 이런 종류의 일을 더 많이 하기를 바라고, 언젠가는 연구와 책 쓰기를 희망한다.

사례 3 트렌드를 읽고 책을 만드는 코트니 (출판 편집자)

"콘텐츠 제작자가 되는 것은 무척 흥미진진한 일이에요."

직업

코트니는 책 출판을 총괄하는 책임자다. 대형 출판사의 한 부서에서 근무하는 편집자로서, 그녀는 수많은 개발 및 제작 단계를 거치며 제작팀, 마케팅, 홍보 및 영업 부서들의 사람들과 함께 자신이 담당하는 책들을 일일이 감독하는 책임을 맡고 있다. 작가와 함께 작업하고 출판 과정의 전반을 관리하는 전통적인 편집자와는 달리, 코트니는 시장 동향을 파악하고 책의 아이디어를 제시하는 사내벤처에서 일한다. 그리고 전통적으로 책을 만드는 데 걸리는 시간의 절반의 시간 안에 아이디어를 풀어낼 작가를 찾기 위해 기획, 제작 및 판매를 일괄해서 취급하는 업체와 협력한다. 그녀는 편집자이자 콘텐츠 제작가로서 논픽션 분야에서 어떤 것들이 팔리는지 주시하며 틈새시장에 적합할 만한 책들을 머릿속에 그려 본다. 이것은 아이들을 돌보는 조부모를 인터뷰한 책에서부터 뉴욕 타임스 십자말풀이 편집본까지, 뭐든 될 수 있다. 그리고 두 가지 책 모두 그녀가 감독하는 프로젝트다. 전반적으로 코트니는 1년에 약 100여 권의 책을 담당하고 있다.

배경

책을 좋아하던 아이가 출판사의 편집자가 되는 길은 순탄해 보일 수 있다. 하지만 코트니에게는 그 여정에 무척 우여곡절이 많았다. 처음에 그녀는 작가가 될 생각에 문예창작학으로 학사 학위를 받았다. 그러나 대학 토론 수업에서의 거듭되는 비평에 애정이 식으면서 편집 쪽으로 방향을 틀었다. 그녀는 런던에서 영문학 석사 학위를 받았고, 직장 초년생 시절의 직업들을 그 분야에서 구했다. 하나는 작은 미디어 회사의 교정자였고, 다른 하나는 온라인 대학의 교육 과정 콘텐츠 편집자였다.

"그러나 그 일들은 제가 하고 싶었던 것과 거리가 멀었어요. 저는 책을 편집하고 싶었거든요."

코트니는 책 편집에 대한 나름의 비전을 가지고 있었지만, 어떤 것들이 수반되는지 정확하게 알지 못했다. 결국 그녀는 결단을 내리고 과감히 뉴욕으로 이사했고, 그곳의 대형 출판사에서 서둘러 초보적인 일자리를 구했다.

코트니는 교정, 페이지 레이 아웃, 표지 등등을 총괄하는 프로덕션 담당 편집자의 보조로 일을 시작했다. 그리고 출판사의 편집자가 되려는 여정에서, 그녀는 에이전트 및 작가들과 직접 작업하는 편집부의 보조 편집자가 되었다. 회사가 다른 종류의 출판물을 출간하기 위해 새로운 사내벤처를 시작하려는 걸 안 코트니는 승진의 기회를 얻었다. 그녀는 상사에게 자신이 가진 장점들이 새로운 사업에 어떻게 쓰일 수 있는지 확실하게 보여 주었다. 그녀의 주장은 결실을 맺었고, 코트니는 꿈에 그리던 편집자로 승진하였다.

꼭 맞는 직업

코트니는 책의 편집자란 '배의 선장'이라고 표현한다. 원고를 다루는 것을 포함해 작업의 처음부터 끝까지, 출판과 관련된 모든 사람들을 이끌어야 하기 때문이다. 다수의 이상주의자들과 마찬가지로, 그녀는 각 책에 대한 자신의 비전을 실현할 수 있고, 자신이 출판을 도왔던 책들의 방대한 카탈로그를 만들기 위해 자원을 모을 수 있는 창의적인 분야에서 일하고 있다.

코트니의 직업은 현재의 트렌드를 바탕으로 책에 대한 아이디어를 생각해 내고 이를 글로 쓸 작가를 찾는 것으로, 주기능인 직관이 항상 작동한다.

"마치 제가 작가가 된 것 같거든요. 주어진 것에 얽매이지 않는 콘텐츠 제작자가 되는 것은 저에게 무척 흥미진진한 일이에요."

그녀는 항상 시대에 한발 앞서서 출판 시장을 분석하고 업계의 큰 그림을 찾아야 한다. 이 일에는 많은 상상력과 통찰력이 필요하다.

비록 내향적이지만, 코트니는 자신의 일에서 다른 부서 사람들과의 협력적인 관계 조성이 중요하다는 점이 마음에 든다. 그녀는 그들에게 친절하고 우호적이며, 끊임없이 문제를 예상하고 해결한다. 감정형인 코트니는 7년 반 동안 이 회사에서 쌓아온 동료애와 팀워크에 고무되어 있다.

"저는 다른 사람들과 어떻게 상호작용해야 하는지 알고 있습니다. 그들은 누구도 똑같은 방식으로 상호작용하는 것을 좋아하지 않아요."

미래에 대한 기대

코트니는 미래에 수석 편집장이 되기를 희망한다. 결국 그녀의 직업적 궤적은 전략적인 움직임과 다음 승진을 도모하는 것에 달려 있다. 그리고 그녀는 편집자보다는 사업 전체를 감독하고 각 원고의 핵심적 측면에 덜 짓눌리는 출간인의 역할을 더 선호한다고 생각한다.

"저는 창의적인 기구를 감독하고 싶습니다."

그런 일에는 비전을 가진 사람이 필요하다. 그리고 코트니는 확실히 비전을 가지고 있다.

실제로 몇몇 침울한 예측들에도 불구하고 기술 발전에서 살아남은 산업에서 비전은 그 어느 때보다 필요하다. 코트니는 앞으로 출판계에서 주목해야 할 분야가 최근 큰 인기를 얻고 있는 오디오북과 자가 출판을 뜻을 둔 사람들이라고 예측한다.

"책을 출판하는 방법도 더 많아지고, 아이디어를 표현하는 방법도 더 많아졌습니다."

INFJ형이 만족할 수 있는 직업의 성격

바이올렛과 델리아 그리고 코트니는 서로 다른 배경과 경험, 이력을 가지고 있지만 그들의 인생사를 하나로 엮을 수 있는 공통점이 있다. INFJ형인 이 세 사람은 구체적인 관심사나 능력, 가치관은 서로 다를지도 모른다. 하지만 이들은 모두 직관적 감정형 기질이며, 주기능인 직관을 내향화하고 부기능인 감정을 외향화하는 동일한 심리학적 기능 구조를 가진다. 따라서 우리는 이 세 사람을 통해 INFJ형의 욕구에 대해 많은 것을 관찰할 수 있다.

아래의 열 가지 요소들은 개인에 따라 정도의 차이가 있고 중요성의 순서도 다르겠지만, INFJ형이 직업 만족을 느끼기 위해 필요한 것들을 나열한 것이다.

비록 같은 성격 유형의 소유자라도 해도 개인은 저마다의 개성이 다르기 때문에 이 목록을 INFJ형 모두에게 똑같이 적용시킬 수는 없다.

아래의 목록을 읽어 본 다음 자신이 중요하다고 생각하는 순서에 따라 이들 열 가지 요소의 순서를 다시 정하는 것이 좋다. 그러면서 현재와 과거의 직업 중, 특히 좋았던 부분이나 싫었던 부분을 생각해 보고, 다양한 경험을 관통하는 주제를 찾아보도록 하자.

1. 여러 가지 문제에 대한 새로운 아이디어나 접근 방식을 찾아내서 사람들의 성장과 발전을 도울 수 있는 일.

2. 자기 자신이 가치 있고 자랑스럽게 느낄 만한 제품이나 서비스를 창출해 낼 수 있는 일.

3. 저작권과 소유권이 인정되고, 독자적인 기여를 인정받을 수 있는 일.

4. 자기를 표현할 수 있고 통찰의 결과를 확인할 수 있는 일.

5. 사람들과 일대일로 작업할 수 있는 일.

6. 사람들이 내 아이디어를 진지하게 받아들이고 노력을 인정하며, 친근하고 긴장이 없는 환경에서 할 수 있는 일.

7. 사람들과 친근한 관계를 맺을 수 있는 환경에서 독립적으로 할 수 있는 일.

8. 업무 시간과 업무 환경을 스스로 조정할 수 있고, 업무 과정과 그 결과에 대해 큰 권한을 행사할 수 있는 일.

9. 아이디어를 철저히 다듬고 준비할 수 있는 시간이 충분히 주어지는 일.

10. 자신의 가치관과 신념과 조화를 이루고 인간적, 직업적 윤리를 철저히 지킬 수 있는 일.

INFJ형에게 맞는 직업

아래 직업 목록을 살펴볼 때, 어떤 성격 유형을 가진 사람들이든 모든 종류의 직업에서 성공을 거둘 수 있다는 점에 주의하자. 하지만 다음은 특히 INFJ형이 만족을 느낄 만한 직업의 목록과 그 이유들이다. 여기에서 제시한 직업 목록 중 미처 생각하지 못했던 직업에 대해서도 그 가능성을 알아보도록 하자.

상담 분야

직업 상담사 | 임상심리사 | 학교 상담사 | 근로자 지원 상담사 | 노인 요양 복지사 | 결혼 및 가족 상담 치료사 | 아동 복지 상담사 | 약물 중독 재활 상담사 | 정신 건강 상담사

상담 분야에서는 일대일 관계를 기본으로 하는 개인적인 상호 작용을 필요로 하기 때문에 INFJ형은 이러한 직업을 통해 타인과 깊은 관계를 맺을 수 있다. INFJ형은 다른 사람들이 일대일 환경에서 개인적인 통찰력과 성장에 도달할 수 있도록 도와주는 일을 통해 깊은 만족감을 느낀다.

교육 분야

고등학교 교사(영어, 미술, 음악, 사회 과학, 연극 과목) | 대학 교수(영어, 미술, 음악, 사회 과학, 연극) | 대학 교수(교육) | 교육 컨설턴트 | 학습 과정 설계자 | 사서 | 특수 교육 교사 | 이중 언어 교사 | 조기 교육 교사 | 인터넷 교육가 | 사회학자 | 박물관 관리자 | 교육 프로그램 책임자 | 아동 발달 관련 부모 교육 강사 | 학예사

교육 분야에서 INFJ형은 남을 돕는 일에 자신의 아이디어와 지식을 활용한다. 학생들을 지도하고 그들이 성장하는 과정을 지켜보고, 창의적인 학습 과정을 설계하고 다른 사람들에게 영감을 주는 것은 INFJ형이 즐기는 측면들이다. INFJ형은 또한 연구와 학습을 좋아하고 교육을 통한 성장 기회를 원하기 때문에 학구적인 환경에서 아주 편안함을 느낀다.

종교 분야

사제 및 목사, 승려, 랍비, 이맘 | 종교 사업가 | 종교 교육 책임자

종교 분야의 일은 깊고 개인적인 헌신과 소명을 바탕으로 한 직업 철학을 필요로 한다. INFJ형은 자신의 일에 대해 소명 의식을 갖는 일이 많고 자신의 철학과 신념을 타인과 나누는 일에서 깊은 만족을 느낀다.

크리에이티브 분야

예술가 | 극작가 | 소설가 | 시인 | 인테리어 디자이너 | 인포그래픽 디자이너 | 보편적 설계 건축가 | 프리랜서 미디어 기획자 | 브랜드 담당자 | 잡지 편집자 및 아트 디렉터(온라인, 출판) | 작가 에이전트 및 편집자 | 전자 출판 발행인 | 족보학자 | 출판 디자이너 | 인터랙티브 디자이너 | 크리에이티브 디렉터 | 영화 편집자 | 다큐멘터리 영화 제작자 | 큐레이터 | 전시 기획자 | 의상 디자이너 | 상품 디자인 및 전시자 | 멀티미디어 프로듀서

INFJ형이 예술 분야에 끌리는 것은 아이디어와 통찰을 통해 개성 있는

작품을 창조해 낼 수 있는 능력 덕분이다. 이들은 예술을 통해서 스스로를 표현할 수 있으며 사람들은 그 결과물에 큰 영향을 받는다. 위와 같은 직업 분야에서는 독립적으로 일할 수 있고, 근무 환경이나 업무 과정과 결과물을 자신이 통제할 수 있다.

보건 의료 및 사회복지 분야

사회복지 단체 책임자 | 갈등 중재자 | 사회 과학자 | 사회복지사 | 지역 보건 교육자 | 식이요법사 및 영양사 | 언어 병리학자 및 청능사 | 대체 의학자 | 마사지 치료사 | 작업 치료사 | 지압사 | 유전자 상담사 | 교부금 관리자 | 의료 기관 행정가 | 기금 모금 책임자 | 법률 중재인 | 노인 주간 보호센터 직원 | 교정 요법사 | 긴급 상담 전화 응대원 | 입법 보조원

사회복지 분야에서 일을 하려면 한 조직 내에서 남을 돕는 일에 헌신하는 자세가 필요하다. INFJ형은 대부분 사회복지 단체, 특히 사람들이 서로 끈끈하게 맺어진 소규모 조직에서 일하는 것을 좋아한다. 사회복지 사업을 통해 개인이나 사회 문제에 대한 새로운 접근 방식을 찾아낼 수 있다. 사회복지사들은 담당 사안별로 독립적으로 일하는 경우가 많기 때문에 고객이나 동료들과 긴밀한 일대일 관계를 맺는 것이 가능하다.

비즈니스 분야

인사 담당자 | 마케팅 담당자 | 조직 개발 컨설턴트 | 근로 지원 프로그램 코디네이터 및 상담사 | 직무 분석가 | 인적 자원 다양성 관리자(조직에서 성별, 문화, 나이, 장

INFJ형은 비즈니스 분야의 직업에 끌리는 경우가 많지 않지만 이 분야에서도 만족을 찾을 수 있는 영역이 있다.

인사 분야나 조직 개발 컨설턴트 분야는 비즈니스의 인간적 분야로서, 다양한 종류의 사람들에 대한 관심과 그러한 사람들과 함께 일할 수 있는 능력이 필요하다. INFJ형은 사람들이 직업을 찾는 데 도움을 주고, 효율적인 업무 환경을 조성하고, 사람들이 관심을 갖는 분야에서 창의적인 문제 해결을 이끌어 낼 수 있다. 또한 마케팅 분야에서는 창의적인 문제 해결 능력을 발휘한다. INFJ형이 그러한 과정에 노력을 기울이고 업무가 자신의 개인적, 직업적 윤리 기준에도 어긋나지 않는다면 이런 분야의 일에서 만족을 찾을 수 있다.

기술 분야

고객 관리 담당자 | 기술 컨설턴트 | 프로젝트 관리자 | 고용 담당자 | 인사 담당자

기술 확산으로 말미암아 기술을 이해하는 능력과 동시에 의사소통 능력을 갖춘 인재에 대한 수요가 빠르게 증가하고 있다. 많은 INFJ형이 기술자와 이용자 사이에서 연결 고리 역할을 하는 일에 매력을 느끼는데, 이런 일을 통해서 도움을 주고 동료들과 유대를 강화하려는 자신의 욕구를 만

족시킬 수 있기 때문이다.

기억해 둘 점은 위에 나열된 직업들은 이 성격 유형의 고유한 자질들을 만족스럽게 표현해 줄 수 있는 일부 영역에 지나지 않는다는 것이다.

구직 활동 최적화

자기 성격 유형의 장단점을 알고 있으면 구직 활동에 큰 도움이 된다. 원하는 자리나 유망한 고용주에 대해 조사하고 이력서를 작성하는 것부터 인터뷰를 준비하거나 연봉을 협상할 때도 사람들은 자신의 성격 유형대로 행동한다. 당신의 장점을 활용하고 단점을 보완한다면 구직 활동을 더욱 성공적으로 해나갈 수 있다.

성격 유형의 차이는 때로는 눈에 잘 띄지 않기도 하고 어떤 경우에는 극적으로 드러나기도 한다. 구직 과정에서는 성격 유형과 같은 미묘한 변수가 성공이냐 실패냐를 가르기도 한다.

외향적인 사람들은 폭넓은 인맥 형성을 즐기는 편이고, 내향적인 사람들은 이미 아는 사람들을 계속 만나는 것처럼 좀 더 제한적이고 좁게 인맥을 쌓는 경우가 많다. 감각형들은 한정된 범위의 사람들을 만나는 경향이 있고, 직관형의 사람들은 자기와 관련 없어 보이는 사람들까지 포함하여 폭넓게 사람들을 만나는 편이다. 감정형의 사람들은 매우 사적이고 친근하게 관계를 맺는 반면, 사고형 사람들은 더 객관적이고 초연한 태도로 사람들과 관계를 맺는다. 마지막으로 판단형은 모임에서 소수의 사람들에게 제한적인 질문을 하지만 인식형의 사람들은 온종일 상대방에게 모든 종류의 질문을 퍼부을 수도 있다.

INFJ형을 위한 성공적인 구직 활동법

INFJ형은 창의적인 문제 해결력을 통해 구직 활동을 훌륭히 수행할 수 있을 것이다. 그러나 구직 과정에서 목표를 비현실적으로 세우거나 한 곳에 몰두하는 성향을 주의해야 한다.

INFJ형에게 가장 효과적인 구직 전략은 자신이 가진 능력을 발휘하는 것이다.

혁신적이고 조직적인 구직 전략을 세운다.

— 자신의 창의력을 활용해서 다양한 방식의 구직 활동 계획을 세운다. 미래의 고용주에게 다른 구직자와의 차별성을 부각시킨다.

— 자신의 조직적 기술을 활용하여 프로젝트에 대해 이해하고, 계획을 짜고, 시간을 지키고, 면접 후에 감사 편지를 보내고, 가능성 있는 고용주들과 계속 연락을 취한다.

인맥을 활용한다.

— 구직 기회를 제공해 줄 수 있는 사람들과 접촉하기 위해 자신과 오랫동안 관계를 맺어 오고 자신을 잘 아는 사람들의 도움을 받는다.

— 사람들을 만나서 얘기할 때마다 해당 영역이나 직업에 대한 정보를 제공해 줄 수 있을 만한 사람을 추천해 달라고 부탁한다.

면접관 및 미래의 고용주들과 우호적인 관계를 맺는다.

— 사람들의 요구와 동기를 '읽을 수 있는' 자신의 남다른 능력을 활용한다.

— 고용주에게 자신의 타고난 열정과 인간미를 보여 주고, 남의 말을 듣고, 분명하게 의사소통하는 자신의 능력을 보여 준다.

서둘러 판단하지 말고 여러 가지 가능한 선택을 신중하게 고려해 본다.

— 신중하고 철저하게 생각하는 자신의 성향을 활용한다.

— 어떤 자리에 대해 한 번 생각하고 포기해 버리는 대신 좀 더 시간을 들여 생각해 보는 습관을 들인다.

자신의 특별한 요구를 만족시킬 수 있는 자리를 만들어 낸다.

— 시대적 추이를 예견할 수 있는 통찰력을 활용한다. 즉 자신과 같은 능력을 가진 사람들이 장래에 어느 곳에서 쓰이게 될 것인가를 고려한다.

— 고용주에게 자신이 회사의 목표 달성과 문제 해결을 위해 어떻게 기여할 것이지를 얘기하고 자신에게 그러한 능력이 있다는 것을 보여 준다.

발생한 문제에 대한 창의적 해결책을 생각해 낸다.

— 발생한 문제를 뛰어넘을 수 없는 벽으로 여기지 말고 일시적인 장애로 생각한다.

— 앞일을 예견할 수 있는 타고난 능력을 활용한다. 다음에 올 기회를 포착하고, 실망을 딛고 일어서서 미래를 대비한다.

구직 활동 중 INFJ형이 주의해야 할 점

INFJ형에게는 보편적으로 다음과 같은 단점이 있을 수 있다. 단점은 단지 구직 활동만이 아니라 인생의 다른 측면에도 영향을 미친다. 그러므로 아래의 항목 하나하나를 과거 경험과 결부시켜 생각해 보는 것이 도움이 될 것이다. '이건 나한테 맞는 얘기일까?'라고 스스로에게 물어보고, 만약 그렇다면 '어떤 점이 내가 원하는 일을 성취하는 데 방해가 되었나?'에 대해서도 생각해 보자. 자신이 가진 단점을 극복하기 위해서는 자신의 3차 기능인 사고와 열등 기능인 감각을 의식적으로 개발해야 한다. 쉽지는 않겠지만 자신에게 부족한 기능을 많이 사용하면 할수록 앞으로 문제는 더욱 적게 발생할 것이다.

어떤 상황의 흥미로운 거시적인 구도만이 아니라 세부적인 사실에 관심을 갖도록 한다.

— 실제로 앞에 있는 것에 관심을 갖기 위해서는 의식적인 노력이 필요하다. 행간의 뜻만이 아니라 사실 그 자체를 읽을 수 있도록 노력한다.

— 업무에 대한 실질적인 질문을 할 수 있도록 근무 시간, 역할, 봉급, 수당, 보고 체계 등의 질문 사항을 미리 메모해 둔다.

구직 과정과 그 성과에 대해 현실적인 기대치를 설정하도록 한다.

— 인력 시장, 자신의 능력, 구직 조사에 걸리는 시간 등에 대해 현실적인 눈을 갖는다. 친구에게 자신이 세운 계획에 대한 꼼꼼한 평가를 부탁한다.

— 지나치게 완벽주의적인 경향을 피하고, 희망하는 모든 것을 성취하지 못했다는 실망감을 경험하지 않으려면 보다 현실적인 목표를 세운다.

개인적인 감정보다는 객관적인 정보를 바탕으로 결정을 내린다.

— 자신이 주관적 관점에서 사물을 보는 경향이 있음을 기억하고, 의식적으로 논리적 사고 능력을 개발한다.

— 면접 과정에서 조성된 친밀한 분위기를 개인적 우정과 혼동하지 않는다. 상황과 거리를 유지하고, 더 많이 알게 되기 전까지는 확고한 결정을 내리지 않도록 한다.

자신의 능력에 대해 얘기할 때 고용주의 요구를 만족시킬 수 있는 방법에 중점을 둔다.

— 미래의 고용주에게 회사가 당면한 문제에 대해 수집한 정보를 이야기하여 자신이

사전 연구를 했다는 사실을 보여 주고, 자신의 경험과 특기로 어떻게 회사를 도울 것인지를 말한다.

— 새로운 도전에 응하기 위해 필요할 경우 위험을 감수할 의사가 있다는 것을 말한다. 특히 마음속으로 결정을 내린 다음이라면 잠깐 여유를 가지고 또 다른 대안에 대해 생각해 본다.

가능성에 대해 생각하는 데 너무 오랜 시간을 투자하기보다는 그 가능성을 실천하는 데 충분한 시간을 투자한다.

— 선택할 수 있는 직업의 목록을 합리적으로 작성한 뒤 그에 대한 조사를 진행하기 위한 시간표를 짠다. 일정한 시간 내에 이메일 쓰기, 지원서 제출, 혹은 면접의 목표를 정해 놓고 이를 책임지고 달성한다.

— 구직 기준을 세워서 미래의 고용주와 협상하는 과정에서 유연한 자세를 갖도록 한다. 다른 관점에 대해 융통성을 발휘할 경우 예기치 않은 이로움이 생길 수 있다는 점을 기억한다.

INFJ형을 위한 마지막 조언

지금까지 INFJ형의 성격 유형에 대해 구체적으로 살펴보았다. 이제 자신의 장점과 기질이 어떻게 해서 특정 직업과 구직 방식에 맞는지 알게 되었을 것이다. 그러나 앞에서 제시한 직업들이 꼭 마음에 들지만은 않았을 것이다. 다음, 마지막 단계에서는 직업과 그 분야를 좁혀 보도록 하겠다.

성격 유형뿐만 아니라, 자신의 가치관, 관심사, 기술 같은 다른 요소들도 직업 만족 수준을 높이는 데 기여한다. 즉 자신과 직업이 서로 잘 맞으면 맞을수록, 더욱 만족감을 얻을 수 있다. 전략적 취업 계획을 수립하기 위해 지금까지 배운 모든 것들을 총동원할 준비를 하라. 23장의 연습 문제를 풀면서 이런 작업을 수행할 것이다.

하지만 어쩌면 현재 일자리를 유지하는 것이 더 현명한 결정일 수도 있다. 재정적인 압박, 가족들의 기대, 어려운 직업 시장 상황 등 다양한 이유 때문에 그렇다. 그래도 기운을 내길 바란다! 지금까지 이 책을 통해 배운 것들은 현재의 일자리에서 더 성공적이고 알차게 일하는데 도움이 된다. 만약 직업을 바꿀 시기가 찾아왔다면 이직에 관련된 훨씬 풍부한 아이디어를 얻을 수 있다.

더 만족스러운 직업을 찾을 수 없다면, 지금 하고 있는 일을 사랑하라

대부분의 직장에서는 직원들에게 업무 수행에 있어서 융통성을 발휘할 수 있는 다양한 기회를 제공하고 있다는 것을 명심하라. 당신의 요구가 반영되도록 현재의 업무에 변화를 주는 방법을 아래에 제시한다.

— 생각하기 위한 방해받지 않는 시간이 충분하다는 것을 확인한다. 당신 사무실 문을 닫고 휴대폰을 잠시 꺼 두거나 이메일 작업을 멈춘다.
— 자진해서 자신의 창의력을 써먹을 수 있는 위원회를 기획해 본다.
— 동료들 간의 개인적인 갈등 사이에서 휘말리지 않도록 한다.
— 한 번에 한 가지 중요한 일에 집중한다.
— 자신의 조직이나 부서의 강령을 정하는 일을 자발적으로 돕는다.
— 당신의 아이디어에 대해서 대화할 수 있는 다른 창의적인 사람을 찾는다.
— 자신의 아이디어나 생각을 글로 작성해서 공개적으로 발표해 본다.
— 일과 사생활 사이의 균형을 깨지 않도록 한다.
— 자신의 전문 분야에 대해 가르치는 일을 시도해 본다.
— 친구들에게 영감을 주는 이메일을 보낸다.

원하는 바를 성취하기 위해 자신의 자산을 활용하라

최고의 성공 비결이란 간단히 말해, 자신의 장점을 발휘하고 단점을 보완하는 것이라 하겠다. 이렇게 하는 방법을 몸소 익히게 되면, 성공할 수 있고 자신의 일을 사랑하게 될 것이다. 여기 INFJ형의 장점과 단점 목록을 제시한다. 개인이 모두 다르긴 하지만, 다음 목록의 많은 부분을 INFJ형인 자신에게 적용할 수 있을 것이다.

업무와 관련한 INFJ형의 강점
— 당신의 진실성으로 인해서 사람들은 당신의 아이디어를 높이 평가한다.

— 중요한 프로젝트에 대한 강한 집중력.

— 결단력과 뛰어난 조직 능력.

— 독창적인 해결책을 제시하는 창의력.

— 공감 능력과 타인의 요구를 예측하는 능력.

— 큰 그림을 보는 통찰력과 행위와 아이디어의 미래 가능성을 보는 능력.

— 복잡한 개념을 이해하는 능력.

— 타인을 향한 순수한 관심과 사람들이 성장 발전하도록 돕는 재능.

— 독립적인 성향과 강력한 개인적 신념.

— 생산적으로 목표를 달성하려는 욕구.

— 가치 있다고 믿는 일에 대해 깊이 헌신하는 자세.

업무와 관련된 INFJ형의 약점
— 융통성이 부족하고 외곬으로 빠지기 쉽다.

— 일이 얼마나 걸리는지에 대한 현실 감각이 떨어진다.

— 자신의 가치와 충돌하는 업무를 수행하기가 힘들다.

— 아이디어의 실행 가능성이나 현실성을 고려하는 능력이 부족하다.

— 경쟁적이거나 긴장도가 높은 환경에서 일하는 데 어려움을 느낀다.

— 한 번 결정한 일을 다시 고려하거나 결론을 뒤집으려는 것을 꺼린다.

— 객관적이고 직접적인 방식으로 하급자 다루는 것을 어려워한다.

— 계획이나 방향을 빠르게 변화시키는 일을 힘들어한다.

— 복잡한 아이디어를 단순하게 표현하기가 힘들다.

— 심판하려는 성향이 강하다.

┃ INFJ형의 성공 비결 ┃

세부 사항에 주의를 기울여라.

유연한 태도를 가져라.

즉흥적이고 자연스럽게 행동해 보라.

외향적, 직관적, 감정적, 인식적 성격형

ENFP형 불가능한 일은 없다

사례 1 **뛰어난 유머 감각의 소유자 조이스** (교수)

"무한한 에너지를 뿜어내는 자석!"

직업

조이스는 웃음이 많다. 그리고 두 개의 직업을 통해 그녀와 만나는 수
백 명의 사람들도 마찬가지다. 그녀는 전문 대학의 특수 교육학 교수이며
'유머'를 주제로 강의해 전국적인 명성을 얻은 강사다. 그녀는 기업, 학교,
병원 등의 여러 단체를 돌아다니며, 웃음과 유머의 가치에 관하여 해마다
300여 차례의 강연을 한다.

"일에서 가장 마음에 드는 부분은 두말할 필요 없이 저랑 함께 시간을
보내는 사람들이지요! 그들과 함께 보내는 시간이 무척 즐거워요."

조이스는 집단적 상호 작용을 좋아한다. 그녀의 수업에서 학생들은 항
상 빙 둘러앉아서 서로 친근하게 이름을 부른다. 사람들은 그녀에게 끌리
고 그녀는 사람들을 통해 에너지를 충전받는다. 가르치는 일은 여전히 즐
겁다. 그녀가 가르치고 있는 반이 모두 서로 다르기 때문에, 가르치는 일

은 그녀에게 매번 처음인 듯 흥분을 느끼게 한다.

배경

조이스의 이력은 ENFP형으로서는 드물게 단순하다. 그녀는 교육학 학사 학위를 딴 다음 석사 학위 두 개를 더 땄는데, 첫 번째로 딴 것은 특수 교육학이고 두 번째는 상담학이었다. 처음에 장애아동을 가르치는 일을 구할 수 없었던 조이스는 3년간 특수 교육학 개론을 가르쳤다. 그리고 두 아이를 기르기 위해 직장을 떠나 있다가 전문 대학의 특수 교육학 시간 강사로 재취업했다. 그녀의 강의는 아주 인기가 높아서 항상 일찌감치 정원이 찼고, 학생들은 수업 듣는 걸 즐거워했다. 그녀는 15년간 그곳에서 학생들을 가르쳤다.

조이스에게는 장점이 굉장히 많다.

"전 항상 에너지가 넘치고 일에 엄청난 시간을 투자합니다. 그리고 창의적이고 사람에 대한 통찰력이 있지요. 그리고 또 마음이 아주 따뜻하고 유머 감각이 풍부해요."

조이스에게 인생의 가장 큰 보람은 일과 학생들과의 관계에서 비롯된다.

꼭 맞는 직업

대부분의 ENFP형이 그렇듯 조이스는 뛰어난 유머 감각의 소유자다. 또한 그녀는 사람들에 대해 예리한 통찰력을 지니고 있다. 그녀는 이 두 가지 자질을 독특하게 결합해서 많은 직관적 감정형의 사명(사람들이 자기 인식을 하도록 돕고, 좀 더 행복한 삶을 살도록 이끄는 것)을 이행하고 있다. 조이스는 어떤 강의에서든지 뛰어난 유머로 청중들을 즐겁게 해 준다. 그녀의 강의에서 사람들은 웃고 배우면서, 새로운 경험에 대해서 마음을 열도록 격려받는다.

조이스에게는 모든 것이 다 가능하다. 그녀의 주기능인 직관은 늘 새로운 것과 색다른 것에 맞춰져 있기 때문에 거의 매일 새로운 일이 생긴다. 그녀는 똑똑하고, 재치 있으며, 무한한 에너지를 갖고 있다. 누구든지 그녀의 열정에 금세 전염된다. 사람들에게 관심을 집중하고 있기 때문에, 그녀는 되는 일과 안 되는 일을 파악하고, 사소한 단서를 포착하며, 사람들의 다양한 타입에 맞춰서 자신의 스타일을 변화시킬 수 있다.

일에서 느끼는 가장 큰 보람은 학생들과 깊은 인간적 유대다. 조이스는 이러한 친밀한 인간관계에서 활력을 얻는다. 부기능이 감정인 그녀는 일단 누군가를 자신의 '내부'로 받아들이면 그 사람과는 평생 친구가 된다.

미래에 대한 기대

"가르치는 일은 제가 세상에서 정말 좋아하는 일입니다. 결과적으로 제가 하는 일을 더 잘 하는 것이 유일한 목표입니다."

그녀는 전국적으로 유명한 강사가 되고 싶다. 그리고 자신의 생각을 책으로 펴내고 싶어 한다. 최근 그녀는 성인 교육 분야의 박사 과정에 등록했다. 박사 학위를 따려면 앞으로 힘들게 노력해야 한다는 것을 알고는 있지만 그래도 뭔가 새로운 것을 배우고, 지적인 능력을 확장함으로써 자극받을 필요가 있다고 생각했다.

그녀는 직업 만족을 다음과 같이 정의한다.

"재미있는 것, 사람들과 사귀기, 차이를 만들기."

조이스는 자신이 좋은 친구이자 낙천가, 그리고 세상을 조금이라도 가볍게 바라볼 수 있도록 도와준 이로 기억되기를 바란다.

"우리가 살고 있는 세상은 정말 재미있습니다. 그리고 사는 게 별로 즐겁지 않을 때, 웃음은 훌륭한 약이 될 수 있지요."

사회 참여적인 행동주의자 에디 (영상 제작자)

"정치를 재미있게 만들자."

직업

에디는 21세기 행동주의자다. 푯말을 들고 거리에 서는 대신, 그는 플랫폼을 만들어 비디오 콘텐츠를 올린다. 행동주의 비디오 작가이자 프로듀서인 에디는 자신에게 중요한 문제들에 대한 대중의 실질적인 변화를 이끌어 내기 위해 코미디의 힘을 활용한다. 코미디 자체가 풍자적이기 때문에, 에디는 현학적이거나 설교적인 태도를 취하지 않은 채 심각한 문제를 해결할 수 있고 이로 인해 더 많은 사람들을 자신의 대의로 끌어들일 수 있다. 그의 직업은 대본에 관한 아이디어를 구상하고, 대본을 쓴 다음 팀과 협력해서 예산에 맞춰 연기자, 촬영 장소와 제작진을 찾아내는 것이다. 그는 자신이 마음과 영혼을 담아 제작한 비디오가 인터넷에서 들불처럼 인기를 얻으며 퍼져 나가는 모습을 지켜보는 일에서 큰 만족감을 얻는다.

배경

에디는 대학 시절 내내 사람들을 웃게 하는 일이 제일 좋았다. 그는 즉흥극과 개그를 공부했고, 학교를 졸업한 후에는 로스앤젤레스로 이사해서 큰 무대에 서려고 노력했다. 하지만 과도한 경쟁이 시작되자 에디는 뭔가를 잃어버린 기분이었다. 그는 뭔가 중요한 일을 하고 싶다는, 실은 정책 변화에 영향을 미치는 상원의원이 되고 싶다는 목표를 늘 품고 있었다.

에디는 진로를 바꾸어 로스쿨에 진학했고, 중간 선거에서 상당수의 공화당원을 국회로 입성시킨 미국 시민 자유 연맹에서 일하겠다는 계획을 세웠다. 그는 인터넷의 중립성에 위협을 가하는 새로운 정치 풍토에 관한 기사를 읽고 미국의 인기 소셜 뉴스 사이트인 레딧에 정책 활동 위원회를 제안하는 글을 올렸다. 이튿날 아침에 보니 어마어마한 댓글이 달려 있었고, 그때부터 행동주의자로서의 삶이 본격적으로 시작되었다.

에디는 이내 예전에 코미디를 했던 경험이 자신이 관심을 갖는 주제에 폭넓은 청중의 관심을 끄는 데 도움이 된다는 사실을 깨달았다. 패러디와 풍자를 이용해 비디오를 만들면서 에디는 진보 민주당 원외단의 주의를 끌었다. 그는 의미심장한 정치적 주제에 대해 의식을 일깨우는 작가이자 비디오 제작자로 활동하기 위해 뉴욕으로 터를 옮겼다.

뉴욕에서 두어 해 일하면서 에디는 지금 눈부신 변화의 한가운데 있다. 그의 꿈은 선거 자금법 개혁을 선도하는 풍자 단체를 조직하는 것이다. 그 꿈을 실현시켜 주겠다는 다른 행동주의 단체와도 교섭했다. 에디의 목표는 행동주의가 심각하고 진지하다는 오명을 씻어 내는 것이다. 특히 단지 그 문제를 후원하고 싶어서가 하니라 그냥 재미있어서 보러 가고 싶은 코미디 프로그램을 만들고 싶다.

꼭 맞는 직업

작가 겸 제작자인 에디는 타고난 창의력과 독창성을 활용하고 있다. 주기능이 직감인 그는 중요한 사회적, 정치적 화제라는 큰 그림에 꾸준히 열중한다. 그는 아무도 생각하지 못한 기발한 생각들을 쉴 새 없이 이야기하는 사람이 되고 싶다.

이상주의자인 에디는 가치를 가장 중요하게 여기며, 실제로 재미있는 매개체를 통해 굵직한 문제들을 터놓고 이야기한다. 그는 메시지를 글쓰기와 비디오 제작 등을 통합한 방법으로 풀어내는 일이 즐겁다. 자신의 창의적이고 사회적인 기술을 사용한다는 만족감 이면에는 그가 따르고 옹호하는 가치관이 깔려 있다. 감정형인 에디는 자신의 신념이라는 렌즈를 통해 세상을 보고, 세상의 부당함에 깊은 관심을 갖고 있다. 외향형인 에디는 즉석에서 꾸려진 팀에서 일하던 시절부터 지금까지 항상 매우 협력적이었으며, 창의적인 사람들과 함께 작업하며 자신의 비전을 실현할 수 있었다. 사람들을 만나고 그들과의 공통점을 찾는 일에서 추친력을 얻으며, 그의 플랫폼을 수십, 수천 배 넓히는 것에서 활력을 얻는다.

미래에 대한 기대

에디는 향후 5년 안에 어떤 일을 이루든 이 코미디 단체를 통해서 해내고 싶다는 바람이 있다.

"시스템이 너무 형편없었다면 정치인이 되고 싶었을 거예요."

에디는 진심으로 정치 변화에 영향을 미치고 싶지만, 정치 후원금을 모으기 위해 굽실거리고 각별한 관심을 끌기 위해 시간을 낭비하는 정치인들이 너무 많다는 점 때문에 차일피일 미루고 있다. 코미디는 굳이 워싱턴이라는 가혹한 제도를 직접 겪지 않고도 교묘하게 문화적 권력을 휘두르고 중요한 관심사에 경각심을 불러일으키는 방법이라 여긴다. 에디는 비디오 제작을 좋아하지만, 언제까지나 무대 뒤에 머무를 생각은 없다.

"지도자가 되고 싶다는 강렬한 바람이 있습니다. 언젠가는 내 목소리를 내고 싶어요."

사례 3 **관계로부터 열정을 얻는 샘** (커뮤니티 책임자)

"커뮤니티를 연결합니다."

직업

샘은 사람들과 관련되어 일을 한다. 샘은 작은 도시의 사립 학교에서 보조 프로그램 및 커뮤니티 참여 책임자로 일하고 있다. 그에게 가장 중요한 일은 방과후 프로그램 그리고 6월과 7월에 진행하는 여름 캠프를 감독하는 것이다.

학교 커뮤니티에 참여하고, 커뮤니케이션 팀과 협력하며, 학교가 제공하는 다양한 프로그램에 대한 홍보와 마케팅을 담당하는 것 또한 그녀의 일이다. 샘은 교실에서 하는 일들을 강조한 디지털 학습 리소스를 구축하고 모든 과외 프로그램에 대한 온라인 등록 시스템을 만든다. 또한 방과후 수업을 진행하는 모든 교직원들과 소통하고 감독하며, 매일 학교에 점심을 제공하는 학교와 연락을 취한다.

샘은 자신의 직업을 구성하는 모든 관계들에서 에너지를 얻는다.

"저는 학교와 학교 정책에 대한 결정을 내리는 팀의 일원입니다. 그리고 모든 아이들과 부모들을 잘 알고, 통찰력을 가지고 열심히 일하는 사람들로 구성된 교사팀과 함께 일하는 긴밀한 커뮤니티의 구성원입니다."

배경

어린 시절 샘에게 가장 중요한 커뮤니티는 여름 캠프였다. 매년 샘은 캠프가 주는 재미와 분위기에 온통 마음을 빼앗겼고, 특히 상담사들을 우러러봤다.

"그곳은 마치 호그와트 같았어요. 이 공동체가 있는 세상으로 끌려온 겁니다. 이곳에는 친구도 있고, 역사와 신화도 있어요. 여름 캠프가 딱 그랬습니다. 상담사들은 책임자로서 그 모든 것들을 최고로 만들었고, 참가자들에게 특별한 기분을 맛보게 해 주었습니다."

어느 정도 나이가 들자 샘은 상담가가 되었고, 여러 해 동안 여름 캠프에서 근무했다. 그 일은 자연스레 느껴졌고, 그는 아이들과 함께 어울리는 일이 좋았다.

대학을 졸업한 뒤 샘은 그가 갔었던 캠프의 감독 보조직에 지원했다. 하지만 매년 3개월 동안 24시간 내내 일하고, 나머지 9개월 동안은 커뮤니티와의 상호 작용 없이 고립된 채 생활하는 일은 샘에게 맞지 않았다. 또한 그는 캠프에서 제공하는 것보다 더 다양한 사람들과 함께 일하고 싶었다. 교직으로의 전환은 무척 자연스러운 다음 수순으로 여겨졌고, 그는 가르치는 일을 무척 즐겼다. 그러나 샘이 캠프에서 좋다고 생각했던 것들 중 많은 부분이 교실에서 그대로 재현되지 않았다.

몇 년 동안 가르친 후, 학교 행정 쪽으로 기회가 생겼다. 샘의 학교에는 정규 수업이 끝난 뒤 아이들을 돌볼 수 있는 방과후 프로그램이 있었다. 다른 많은 사립 학교들처럼, 방과후 프로그램도 그의 기준에 미치지 못했다.

"유색인종 학생들과 재정 지원을 받는 학생들에게 엄청나게 불리했습니다."

방과후 프로그램을 새롭게 기획하고 여름 캠프 프로그램을 포함한 학교 과외 활동 측면을 전반적으로 감독하기 위한 자리가 생겼다. 샘의 자질은 그 일과 완벽하게 맞아 떨어졌고, 그는 새로운 직책을 맡게 되었다.

꼭 맞는 직업

이상주의자인 샘은 반드시 자신의 가치를 충족시킬 수 있는 일을 해야 한다. 그가 캠프 일을 떠난 이유 중 하나는 그가 순수하게 자신과 비슷한 사람들만을 위해 봉사하고 있다고 느꼈기 때문이다. 지금 그는 방과후 프로그램을 양질로 만드는 데 장벽이 되고 있는 사립 학교의 윤리적 문제를 해결하기 위해 매일 애쓰고 있다.

"저는 제가 하는 일의 가치에 따라 움직입니다."

샘의 역할을 만든 것 자체가 그의 창의적인 문제 해결의 증거이다. 따라야 할 로드맵 없이는 어떤 역할도 시작하기 어렵지만, 샘은 일하는 도중에 조금씩 윤곽을 만들어갈 수 있었다. ENFP형은 이런 수준의 참신함을 견디는 일에 특별히 잘 맞는다. 실제로 샘은 역할을 직접 만들고 자신의 취향에 맞게 설정했다.

샘의 직업에서 사람들은 큰 부분을 차지한다. 그는 사람들과 협업하고 소통하고, 그들을 관리한다. 감정형인 샘은 이 일에 대해 사려 깊고, 함께 일하고 감독하는 사람들의 감정과 욕구를 고려한다.

"저는 사람들이 지지받고 있다는 걸 느낄 수 있도록 정말 열심히 일합니다. 제 결정에 인간성을 적절히 반영하려고 노력해요."

보살피는 아이들과 함께 만들어 가는 관계 역시 그에게는 매우 의미가 깊다.

미래에 대한 기대

샘은 현재 직장에 만족하지만, 특정 기준들이 충족된다면 다른 직업을 가질 수도 있다.

"확실한 임무가 있는 곳에서 일하고 싶습니다. 모두가 동의하는 명확한 사명을 갖고, 그 사명을 잘 이행하는 강력한 경영진이 경영하는 곳에서 일하고 싶습니다. 협업을 중심으로 구축되고, 창의성도 용인되는 곳 말입니다."

그는 사립 학교의 교장이 되거나 사립 학교 세계에 머물고 싶지 않다. 현재는 그의 직업이 작은 방법으로라도 불의에 대처할 수 있기는 하지만, 샘은 여전히 사립 학교의 운영 방침에 불만을 가지고 있다.

"공정한 사회를 만들기 위해 적극적으로 일해야 해요. 우리는 불공정한 사회에서 살고 있고, 저는 그런 것들에 대항하는 일에 동참하려고 합니다."

ENFP형이 만족할 수 있는 직업의 성격

조이스와 에디 그리고 샘은 서로 다른 배경과 경험, 이력을 가지고 있음에도 그들의 인생사를 하나로 엮을 수 있는 공통점이 있다. ENFP형인 이 세 사람은 구체적인 관심사나 능력, 가치관이 서로 다를지 모른다. 하지만 이들은 모두 직관적 감정형 기질의 소유자이며, 주기능인 직관을 외향화하고 부기능인 감정을 내향화하는 동일한 심리학적 기능 구조를 가지므로 우리는 이 세 사람을 통해서 ENFP형의 욕구에 대한 많은 것을 관찰할 수 있다.

아래의 요소들은 개인에 따라 정도의 차이가 있고 중요성의 순서도 다르겠지만, ENFP형이 직업 만족을 느끼기 위해 필요한 것들을 나열하였다. 비록 같은 성격 유형의 소유자라고 해도 사람들 저마다 개성이 다르기 때문에 이 목록을 ENFP형 모두에게 똑같이 적용시킬 수는 없다.

아래의 목록을 읽어 본 다음 자신이 중요하다고 생각하는 순서에 따라 이들 열 가지 요소의 순서를 다시 정하라. 그러면서 현재와 과거의 직업 중, 특히 좋았던 부분이나 싫었던 부분을 생각해 보고, 다양한 경험들을 관통하는 일관된 요소를 찾아보도록 하자.

1. 창의적 영감을 가지고 다양한 사람들과 함께 여러 가지 프로젝트를 진행할 수 있는 일.
2. 사람들에게 도움이 되는 새로운 아이디어, 상품, 서비스, 또는 문제 해결책을 창조할 수 있는 일. 자신의 프로젝트가 실현되는 모습을 볼 수 있는 일.
3. 재미있고 도전적이고 다채로운 일.
4. 뒷정리, 반복적 업무, 또는 조직을 유지 보수하는 일 등을 요구하지 않는 일.
5. 최소한의 규율과 자발적으로 행동할 자유가 있고 일의 속도와 일정을 스스로 조절할 수 있는 일.

6. 새로운 사람을 만나고 새로운 기술을 배우면서 호기심을 계속 충족시켜 줄 수 있는 일.

7. 나의 신념과 가치관에 일치하고 남을 이롭게 해 줄 수 있는 일.

8. 유머와 선의가 있고 사람들과의 갈등이 적은 우호적이며 편안한 환경에서 할 수 있는 일.

9. 자신의 아이디어를 추구할 수 있고 매력적인 모험에 자유롭게 참여할 수 있는 일.

10. 열정과 독창성, 상상력을 인정하고 보상해 주는 환경에서 하는 일.

ENFP형에게 맞는 직업

아래 직업 목록을 살펴볼 때, 어떤 성격 유형을 가진 사람들이든 모든 종류의 직업에서 성공을 거둘 수 있다는 점에 주의하자. 하지만 다음은 특히 ENFP형이 만족을 느낄 만한 직업의 목록과 그 이유들이다. 여기에서 제시한 직업 목록 중 미처 생각하지 못했던 직업에 대해서도 그 가능성을 알아보도록 하자.

크리에이티브 분야

저널리스트 | 시나리오 작가 및 극작가 | 칼럼니스트 | 블로거 | 배우 | 음악가 및 작곡가 | 뉴스 캐스터 | 인테리어 디자이너 | 예술가 | 리포터 및 편집자(온라인, 출판) | 인포그래픽 디자이너 | 인터랙션 디자이너 | 웹 사이트 기획자 및 아트 디렉터 | 크리에이티브 디렉터 | 교육용 소프트웨어 개발자 | 프로듀서 | 지역 문화회관 책임자 | 다큐멘터리 제작자 | 의상 디자이너 | 방송 프로듀서 | 라디오 및 팟캐스트 프로듀서 | 방송 뉴스 분석가 | 만화가 및 애니메이터 | 전시 기획자

이 분야의 직업들이 가진 분명한 매력은 새롭고 독창적인 접근 방식을 지속적으로 개발해 낼 수 있는 기회가 있다는 점이다. ENFP형은 창의적인 과정을 좋아하는데, 특히 협력해서 일할 수 있고 다른 사람들과 함께 작업하며 영감을 얻을 수 있을 때 더욱 그렇다. 이들은 자유롭고 유연한 작업 환경을 선호한다. ENFP형은 독립적으로 일하지만 자신의 창의적 에너지를 충전시키고 일에서 재미를 찾기 위해 사람들과의 자연스러운 상호 작용을 필요로 한다.

마케팅 및 기획 분야

시장 조사 분석가 | 홍보 전문가 | 마케팅 컨설턴트 | 광고 회사 임원 | 카피라이터 | 광고 제작 감독 | 전략 기획자 | 소셜 미디어 관리자 | 홍보 담당자 | 연구 조수 | 잡지 편집자 및 아트 디렉터

ENFP형은 장기적인 안목이 뛰어나기 때문에 어떤 아이디어나 프로그램, 서비스가 사람들에게 미치는 효과를 쉽게 파악한다. 이들은 사람들의 요구를 계획 속에 반영하고 발생한 문제에 대해 혁신적이고 인간적인 해결책을 제시하는 일도 많다. 이들은 활기와 힘이 넘치는 팀에 소속되어 창의적으로 문제를 해결한다. ENFP형은 대부분 똑똑하고 재미있는 사람들이며 인쇄 매체나 인터넷 분야의 광고 문구를 쓰는 일에서 만족을 느끼기도 한다. 광고업의 빠른 속도와 끊임없이 변화하는 면모 또한 이들에게 매력적이다. 그리고 이들은 홍보 전문가 역할을 하면서 한 조직의 유능한 대변인이 될 수 있다.

ENFP형은 사람들에게 긍정적인 영향을 줄 수 있는 일에서 만족을 찾는다. 이들은 사람들이 새롭고 독창적인 해결책을 찾도록 도와주는 인정 많고 따뜻한 심리학자이자, 창의적이고 열정적인 직업 상담사가 될 수 있다. 이들은 사람들이 삶에서 긍정적인 변화를 찾도록 동기를 부여한다. 또한 사람들이 영성을 계발하도록 돕는 일을 좋아하므로 성직자와 같은 직업에 끌리는 경우도 많다. 옴부즈맨으로서 이들은 민원인들에게 이용 가능한 자원을 안내해 주고 조직 내의 변화를 이끄는 효율적이고 혁신적인 촉매 역할을 한다.

ENFP형은 보건 의료와 사회복지 분야에 끌리는 일이 많다. 남을 돕는 것을 좋아하는 성향 때문이기도 하지만, 이 분야의 직업들이 독립성과 유연성이 보장되고 자기 관리가 가능하기 때문이다. 이 성격 유형은 유연한 구조 아래에서, 다양한 고객을 상대하는 컨설턴트로 일할 때 가장 보람을 느끼기도 한다.

비즈니스 분야

컨설턴트 | 발명가 | 아이디어 및 무형 자산 판매자 | 인사 담당자 | 인력 개발 전문가 | 모임, 컨퍼런스 및 이벤트 기획자 | 고용 개발 전문가 | 식당 경영자 | 경영 컨설턴트(변화, 팀 구축, 다양성 분야) | 상품 기획자 | 인적 자원 다양성 관리자 | 기업 및 단체 교육 전문가 | 광고 기획자 및 광고 회사 임원 | 홍보 전문가 | 마케팅 책임자(라디오, 텔레비전, 케이블 방송 산업) | 재취업 컨설턴트 | 환경 전문 변호사 | 인사 채용 담당자 | 노사 관계 전문가

ENFP형은 타고난 사업가다. 이들은 자유와 유연성을 가지고 프로젝트를 골라서 함께 일하고 싶은 사람들과 일하기를 원한다. 이들은 아이디어가 풍부한 편인데 특히 사람들에게 영향을 미치는 아이디어를 실현하고 싶어 한다. 또한 팀 구축, 갈등 해결, 직장 내 효율성 제고 분야에 대해 자문해 주는 일을 좋아한다. 그리고 이들은 독립적인 영업자가 되기를 바라고 특히 상품보다는 무형의 서비스나 아이디어를 파는 일을 즐긴다.

이들은 과도한 규제와 규칙, 그리고 표준화된 업무를 싫어하기 때문에 전통적인 기업 세계에 끌리지 않는다. 그러나 전통적인 기업이라고 해도 인사 관리 부서의 교육 전문가나 상담사가 된다면 훌륭하게 일을 해낸다. 고용 개발 전문가가 되면 이들은 조직의 목표를 고려하면서 사전에 계획

하고 창의적인 업무 처리 방식을 고안하는 능력을 발휘한다. 기억해 둘 점은, 위에 나열된 직업들은 ENFP형의 고유한 자질을 만족스럽게 표현할 수 있는 일부에 지나지 않는다는 것이다.

> **▌기술 분야**
>
> 고객 관리 담당자 │ 기술 컨설턴트 │ 프로젝트 관리자 │ 고용 담당자 │ 인사 담당자

기술의 확산과 함께 기술에 능숙하고 의사소통 능력이 빼어난 인력을 찾는 수요가 빠르게 증가하고 있다. 기술자와 최종 사용자 사이에서 연결자 역할을 하는 일은 ENFP형들이 좋아하는 일이다. 이러한 업무는 도움을 주고 동료와 관계를 맺으려는 그들의 욕구를 만족시킨다.

구직 활동 최적화

자기 성격 유형의 장단점을 알고 있으면 구직 활동에 큰 도움이 된다. 자리나 유망한 고용주에 대해 조사하고 이력서를 작성하는 것에서부터 인터뷰를 준비하거나 연봉을 협상할 때도 사람들은 자신의 성격 유형대로 행동한다. 당신의 장점을 활용하고 단점을 보완한다면 구직 활동을 더욱 성공적으로 해나갈 수 있다.

성격 유형의 차이는 때로는 눈에 잘 띄지 않기도 하고 어떤 경우에는 극적으로 드러나기도 한다. 구직 과정에서는 성격 유형과 같은 미묘한 변수가 성공이냐 실패냐를 가르기도 한다. 외향적인 사람들은 폭넓은 인맥 형성을 즐기는 편이고, 내향적인 사람들은 이미 아는 사람들을 계속 만나

는 것처럼 좀 더 제한적이고 좁게 인맥을 쌓는 경우가 많다. 감각형들은 한정된 범위의 사람들을 만나는 경향이 있고, 직관형의 사람들은 자기와 관련 없어 보이는 사람들까지 포함하여 폭넓게 사람들을 만나는 편이다. 감정형의 사람들은 매우 사적이고 친근하게 관계를 맺는 반면, 사고형 사람들은 더 객관적이고 초연한 태도로 사람들과 관계를 맺는다. 마지막으로 판단형은 모임에서 소수의 사람들에게 제한적인 질문을 하지만 인식형의 사람들은 온종일 상대방에게 모든 종류의 질문을 퍼부을 수도 있다.

ENFP형을 위한 성공적인 구직 활동법

구직 활동에 있어서 ENFP형의 장점은 대안과 창의적인 방법을 찾아 낼 수 있는 무한한 능력, 그리고 무한한 에너지를 가지고 사람들을 통해 정보를 수집하는 능력이다. 그러나 이 성격 유형은 정보 수집 단계를 좋아하지만, 세부적인 사실에 압도당하고 조직력 빈곤으로 무력해지는 경향이 있으니 주의해야 한다.

취업 기회를 스스로 만들어 낸다.

― 현재 존재하지 않는 기회를 포착할 수 있는 능력을 활용하여, 자신의 변화된 욕구나 고용주의 변화된 욕구에 맞춰서 현재의 업무를 조정해 본다.

― 시장의 요구를 충족시킬 만한 완전히 새로운 직업을 스스로 만들어 본다.

적극적으로 인맥을 관리한다.

― 사람들을 많이 만나 도움이 될 만한 정보를 수집한다. 그리고 도움이 될 만한 사람을 소개시켜 달라고 부탁하여 인맥을 지속적으로 넓힌다.

― 만나는 사람들과 친구들에게 자신이 지금 새로운 일자리를 찾고 있음을 알린다. 소

식은 금세 퍼질 것이고 그러는 과정에서 유용한 정보를 얻을 수 있을 것이다.

자신의 타고난 열정과 자신감을 보여 줌으로써 면접관에게 강한 인상을 남긴다.

— 친근한 분위기로 사람들을 편안하게 해 줄 수 있는 자신의 능력을 보여 준다.

— 유머 감각을 발휘하여 공식적이고 딱딱한 면접을 즐거운 자리로 바꿔 놓는다. 면접
관은 신선한 자극을 경험할 것이다.

몇 가지 선택 가능성을 열어 놓는다.

— 끊임없이 변화하는 상황에 적응하고 예기치 못한 난관에 부딪쳤을때 임기응변의
기지를 발휘한다.

— 자신의 타고난 호기심을 활용해서 가능성 있는 직업, 일자리, 조직에 대한 많은 정
보를 수집한다.

여러 가지 방법을 동원하여 면접 기회를 만든다.

— 자신이 원하는 자리에 경쟁자가 많을 때, 면접관의 주목을 받고 기억에 남길 수 있
는 창의적인 방법을 사용한다.

— 여러 가지 가능성을 볼 수 있는 자신의 능력과 타고난 에너지를 활용해서 구직 과
정에서 마주치게 되는 장애와 난관을 돌파한다.

구직 활동 중 ENFP형이 주의해야 할 점

ENFP형에게는 보편적으로 다음과 같은 단점이 있을 수 있는데 이들의
단점은 단지 구직 활동만이 아니라 인생의 다른 측면에도 영향을 미친다.
그러므로 아래의 항목 하나하나를 과거 경험과 결부시켜 생각해 보는 것
이 도움이 될 것이다. '이건 나한테 맞는 얘기일까?'라고 스스로에게 물어

보고, 만약 그렇다면 '어떤 점이 내가 원하는 일을 성취하는데 방해가 되었나?'에 대해 생각해 보자. 자신이 가진 단점을 극복하는 길은 3차 기능인 사고와 열등 기능인 감각의 의식적 개발이다. 쉽지는 않겠지만 자신에게 부족한 기능을 많이 사용하면 할수록 앞으로 문제는 더욱 적게 발생할 것이다.

직업의 현실적인 측면에 유의한다.

— 추측보다 실제 모습이 무엇인지에 에너지와 주의를 집중한다. 관심이 있는 직업에 대해 알아보기 위해 인터넷으로 검색해 보거나 주위 사람들에게 물어본다.

— 구직 계획을 세울 때 일자리를 구하는 시간이 얼마나 걸릴지, 무엇이 필요한지, 비용이 얼마나 들 것인지, 그리고 그 기간 동안 어떻게 먹고살 것인지에 관해 현실적으로 고려한다. 구직에 걸리는 시간이 생각보다 길어질 경우에 대비한 계획을 세워 놓는다.

보지도 않고 뛰어가는 자신의 성격에 주의한다.

— 미리 구직 계획을 세워서 자신에게 맞지 않는 분야에 정력을 낭비하는 일이 없도록 한다.

— 자신에게 맞는 직업의 조건을 조목조목 작성한다. 이때 꼭 필요한 조건뿐만 아니라 있으면 좋을 조건들을 포함시킨다. 이 목록을 안내서 삼아 선택 가능한 직업들을 비교해 본다.

자기를 단련시키는 일에 노력을 기울인다.

— 체계적인 구직 활동을 유지하기 위해 시간 관리 기술을 익힌다. 조직적인 친구에게 도움을 요청한다.

— 쉽게 산만해지지 않도록 할 일에 대한 우선순위를 매겨 놓는다. 구직 과정이 지루하다고 해서 충동적으로 행동하지 말고 중요한 부분을 잘 챙기도록 한다.

결정을 미루지 않는다.

― 결정하기까지 너무 오래 시간을 끄는 탓에 결정을 미루다가 좋은 구직 기회를 놓칠
수 있다.

― 무한정 정보만 수집할 게 아니라 어느 정도면 충분한지를 결정한다.

구직의 모든 단계를 꼼꼼히 매듭짓는다.

― 사람들 가운데는 일을 확실하고 조직적으로 처리하길 선호하는 사람들이 있다는
것을 기억해 둔다. 그러한 것을 구속으로 여기지지 말고 자신의 적응 능력을 보여
줄 수 있는 기회로 생각한다.

― 구직 과정에서 어떤 것도 놓치지 않도록 상황 점검 시스템을 만들어서 이용한다.
점검 시스템을 자꾸 바꾸지 말고 애초에 정한 것을 일관되게 사용한다.

ENFP형을 위한 마지막 조언

지금까지 ENFP형의 성격 유형에 대해 구체적으로 살펴보았다. 이제 자
신의 장점과 기질이 어떻게 해서 특정 직업과 구직 방식에 맞는지 알게
되었을 것이다. 그러나 앞에서 제시한 직업들이 꼭 마음에 들지만은 않았
을지도 모르겠다. 다음, 마지막 단계에서는 자신이 바라는 직업과 그 분야
를 좁혀 보도록 하겠다.

성격 유형뿐만 아니라, 자신의 가치관, 관심사, 기술 같은 다른 요소들
도 직업 만족 수준을 높이는 데 기여한다. 즉 자신과 직업이 서로 잘 맞으
면 맞을수록, 더욱 만족할 수 있다. 취업 전략을 수립하기 위해 지금까지
배운 모든 것들을 총동원할 준비를 하라. 23장의 연습 문제를 풀면서 이
런 작업을 수행하라.

하지만 어쩌면 현재 일자리를 유지하는 것이 더 현명한 결정일 수도 있

다. 재정적인 압박, 가족들의 기대, 어려운 직업 시장 상황 등 다양한 이유 때문에 그렇다. 그래도 기운을 내길 바란다! 지금까지 이 책을 통해 배운 것들은 현재의 일자리에서 더 성공적이고 알차게 일하는 데 도움을 줄 것이다. 당신이 직업을 바꿀 시기에는 이직에 관련된 훨씬 풍부한 아이디어를 얻을 수 있다.

더 만족스러운 직업을 찾을 수 없다면, 지금 하고 있는 일을 사랑하라

대부분의 직장에서는 직원들에게 업무 수행에 있어서 융통성을 발휘할 수 있는 다양한 기회를 제공하고 있다는 것을 명심하라. 당신의 요구가 반영되도록 현재의 업무에 변화를 주는 방법을 아래에 제시한다.

— 가능하면 반복적인 업무는 다른 사람에게 위임하라.
— 팀을 만들어서 일하라.
— 다른 창의적인 사람을 찾아서 함께 아이디어를 짜내라.
— 시간을 유연하게 조정해서 업무를 분담해 보거나 교대 근무를 다르게 해 본다.
— 현재의 업무가 지루하다면 초점에 변화를 주라. 업무의 다른 면에 주목하라.
— 다양한 프로젝트를 시도해 보라.
— 프로젝트의 세부 사항에 대해 동료와 얘기를 나누라.
— 직장 내 동호회를 만들거나 참석해서 활동해 보라.
— 직장인 단체에 가입해서 활동하라.

원하는 바를 성취하기 위해 자신의 자산을 활용하라

성공을 위한 최선의 조언은 간단하다. 자신의 장점을 활용하고 단점을 보완하는 것이다. 이렇게 하는 방법을 익힌다면, 성공을 거머쥠과 동시에 직업 만족도 누릴 수 있다. 여기에 ENFP형의 잠재적인 강점과 약점 목록을 제시한다. 개인적 특성이 모두 다르지만, 다음 목록의 많은 부분을 ENFP형에게 적용할 수 있을 것이다.

업무와 관련한 ENFP형의 강점

— 고정 관념을 깨고 열정적으로 새로운 가능성을 찾는다.

— 용감하게 위험을 감수하고, 새로운 시도를 하고, 장애를 극복한다.

— 관심사가 다양하고, 흥미 있는 일은 빠르게 배운다.

— 필요한 정보를 획득하는 기술과 타고난 호기심이 있다.

— 큰 그림을 볼 수 있고 행위와 아이디어의 숨은 뜻을 파악한다.

— 의사소통에 뛰어나고 다른 사람의 열정에 불을 당기는 재능이 있다.

— 방향과 속도를 빠르게 조절하는 적응력이 있다.

— 사람을 보는 통찰력이 있어서 타인의 요구와 동기를 정확히 파악한다.

업무와 관련된 ENFP형의 약점

— 우선순위를 정하고 결정을 내리는 일이 힘들다.

— 창의력이 부족한 사람들을 견디기 어려워한다.

— 전통적이거나 틀에 박힌 방식으로 일하는 걸 못 견딘다.

— 중요한 세부 사항에 참여해서 마무리 짓는 훈련이 부족하다.

— 창의적인 과정이 끝나면 지루해하고 딴 길로 새는 성향이 있다.

— 단조롭게 반복하는 일을 싫어한다.

— 지나치게 경직된 조직이나 그런 사람과 일하기를 어려워한다.

— 현재 실행할 수 있는지 여부보다는 미래 가능성에 초점을 두는 성향이 있다.

— 체계적으로 일을 처리하지 못하는 성향이 있다.

일의 우선순위를 정하라.

일에 집중하고 시작한 일은 끝까지 마무리하라.

내향적, 직관적, 감정적, 인식적 성격형
INFP형 생각이 깊은 사람은 말이 없다

사례 1 **도전을 즐기는 대런** (비디오 게임 디자이너)

"사람을 즐겁게 하는 예술 작품을 만들자."

직업

대런은 말 그대로 세상을 건설한다. 게임이 벌어지는 배경 만드는 일을 담당하는 비디오 게임 디자이너다. 식물과 풀, 숲과 하늘 등이 있는 장면을 상상해 보자. 대런은 먼저 이런 설정들을 상상하고 장면에 필요한 것들을 스케치한다. 그런 다음에는 엔지니어 및 아티스트와 협력하여 자신의 비전을 실현하고 플레이어 경험을 구체화한다. 대부분의 시간은 그가 조율하고 있는 디지털 공간과 직접 상호작용하는 데 들어간다. 대런에게 이 일은 비디오 게임에 대한 자신의 엄청난 열정을 발현하게 해 준다. 그리고 사람들의 삶을 개선하고 풍요롭게 해 줄 수 있는 잠재력을 가진 창의적인 일이기도 하다.

배경

대런은 초등학교 시절부터 짬짬이 비디오 게임을 만들어 왔지만, 고등학교 졸업반이 되어서야 처음으로 청중들 앞에 자신의 작품을 선보였다. 그 경험은 삶을 바꾸는 계기가 되었다. 대런은 비디오 게임 디자이너가 되겠다는 꿈을 본격적으로 품고 대학에 진학했다. 그런 그에게 서배너 아트 앤 디자인 대학교는 제격이었고, 대런은 그곳에서 인터랙티브 디자인과 게임 개발 분야의 학사 과정을 시작했다.

그는 3학년 때 온라인 판타지 롤플레잉 게임(RPG) 회사에서 실습을 마치고, 정규직 일자리를 제안받았지만 공부를·마치기 위해 사양했다. 쉽지 않은 결정이었다. 졸업할 무렵이 되자 그 자리는 이미 다른 사람으로 채워지고 없었지만, 후회하진 않았다. 대런은 몇 달 동안 포트폴리오를 만들어 구직 활동을 했다. 가을 무렵에야 대런은 마침내 기회를 거머쥘 수 있었다.

RPG 디자인 팀은 스토리와 서술 구조를 짜는 콘텐츠 디자이너들과 병참과 숫자 그리고 전략을 짜는 시스템 디자이너들로 구성된다. 대런은 2년 정도 신입 시스템 디자이너로 일하다가 게임 시스템 디자이너로 승진했다. 그 무렵부터 그는 변화와 새로운 도전에 대한 필요성을 느끼기 시작했다. 그래서 다른 회사로 옮겼고, 현재는 아동 대상 장난감 겸 비디오 게임을 체험하는 게임 디자이너로 근무한다.

이제 대런은 게임에 대한 폭넓은 시각으로 작업을 하고 있으며, 그 일이 마음에 든다. 그는 엔지니어 및 예술가들과 함께 게임 환경을 설계하고 작업하며 자신의 꿈도 이루고 플레이어로서의 경험도 쌓아 가고 있다.

꼭 맞는 직업

다수의 이상주의자들과 마찬가지로, 대런에게도 예술가 기질이 있다.

"어렸을 때부터 이런 상호 작용하는 경험을 정교하게 만들고, 사람들이 빠져들 수 있는 뭔가를 만드는 일을 하고 싶었어요. 내가 게임에 빠져들었던 것처럼 말이죠."

대런은 마음속에만 존재했던 세상을 만들어 내고 숨을 불어넣는 일을 한다. 그의 주기능인 감정은 다른 사람들에게 직접적인 영향을 미치고, 그들이 즐겁게 놀 수 있는 예술 작품을 만든다는 사실에서 꾸준히 보상받고 있다. 대런은 자신의 꿈을 존중해 주는 동료들과 함께 일하고 그들의 열정을 고취시킬 수 있어서 즐겁게 몰두할 수 있다.

부기능인 직관은 그가 새로운 세상을 꿈꾸고 가능성의 영역을 탐구할 수 있도록 지속적으로 제 역할을 하고 있다. 대런은 폭넓게 전체를 볼 줄 아는 설계자다운 안목으로 구성 요소를 한데 모으는 작업을 한다. 그는 종종 새롭고 혁신적인 방법으로 해결해야 하는 문제들에 직면한다. 최첨단 기술을 기반으로 하는 산업에 종사한다는 것은 성장 마인드를 유지하고 항상 더 많은 것을 배울 수 있다는 것을 의미한다. INFP인 그에게 신작 비디오 게임과 소설은 흥미진진하며, 그는 자기 분야의 끊임없는 변화와 진화로 의해 활기를 띠게 된다.

미래에 대한 기대

대런은 꿈의 직업이 뭐냐는 질문에 그저 웃는다. 어떤 면에서는 이미 그 일을 하고 있기 때문이다.

"하지만 계속 성장해 나갈 수 있는 자리에 있지 않다면 재고해 봐야 한다고 생각합니다."

대다수 설계자들과 마찬가지로 대런도 5년이나 10년 안에 자신만의 근사한 스튜디오를 열어 계획 전체를 폭넓게 통제할 수 있는 근무 환경을 만들고 싶다. 어쩌면 그 꿈은 지금도 가능할지 모른다.

"게임 산업은 현재 새롭게 창업한 스튜디오들이 속속 들어설 수 있는 크라우드 소싱(기업 활동의 전 과정에 일반인이나 대중이 참여해 이윤을 공유할 수 있는 방법－옮긴이)을 통해 혁신하고 있습니다."

대런은 업계에 이는 변화에 들떠 있다. 그리고 이제는 전 세계 플레이어들의 절반이 여성일 정도로 이전보다 많은 대중이 게임을 즐긴다는 사실에 기쁘다.

사례 2 조화로운 관계를 꿈꾸는 뎁 (치료 상담사)

"사람들은 모두 제각각 다릅니다."

직업

뎁은 항상 마더 테레사의 '큰 사랑으로 작은 일을 하라.'는 말씀에서 영감을 받아 왔다. 학대받고 방치된 아이들과 그들의 보호자를 위해 일하는 아동 위기 센터 임상 책임자로 30년간 정력적으로 근무한 그녀는 이제 지역 교회의 일원으로 소규모 진료를 하며, 치료 상담사로 반쯤 은퇴한 채 지내고 있다.

뎁은 고객과의 긍정적인 관계를 신속하게 구축하고 신뢰와 존중의 기반을 만들어 희망을 불러일으킨다.

"저는 고객에게 삶을 비합리적인 관점에서 좀 더 합리적인 관점으로 생각을 전환하는 방법을 가르치는 일을 좋아합니다."

뎁은 현재 파트타임으로 일하고, 교회를 통해 약속을 잡고 있다. 상담자 두 명 중 한 명 꼴로, 그녀는 불안과 우울증 그리고 삶의 단계적 문제에 맞닥뜨린 사람들을 만난다. 그녀의 고객들은 교회를 통해 비용을 지불하고, 그녀는 프로그램 관리자인 담임 목사에게 보고한다. 뎁은 프로그램 내에서 다른 상담자와 긴밀하게 협력하며 자율성의 균형을 잡고, 직원 및 자원봉사자들을 가능한 모든 방법으로 지원하는 일을 즐긴다.

"저는 독립적으로 일하는 것을 가장 좋아하지만, 재미있고 힘이 되는 동료들에 둘러싸여 있습니다."

배경

가족 중 처음으로 대학에 진학한 뎁은 처음에는 저널리즘에 끌렸지만, 선생님이 '여기자는 작은 마을에 살면서 부고문이나 쓴다.'고 조언하자 단념했다. 다행히도 뎁은 심리학이라는 또 다른 열정을 추구하여 상담으로 학사 및 석사 학위를 취득했다. 그녀는 처음에 정신 병원에서 입원한 아이들을 대상으로 상담했고, 그 후에는 신생아부터 열한 살까지의 아이들을 위한 위기 보육원에서 상담을 했다.

이러한 전문성으로 인해 그녀는 마침내 아동 위기 센터에서 종합 상담 프로그램을 만들게 되었고, 그곳에서 상담사들과 인턴들을 감독하는 임상 책임자를 맡게 되었다. 센터는 종종 심각한 행동적 및 정신과적 치료가 필요한 아이들에게 행동적, 정신적 지원을 제공했다.

일은 매우 만족스러웠지만 동시에 힘들었다. 뎁은 수많은 아이들과 가족들의 삶에 개입해야 했고, 사랑과 보살핌으로 가장 극단적인 경우로 몰린 그들을 만나는 일에 전념했다. 동시에 학대와 방치의 가장 어두운 충동과 현실을 목격했다. 그녀가 현재의 위치로 이동해야 할 때가 왔을 때, 뎁은 이미 준비가 되어 있었다. 왜냐하면 자신이 깊이 믿는 대의를 위해 일했다는 점을 잘 알고 있었기 때문이다.

꼭 맞는 직업

뎁에게 타고난 연민은 일의 원동력이다. 주기능이 감정인 뎁은 성찰적으로 경청하고 공감하는 일에 있어 거의 무한한 능력을 보이며, 신뢰와 안전의 공간을 만들어 낸다. 이것은 그녀가 일하는 동안 일관되게 믿은 주제였다. 뎁은 관대함과 친절함 그리고 타인에 대한 봉사라는 가치에 의해 인도된다. 그녀는 잠재적인 고객과의 초기 인터뷰를 즐기며, 그들이 들려주는 삶의 배경과 이야기를 깊이 있게 이해한다.

"사람들은 제각각 복잡한 역사와 삶의 상황을 가진 독특한 존재입니다."

뎁은 아이들과 그 가족들을 위해 일한 자신의 경력을 돌아보며 매우 만족해한다. 그녀는 신념과 일 사이에서 조화를 느끼는데, 이는 종종 이상주의자들이 직장에서 가장 중요하게 여기는 점이다.

뎁의 부기능인 직관은 고객들과 소통하을 통해 삶에 대한 깨달음과 더 건강한 관점으로 부드럽게 안내하도록 돕는다. 그녀는 자신의 접근 방식을 창의적이고 혁신적이라고 설명한다. 사람들은 모두 제각각 다르며, 그녀는 자신만의 방법과 실천 방식을 고객의 요구에 맞춰 최우선으로 조정한다. 그리고 내향적인 그녀는 일대일로 대화하는 것이 가장 편안한 환경이라고 생각하며, 고객들과 동료들 모두와 따뜻하고 신뢰감 있는 관계를 형성한다.

미래에 대한 기대

길고 만족스러운 경력을 마친 뎁은 곧 은퇴하여 자녀와 손자들과 더 많은 시간을 보내고, 집에서 더 가까운 곳에서 다른 방법으로 봉사하기를 기대하고 있다. 그녀는 상담 분야의 미래에서 몇 가지 트렌드에 주목한다.

"저는 상담의 역할이 점점 전문화된 훈련과 증거에 기초한 관행에 의존하고 있다고 생각해요. 이중 상당 부분은 지급 승인을 위한 경과 보고서를 요구하는 계약 제공자에 의해 주도되고 있습니다. 교육 프로그램은 성소수자 커뮤니티와 같은 특정 인구와 독특한 요구 사항들을 해결해야 합니다."

그녀는 전반적인 웰빙에 대해 강조할 뿐 아니라 현재의 개인 접근 방식보다 예방적 관리 접근 방식으로 전환되기를 희망하고 있다.

사례 3 창조적 예술가 에밀리 (삽화가)

"나의 창의적인 표현에는 한계가 없습니다."

직업

에밀리는 초등학교 6학년 때부터 그림을 그렸는데 학교를 졸업한 후에도 그림을 그려서 생계를 유지했다. 지금은 잡지나 신문에 삽화를 그리는 일을 전문으로 하는 프리랜서 삽화가로 활동하고 있다. 에밀리는 다양한 고객을 상대로 일하지만 일은 반드시 집에 있는 스튜디오에서만 한다.

에밀리는 거의 모든 일을 출판사의 아트 디렉터로부터 직접 청탁받는다. 에밀리는 먼저 삽화가 들어갈 기사 원본을 받아서 읽고 삽화의 크기나 색상에 대한 편집자의 요구를 전달받는다.

"이 일에서 제일 좋은 것은 창의적으로 문제를 해결할 때 느끼는 자극이에요. 주어진 기사 내용에서 벗어나지 않으면서도, 제 생각을 표현할 수 있고 기사에 뭔가를 덧붙여 발언할 수도 있지요."

배경

에밀리는 대학을 졸업한 뒤 대형 백화점의 광고를 레이아웃하는 디자이너로 일을 시작했다. 이 일은 시간도 여유가 있고, 광고를 완성할 필요도 없었으므로 그녀는 제작보다는 도안에 집중할 수 있었다. 다음에 그녀는 출판사에서 아트 디렉터를 보조했다. 그곳에서 그녀는 책을 디자인하고 남는 시간에 프리랜서로 다른 디자인 일을 했다. 결혼한 뒤 그녀는 백화점에서 여성 패션 광고를 만드는 일을 했다.

"일을 통해 저는 제작 결정을 빨리 내리는 법을 배웠지요. 그러면서도 자유롭게 실험할 수 있었고 시간이 많이 남았어요. 게다가 전 완성된 도안을 그릴 필요가 없었어요."

결국 에밀리는 전업 화가로 생계를 꾸리기로 결심했다. 그녀는 그림을 그리고 전시회를 열었다. 그러면서 상을 몇 번 받았고 자신의 작품을 전시하는 법을 배웠다. 그녀는 화실을 마련해서 그림을 그리고 화랑에 작품을 전시해서 팔았다.

"하지만 외부의 자극이 전혀 없었기 때문에 저는 침체되기 시작했어요. 그래서 대학원 회화과에 들어가서 다른 형식의 그림을 그리기 시작했죠. 새로운 기법과 형식을 시도했지만 불행히도 그림이 잘 팔리지 않았어요."

그녀는 삽화가 친구에게서 포트폴리오를 만들라는 권유를 받았다. 몇 개의 잡지사에 포트폴리오를 보낸 그녀는 곧 유명 잡지사와 계약을 맺고 일을 하게 되었다.

"저는 대행사과 거래하는 것이 훨씬 더 낫더라고요. 내 영혼이 아니라 내 작품으로 판단하기 때문에, 작품에 대해서 말할 수 있거든요. 에이전시에는 갤러리에서처럼 정치라는 걸 할 필요가 없습니다. 나는 아트 디렉터가 원하는 것을 채워 주고, 개인적으로 조금 덜 얽힐 수 있어요."

꼭 맞는 직업

이상주의자 예술가들이 대개 그렇듯, 에밀리의 삶에서 일은 창조적 표현, 창의적 문제 해결, 그림을 통한 의사소통이다. 그녀는 고객들 그리고 책과 기사의 독자들 모두 자신의 작품에서 특별함을 느낀다는 게 매우 중요하다.

에밀리는 주기능이 감정이기 때문에 무엇보다도 자신에게 진실해야 한다. 이 말은 자신의 작품에 대해 거의 전적으로 결정권을 행사하는 것을 말한다. 프리랜서로 독립한 그녀는 자신이 만든 규칙에만 따르면 된다. 따라서 그녀는 자유롭게 일할 수 있다. 자신의 즐거움을 위해 일하는 것은 매우 중요하다. 그녀는 또한 고객들과 맺어 온 친밀한 관계와 오랜 세월을 거치며 생긴 상호 존중과 믿음을 높이 평가한다.

부기능인 직관을 통해 그녀는 새롭고 특이한 사물을 지속적으로 인지한다. 그리고 자신의 아이디어를 재미있고 색다르게 표현할 수 있는 방법을 찾는다. 또한 직관을 통해 자신이 경험한 것을 해석하고 형상화하여 독자들이 그 의미를 이해할 수 있도록 한다. 그녀의 작품은 대부분 미묘하고 재치가 있다. 그녀는 명백한 것을 독자 앞에 그냥 내던지기보다는 의미를 은근히 제시하는 편이다.

에밀리에게 가장 힘이 나는 일은 내용이 좋은 텍스트를 가지고 작업하는 프로젝트라고 한다.

"텍스트를 읽고 어떤 느낌이 올 때 특히 일하는 게 좋아져요. 하지만 무엇보다 아트 디렉터가 그냥 재미있게 그려 보라고 할 때가 제일 좋죠. 그 말은 일하는 데 아무 제한이 없다는 뜻이거든요."

미래에 대한 기대

"좀 느슨해도 괜찮은 기분이 들어요. 이제 새로운 일을 해 보고 싶어요. 피아노도 치고 싶고, 역기도 들어 보고 싶고, 이탈리아어도 배우고 싶죠."

지금 에밀리는 자신의 작품에 대해 훨씬 객관적이고 현실적이 되었다고 생각한다. 그녀는 자신감이 생겼고 사람들에게 너그러워졌다.

그러나 그녀는 여전히 자신의 작품에 대해서는 타협하지 않는다.

"전 제가 원하는 방향으로 삶을 꾸려 왔어요. 어떤 때는 위험을 무릅써야 할 때도 있었고, 다른 사람들이 보기엔 말도 안 되는 실수를 저질렀던 적도 있었지요. 하지만 전 항상 제 믿음을 가장 신뢰했어요. 심지어 지루한 일을 하는 동안에도 창조적으로 자극받지는 못했지만 기량을 연마할 수 있었지요. 그랬기 때문에 저는 발전했죠. 저는 미술 공부를 하는 젊은 친구들에게 시간이 오래 걸린다고 해서 실망하지 말라고 해요. 언젠가는 그 친구들도 제가 찾은 만족을 얻을 수 있을 테니까요. 작품을 통해 자신을 표현하고 동료들의 인정을 받는 일 말이에요."

INFP형이 만족할 수 있는 직업의 성격

대런과 뎁 그리고 에밀리는 서로 다른 배경과 경험, 이력을 가지고 있지만 그들의 인생사를 하나로 엮을 수 있는 공통점이 있다. INFP형인 이 세 사람은 구체적인 관심사나 능력, 가치관이 서로 다를지 모른다. 하지만 이들은 모두 직관적 감정형 기질을 가지고 있으며, 주기능인 감정을 내향화하고 부기능인 직관을 외향화하는 동일한 심리학적 기능 구조를 지니므로 우리는 이 세 사람을 통해서 INFP형의 욕구에 대한 많은 것을 관찰할 수 있다.

아래의 열 가지 요소들은 개인에 따라 정도의 차이가 있고 중요성의 순서도 다르겠지만, INFP형이 직업 만족을 느끼기 위해 필요한 것들을 나열한 것이다.

하지만 같은 성격 유형의 소유자라도 해도 사람들 저마다의 개성이 다르기 때문에 이 목록을 INFP형 모두에게 똑같이 적용시킬 수는 없다.

아래의 목록을 읽어 본 다음 자신이 중요하다고 생각하는 순서에 따라

이들 열 가지 요소의 순서를 다시 정하라. 그러면서 현재와 과거의 직업 중, 특히 좋았던 부분이나 싫었던 부분을 생각해 보고, 다양한 경험을 관통하는 일관된 요소를 찾아보도록 하자.

1. 자신의 가치관과 신념에 조화를 이루고, 나의 이상을 표현할 수 있는 일.
2. 생각을 심도 있게 발전시킬 수 있는 시간적 여유가 있고, 일하는 과정과 그 생산물에 대한 결정권을 가질 수 있는 일.
3. 사적인 공간에서, 방해받지 않으며 자율적으로 할 수 있는 일. 그러나 나를 존중하는 사람들에게 내 견해를 피력할 기회가 주기적으로 주어지는 일.
4. 규칙이나 규율이 별로 없는 유연한 구조에서 영감이 올 때 착수할 수 있는 일.
5. 긴장이나 반목이 없는 협조적인 환경에서 창조적이고 따뜻한 사람들과 함께 하는 일.
6. 개인적인 성장에 대해 격려와 보상이 주어지며, 독창성을 표현할 수 있는 일.
7. 많은 사람들 앞에서 일에 대해 자주 설명할 필요가 없고, 일을 마무리할 시간이 충분히 주어지는 일.
8. 사람들의 성장과 발전, 자기 발견을 돕는 일.
9. 사람들을 이해하고, 사람들이 움직이게 하는 동력이 무엇인지 파악할 수 있는 일. 즉 타인과 깊은 일대일 관계를 맺을 수 있는 일.
10. 정치적, 금전적 장애물에 제한받지 않고 나의 이상을 실현하기 위해 노력할 수 있는 일.

INFP형에게 맞는 직업

아래 직업 목록을 살펴볼 때, 어떤 성격 유형을 가진 사람들이든 모든 종류의 직업에서 성공을 거둘 수 있다는 점에 주의하자. 하지만 다음은 특히 INFP형이 만족을 느낄 만한 직업의 목록과 그 이유들이다. 여기에서 제시한 직업 목록 중 미처 생각하지 못했던 직업에 대해서도 그 가능성을 알아보도록 하자.

크리에이티브 및 예술 분야

예술가 | 시인 및 소설가 | 저널리스트 | 그래픽 디자이너 | 건축가 | 배우 | 편집자 | 음악가 | 인포그래픽 디자이너 | 편집자 및 아트 디렉터(온라인, 출판) | 크리에이티브 프로듀서 | 비디오 게임 디자이너 | 웹 사이트 기획자 및 아트 디렉터 | 작곡가 | 영화 편집자 | 세트 디자이너 | 인테리어 디자이너 | 출판 디자이너 | 인터랙션 디자이너

INFP형이 예술 분야에 이끌리는 것은 이들이 창의적으로 자기 자신과 아이디어를 표현할 수 있는 능력이 있기 때문이다. 이 성격 유형은 예술가의 개인적 자유와 유연한 생활 방식을 선호하는 일이 많다. 글을 쓰든 그림을 그리든, 건축물을 설계하든 아니면 배우나 음악가로서 자신의 육체를 이용하든, 이들은 자신의 내면의 목소리를 진실하게 표현하는 독창적인 생산물을 만들어 내기 위해 애쓴다. INFP형은 예술을 직업으로 삼지 않은 경우에도 스스로를 '어쩔 수 없는' 예술가로 표현한다.

교육 분야

대학교수(인문, 예술 계열) | 연구원 | 사서 | 교육 컨설턴트 | 특수 교육 교사 | 이중 언어 교사 | 조기 교육 교사 | 인터넷 교육가 | 기금 모금 담당자 | 자선 컨설턴트 | 교부금 관리자 | 학예사

INFP형은 교육 분야에서 다른 사람들의 성장과 자기 계발을 도울 수 있다. 이들은 초등학교나 중·고등학교에 비해 대학의 분위기를 더 선호하는 경우가 많은데 이는 대학생들의 학습 동기가 더 높기 때문이다. INFP형은 배움의 과정을 즐기고 연구자나 사서로 더욱 깊이 있고 의미 있는 지식을 탐구하는 일을 좋아한다.

▌상담 분야

임상심리사 | 정신 건강 상담사 | 결혼 및 가족 상담 치료사 | 사회복지사 | 유전자 상담사 | 근로자 지원 상담사 | 아동복지 상담사 | 약물 중독 재활 상담사 | 법률 중재인 | 직업 상담사 및 코치 | 족보학자

INFP형의 타인의 삶을 향상시키고자 하는 욕구와 노력은 진정으로 고귀하다고 볼 수 있다. 또한 마음이 따뜻하고 통찰력 있는 상담가, 심리학자, 사회복지사가 되어 고객의 자기 발견을 돕고 조화로운 인간관계를 맺는 일을 돕는다. 이들은 상담가로서 고객이 자기 이해에 도달하게 되는 과정을 즐긴다.

▌종교 분야

목사 및 사제, 랍비, 이맘 | 종교 교육자 | 교회 직원 | 목회 상담사

INFP형은 종교 분야에 헌신하며 보람을 느끼는 경우가 많다. 이들은 사람들의 영성 개발을 돕는 일을 좋아한다. 이들은 사람들과 일대일로 만나는 환경을 더 선호하지만 경험을 쌓으면서 연설이나 설교를 즐기게 되기

도 한다. INFP형의 근본적 바탕은 자신의 내면적 가치와 신념에 일치하는 일을 하는 것이므로 종교 분야에서 만족을 찾는 경우도 흔하다.

보건 의료 분야

식이요법사 및 영양사 | 공중 보건 교육자 | 물리 치료사 | 가정 보건 담당 사회복지사 | 작업 치료사 | 언어 병리학자 및 청능사 | 마사지 치료사 | 대체 의학자 | 예술 치료사 | 유전학자 | 윤리학자

INFP형이 보건 의료 분야에 끌리는 까닭은 이들이 환자나 고객들과 긴밀한 관계를 맺을 수 있는 능력이 있기 때문이다. INFP형은 보통 자율성을 보장해 주는 직업을 선호하므로 개업을 하거나 대형 의료 기관에서 컨설턴트로 일한다. 물리 치료, 대체 의학, 마사지 치료 과정에 포함된 진단 및 처치의 창조적이고 영적인 요소들은 INFP형의 직관과 감정 편향에 잘 맞는다.

조직 개발 분야

고용 개발 전문가 | 인력 개발 전문가 | 사회 과학자 | 인적 자원 다양성 관리자 | 팀 구축 및 갈등 해결 컨설턴트 | 산업 조직 심리학자 | 재취업 컨설턴트 | 노사 관계 전문가 | 기업 및 단체 교육 전문가 | 통역가 및 번역가

INFP형이 비즈니스 관련 직업에서 만족을 느끼는 일은 별로 없지만 몇몇 분야에서는 성공 가능성이 있다. 이들은 기업 환경에서 사람들이 자신

에게 맞는 직업을 찾도록 도와주는 일을 좋아한다. 인사부나 인력 자원 개발부 업무, 또는 회사 내의 일자리를 설계하는 일에서 만족을 찾기도 한다. 경쟁적이고 냉정한 비즈니스 환경에서 보람을 찾기 위해서는 지원군이 있어야 하며, 자신이 기여한 바가 특별하고 인정받는다는 기분을 느낄 필요가 있다.

> **▌기술 분야**
>
> 고객 관리 담당자 | 기술 컨설턴트 | 프로젝트 관리자 | 고용 담당자 | 인사 담당자 | 교육용 소프트웨어 개발자

기술의 확산과 함께 기술 이해도가 높으면서 의사소통 능력이 빼어난 인력을 찾는 수요가 빠르게 증가하고 있다. 기술자와 최종 사용자 사이에서 연결자 역할을 하는 일은 대부분의 INFP형들이 좋아하는데, 이러한 업무는 도움을 주고 동료와 관계를 맺으려는 그들의 욕구를 만족시킨다.

기억해 둘 점은 위에 나열된 직업들은 이 성격 유형의 고유한 자질들을 만족스럽게 표현해 줄 수 있는 일부 영역에 지나지 않는다는 것이다.

구직 활동 최적화

자기 성격 유형의 장단점을 알고 있으면 구직 활동에 큰 도움이 된다. 자리나 유망한 고용주에 대해 조사하고 이력서를 작성하는 것에서부터 인터뷰를 준비하거나 연봉을 협상할 때도 사람들은 자신의 성격 유형대로 행동할 것이다. 당신의 장점을 활용하고 단점을 보완한다면 구직 활동

을 더욱 성공적으로 해 나갈 수 있다.

성격 유형의 차이는 때로는 눈에 잘 띄지 않기도 하고 어떤 경우에는 극적으로 드러난다. 구직 과정에서는 성격 유형과 같은 미묘한 변수가 성공이냐 실패냐를 가르기도 한다. 외향적인 사람들은 폭넓은 인맥 형성을 즐기는 반면 내향적인 사람들은 이미 아는 사람들을 계속 만나는 것처럼 좀 더 제한적이고 좁게 인맥을 쌓는 편이다. 감각형들은 한정된 범위의 사람들을 만나는 경향이 있고, 직관형의 사람들은 자기와 관련 없어 보이는 사람들까지 포함하여 폭넓게 사람들을 만나고는 한다. 감정형의 사람들은 매우 사적이고 친근하게 관계를 맺지만 사고형 사람들은 더 객관적이고 초연한 태도로 사람들과 관계를 맺는다. 마지막으로 판단형은 모임에서 소수의 사람들에게 제한적인 질문을 하지만 인식형의 사람들은 온종일 상대방에게 모든 종류의 질문을 퍼부을 수도 있다.

INFP형을 위한 성공적인 구직 활동법

구직 과정에서 보이는 INFP형의 장점은 자신에게 중요한 것이 어떤 것인지 알고, 자신의 가치를 표현할 수 있는 일을 찾기 위해 지칠 줄 모르고 노력하는 능력이다. 다만 눈앞의 현실을 무시하고 자신의 이상에 휩쓸리는 경향은 경계해야 한다.

현재 존재하지 않는 가능성을 쉽게 알아본다.
— 자신의 창의성을 발휘하여 아직 현실화되지 않은 가능성을 본다. 보람을 느낄 수 있으면서 동시에 시장이나 고용주의 요구를 만족시킬 수 있는 직업에 대해 상상해 본다.
— 흥미를 느끼는 분야의 직업에 관해 가능한 한 긴 목록을 작성한다. 목록 작성이 끝

나면, 각각의 직업에 대해 미리 조사하여 보다 현실적인 취업 계획을 세울 수 있도록 한다.

취업이 가능한 모든 직업에 대해 깊이 생각해 본다.

— 복잡한 일을 끈기 있게 처리할 수 있는 능력이 있으므로 모든 직업에 대해 시간을 갖고 충분히 생각한다면, 그 직업이 왜 자신에게 맞는지를 충분히 설명할 수 있을 것이다.

— 어떤 자리를 받아들이거나 거절하기 전에 심사숙고하는 과정을 거쳐 자신의 진실한 감정과 동기를 분명히 한다.

시간을 두고 철저히 생각해 본 후에 자기 자신을 잘 표현하도록 노력한다.

— 가능하면 글로 자신을 잘 표현할 수 있는 방법을 궁리한다.

— 자신의 직업관, 또는 자신이 어떻게 해서 한 조직의 성장과 발달에 보탬이 될 것인가에 대해 말로 잘 표현한다.

헌신과 의욕을 보여 준다.

— 자신이 원하는 자리에 대한 열정을 표현한다. 대개의 고용주들은 일에 대한 관심을 솔직하고 명확하게 표현하는 구직자들에게 좋은 인상을 받는다.

— 어떤 일이 어떻게 해서 자신의 이상과 맞는지에 대해 이야기할 때, 타고난 설득력을 동원하여 자신이 얼마나 그 일을 원하는지 고용주에게 알린다.

인맥을 활용한다.

— 가까운 친구들로부터 시작해서 자신을 잘 아는 사람이나 자신이 원하는 분야와 직접 관련된 사람들에게 도움을 요청한다.

— 전략을 짠다. 기가 꺾이거나 실망하는 일이 없도록 목표 달성을 위한 행동 계획표를 작성한다.

구직 활동 중 INFP형이 주의해야 할 점

INFP형에게는 보편적으로 다음과 같은 단점이 있을 수 있는데 이들의 단점은 단지 구직 활동만이 아니라 인생의 다른 측면에도 영향을 미친다. 그러므로 아래의 항목 하나하나를 과거 경험과 결부시켜 생각해 보는 것이 도움이 될 것이다. '이건 나한테 맞는 얘기일까?'라고 스스로에게 물어보고, 만약 그렇다면 '어떤 점이 내가 원하는 일을 성취하는 데 방해가 되었나?'에 대해 생각해 보자. 단점을 극복하기 위해서 자신의 3차 기능인 감각과 열등 기능인 사고를 의식적으로 개발해야 한다. 쉽지는 않겠지만 자신에게 부족한 기능을 많이 사용하면 할수록 앞으로 문제는 더욱 적게 발생할 것이다.

자기 자신과 구직에 대해 현실적인 기대치를 설정한다.

— 자신에게 맞는 직업을 찾는 일이 생각보다 많은 시간이 걸린다는 것을 안다. 상황에 주의를 기울이고 직업 선택의 전망에 그러한 현실 인식을 반영하면 더욱 효율적으로 일을 찾을 수 있다.

— 가끔씩 자신에게 덜 중요한 가치와 타협을 해야만 할 때가 있을지도 모른다. 어떤 급여 수준에서나 어떤 지역에서는 자신과 딱 맞는 일자리가 없을 수도 있다. 덜 중요한 가치에 대해 언제 타협할 것인지를 배우는 일은 중요한 수업이다.

비판이나 거절을 개인에 대한 것으로 받아들이지 않는다.

— 매우 객관적인 방식으로 비판하는 사람들은 상대가 그 비판을 있는 그대로 받아들이기를 기대한다. 그것을 건설적인 비판으로 생각하고 교훈 삼아 자신의 방식을 개선하도록 한다.

— 한도를 설정한다. 너무 많은 사람들을 동시에 기쁘게 해 주려고 노력하지 않는다. 취업까지는 시간이 많이 걸린다. 필요할 때 다른 사람들에게 '아니오.'라고 말하는

것은 자신에게 필요한 에너지를 보존하고 일의 중심을 잡는 데 도움이 된다.

행동의 논리적 결과를 인식한다.

— 자신의 개인적인 느낌에 근거해서 중요한 판단을 내리지 않는다. 믿을 만하고 객관
적인 성향의 친구들에게 조언을 얻는다.

— 상황에서 한 발 물러나서 보다 분명하게 생각할 시간을 갖는다. 선택의 원인과 결
과를 논리적으로 생각해 보면 더욱 균형 잡힌 시각을 가질 수 있을 것이다.

결정을 미루는 경향이 있으므로 유의한다.

— 그다지 원하지 않는 자리는 과감하게 제외한다. 너무 오래 지체하면 더 매력적인 자
리들에 대한 선택 기회가 없어질 것이다. 직업 만족에 대한 자신의 가장 중요한 기
준과 맞지 않는 가능성들을 제외한다면 구직의 전 과정이 좀 더 가볍게 느껴진다.

— 생각하느라 시간을 너무 많이 보내면 행동에 필요한 시간이 모자란다! 시간표를
짜서 꼭 지킨다. 시작이 가장 어려울 수 있지만 일단 시작하면 추진력을 얻게 된다.

조직적으로 생각하고 행동하도록 노력한다.

— 일을 적시에 끝내기 위해 시간 관리 기법을 이용한다.

— 자신에게 내재한 완벽주의적 성향을 조심한다. 이 때문에 다른 방법을 동원하여 일
을 고치려다 마무리가 늦어질 수도 있다.

INFP형을 위한 마지막 조언

지금까지 INFP형의 성격 유형에 대해 구체적으로 살펴보았다. 이제 자
신의 장점과 기질이 어떻게 해서 특정 직업과 구직 방식에 맞는지 알게
되었을 것이다. 그러나 앞에서 제시한 직업들이 꼭 마음에 들지만은 않았

을 수도 있다. 다음, 마지막 단계에서는 직업과 그 분야를 좁혀 보도록 하겠다.

성격 유형뿐만 아니라, 자신의 가치관, 관심사, 기술 같은 다른 요소들도 직업 만족 수준을 높이는 데 기여한다. 즉 자신과 직업이 서로 잘 맞으면 맞을수록, 더 크게 만족한다. 취업 전략을 수립하기 위해 지금까지 배운 모든 것들은 총동원할 준비를 하라. 23장의 연습 문제를 풀면서 이 작업을 수행하라.

하지만 어쩌면 현재 일자리를 유지하는 것이 더 현명한 결정일 수도 있다. 재정적인 압박, 가족들의 기대, 어려운 직업 시장 상황 등 다양한 이유 때문에 그렇다. 그래도 기운을 내길 바란다! 지금까지 이 책을 통해 배운 것들은 현재의 일자리에서도 더 성공적이고 알차게 일하는데 도움을 줄 것이다. 만약 직업을 바꿀 시기가 찾아왔다면 이직에 관련된 훨씬 풍부한 아이디어를 얻을 수 있다.

더 만족스러운 직업을 찾을 수 없다면, 지금 하고 있는 일을 사랑하라

대부분의 직장에서는 직원들에게 업무 수행에 있어서 융통성을 발휘할 수 있는 다양한 기회를 제공하고 있다는 것을 명심하라. 당신의 요구가 반영되도록 현재의 업무에 변화를 주는 방법을 아래에 제시한다.

— 조직이나 부서의 사명을 작성하는 일을 지원하라.

— 세세하거나 단순 반복적인 일은 다른 사람에게 위임하라.

— 갈등 해소에 관한 수업을 듣고 중재자가 되어 보라.

— 전문 분야의 강사나 코치가 되어 보라.

— 시간을 유연하게 조정해서 노동을 분담해 보거나 교대 근무를 다르게 해 본다.

— 재택근무를 해 보라.

— 친구에게 영감을 불어넣어 주는 이메일을 보내라.

— 동일한 업무를 다른 상사 밑에서 해 본다.

— 학교로 가서 전문적인 교육을 받아 보라.

원하는 바를 성취하기 위해 자신의 자산을 활용하라

성공을 위한 최선의 조언은 간단하다. 자신의 장점을 활용하고 단점을 보완하는 것이다. 이렇게 하는 방법을 익힌다면, 성공을 거머쥠과 동시에 직업 만족도 누릴 수 있다. 여기에 INFP형의 잠재적인 강점과 약점 목록을 제시한다. 개개인 모두가 특별하지만, 다음 목록의 많은 부분을 INFP형에게 적용할 수 있을 것이다.

업무와 관련된 INFP형의 강점

— 사려 깊고 집중력이 뛰어나다.

— 고정 관념을 깨고 열심히 새로운 가능성을 탐구한다.

— 가치 있게 여기는 일에 매우 헌신적이다.

— 필요할 경우 혼자서도 일을 잘 해낸다.

— 호기심이 많고 필요한 정보를 수집하는 기술이 뛰어나다.

— 상황의 큰 그림을 보고 행동과 생각의 함의를 파악할 수 있다.

— 사람들의 요구 사항과 동기에 예민하다.

— 방향과 속도를 빠르게 조정하는 적응력이 있다.

— 사람과 일대일로 일하는 데 매우 탁월하다.

업무와 관련된 INFP형의 약점

— 프로젝트를 통제하지 못하면 흥미를 잃을 수 있다.

— 우선순위를 정하거나 일을 조직화하는 데 어려움을 느낀다.

— 자신의 가치관과 맞지 않는 일을 하기가 힘들다.

— 전통적인 방법으로 일 처리하는 것을 꺼린다.

— 타고난 이상주의적 성향으로 비현실적인 기대를 한다.

— 전통적이거나 판에 박힌 방식으로 일하는 것을 싫어한다.

— 경쟁이 심하거나 긴장도가 높은 환경에서 일하기 힘들다.

— 중요한 세부적인 일을 마무리하는 능력이 부족하다.

— 너무 경직된 구조나 사람들을 견디기 힘들어한다.

— 일이 얼마나 걸리는지에 대해 현실적으로 파악하지 못한다.

— 직속 부하를 훈련시키거나 남을 비판하는 데 익숙하지 못하다.

INFP형의 성공 비결

현실적인 안목을 가져라.

타협의 가치를 알라.

매사에 지나치게 사적인 의미를 부여하지 말라.

외향적, 직관적, 사고적, 판단적 성격형
ENTJ형 내가 하고 있으니까 모두 잘 되고 있어

사례 1 **공간의 잠재력을 개발하는 댄** (부동산 개발업자)

"장기적인 관점에서 사람들이 경험할 수 있는 물리적 유산을 만듭니다."

직업

댄은 대형 부동산 개발 프로젝트의 전무 이사로, 세간의 이목을 끌고 있
다. 그가 덴버에서 가장 상징적인 광장의 개발을 책임지고 있기 때문이다.

"브롱코스(NFL의 미식축구팀—옮긴이)가 TV에 나올 때면 라리머 광장을
보여 줍니다. 제 일은 바로 그 미래를 이끌어 가는 것입니다."

전체 프로젝트는 총 25개의 건물이 있는 하나의 블록을 대상으로 한다.
댄은 광장을 폐쇄하고 역사적인 건물을 복원하며, 도로를 차단해 큰 공원
으로 만들고 건물을 추가로 짓는 일을 책임지고 있다.

"프로젝트가 터무니없을 정도로 복잡합니다. 그곳은 이 도시에서 가장
사랑받는 지역인 콜로라도 최초의 역사 지구입니다."

댄은 거주자, 사업자, 지방 및 주 정보 그리고 사람들의 요구 사항들 사
이에서 균형을 유지해야 한다.

"50년 후의 미래를 생각해야 합니다. 장기적인 관점에서 봐야 해요."

그는 부동산 개발업자와 영화 제작자는 비슷하다고 말한다.

"저는 창의적인 사람은 아닙니다. 그래서 창의적인 사람을 뽑아서 우리의 목표와 결과를 명확하게 알려 줍니다. 그리고 저는 자금을 끌어오고, 프로젝트가 성공하든 실패하든 그에 따른 책임을 집니다."

댄은 함께 일하는 근로자, 공공 업무 컨설턴트, 미디어 컨설턴트, 토목 엔지니어, 구조 엔지니어 및 분석가를 관리, 감독한다. 그리고 자신이 설계한 프로젝트의 뼈대와 매개 변수를 바탕으로 건축가에게 지시를 내린다. 무엇보다 댄은 사람들이 공간과 어떻게 상호작용할지, 그리고 무엇이 도시 공간을 역동적으로 만들지 고려해야 한다.

"이 모든 과정이 사람들이 경험할 수 있는 물리적 유산으로 이어진다는 사실이 너무 좋아합니다."

배경

어렸을 때 사업가가 되고 싶었던 댄은 경영학을 전공하기 위해 대학교에 갔다. 하지만 2학년을 마치고 친구와 함께 유럽으로 배낭여행을 가면서 전환점을 맞았다.

"저는 경탄할 만한 도시 생활과 도시 설계, 도시 계획 및 건축을 경험했습니다. 그리고 엄청난 충격을 받았습니다."

댄은 건축을 좋아하지만 그림을 잘 그리지 못했다. 그런 그에게 교수이자 멘토는 도시 계획에 대해 말해 주었다.

"건축이란 건물의 설계뿐만 아니라 건물이 구조적, 기계적으로 작동하는 방법 등의 모든 세부 사항을 일컫습니다. 그리고 도시 계획은 도시가 기능하는 방식입니다. 그래서 더 포괄적이고 전략적으로 생각해야 합니다. 건물은 어떠해야 할까요? 공원은 어디에 있어야 할까요? 그것들은 거리와 어떻게 연결되어야 할까요? 도시 계획은 시스템 지향적입니다."

그는 대학에서 역사학과 정치경제학을 전공하고, 도시 계획학을 부전
공했다.

댄은 도시 계획으로 석사 학위를 받았다. 첫 번째 직장은 실망스러웠다.
그는 샌프란시스코 주택 관리국에서 공공 주택을 감독하는 일을 했다. 그
는 그 부서가 부패했다는 사실을 알게 되었고, 언론에 공개서한을 보내며
사임했다. 그 후 댄은 환경 영향 평가에 중점을 둔 컨설팅 회사를 찾았고,
모든 건물 프로젝트가 주의 법 기준에 부합하는지 점검하는 일을 했다. 그
리고 마침내, 그는 자신이 원하는 대로 개발 프로젝트에 자문하는 일을 맡
게 되었다.

"그 일을 6년 동안 하고나서 알게 된 사실은, 저는 레고 세트가 완성되
면 어디에 놓아야 하는지 누군가에게 말하는 사람보다 여전히 레고 세트
를 손에 들고 있는 사람이 되고 싶다는 것이었습니다."

댄은 결국 부동산회사의 기획 이사로 이직했고, 그 후 다른 컨설팅 업
무를 수행했다. 그는 콜로라도로 옮겨 왔고, 주에서 가장 큰 개발 회사에
근무했다. 그리고 6주 전, 꿈에 그리던 일을 할 수 있게 되었다. 라리머 광
장의 일을 맡게 된 것이다.

꼭 맞는 직업

개념주의자의 기질을 가진 댄은 시스템 디자인 분야에 타고난 재능이
있다. 그는 엄청난 양의 정보를 통합하고 더 큰 관점을 염두에 두고 전략
적 결정을 내려야 한다.

"1200여 개의 계단과 모서리가 있을 때, 나는 장기적인 비전을 제시할
수 있습니다."

많은 ENTJ형과 마찬가지로 댄은 감독할 때 편안함을 느낀다.

"저는 외부와 내부 모두를 관리하는 일을 하며 대부분의 시간을 보냅니다. 저는 팀원들과 협업하는 것을 좋아합니다. 정말 창의적이고 똑똑한 사람들과 함께 어려운 문제를 해결하는 일에서 큰 만족감을 느낍니다."

주기능이 사고인 댄은 논리적이고 공정하다.

"저는 강력하고 빠른 결정을 내릴 수 있습니다."

그리고 부기능이 직관인 댄은 실용적인 효과를 얻을 수 있는 창의적인 해결책을 내놓는데, 프로젝트를 위한 중요한 이야기를 만들어 다른 사람들에게 영감을 주는 일도 한다.

"원하는 일을 하기 위해 대중의 지지와 정치적 지지를 얻는 데 많은 시간을 쏟습니다."

외향형인 댄에게 대중을 대하는 일은 편하고 효과적이다.

"저는 다양한 행사에 참석해서 의사결정자, 계획자, 지역 사회의 영향력 있는 사람들을 만나 지원군을 만들려고 노력합니다."

미래에 대한 기대

댄은 미래에 대해 생각할 때, 여전히 품고 있는 목표를 곱씹는다.

"똑똑하고 진보적인 사람들과 일하는 게 꿈입니다. 돈 버는 일에 관심 있지만, 세상을 대하는 방식에도 관심 있는 사람들 말입니다."

그는 지속 가능성, 환경 영향, 지역 사회 봉사 활동, 다양성 및 포괄성을 보장하는 것에 중점을 둔 프로젝트에서 일하기를 원한다. 5년 후에는 그의 인생에서 최대이자 최고의 프로젝트인 라리머 광장의 그랜드 오픈을 대중이 환영하기를 희망한다.

야심 찬 커뮤니케이션 디자이너 스킵 (크리에이티브 프로듀서,

소셜 네트워킹 사이트 개발자)

"세상을 연결하자."

직업

소셜 네트워크 사이트의 커뮤니케이션 디자인 부서에서 크리에이티브 프로듀서로 근무하는 스킵은 모든 크리에이티브 커뮤니케이션을 구상, 제작 및 디자인하는 사내 크리에이티브 팀과 협력한다. 스킵은 웹 사이트에서 '사람들을 문화적으로 연결해, 해당 문화권을 체험하며 브랜드에 친밀감을 느끼도록' 하는 프로젝트를 진행하고 있다.

예를 들면 대통령 선거를 위해 제작한 실시간 지도 서비스 같은 프로젝트가 있는데, 수백만 명의 유저들이 동시에 투표하는 모습을 보여 주는 프로젝트다.

"우리는 민주주의가 실현되는 모습을 최초로 시각화할 수 있었어요. 단순히 '나 투표했어요.'를 클릭한 거지만, 웹 사이트가 사람들이 자신의 신념을 표현할 수 있는 실시간 네트워크라는 점을 보여 주는 데 기여한 거죠."

혼자서 여러 가지 역할을 수행하는 스킵에게는 대중뿐 아니라 팀원들과의 소통도 중요하다. 하지만 좋은 아이디어를 행동으로 옮기는 일이 제일 중요하다.

배경

스킵은 자신이 기억하는 한 늘 이야기를 들려주는 일에 집착했다.

"친구들과 단편 영화 대본을 쓰기 시작했어요. 모든 학교 숙제는 내가 만든 영화와 관련되었죠."

부모님은 영화를 전공하는 게 얼마나 쓸모 있는지 확신할 수 없어 불안하게 여겼지만, 스킵은 2005년에 영화 학교에 진학했다.

그리고 대학생들을 위한 신규 웹 사이트에 매료되었는데, 그 웹 사이트는 불과 몇 년 만에 세계적으로 유명한 소셜 네트워크 사이트가 되었다.

당시에 그 사이트는 고작해야 1년 남짓 되었는데도 백만 명이 넘는 사용자가 접속했다.

"그냥 그 사이트가 좋았어요. 유망하다고 생각했죠."

1학년 가을에 스킵은 그 사이트에서 뉴욕에서 영화 제작자를 모집한다는 광고를 보았다. 당시 직원 수가 50명이 채 되지 않던 작은 규모의 회사는 대학에서 웹 사이트에 대한 여론을 조사하고 있었다. 스킵은 대학생들이 그 사이트에 대한 반응을 확인하는 짤막한 영상을 제작하는 일에 채용되었다. 그 일을 시작으로 그 회사와 오랫동안 인연이 이어졌다. 그는 계속해서 판매용 비디오를 제작하고 팀을 홍보했다. 그리고 2학년 여름에 팔로알토 본사로 자리를 옮겼고, 광고 기회를 찾는 회사들에게 창의적인 광고를 기획하고 만드는 작업을 했다.

그해 여름 팔로알토에 있는 팀은 150명으로 성장했다. 여름이 끝날 무렵 스킵은 학교를 중퇴하고 팀에 완전히 합류할지를 놓고 치열하게 고민했다.

"그때까지 했던 결정 중에 가장 힘든 결정이었어요."

결국 스킵은 학교로 돌아가기로 했고, 지금도 그 결정은 후회하지 않는다. 그는 학교에 다니면서도 계속해서 회사와 계약을 유지했고, 졸업 후에는 다른 고객들과 함께 창업이나 대본 집필 등의 작업을 했다. 그 후 다시 웹 사이트로 돌아가 상품 출시 영상을 감독했고, 그 후에는 점차 브랜딩 관련 영역으로 넓혀 갔다.

꼭 맞는 직업

스킵의 전문 분야는 새로운 생각을 시각화하고 실현하는 것이다.

"우리가 처음에 품었고, 실질적으로 구축했던 전반적인 전망과 목적을 향해 함께 일하고 있다는 사실을 확인하는 거예요."

주기능인 사고 덕분에 스킵은 건설적인 사고방식으로 자기 생각을 실현해 나간다. 대부분의 개념주의자들과 마찬가지로 스킵 역시 문제를 해결하는 데 천부적인 재능을 갖고 있다.

"우리가 해결하려는 문제보다 더 큰 문제를 해결하려고 애쓰는 회사는 세상에 많지 않다고 생각해요. 우리는 인류를 연결하려 애쓰고 있으니까요."

부기능인 직관은 그의 제작물과 그가 만들고자 하는 문화적 반향을 연결 짓는 브랜딩에서 여실히 드러난다. 스킵의 외향성은 애초에 소셜 네트워크 사이트에 끌렸던 점과 그 사이트가 세상을 연결한다는 사명에 대한 믿음 등에서 알 수 있다. 목적 지향적이고 야심 차고 저돌적인 스킵은 자신의 판단 기능을 활용해 결정하고 최종 결과물에 집중한다.

미래에 대한 기대

스킵은 웹 사이트와 회사에서 자신이 수행하는 역할을 좋아하지만, 최종 목표는 장편 영화를 제작하는 것이다. 구체적으로는 수직적으로 통합된 제작 회사를 운영하는 것이다.

"일선에서 자료를 구매하고 수집한 뒤, 이전에는 한 번도 보지 못한 완전히 새로운 방식으로 구상하고 제작해서 배포하는 일에 직접 관여하고 싶어요."

재미있는 사람들과 함께 일하는 리암 (코미디언 에이전트)

"사람들을 만나고 관계를 쌓아 갑니다."

직업

코미디언 에이전트가 되면 해야 하는 세 가지 원칙이 있다. 바로 등록, 서비스 및 판매다.

"등록은 사람들과 고객들을 확보하여 우리가 경쟁사보다 잘할 수 있다는 확신을 주는 일입니다."

서비스는 고객의 경력을 매일 유지하는 일이다.

"이를 통해 고객이 보상을 받고 신용을 얻을 수 있게 합니다."

판매는 고객에게 좋은 일자리를 제공하거나 경우에 따라 '일자리를 직접 만들어 내는' 일이다.

리암에게는 이 모든 것이 관계 형성으로 귀결된다.

"저는 사람들이 저마다 꿈꿔 왔던 직업을 얻도록 돕고, 이를 통해 제 능력을 증명합니다. 창의적인 사람들, 예술가들과 예술 창작을 사랑하는 사람으로서, 저는 그들을 실제적이고 구체적인 방법으로 도울 수 있습니다."

배경

대학에서 창의적인 사람들을 만나려면 어디로 가야 할까? 당연하게도 즉흥 코미디 반이다.

"내가 만날 수 있는 가장 흥미로운 사람들의 모임이었습니다."

대학 졸업 후, 리암은 뉴욕에서 직업을 찾고 싶었다. 그는 광고 기술 회사의 광고 운영 관리자로 근무하면서 고객과 프로그래머 사이에서 연락하는 일을 맡았다. 이 일을 좋아하지는 않았지만, 멘토와의 관계로 인해 세 번의 인수와 조직 개편을 겪으면서도 회사를 다녔다. 그 과정에서 리암은 귀중한 교훈을 배웠다. 그 교훈을 바로 '사람이 제일 중요하다.'는 것이다.

다음 일을 찾으려고 애쓰는 동안, 리암은 과거에 자신을 행복하게 했던 것이 무엇인지 곰곰이 생각했고, 창의적이고 재미있는 사람들과 함께했던 일을 떠올렸다.

"결국 급여의 3분의 2를 삭감하고 연예인 에이전시의 우편물 보관소로 출근했습니다. 그리고 회사의 최고 경영진이 하는 일을 보고 저도 하는 일을 하고 싶었습니다. 결국 그 보람 없는 일을 통해 스스로에게 동기 부여를 할 수 있었던 거죠."

어느 날, 오전 11시에 에이전트의 보조가 일을 그만두자 그는 재빨리 일자리를 옮길 수도 있다는 사실을 깨달았다. 그렇게 정오까지 훈련을 받았고, 오후 1시에는 정규직이 되었다. 리암은 연예인 에이전시의 보조로 선임 에이전트의 책상에 앉아 하루에 400통에서 2000통의 이메일을 주고받았다.

"물속으로 가라앉거나 헤엄치는 거죠."

2~3퍼센트의 보조 에이전트만이 언젠가 정식 에이전트로 승진하는, 정말로 극한의 직업이었다. 리암은 2군 에이전시에서 1군으로 올라가기 위해 자신이 일하고 싶은 에이전트에 전화를 돌렸다. 그러다 그와 동문인 에이전트와 통화가 되었다. 그렇게 그들은 정보 교환을 위한 만남을 가졌다.

두 달 후 그녀가 회사를 옮기며 보조가 필요하다고 전화했을 때, 리암은 이미 준비가 되어 있었다.

로스앤젤레스로 이사하는 것은 그에게 또 다른 기회를 주었다. 까다로운 사람으로 악명 높은 상사와 일하면서, 리암은 더 나은 상사이자 멘토가 될 수 있다고 생각되는 새로운 사람을 찾아냈다.

"저는 이미 고객들을 위한 아이디어도 보내고, 대본도 보냈습니다. 일을 맡기도 전에 그 일을 하고 있었던 셈이죠."

그의 노력은 성과를 거두었다. 그는 새로운 사무실에서 일하게 되었고, 후에 승진도 했다.

꼭 맞는 직업

주니어 에이전트인 리암의 일은 새로운 인재를 발굴하는 것이다.

"코미디 업계에서 젊고 섹시하고 근사하고 흥미진진한 사람들을 모조리 다 아는 게 바로 제 일입니다."

리암은 사람들과 관계를 구축하고, 코미디언과 예약자 사이를 소개하고, 회사의 경영진과 의사 결정자들에게 새롭게 떠오르는 인재에 대해 교육하는 일을 했다.

"우리는 본질적으로 중계자입니다."

리암이 가진 사람에 대한 예리한 감각과 정교하게 연마된 취향은 이 직업에 있어 필수적이다.

리암의 주기능인 사고는 날카로운 협상 기술 그리고 그의 고객과 그의 경력을 위해 전략적으로 움직이는 능력에서 잘 드러난다.

"고객을 위한 목표를 설정하고, 그 목표를 이루는 일은 도전적이고 재미있습니다."

리암은 고객만을 위해 목표를 설정하지 않는다. 그 자신을 위해서도 주요 목표를 설정한다. 다른 개념주의자와 마찬가지로 성공은 리암에게 주요한 원동력이다. 무자비한 업계에서 리암은 공정하고 객관적인 태도를 유지할 수 있다.

"머리를 숙이고 일하는 거죠."

새로운 연기자나 대본에 대한 자신의 직감을 믿는 것은 업무에서 가장 중요한데, 이는 그의 부기능인 직관을 보여주는 증거이다. 리암은 작은 클럽 무대에 선 코미디언을 보고 5년 안에 그 사람이 성공할 수 있는지 판단하는 비전을 가지고 있다.

미래에 대한 기대

보조 에이전트에서 정식 에이전트가 되는 2~3퍼센트 안에 든다는 것은 그 자체만으로도 대단한 일이다. 하지만 리암은 실제로 일을 성사시키려고 충분한 힘과 영향력을 행사할 때에 자신이 꿈꾸는 직업을 진짜로 이뤘다고 느낀다.

"많은 제 멘토들이 누군가에게 전화를 걸어 일을 성사시킵니다. 하지만 그 전에 먼저 신뢰를 얻습니다."

그 역시 재미있는 일을 수준급으로 진행하는 사람들이 모인 곳들의 명단을 꾸준하게 만들 필요를 느낀다.

리암은 연예계가 급변하는 순간에 있음을 알고 있다.

"스트리밍 전쟁이 본격화되고 있습니다. 그리고 IP(지적 재산권)이 제일 중요한 시기입니다. 공연과 관련된 많은 자료들을 만들어야 하고, 그 내용은 정말로 환상적이어야 합니다. 구체적으로 하고 싶은 말이 있는 사람은 뭔가 느낌이 다르고 흥미진진하게 느껴지는 법이니까요."

ENTJ형이 만족할 수 있는 직업의 성격

댄과 스킵 그리고 리암은 서로 다른 배경과 경험, 이력을 가지고 있음에도 그들의 인생사를 하나로 엮을 수 있는 공통점이 있다. ENTJ형인 이세 사람은 구체적인 관심사나 능력, 가치관이 서로 다를지도 모른다. 하지만 이들은 모두 직관적 사고형 기질이며, 주기능인 사고를 외향화하고 부기능인 직관을 내향화하는 동일한 심리학적 기능 구조를 갖고 있기 때문에 우리는 이 세 사람을 통해서 ENTJ형의 욕구에 대해 많은 것을 관찰할 수 있다.

아래의 열 가지 요소들은 정도의 차이와 중요성의 순서는 다르겠지만 ENTJ형이 직업 만족을 느끼기 위해 필요한 것들을 나열한 것이다.

비록 같은 성격 유형의 소유자라고 해도 모든 개인은 저마다의 개성이 다르므로, 이 목록을 모두에게 똑같이 적용시킬 수는 없다.

아래의 목록을 읽어 본 다음, 자신이 중요하다고 생각하는 순서에 따라 이들 열 가지 요소의 순서를 다시 정하라. 그러면서 현재와 과거의 직업 중 특히 좋았던 부분이나 싫었던 부분을 생각해 보도록 하자. 그리고 다양한 경험을 관통하는 일관된 요소를 찾아보도록 하자.

1. 지도와 통솔을 할 수 있는 일. 어떤 조직의 현재 시스템을 발전시키고 조직화하여 효율적으로 목표를 달성할 수 있는 일.

2. 장기적 계획 수립과 창조적 문제 해결이 필요한 일. 다양한 문제에 대해 혁신적이고 논리적인 해결책을 생각해 낼 수 있는 일.

3. 명확한 지침에 따라 일할 수 있도록 잘 조직된 환경에서 하는 일.

4. 지적인 호기심을 자극하는 일. 복잡하고 때로는 까다로운 문제와 씨름할 수 있는 일.

5. 재미있고 유능하고 힘 있는 다양한 사람들과 만날 수 있는 일.

6. 자신의 능력을 계발하고 발휘하며, 조직 내에서 발전 기회가 있는 일.

7. 흥미롭고 자극적이고 경쟁적인 일. 사람들의 시선이 쏠려 있어 내가 성취한 것을 과시하고 인정받고 보상받을 수 있는 일.

8. 지적이고 창조적이고 야심이 있으며 목표 지향적인 사람들과 함께할 수 있는 일.

9. 목표를 세우고 달성할 수 있는 일. 단계에 맞게 일을 진행하면서도 사람들이 큰 목표에 집중하게 만들 수 있는 조직적 능력을 발휘하는 일.

10. 다른 사람을 감독하고 관리하는 일. 이를 위해 논리적이고 객관적인 기준을 이용할 수 있고 사람들 사이의 일상적인 갈등이 없는 일.

ENTJ형에게 맞는 직업

다음은 ENTJ형이 특히 만족을 느낄 수 있을 만한 직업과 그 이유들이다. 여기에서 제시한 직업 목록 중 미처 생각하지 못했던 직업에 대해서도 그 가능성을 탐색해 보도록 하자.

■ 비즈니스 분야

임원 | 간부 | 중간 관리자 | 행정 서비스 관리자 | 인사 담당자 | 경영 분석가 | 사업 개발 책임자 | 시장 조사 분석가 | 네트워크 통합 전문가 | 기술 교육 전문가 | 신규 사업 분야 정보 서비스 개발자 | 정보 보안 분석가 | 물류 관리 컨설턴트 | 경영 컨설턴트(컴퓨터, 정보 서비스, 마케팅 및 재조직 부문) | 광고 기획자 | 마케팅 책임자(인터넷, 라디오, 텔레비전, 케이블 방송) | 매체 기획자 및 미디어 바이어 | 해외 영업 및 마케팅 담당자 | 프랜차이즈 경영자 | 영업 관리자 | 의료 기관 행정가 | 대학교 행정직원 | 편집 주간 | 무대 연출가 | 경찰 간부 | 협회 관리자 및 고문 | 프로그램 책임자 | 프로젝트 관리자 | 소매점 점장 | 공인 중개사 | 식당 및 요식업체 관리자

ENTJ형은 기업의 세계를 좋아한다. 이들은 권위와 권한이 있고 통솔력을 발휘할 수 있는 위치에 있고 싶어 한다. 이들은 기업 경영인으로서 장기적 사고 능력을 이용하여 만약을 대비한 계획을 세우고 목표 달성을 위한 최선의 경로를 설계할 수 있다. 이들은 직접 관리하는 스타일이고 냉정

하지만 공정한 판단을 내릴 수 있으며 직원들을 위한 정책을 수립한다. 이들은 별다른 감독이나 간섭 없이도 일할 수 있는 독립적이고 목표 지향적인 사람들과 함께 일하는 것을 좋아한다. ENTJ형은 사람들에 대한 영향력과 인맥 형성을 쉽게 하는 능력을 이용하여 조직의 맨 윗자리까지 올라가는 경우가 많다.

금융 분야

개인 재무 상담사 | 경제 분석가 | 모기지 브로커 | 신용 조사원 | 주식 중개인 | 투자 은행 직원 | 기업 재무 담당 변호사 | 국제 금융인 | 경제학자 | 회계 담당자 및 재무 최고 책임자 | 벤처 투자가

ENTJ형은 금융 분야에서 두각을 나타내는 일도 많다. 이들은 돈 버는 일을 좋아하고 다른 사람들의 돈을 굴리는 일도 좋아한다. 이들은 금융 분야의 치열한 경쟁을 즐기고 빠르고 쉽게 적응한다. 이러한 직업을 가지면 앞날의 동향을 전망하고 유리한 기회를 포착할 수 있는 능력을 발휘할 수 있다. 이들은 단순 업무가 많지 않고 뒷정리가 별로 필요 없는 일에서 최고의 능력을 발휘한다. 단순 업무나 뒷정리는 유능한 직원에게 위임할 수 있다.

컨설팅 및 트레이닝 분야

경영 컨설턴트 | 교육 컨설턴트 | 프로그램 설계자 | 경영 연수 담당자 | 고용 개발 전문가 | 노사 관계 전문가 | 인터넷 보안 컨설턴트 | 기업 및 단체 교육 전문가 | 기술 교육 전문가 | 입법 보조원 | 정책 컨설턴트

ENTJ형은 컨설팅 분야의 다양성과 독립성에 끌린다. ENTJ형은 컨설팅 분야에서 자신의 사업가 기질을 충족시킬 수 있고 다양한 기업 환경에서 다양한 사람들을 만나 일할 수 있다. 그리고 자신의 노력에 비례하는 보수를 받게 된다. ENTJ형은 사업이나 경영 컨설팅에서 두각을 나타내는 일도 많고, 능력과 활력을 갖춘 강사가 될 수 있다. 이들은 보통 창조적 설계와 활발한 모임을 통해 체계적이고 경쟁적인 환경을 창조해 낸다. 이들은 거의 항상 새로운 프로젝트에 착수하는 것을 좋아하고, 야망을 가진 사람들에게 능력을 개발하는 법을 가르치는 것을 좋아한다.

전문직 분야

변호사 | 판사 | 심리학자 | 대학교수(과학, 사회 과학 계열) | 화학 공학 엔지니어 | 변리사 | 생체 공학 엔지니어 | 정신과 의사 | 외과 의사 | 의학자 | 환경 공학자 | 정치학자 | 병리학자 | 조종사

이러한 직업은 ENTJ형이 추구하는 지위와 영향력을 제공한다. 이들은 법률 분야를 선호하는 일이 많아서 변호사나 판검사로 성공을 거두기도 한다. 심리학과 정신 의학에 끌리는 일도 많고, 화학 공학의 복잡한 분야와 점점 발전하는 환경 공학 및 생체 공학 분야에 매력을 느끼기도 한다. 교육 분야에서는 ENTJ형은 고학년을 가르치는 것을 좋아하는데, 특히 고등학교나 대학 수준의 교육의 선호한다. 이들은 주변 세계에 자신의 지식을 적용하는 것을 즐기고 자신의 교육적 책임을 다른 영역으로 확대할 수 있는 직업(정치나 정치 컨설팅)을 갖기도 한다.

컴퓨터 프로그래머(소프트웨어) | 모바일 애플리케이션 개발자 | 네트워크 및 컴퓨터 시스템 관리자 | 네트워크 전문가 | 소프트웨어 및 웹 개발 엔지니어 | 정보 및 디자인 아키텍처 | 컴퓨터 및 정보 시스템 관리자 | 로보틱스 네트워크 관리자 | 인공지능 전문가 | 건축 개발 엔지니어 | 데이터베이스 관리자 | 프로젝트 관리자 | 고용 관리자

빠르게 확장되고 있는 변화무쌍한 기술 분야 직종은 대부분 ENTJ형에게 이상적인 직업이다. 이러한 직종은 ENTJ형이 갖고 있는 선천적 자질의 상당 부분을 요구한다. 다시 말해, 복잡한 정보를 이해하고 추구하는 능력, 극단적으로 논리적인 정신, 큰 그림을 파악하는 능력, 빼어난 조직화 기술과 같은 것들이다.

기억해 둘 점은 위에 나열된 직업들은 이 성격 유형의 고유한 자질들을 만족스럽게 표현해 줄 수 있는 일부 영역에 지나지 않는다는 것이다.

구직 활동 최적화

자기 성격 유형의 장단점을 알고 있으면 구직 활동에 큰 도움이 된다. 자리나 유망한 고용주에 대해 조사하고 이력서를 작성하는 것에서부터 인터뷰를 준비하거나 연봉을 협상할 때도 사람들은 자신의 성격 유형대로 행동한다. 당신의 장점을 활용하고 단점을 보완한다면 구직 활동을 더욱 성공적으로 해나갈 수 있다.

성격 유형의 차이는 때로는 눈에 잘 띄지 않기도 하고 어떤 경우에는

극적으로 드러나기도 한다. 구직 과정에서는 성격 유형과 같은 미묘한 변수가 성공이냐 실패냐를 가르기도 한다. 외향적인 사람들은 폭넓은 인맥 형성을 즐기는 편이고, 내향적인 사람들은 이미 아는 사람들을 계속 만나는 것처럼 좀 더 제한적이고 좁게 인맥을 쌓는 경우가 많다. 감각형들은 한정된 범위의 사람들을 만나는 경향이 있고, 직관형의 사람들은 자기와 관련 없어 보이는 사람들까지 포함하여 폭넓게 사람들을 만나는 일이 많다. 감정형의 사람들은 매우 사적이고 친근하게 관계를 맺는 반면, 사고형 사람들은 더 객관적이고 초연한 태도로 사람들과 관계를 맺는다. 마지막으로 판단형은 모임에서 소수의 사람들에게 제한적인 질문을 하지만 인식형의 사람들은 온종일 상대방에게 모든 종류의 질문을 퍼부을 수도 있다.

ENTJ형을 위한 성공적인 구직 활동법

구직 과정에서 ENTJ형의 강점은 과정을 장악할 수 있는 능력에 있다. 이들은 타인에게 유능한 사람이라는 인상을 남기고, 자신이 가진 신념으로 사람들에게 영감을 불어넣는다. 오만하다는 인상을 주지 않으려면, 말하고 질문에 대답하는 것은 물론 상대방의 이야기에 귀 기울이고 질문을 하려는 의식적인 노력을 기울여야 한다.

ENTJ형의 가장 효과적인 전략은 자신이 가진 능력을 발휘하는 것이다.

효율적인 구직 전략을 세운다.

— 원하는 직업의 기준을 포함하는 목표를 세운다. 그다음 목표 달성을 위해 구체적 계획을 짠다.

— 응시 원서의 사본을 보관하고 약속 시간을 기록해 놓는다. 그리고 만났던 사람이나 접촉할 필요가 있는 사람들에 대한 정보를 기록해 놓는다.

앞으로의 동향을 예측한다.

— 현재의 상황을 직시하는 능력을 이용한다. 변동하는 상황에 대응하기 위해 어떤 변화가 필요한지 예측한다.

— 시장의 변화에 대한 견해와 시장의 새로운 요구를 만족시킬 수 있도록 자신이 어떻게 도울 수 있는지에 대해 설명하여, 미래의 요구를 예측할 수 있는 자신의 능력을 보여 준다.

문제를 창조적으로 해결한다.

— 장애물을 벽으로 생각하지 말고 도전으로 생각한다. 자신의 창조성을 발휘하여 장애를 극복함으로써 도전에 대응한다.

— 미래의 고용주에게 닥친 가장 큰 문제가 무엇이고, 자신이 그러한 문제의 해결을 어떻게 도울 수 있는지에 대해 미리 연구하여 혁신적인 전략을 세울 수 있는 자신의 능력을 보여 준다.

인맥을 광범위하게 형성한다.

— 본인과 본인의 능력을 잘 아는 사람들의 명단을 작성하여 그들을 만나 직업 문제에 대해 토론한다.

— 자신을 아는 사람들에게 자신의 전공 분야에 관심이 있거나 지식이 있는 사람들을 소개시켜 달라고 한다.

관심이 가는 조직이나 자리에 대한 지식을 쌓는다.

— 도서관에서 직업에 관한 간행물을 찾아보거나 이미 그쪽 분야에 진출한 사람들과 대화하여 관심 있는 회사나 분야가 어떤 방향으로 나아가고 있는지에 대해 조사한다. 또한 면접관에 대해 사전 조사를 해서 친근감을 느낄 수 있는 공통점을 찾아본다.

— 수집한 정보를 종합하여 짧은 보고서를 쓴다. 면접을 보러 가기 전에 이것을 읽어 보거나, 면접볼 때 이 보고서를 인용하여 일에 대한 자신의 관심과 지식을 보여 준다.

ENTJ형은 보편적으로 다음과 같은 단점을 가지는데, 이것은 단지 구직 활동만이 아니라 인생의 다른 측면에도 영향을 미치게 된다. 그러므로 아래의 항목 하나하나를 과거 경험과 결부시켜 생각해 보는 것이 도움이 된다. '이건 나한테 맞는 얘기일까?'를 물어보고, 만약 그렇다면 '어떤 점이 내가 원하는 일을 성취하는데 방해가 되었나?'에 대해 생각해 보자. ENTJ형이 단점을 극복하는 길은 자신의 3차 기능인 감각과 열등 기능인 감정을 의식적으로 개발하는 일이라는 것을 알게 될 것이다. 쉽지는 않겠지만 자신에게 부족한 기능을 많이 사용하면 할수록 문제가 발생할 가능성은 낮아진다.

지나치게 성급한 결정은 하지 않는다.

— 어떤 직업, 혹은 자리에 대해 판단을 내리기 전에 아무리 평범한 것이라 해도 관련된 모든 정보를 다 수집한다. 직업에 대해 정확하고 현실적인 눈을 가질 수 있도록 자신이 작성한 기준을 근거로 필요한 모든 상황을 다 점검한다.

— 행동하기 전에 생각하는 버릇을 들인다. 자신이 진정으로 원하는 게 무엇인지, 그리고 가능성이 있는 직업이 자신에게 어떻게 맞는지를 생각해 본다. 자신에 대해 솔직해지고 자신의 가치관과 욕구를 포함하는 구직 기준을 세운다.

공격적이고 강압적인 인상을 주지 않도록 노력한다.

— 사람들이 자신이 가진 에너지에 압도당할 수 있고, 자신을 너무 공격적인 사람으로 생각할 수 있다는 점을 알아야 한다. 면접 시에는 면접관과 공통적인 관심사를 찾아서 우호적인 분위기를 만든다. 주변 사람들이 기여한 바를 인정한다.

— 예기치 못한 지연을 인생에서 흔히 발생하는 일로 이해하려 노력한다. 이러한 지연 때문에 목적지를 향한 항해가 늦어진다고 해도 실망하거나 좌절하지 않도록 한다.

자신의 능력과 수준에 비해 처진다고 생각되는 구직 기회를 경시하지 않는다.

— 자만심이 지나치고 오만하다는 인상을 줄 수 있다는 사실을 인지한다. 자신의 수준에 비해 모자라는 것 같은 자리를 생각하지도 않고 거절하여 그 자리를 제안한 사람을 모욕하지 않는다.

— 만나는 모든 사람들을 함께 일하게 될 사람으로 여기고, 좋은 관계를 형성하기 위해 최선을 다한다.

구직 과정의 모든 단계에서, 사소한 일에도 끈기를 발휘한다.

— 구직 과정에서 흥미로운 측면들에만 관심을 갖고 실질적인 사항을 무시하는 일이 없도록 한다. 구직과 관련된 시간과 비용을 계산해 보고, 그것을 전체적 계획에 반영한다.

— 구직에 필요한 사전 준비를 충분히 끝내기 전에는 구직 활동을 시작하지 않는다.

남의 말을 귀 기울여 듣는 능력을 기른다.

— 자신에게 상대방이 하려는 말을 미리 예측(그것이 맞든 틀리든)하여 도중에 끼여 드는 경향이 있다는 점을 깨닫는다. 그런 일이 없도록 상대가 말을 마친 뒤, 몇 초 기다렸다가 자신이 상대의 말을 올바르게 이해했는지를 확인한다.

— 자신감 있고 능력 있어 보이기보다는 참을성 없고 지배적인 성향이 있는 것으로 비칠 수 있다는 사실을 기억한다. 상대방에게 생각을 정리하고 말을 마칠 수 있는 시간적 여유를 주기 위해 의식적으로 노력한다.

ENTJ형을 위한 마지막 조언

지금까지 ENTJ형의 성격 유형에 대해 구체적으로 살펴보았다. 이제 자신의 장점과 기질이 어떻게 해서 특정 직업과 구직 방식에 맞는지 알게 되었을 것이다. 그러나 앞에서 제시한 직업들이 꼭 마음에 들지만은 않았을 수도 있다. 다음 단계에서는 자신이 바라는 직업과 그 분야를 좁혀 보도록 하겠다.

성격 유형뿐만 아니라, 자신의 가치관, 관심사, 기술 같은 다른 요소들도 직업 만족 수준을 높이는 데 기여한다. 즉 자신과 직업이 서로 잘 맞으면 맞을수록, 더욱 만족감을 얻는다는 의미이다. 취업 전략을 수립하기 위해 지금까지 배운 모든 것들을 총동원할 준비를 하라. 23장의 연습 문제를 풀면서 이런 작업을 수행하게 된다.

하지만 어쩌면 현재 일자리를 유지하는 것이 더 현명한 결정일 수도 있다. 재정적인 압박, 가족들의 기대, 어려운 직업 시장 상황 등 다양한 이유 때문에 그렇다. 그래도 기운을 내길 바란다! 지금까지 이 책을 통해 배운 것들은 현재의 일자리에서도 더 성공적이고 알차게 일하는데 도움이 된다. 직업을 바꿀 시기가 찾아온 때에는 이직에 관련된 훨씬 풍부한 아이디어를 얻을 수 있다.

더 만족스러운 직업을 찾을 수 없다면, 지금 하고 있는 일을 사랑하라

대부분의 직장에서는 직원들에게 업무 수행에 있어서 융통성을 발휘할 수 있는 다양한 기회를 제공하고 있다는 것을 명심하라. 당신의 요구가 반영되도록 현재의 업무에 변화를 주는 방법을 아래에 제시한다.

— 전략 기획 위원회에서 일해 본다.
— (당신이 조직의 신참이라면)멘토를 찾는다.
— 리더 역할을 해 본다.
— 친구들과 함께 비평 모임을 결성해 본다.
— 정기적으로 직업 개발의 기회를 찾는다.

— 학위를 따거나 고급 과정의 수업을 듣는다.

— 직업 단체의 리더가 되어 본다.

— 직속 부하로부터 많은 조언을 얻는다.

원하는 바를 성취하기 위해 자신의 자산을 활용하라

성공을 위한 최선의 조언은 간단하다. 자신의 장점을 활용하고 단점을 보완하라. 이 방법을 익힌다면, 성공을 거머쥠과 동시에 직업 만족도 누릴 수 있다. 여기에 ENTJ형의 잠재적인 강점과 약점 목록을 제시한다. 개별적 특성이 다르겠지만, 다음 목록의 많은 부분을 ENTJ형에게 적용할 수 있을 것이다.

일과 관련된 ENTJ형의 강점

— 가능성과 함의를 볼 수 있는 능력이 있다.

— 창의적인 문제 해결에 능하고 문제를 객관적으로 조사하는 능력이 있다.

— 복잡한 문제를 이해한다.

— 성공에 대한 열망이 강하다.

— 자신감과 리더십이 강하다.

— 능숙하고 뛰어나고자 하는 열의가 강하다.

— 높은 수준의 기준과 강한 직업윤리 의식을 가진다.

— 목표를 달성하기 위한 시스템과 모델을 만들어 내는 능력이 있다.

— 대담한 수단을 취할 수 있는 용기와 목표를 달성하려는 욕구가 강하다.

— 논리적이고 분석적으로 의사 결정을 내린다.

— 결단력이 강하고 뛰어난 조직화 기술이 있다.

— 기술에 익숙하고 빨리 배운다.

일과 관련된 ENTJ형의 약점

— 자신보다 느린 사람들을 견디지 못한다.

— 요령과 외교력이 부족하다.

— 급하게 결정하려는 성향이 강하다.

— 일상적인 세부 사항에 관심이 부족하다.

— 향상이 필요 없는 것을 향상시키려는 성향이 있다.

— 사람들을 위협하거나 지배할 가능성이 있다.

— 직원, 동료 등 타인에 대해 시간을 들여 정확히 평가하고 격려하지 않는 성향이
  있다.

— 이미 결정된 문제를 재검토하기를 꺼린다.

— 사생활보다 직장을 더욱 강조하는 경향이 있다.

ENTJ형의 성공 비결

서두르지 말라.

세부 사항에 집중하라.

타인의 요구에 관심을 가져라.

내향적, 직관적, 사고적, 판단적 성격형
INTJ형 모든 일을 완벽하게

사례 1 **최고를 꿈꾸는 캐슬린** (시 위원회 코디네이터)

"전략을 세우고 끝까지 지켜봅니다!"

직업

캐슬린은 자칭 완벽주의자이며, 많은 프로젝트를 솜씨 좋게 다룬다. 그녀는 여성 문제에 관한 시 위원회의 보좌관이자 코디네이터로 있다. 그리고 경영 계획 및 개발에 관한 훈련과 교육, 자문 서비스를 제공하는 사업도 하고 있다. 캐슬린은 할 일이 태산 같아 끊임없이 일한다.

"제게 직업 만족이란 일주일 내내 일할 수 있다는 걸 뜻해요. '이봐요, 오늘이 쉬는 날인가요?' 하고 묻는 일이 없다면 정말 좋죠."

캐슬린은 기획안에 대한 조사 및 분석과 정책 보고서를 집필하고 공무원들이 새로운 정책에 대한 장애물을 인식하고 극복할 수 있도록 도와주는 일을 한다. 그리고 내부의 특별 위원회 활동을 도와주면서 위원들 사이의 타협을 이끄는 일을 하고 있다.

캐슬린은 하루 일과가 끝나면 자기 일을 시작한다. 그녀는 기업체를 위한 경영 계획 및 개발 프로그램을 만들고 있다. 컨설팅 업무는 주로 팀의 효율적 운영에 관한 것이다. 그녀는 '아무도 생각하지 못한 부분을 일일이 챙기면서' 장시간 일한다.

배경

캐슬린이 자신에 대해 가장 높이 평가하는 부분은 자신의 능력이다. 그녀의 이력을 살펴보면 캐슬린은 항상 능력 개발이라는 목표를 추구해 왔던 것처럼 보인다. 대학을 졸업한 뒤 그녀가 얻은 첫 일자리는 다국적 기업의 행정 전문가였다. 그녀는 대기업에서 일한다는 것에 대해 전혀 몰랐지만 자신이 염두에 두지 않았던 영업 관리의 모든 것에 대해 많은 것을 배웠다. 곧 그녀는 작은 규모의 회사로 옮기고 싶었던 참에 어느 컨설팅 회사의 스카우트 제의를 받아들여 교육 프로그램을 개발하는 일을 했다. '모든 일을 다 해야 하는' 것은 좋았지만, 그녀는 충분한 봉급을 받지 못했다.

다음에는 연방 법원의 부사무관으로 취직했다. 봉급은 많았지만 일이 너무 지루해서 한순간도 견디기 힘들었다. 그녀는 장학금을 받고 대학원에 진학해서 경영학 석사를 땄다.

"전 학교를 다니는 게 좋아요. 대학원을 다니면서 온갖 종류의 정보를 접할 수가 있었죠."

캐슬린이 사업을 시작하기로 결심했던 것은 학창 시절이었는데 그녀는 지난 9년 동안 부업으로든 전업으로든 꾸준히 자기 사업을 운영해 왔다. 학위를 딴 다음, 그녀는 집에서 일을 시작했고 전문 대학에 출강하여 영업 관리 및 인력 자원 관리를 가르쳤다. 한꺼번에 몇 개의 일을 하는 게 보통인 그녀는 사업체를 운영하면서도 어느 단체의 홍보팀 팀장으로 들어갔다. 그곳에서 1년 동안 있다가 지금의 자리로 옮겨 왔다.

꼭 맞는 직업

캐슬린의 이력은 직관적 사고형의 기질을 잘 나타내 주는 사례다. 그녀는 끊임없이 새로운 정보를 획득하고 새로운 개념을 익히면서 자신의 능력을 개발하는 일에 매달린다. 완벽을 향한 추구, 자신이 시도하는 모든 일에서 최고가 되기 위한 노력을 하는 것이다. 그녀는 어떤 분야에서든 동기를 부여받는다. 자신이 설정한 높은 기준마저 능가하기 위해 외곬으로 열심히 노력한다.

주기능인 직관을 통해서 캐슬린은 가능성을 파악할 수 있다. 자신의 마음과 통찰로부터 흘러나온 가능성들이 가장 많이 주목받는다. 그녀는 전략을 세우고, 이론적인 부분을 고찰하고, 자신의 새로운 아이디어가 갖는 의미를 예측하는 일을 좋아한다.

캐슬린은 부기능인 사고를 이용해서 분석하고, 조정하고, 아이디어를 구체적이고 실천 가능한 프로그램으로 바꾸는 일을 한다. 그리고 시스템 내의 문제들을 간파하고 자신의 논리적 사고 능력을 이용하여 해결책을 분석하고 조직한다. 그녀는 기획 회의를 총괄하고 프로젝트의 실행을 돕는다.

"저는 제가 하는 일을 거의 다 좋아하죠. 전략을 세우는 일은 짜릿하고, 기획안을 내놓고 그것을 관철시키는 일도 좋아하지요. 특히 저항이 있을 때는 더욱 자극을 느낍니다. 이론이나 미래의 의미와 관계된 일이라면 무조건 흥미를 느낍니다."

미래에 대한 기대

캐슬린은 자신의 일을 매우 즐기고 있지만, 다음 도전도 항상 고대하고 있다. 그녀의 목표는 교양 대학을 설립하는 것이다. 그녀가 설립할 학교는 경제와 역사 측면에 중점을 두게 될 것이다. 그리고 캐슬린은 이미 자신의 꿈을 이루기 위한 조사 활동에 돌입했다.

"전 그동안 협동하여 일하는 법을 배웠습니다. 전 좀 더 성숙해졌고 날카로운 언어를 순화시키는 법을 배웠지요."

그녀는 집단의 기능을 활성화시키는 능력을 계속 기르고 싶어 하며 자신이 아직 부족하다는 점을 인정한다. 그녀는 지금 자신을 더욱 자유롭게 표현할 수 있다.

"저는 감정을 여전히 내면화하고 있습니다. 하지만 제 그런 면을 친구들과 나누는 법을 배우고 있는 중이지요. 지금은 아니지만 언젠가는 사람들이 저를, 내면에 천재의 불꽃을 간직한 사람으로 기억해 주기를 바랍니다. 자신과 타인에게는 엄격했지만 친구들에게는 한없이 헌신적이고 다정했던 그런 사람으로요. 그게 제 목표입니다."

사례 2 혁신적인 기업가 필 (벤처 기업가)

"무에서 유를 창조하자."

직업

항상 사업을 하고 싶었던 필은 두 개의 회사를 만들었다. 첫 번째 회사는 인적 자원 기술 벤처 회사였다. 두 번째이자 현재 운영하는 회사는 인사팀이 채용이나 지속적인 인사 관리를 위해 어떤 도구를 구입해야 하는지 파악할 수 있도록 돕는 작은 기업이다. 필은 창업자로서 마케팅부터 영업, 제품 연구에 이르기까지 모든 일을 다 한다.

"어떻게 하면 더 많은 사람들을 우리 웹 사이트로 모을 수 있을지 고민하는 데 하루의 대부분을 씁니다. 그래서 HRTech 공급업체에 대한 심도 있는 조사와 해당 연구를 공유할 비디오 및 문자 콘텐츠를 만드는 데에도 많은 시간을 할애하고 있습니다."

배경

필은 열 살 때 처음으로 주식을 샀다. 그는 동생과 함께 기발한 일들을 벌여서 번 돈을 당시 유행하던 주식 시장에 투자하기 시작해, 이윤을 보았다. 그 후로 필은 금융계 일을 염두에 두었고, 대학에서 경영학을 전공하며 여름마다 다양한 투자 은행에서 인턴을 했다. 하지만 정작 필에게 영감을 불어넣은 건 벤처 기업 세계에서 한 경험이었다.

"그 일이야말로 세상을 변화시키고, 내가 하는 일의 영향력을 확인하는 가장 직접적인 방법입니다."

대학을 졸업한 뒤 처음 얻은 직장은 매도 부문의 인수 합병 회사였다. 비록 1년 만에 불황으로 해고되었지만, 실망스럽기보다는 오히려 홀가분하게 느껴졌다. 더 흥미로운 일을 할 수 있다는 생각이 들었기 때문이다. 필은 열심히 노력한 끝에 세계에서 가장 크고 오래된 벤처 기업에서 꿈에 그리던 일을 하게 되었다. 필은 늘 기업가가 되겠다는 꿈을 품고 있었고, 가능한 한 많은 CEO를 만나 그들에게 배우는 방법이 가장 좋다고 생각했다. 2년 동안 필은 천 명이 넘는 CEO를 만나 이야기를 나누었고, 기업가로서 첫출발을 위한 다음 행보를 구상하기 시작했다. 하버드 경영대학원을 졸업했고, 신생 벤처 기업을 창업을 할 준비를 했다.

필은 부차적인 프로젝트를 다양하게 진행하고 있는데, 그중 하나는 다른 사람들이 인턴 과정에서 겪은 경험을 통해 자신을 돌아볼 수 있게 해주는 웹 사이트를 개발하는 일이다. 5학년 때부터 자칭 신문 기자였던 필은 자신이 썼던 일지를 들여다보며 예전에 근무했던 대형 투자 회사의 근무 환경 중 싫었던 점을 떠올렸고, 직장을 선택할 때 잠재적인 실패를 피할 수 있었다. 그 웹 사이트는 인턴들이 실습 과정을 마칠 때 자신의 목표가 무엇이었는지, 일과 삶의 균형을 비롯한 다른 주요 요소들에 대해 어떻게 생각했는지 기억하도록 돕는 가상의 타임캡슐 같은 역할을 한다.

이 경험을 통해 필은 인적 자원 기술 벤처 기업을 설립했다. 그리고 수익성이 높아지자 필은 회사를 총괄해서 운영할 사람을 고용했다.

"여전히 창업에 대한 가려움이 있어서 새로운 사업을 시작했습니다."

현재 그의 회사는 다른 HR팀이 디지털 도구를 평가하고 그들의 요구에 가장 적합한 도구를 선택할 수 있도록 돕는다.

꼭 맞는 직업

많은 개념주의자들이 경쟁적이고 지적인 기업가 세계에 이끌린다. 필의 일에서는 아이디어가 매우 중요하다. 참신한 아이디어가 엄청난 수익으로 연결되는 이런 분야에서는 혁신이 필수적이다.

필의 주기능은 직관으로, 그의 뇌는 시야를 넓혀 연관성을 찾고 창의적인 해결책을 모색하는 일에 능하다. 이는 투자 영역에서 다른 사람들은 자칫 지나칠 수 있는 기회와 가능성을 볼 수 있도록 해 준다.

자신의 판단과 생각을 관습이나 전통보다 중시하고 신뢰하는 필과 같은 INTJ형에게 독립성은 더없이 중요하다. 필은 타고난 문제 해결 능력을 갖추고 있고, 부기능인 사고는 그를 더욱 논리적, 분석적, 객관적인 사람으로 만든다. 필의 판단 기능은 해결 방안을 찾고 목적을 성취하도록 부추긴다.

대단히 근면한 일꾼인 필은 일주일에 120시간 이상을 몇 가지 일에 쏟아붓는다. 때로는 단숨에 40시간을 일할 정도다. 그는 일대일 상호작용에 뛰어나고 자부심과 자신감을 강하게 발산한다. 이 점은 그가 그토록 많은 CEO와 관계를 맺을 수 있었던 이유기도 하다. 회사를 설립했기 때문에 그와 관련된 모든 책임은 필에게 있다. 그리고 노력의 결실 역시 그의 몫이다.

미래에 대한 기대

필은 5년 안에 은퇴할 수 있을 정도로 충분한 돈을 벌고, 가족과 친구들과 더 많은 시간을 보내길 원한다. 그리고 자신의 경험을 공유하며 사람들이 야망을 실현할 수 있도록 돕는 멘토나 교수로 활동하고 싶다. 필이 매진하는 모습을 보면 머지않아 그 목표를 이룬 모습을 상상할 수 있다.

사례 3 통찰력이 있고 냉철한 짐 (변호사)

"제 변론의 힘으로 아주 힘든 재판에서 승리할 때 보람을 느낍니다."

직업

짐은 민사 전문 변호사이자 의료 사고와 개인 상해 사건을 전문으로 하는 법무 법인에서 파트너로 근무한다.

"제 고객들은 재판 과정을 통해서 그들의 상해를 보상받기를 원합니다."

그의 관심은 완전히 소송 사건에 집중되어 있는데, 그는 법정에서 실제 변호를 준비하기 위해서 그의 시간 대부분을 쏟는다. 그가 맡은 소송은 법정에서 처리되야 할 사건이 매우 많은 데다, 상대적으로 배심 재판으로 가는 수는 적기 때문이다.

짐의 직무는 목격자를 만나서 얘기를 들어 보고, 목격자를 준비하고, 증인을 구해서 반대 측 변호인과 사건에 대해 협상하고 관련 기자들과 무수한 통화를 하는 것이다.

"저는 고객들과 많은 시간을 통화하면서 그들의 중요한 문제 해결을 돕습니다."

짐은 법정에서 보내는 시간을 즐긴다.

"제 목표는 업무를 실수 없이 완벽하게 처리하는 겁니다. 거의 불가능한 일이겠지요. 저는 실수로부터 배우려고 노력합니다."

배경

짐은 처음엔 신학 대학을 가려다가 법학 전문 대학원으로 방향을 바꿨다. 그는 철학과 신학을 가르치는 일을 마음에 품고 있었지만 그 일에 자기의 인생을 걸 정도는 아니었다. 또한 현실적으로 철학이나 신학 교수 자리는 수요도 부족하다는 것을 깨달았다.

학교에 다닐 때 그는 여러 다양한 법률 회사에서 현장 경험을 쌓으면서 부동산 분야는 너무 지루하다고 느꼈다. 어떤 회사에서는 인맥 관리를 유달리 강조하는 것도 마음에 들지가 않았다. 그 후로 공판 실습 담당 교수가 운영하는 회사에서 실무를 배웠는데 그 분야와 그 회사 사람들, 회사 분위기가 마음에 들었다. 그는 졸업과 동시에 취직됐고 다른 회사에서 스카우트 제의가 오기 전까지 15년이란 시간 동안 꾸준하고 만족스럽게 일해 왔다.

짐이 가장 큰 성취감을 느끼는 순간은 어느 누구도 이기리라 예상치 못했던 재판을 승리로 이끈 때이다.

"제 변론의 힘으로 아주 힘든 재판에서 승리를 이끌어 냈을 때 정말 보람을 느낍니다."

그는 법률 저널을 통해 발표했던 자신의 글과 주요 법률 단체에서 맡았던 직책에 대해서도 매우 자랑스러워 한다.

꼭 맞는 직업

최고의 소송 전문 변호사가 되겠다는 짐의 목표는 그의 직관적 사고형 기질과 잘 맞아떨어진다. 능숙하고자 하는 그의 열망은 짐을 끊임없이 기술을 향상시키고 극단적으로 높은 기준에 맞추도록 이끈다. 그는 소송을 통해서 복잡한 의학적 증거들과 관련된 많은 양의 정보를 배우면서 동기 부여를 얻는다. 실제 사건을 처리하면서 그는 한 분야에 전문가가 되기를 요구받는다. 다른 직관적 사고형과 마찬가지로 짐은 자신의 위상과 직업적 위치와 재정 상황을 높일 수 있는 권력을 갖는 위치에 끌린다.

또한 짐은 통제와 자율성을 즐기면서 법정에서의 시간을 보낸다.

"재판 중에는 저 홀로 상황을 완전히 책임집니다. 저는 방해받는 일 없이 완벽하게 집중할 수 있고 최상의 결과를 가져오는 결정을 독립적으로 내리죠. 제가 제 자신의 주인이 되는 순간입니다."

주기능이 직관인 짐은 끊임없이 머릿속에서 전략을 구상한다. 체스를 두듯이 문제를 예측하고 적의 전략을 예측한다. 장애물을 돌파하기 위해 적의 약점을 찾으려 노력한다. 그의 직관은 상대방의 입장에서 문제를 파악하는 데 매우 쓸모가 있어서 효과적으로 업무를 처리하는 데 도움이 된다.

짐은 부기능인 사고를 이용하여 소송 과정에서 벌어지는 많은 갈등을 냉정하고 객관적으로 처리한다. 그는 재판 과정에서 상대방과 벌어지는 필연적인 충돌은 '개인 차원'이 아닌 '업무 차원'에서 바라보기 때문에 다른 변호사들과도 좋은 관계를 유지할 수 있다. 사고 기능을 통해서 고객의 처지에 지나치게 감정적으로 얽혀서 숲을 보지 못하는 우를 방지한다.

미래에 대한 기대

짐은 최근에 대학원에서 강의를 시작했다.

"저는 긍정성을 강화하는 경험과 학생들에게 조언을 하는 일에 더욱 흥미를 갖게 됐습니다. 제가 뭔가에 보탬이 된다니 보람을 느낍니다."

그는 일에서 벗어날 때면 느꼈던 불안감 없이 가족들과 편안하게 보낼 수 있는 시간을 내려고 노력한다.

"저는 다양한 종류의 사람들과 잘 지내는 능력을 개발해 왔어요. 제 자신에 대한 앎의 수준도 높아졌고 제 장점에 감사하고 실패에는 기꺼이 책임을 집니다. 무슨 일든 잘 해내고 싶습니다. 업무을 통해서 저는 정말 즐기는 일을 할 수 있고 중요한 서비스를 제공하며 저는 그 분야의 최고가 되는 걸로 보상을 받습니다."

INTJ형이 만족할 수 있는 직업의 성격

캐슬린과 필 그리고 짐은 서로 다른 배경과 경험, 이력을 가지고 있음에도 그들의 인생사를 하나로 엮을 수 있는 공통점이 있다. INTJ형인 이 세 사람은 구체적인 관심사나 능력, 가치관이 서로 다를지 모른다. 하지만 이들은 모두 직관적 사고형의 기질이며, 주기능인 직관을 내향화하고 부기능인 사고를 외향화하는 동일한 심리학적 기능 구조를 갖고 있기 때문에 우리는 이 세 사람을 통해서 INTJ형의 욕구에 대한 많은 것을 관찰할 수 있다.

정도의 차이와 중요성의 순서는 다르겠지만 INTJ형이 직업 만족을 느끼기 위해 필요한 요소들을 나열했다.

비록 같은 성격 유형의 소유자라고 해도 모든 개인은 저마다의 개성이 다르므로, 이 목록을 모두에게 똑같이 적용시킬 수는 없다.

아래의 목록을 읽어 본 다음, 자신이 중요하다고 생각하는 순서에 따라 이들 열 가지 요소의 순서를 다시 정하는 것이 좋겠다. 그러면서 현재와 과거의 직업 중 특히 좋았던 부분이나 싫었던 부분을 생각해 보라. 그리고 다양한 경험을 관통하는 일관된 요소를 찾아보도록 하자.

1. 현재의 시스템을 향상시키기 위해 독창적이고 혁신적인 해결책을 개발해 낼 수 있는 일.

2. 훌륭한 아이디어를 실현하는 데 힘을 쏟을 수 있는 일. 보상이 주어지는 환경에서 논리적이고 정돈된 방식으로 할 수 있는 일.

3. 존경할 만한 지성과 능력, 전문성을 갖춘 성실한 동료와 함께 할 수 있는 일.

4. 독창성을 인정받을 수 있고 권한이 주어지는 일.

5. 독립적으로 일하면서 지적인 사람들이 속한 소집단과 주기적으로 상호 작용할 수 있는 일. 사람들과 불화가 없는 원만한 환경에서 하는 일.

6. 끊임없이 새로운 정보를 접할 수 있고, 새로운 방식으로 기술과 능력을 발전시킬 수 있는 일.

7. 다른 사람들의 개인적인 기호와는 상관없이 나 자신의 높은 기준을 만족시키는 생산물을 만들어 낼 수 있는 일.

8. 사실적이고 세세한 업무의 반복을 요구하지 않는 일.

9. 높은 자율성과 권한이 있는 일. 자유롭게 사람들 및 체계를 변화 발전시킬 수 있는 일.

10. 모두를 하나의 공정한 기준에 따라 판단하는 일. 개인에 대한 평가가 인간성이 아니라 정해진 기준에 따라 이루어지고 내가 기여한 바에 대해 공정한 보상이 주어지는 일.

INTJ형에게 맞는 직업

아래 직업 목록을 살펴볼 때, 어떤 성격 유형을 가진 사람들이든 모든 종류의 직업에서 성공을 거둘 수 있다는 점에 주의하자. 하지만 다음은 특히 INTJ형이 만족을 느낄 만한 직업의 목록과 그 이유들이다. 여기에서 제시한 직업 목록 중 미처 생각하지 못했던 직업에 대해서도 그 가능성을 알아보도록 하자.

사업과 금융 관련 직업은 모두 INTJ형의 특징인 고도의 분석 능력을 필요로 한다. 첨단 기술 분야나 날로 성장하고 있는 제약 연구 분야, 그리고 정보 통신 보안 분야는 INTJ형에게 아주 중요한 지적인 자극이 풍부하다. INTJ형의 넓은 시야와 장기적 계획 수립 능력은 끊임없이 변화하는 투자와 국제 금융 분야에서 큰 도움이 된다.

논리적인 구조에 흥미를 느끼는 INTJ형은 기술 분야에 매력을 느낀다. 이러한 분야에서는 빠르게 발전하는 첨단 기술 장비와 생산물을 가지고 일할 수 있다. INTJ형은 자신의 창조성을 활용하여 독창적인 시스템을 개발해 낼 수 있다.

교육 분야

대학교수(컴퓨터, 공학, 수학 계열) | 학습 과정 설계자 | 일반 관리자 | 수학자 | 인류학자 | 학예사 | 아키비스트(기록물 관리사, 작품 및 작가에 대한 기록이나 전시, 미술관에 대한 기록 등을 뜻하는 아카이브의 책임자—옮긴이)

INTJ형은 보다 넓은 시각으로 복잡한 이론과 체계를 가르치는 일을 선호하기 때문에 초등학교나 중등학교보다는 대학이나 대학원 교육에 더 끌린다. 이들은 교육 과정이나 시스템을 개발하고 효율적으로 운영하면서 발전한다. 또한 고등 교육의 세계에서 정보를 수집하고 조작할 수 있는 환경에 접하게 되며, 다른 지적인 사람들과의 상호 작용을 통해 자신의 능력을 발휘할 수 있다.

보건 의료 및 약학 분야

정신과 의사 | 심리학자 | 의학자 | 신경 과학자 | 생체 공학 연구원 및 엔지니어 | 심장병 전문의 | 약리학자 | 제약회사 연구원 | 검시관 | 병리학자 | 미생물학자 | 유전학자 | 외과 의사 | 심혈관계 기사

INTJ형이 성공과 만족을 찾을 수 있는 분야 중에 하나가 의학 기술 분야이다. 이 분야는 고도로 복잡한 체계 덕분에 외부의 간섭을 최소한으로 배제하고 독립적으로 일할 수 있다.

▌ 전문직 분야

변호사 | 전략 기획자 | 판사 | 뉴스 분석가 및 뉴스 작가 | 엔지니어 | 금속 기사 | 변리사 | 토목 기사 | 항공 우주 공학자 | 건축가 | 환경 디자인 아키텍트 | 환경 과학자 | 정보 요원 | 범죄학자 및 탄도학 전문가 | 조종사

INTJ형은 전문직의 다양한 측면에 매료된다. 모든 직업이 독립적인 조사와 기획을 요구한다. 이들은 미래 지향 능력(직관)과 목표 달성법을 논리적으로 생각해 낼 수 있는 능력을 이용해서 전략, 체계, 장기 계획을 세운다.

▌ 크리에이티브 분야

작가 | 편집자 | 예술가 | 발명가 | 그래픽 디자이너 | 인포그래픽 디자이너 | 프리랜서 미디어 기획자 | 아트 디렉터 | 칼럼니스트 및 비평가, 해설자 | 블로거 | 전시 기획자 및 제작자

이들이 창조적인 직업에 끌리는 이유는 독창적인 작품을 만들어 낼 수 있는 능력이 있기 때문이다. 작가와 예술가는 직관을 이용하고 새로운 작품과 언어를 창조해 낸다. 발명가는 현재의 생활 방식을 개선할 수 있는 새로운 체계와 도구를 창조해 낼 수 있다. 이러한 직업을 통해 이들은 독

립적으로 일하며 자신의 목표와 기준을 만족시킬 수 있다. 이들에게 있어 비평가는 궁극적으로 자기 자신이다.

기억해 둘 점은 위에 나열된 직업들은 이 성격 유형의 고유한 자질들을 만족스럽게 표현해 줄 수 있는 일부 영역에 지나지 않는다는 것이다.

구직 활동 최적화 ·

자기 성격 유형의 장단점을 알고 있으면 구직 활동에 큰 도움이 된다. 자리나 유망한 고용주에 대해 조사하고 이력서를 작성하는 것에서부터 인터뷰를 준비하거나 연봉을 협상할 때도 사람들은 자신의 성격 유형대로 행동한다. 장점을 활용하고 단점을 보완한다면 구직 활동을 더욱 성공적으로 해나갈 수 있다.

성격 유형의 차이는 때로는 눈에 잘 띄지 않기도 하고 어떤 경우에는 극적으로 드러나기도 한다. 구직 과정에서는 성격 유형과 같은 미묘한 변수가 성공이냐 실패냐를 가르기도 한다. 외향적인 사람들은 폭넓은 인맥형성을 즐기는 편이고, 내향적인 사람들은 이미 아는 사람들을 계속 만나는 것처럼 좀 더 제한적이고 좁게 인맥을 쌓는다. 감각형들은 한정된 범위의 사람들을 만나는 경향이 있고, 직관형의 사람들은 자기와 관련 없어 보이는 사람들까지 포함하여 폭넓게 사람들을 만나는 일이 많다. 감정형의 사람들은 매우 사적이고 친근하게 관계를 맺는 반면, 사고형 사람들은 더 객관적이고 초연한 태도로 사람들과 관계를 맺는다. 마지막으로 판단형은 모임에서 소수의 사람들에게 제한적인 질문을 하지만 인식형의 사람들은 온종일 상대방에게 모든 종류의 질문을 퍼부을 수도 있다.

INTJ형을 위한 성공적인 구직 활동법

INTJ형은 취업 준비와 관련된 일들을 좋아하지 않기 때문에 구직 과정이 특별히 어려울 수 있다. 도전적이고 흥미로운 일을 구하고자 하는 큰 목표에 집중하면 구직 활동에 수반되는 사소해 보이는 일들에 대해 인내심을 가질 수 있다.

INTJ형에게 가장 효과적인 전략은 자신이 가진 능력을 발휘하는 것이다.

동향을 예측하고, 미래의 요구를 전망한다.

— 현재의 상황을 직시할 수 있는 능력을 이용하고 변화하는 상황에 대응하기 위해 어떤 변화가 필요한지 예상해 본다.

— 고용주에게 앞으로 발생하게 될 문제를 해결하는 데 자신이 어떤 도움을 줄 수 있는지 설명하여, 미래의 요구를 예측할 수 있는 자신의 능력을 보여 준다.

정보를 통합한다.

— 복잡한 정보를 이해하고 흡수하는 능력을 발휘한다.

— 시장이나 산업의 강점과 약점에 대한 자신의 견해를 제시하고, 특유의 능력으로 사용자가 목표를 달성하는 일을 어떻게 도울 것인지를 설명하는 등 자신의 역량을 보여 준다.

자신의 직업을 스스로 창조해 내고, 업무를 설계한다.

— 다른 사람들보다 먼저 기회를 잡을 수 있는 자신의 타고난 능력을 활용하여 면접 과정에서 유리한 지위를 확보한다.

— 자신의 창조성을 이용하여 독창적인 일자리를 개발해 낸다. 가능성 있는 사용자를 만나 자신이 개발한 일자리가 목표 달성과 문제 해결에 어떻게 기여할 수 있는지를 설명한다.

혁신적인 취업 계획을 짠다.

— 자신의 창조성을 활용한 색다른 방식으로 구직 활동을 하여 다른 후보자들과의 차별성을 보여 준다.

— 프로젝트를 관장할 수 있는 자신의 조직 능력을 이용하여 계획을 수립한다. 시간을 엄수하고, 면접이 끝난 다음 감사 편지를 보내는 일을 잊지 않고, 가능성 있는 회사의 고용주에 대해서는 계속 정보를 수집한다.

결정을 내린다.

— 자신의 아이디어를 토대로 신중하고 체계적인 취업 계획을 세우고 그 계획에 맞춰 활동한다.

— 구직 과정에서 바람직하지 못한 선택을 배제하기 위해 자신의 비판적 사고 능력을 이용한다. 필요하면 계획을 다시 짠다.

구직 활동 중 INTJ형이 주의해야 할 점

INTJ형은 보편적으로 다음과 같은 단점이 있을 수 있는데 이들의 단점은 단지 구직 활동만이 아니라 인생의 다른 측면에도 영향을 미친다. 그러므로 아래의 항목들을 과거 경험과 결부시켜 하나하나 생각해 보는 것이 도움이 된다.

'이건 나한테 맞는 얘기일까?'라고 스스로에게 물어보고, 만약 그렇다면 '어떤 점이 내가 원하는 일을 성취하는데 방해가 되었나?'에 대해 생각해 보자. 자신이 가진 단점을 극복하는 길은 자신의 3차 기능인 감정과 열등 기능인 감각을 의식적으로 개발하는 일이라는 것을 알 수 있다. 쉽지는 않겠지만 자신에게 부족한 기능을 많이 사용하면 할수록 앞으로 문제는 더욱 적게 발생할 것이다.

새롭고 신기한 사실뿐 아니라, 관련된 모든 사실에 주목한다.

— 자신의 아이디어가 갖는 혁신적인 의미뿐 아니라 현실에서의 적용 가능성을 주목
  한다.

— 이미 생각해 본 것이라 해도 완전히 제쳐 놓는 일은 없도록 한다.

다른 사람들에게 자신의 아이디어를 팔기 위해서 요령과 외교술을 발휘한다.

— 무조건 자신의 방식만 고집하지 말고, 사람들을 설득해 본다. 사람들이 자신의 관
  점에 대해 평가하고 문제 제기를 할 때 이를 받아들이는 자세를 갖는다.

— 어떤 결정이나 발언이 다른 사람들에게 미칠 수 있는 영향을 고려한다. 사람에 따
  라서는 비판을 개인에 대한 공격으로 받아들일 수도 있다는 것을 이해한다.

면접관에게 무심결에 오만하고 건방진 인상을 주지 않도록 노력한다.

— 자신이 파는 입장에 있다는 사실을 기억하고, 조직의 일원으로서의 모습을 부각시
  킨다. 또 조직 전체에 기여할 수 있고, 기여하려는 의지가 강한 사람이라는 것을 보
  여 준다.

— 여유를 갖고 사람들의 말에 충분히 귀를 기울이면서 자신이 상대방의 말을 제대로
  이해했는지 확인한다.

결정을 내릴 때는 유연하고 열린 자세가 필요하다.

— 자신에게 중요한 요소들을 확고하게 지키면서 보다 사소한 것에 대해서는 기꺼이
  양보하는 태도를 갖는다.

— 사소해 보이는 것들에 대해서도 신중하게 판단한다. 시간을 더 들여서 알아보면 더
  욱 매력적으로 보이는 기회도 있다.

지금까지 INTJ형의 성격 유형에 대해 구체적으로 살펴보았다. 이제 자신의 장점과 기질이 어떻게 해서 특정 직업과 구직 방식에 맞는지 알게 되었다. 그러나 앞에서 제시한 직업들이 꼭 마음에 들지만은 않았을 것이다. 다음 단계에서 자신이 바라는 직업과 그 분야를 좁혀 보자.

성격 유형뿐만 아니라, 자신의 가치관, 관심사, 기술 같은 다른 요소들도 직업 만족 수준을 높이는 데 기여한다. 즉 개인과 직업이 서로 잘 맞으면 맞을수록, 더욱 만족한다는 의미다. 취업 전략을 수립하기 위해 지금까지 배운 모든 것들을 총동원할 준비를 하라. 23장의 연습 문제를 풀면서 이런 작업을 수행할 것이다.

하지만 어쩌면 현재 일자리를 유지하는 것이 더 현명한 결정일 수도 있다. 재정적인 압박, 가족들의 기대, 어려운 직업 시장 상황 등 다양한 이유 때문에 그렇다. 그래도 기운을 내길 바란다! 지금까지 이 책을 통해 배운 것들은 당신의 현재 일자리에서도 더 성공적이고 알차게 일하는데 도움을 줄 것이다. 당신이 직업을 바꿀 시기가 찾아올 때에도 이직에 관련된 훨씬 풍부한 아이디어를 얻을 수 있다.

더 만족스러운 직업을 찾을 수 없다면, 지금 하고 있는 일을 사랑하라

대부분의 직장에서는 직원들에게 업무 수행에서 융통성을 발휘할 수 있는 다양한 기회를 제공하고 있다는 것을 명심하라. 당신의 요구가 반영되도록 현재의 업무에 변화를 주는 방법을 아래에 제시한다.

— 전략 기획 위원회에 참석해 본다.
— 시스템을 개발하여 당신의 조직에서 그 시스템을 실행해 본다.

— 흥미로운 프로젝트를 다뤄 볼 만한 방해받지 않는 시간이 충분히 있다는 것을 확인 한다.

— 친구들과 아이디어 모임을 결성하여 서로의 아이디어를 평가해 본다.

— 전문성을 발전시킬 기회를 찾는다.

— 자기 전문 분야와 관련된 학위 과정이나 고급 과정을 이수한다.

— 자기 분야의 논문을 발표한다.

— 직속 부하로부터 더 풍부한 정보를 얻는다.

원하는 바를 성취하기 위해 자신의 자산을 활용하라

최고의 성공 비결이란 간단히 말해, 자신의 장점을 발휘하고 단점을 보완하는 것이다. 이렇게 하는 방법을 몸소 익히게 되면, 성공할 수 있고 자신의 일을 사랑하게 된다. 여기 INTJ형의 강점과 약점 목록을 제시한다. 개인적 특성이 모두 다르지만, 다음 목록의 많은 부분을 INTJ형인 자신에게 적용할 수 있을 것이다.

업무와 관련된 INTJ형의 강점

— 일할 때 강한 집중력을 발휘한다.

— 일의 가능성과 함의를 파악하는 능력이 있다.

— 이론적으로 복잡하고 지적인 도전을 즐긴다.

— 문제를 객관적으로 검토하고 창의적으로 해결한다.

— 반대를 무릅쓰고 목표 달성을 위해 투지를 발휘할 수 있다.

— 자신의 비전에 대해 자신감이 있고 헌신적이다.

— 능숙하고 탁월하고자 하는 강한 욕구가 있다.

— 독립적이고 자기 주도적이어서 혼자서도 일을 잘 해낸다.

— 높은 자기 기준을 설정하고 엄격한 업무 윤리를 따른다.

— 시스템과 모델을 창조하여 목표를 달성한다.

— 기술에 능통하다.

— 논리적이고 분석적인 의사 결정을 내린다.

— 단호함과 강한 조직 기술이 있다.

업무와 관련된 INTJ형의 약점

— 창조적인 문제 해결 과정이 끝나면 프로젝트에 대한 흥미가 줄어든다.

— 자신을 몰아붙이는 만큼 다른 사람들도 몰아붙이는 경향이 있다.

— 상황에 재빠르고 재치 있게 대응하지 못하는 사람들을 못 견딘다.

— 자신에 비해 능력이 떨어진다고 생각되는 사람들과 일할 경우 문제가 생길 수 있다.

— 특히 바쁜 상황에서 요령과 외교술이 부족하여 퉁명스러워 보이기도 한다.

— 세세한 일상에 관심이 부족하다.

— 융통성 없이 자신의 아이디어만 고집하기도 한다.

— 향상이 필요 없는 일까지 향상시키려는 성향이 있다.

— 지나치게 이론적이어서 현실을 고려하지 못하는 성향이 있다.

— 직원이나 다른 동료들을 칭찬하거나 높이 평가하는 데 인색한 경향이 있다.

— 일단 결정된 문제는 다시 검토하기를 꺼린다.

— 사생활을 희생하면서 일에만 매달리는 경우가 많다.

— 어떤 직업에서 요구되는 사회적인 세부 규칙들을 못 견딘다.

INTJ형의 성공 비결

현실을 고려하라.

타인들의 기여를 인정하라.

일과 사생활의 균형을 잡아라.

외향적, 직관적, 사고적, 인식적 성격형
ENTP형 다방면에 관심과 재능이 많다

사례 1 창의적 전략가 브렌트 (디자인 마케팅 회사 대표)

"급격한 변화를 맞볼 수 있기 때문에, 이 분야의 일을 사랑합니다."

직업

브렌트는 타고난 장사꾼이다. 탁월한 설득력과 창의적인 정신의 소유자인 브렌트는 디자인 마케팅 업체를 운영하고 있다. 그의 장기는 로고와 웹 사이트를 개발하면서 팀의 창의적인 부분을 작동시키는 것이다. 그는 수석 기획자이자 공동 대표를 맡고 있다. 그래서 고객들 만나서 회사의 비전에 대해 설명한다. '한 회사를 특별하게 만드는 작은 덩어리를 발견하고 그 회사에 관한 전체적인 이야기를 말하는 방법을 이해하여, 그 조직을 최상으로 묘사해 주는 목소리와 생생한 양식을 찾는 것'이 자신의 사명이라고 말한다.

그가 좋아하는 일 중에 하나가 사무실을 돌아다니면서 직원들이 일하는 모습을 살피는 일이다.

"그다음엔 우리 직원 다섯 명이 회의실에 모여서 아이디어 회의를 합니다. 결국에는 뭔가를 만들어 내죠."

이러한 조직적이고 자발적인 업무 방식이 브렌트의 장기다. 그의 타고난 카리스마와 열정은 사람들이 업무를 자랑스럽게 여기고 열정적으로 매진하게 만든다.

배경

브렌트는 예술적인 감성이 풍부한 데다 추상적이고 논리적인 정신을 갖추고 있다. 그는 예술 학교를 다녔는데, 자신의 극단적인 두 기질 사이에서 갈팡질팡 하는 사이 전공을 세 차례나 바꿨다. 일러스트레이션에서 조각으로 옮겼다가, 조각으로는 먹고살기 힘들다는 생각 탓에 다시 그래픽 디자인으로 방향을 틀었다.

학교를 졸업한 후 그래픽 디자이너로 활동하기 시작했고 곧 이 분야에서 두각을 나타냈다. 일을 웬만큼 배우고 나자 새로운 도전을 하고 싶었다. 그는 인터넷상에서 프리랜서 디자이너로 일하던 중, 어느 날 자기 사업을 해 보기로 결심했다. 브렌트는 그래픽 웹 디자인 회사를 차렸다. 때마침 인터넷 관련 사업이 호황을 누리면서 3개월 후에는 직원 여섯 명을 거느릴 정도가 되었다.

꼭 맞는 직업

브렌트는 창의적인 전략가다. 직관적 사고형이 그렇듯이 브렌트에게는 독창적으로 문제를 해결하고 개념화하는 재능이 있고, 그러한 재능은 그의 직업과 잘 맞는다. 브렌트는 다양한 고객의 요구에 대응하는 도전적인 업무를 좋아하고 늘 새롭고 자극적인 환경에 적응하면서 자신의 창의력을 단련하는 일을 즐기고 있다.

주기능이 직관인 브렌트는 어디서나 가능성을 엿볼 수 있기 때문에 항상 새롭고 더 나은 사업 방식을 창조해 낼 수 있다. 고객과 상대할 때, 현재 고객의 위치가 어디이고 그들이 어느 방향으로 나아가길 원하는지를 재빠르게 가늠할 수 있다. 브렌트는 문제 해결력이 탁월하기 때문에 고객의 문제는 어떤 것이든 다룰 수 있다. 아이디어 회의를 하면서 동료들과 여러 아이디어를 놓고 씨름한다. 브렌트는 시시때때로 아이디어를 갖고 놀면서 그 가능성과 한계를 파악한다.

브렌트의 부기능은 사고다. 그는 전략을 짜는 능력과 일의 진행되는 방식에 대한 냉철한 이해력을 통해서 자신의 아이디어에 대해 객관적인 태도를 유지할 수 있다. 기술은 브렌트 업무의 핵심이다. 브렌트에게 있어 기술은 도전이자 친구이기도 하다. 그는 선천적으로 소프트웨어와 컴퓨터 시스템의 작동 방식을 이해하고 그 분야의 수수께끼를 푸는 일을 즐긴다.

미래에 대한 기대

브렌트는 이미 자기 회사를 운영하며 만족하고 있기 때문에 현재로서는 뚜렷한 목표도, 급격한 변화를 꾀할 계획도 없다. 하지만 이는 그가 어디로든 날아갈 수 있다는 뜻이기도 하다.

"제가 이 마케팅 분야를 좋아하는 이유가 급격한 변화를 경험할 수 있기 때문입니다. 우리는 수백 시간을 들여서 하나의 컨셉을 만들어 냅니다. 3일 내로 고객들에게 발표하기 위해 준비에 들어갔다가 다음날 오후에 그걸 폐기하고 다시 새로운 방향을 모색하기도 하지요. 이게 우리가 몸담고 있는 분야의 모습입니다. 저는 덜 다듬어진 아이디어를 갖고 일에 착수하는 것이 두렵지 않습니다. 일은 늘 그렇게 진행되니까요. 끊임없이 변화하죠."

업계가 변화하고 새로운 마케팅 기술이 폭발적으로 발전함에 따라 브렌트는 자신의 시선과 선택지를 계속 열어 두길 원한다. 그는 인생이 자신을 어디로 데려갈지 알지 못한다. 그리고 그것은 브렌트에게 잘 어울린다.

사례 2 진취적인 제작자 조지 (인터넷 비디오 프로듀서)

"오늘은 어떤 문제를 해결할까요?"

직업

콘텐츠는 인터넷에서 사람들이 보거나 상호작용하는 모든 것을 가리킨다. '콘텐츠 크리에이터'는 스마트폰과 인터넷 연결 기기를 사용하는 사람들을 연결한다. 콘텐츠 크리에이터인 조지는 사람들이 보고 공유하고 재공유하는 종류의 콘텐츠를 만든다. 그는 온라인 스포츠 허브를 위한 비디오를 만드는 프로듀서다. 팀과 함께 촬영에 대한 아이디어를 내놓은 뒤, 현장에서 감독, 제작진, 연기자, 소품 담당으로 이뤄진 팀을 꾸려 제작의 전 과정을 지도하고 감독하는 일을 한다. 그리고 어떤 비디오가 입소문이 날 가능성이 높은지, 어떤 아이디어가 유행하는지, 그가 만든 콘텐츠들은 어떻게 상호작용할지 등 광범위한 질문들에 관심을 갖고 모든 일을 수행한다.

배경

대부분의 영화 촬영기사들은 최소 서른 다섯 살은 되어야 성공한다. 조지는 그렇게 오래 기다리고 싶지 않았다. 고등학교 시절부터 대학교 1학년 때까지만 해도 영화를 무척 좋아했지만 2학년이 되면서 진로에 대해 심각하게 재고하기 시작했다. 처음에는 전공을 신경 과학으로, 그다음에는 캐스팅으로 바꿀까 생각했다. 문제는 스스로 다양한 일들을 해내는 재주가 있는 건 알지만 그 많은 관심사와 재능들을 한 가지 직업으로 바꾸는 방법이 뭔지, 심지어 '직업'이라는 게 뭔지 잘 모른다는 점이었다.

졸업반이 되어 캐스팅 에이전시에서 인턴으로 실습했고, 졸업 후 직위가 캐스팅 보조로 바뀌었다. 당시 경제 상황이 나빠지면서 조지는 어쨌든 직장이 있어서 다행이라고 생각했다.

"하지만 이내 지겨워졌어요."

조지는 카피라이터나 크리에이티브 팀 또는 광고 부서에서 일하거나 아예 경영 대학에 갈 생각도 했다. 그러다가 친구를 통해서 그래이엄을 만났다. 그래이엄은 대서양 연안으로 옮겨 와서 스포츠와 팝 문화 웹 사이트용 비디오 팀을 새로 꾸린 참이었다. 조지는 그래이엄이 개발 중인 네 가지 프로그램의 캐스팅을 도왔고, 몇 달 후에 그래이엄의 블로그에서 그 사이트의 스포츠와 팝 문화 프로그램을 만들 보조 제작자를 모집한다는 문구를 보았다. 조지는 그날 중으로 응모했고, 면접 후 일자리 제안까지 받아 냈다. 그 사이트가 대형 스포츠 복합 기업체에 인수되자 조지는 상사들에게 NBA 프로그램을 제안했다. 이제 조지는 NBA 프로그램의 제작자로 일하면서 매주 농구 관련 비디오를 열 개에서 열네 개 정도 선보인다.

꼭 맞는 직업

조지는 ENTP형으로, 주기능은 직관이다. 제작자로서 그는 전체적인 모습을 본다. 남다른 시각으로 제작물의 형태를 구체화하고, 늘 생각이나 맥락을 한데 연결하는 구상을 한다. 비디오를 제작할 때면 최종 목표까지 직접 꼼꼼하게 확인해야 직성이 풀린다.

"비디오로 눈길을 끌고 싶어요. 사람들이 비디오를 보면서 어떤 느낌이나 생각을 갖게 하고 싶어요."

대부분의 개념주의자처럼 조지도 최고의 전략가이자 문제 해결사다. 그는 하루를 끝내면서 '해결 또는 처리해야 했던 모든 문제들'을 돌이켜보며 만족감을 느낀다. 외향적이면서 인식적 유형인 조지는 활달하고 융통성이 있으며, 현실적으로 사고하고, 유연하게 대처하기를 좋아한다. 다양한 사람들과 잘 어울리고 자신에게 의지하는 많은 사람들과 잘 지낸다. 조지가 하는 일은 속도가 빠르고 흥미진진하며, 지루함과 휴식이 제일 진을 뺀다고 생각하는 사람에게 성취감을 안겨 준다.

미래에 대한 기대

조지는 현재 하는 일을 즐기지만, 꿈의 직업에 대해서는 이렇게 설명한다.

"핵심적인 전략이 필요한 일이죠. 저는 수석 부사장 자리에 앉고 싶어요."

그는 큰 규모의 문제를 해결하는 자리에서 창작자들과 함께 제작물을 상표화하거나 프로그램을 설계하는 일을 하고 싶다. '그 모든 생각들을 통합할 수 있는 사람'이 되는 일이야말로 조지의 마음을 설레게 한다. 이 일이 결국 스포츠와 엔터테인먼트, 광고 혹은 기업가 정신에 그치더라도 그건 사소한 문제일 뿐이다.

사례 3 호기심과 배움에서 방법을 찾는 알리시아 (여름 캠프 소유주)

"머릿속 아이디어가 결실로 이어질 때 짜릿함을 느껴요."

직업

알리시아는 남편 잭슨과 함께 뉴잉글랜드에서 스포츠 캠프를 운영하고 있다. 그녀의 생활은 계절에 따라 바뀐다. 캠프 성수기가 되면 알리시아는 캠프에서 주로 직원들을 관리하고, 모든 사람들이 즐겁고 근사한 경험을 하고 있는지 확인하는 업무를 맡는다.

"사람들은 나보고 직원들을 끈끈하게 이어 주는 풀 같대요. 말을 잘 들어주는 편이라, 직원들도 간혹 아이디어가 떠오르면 나에게 편하게 이야기해요. 그러면 내가 그 아이디어를 실현시키죠. 캠핑 온 사람들뿐만 아니라 직원들도 즐겁게 지내야 하잖아요."

캠프 비수기에는 다시 모든 게 바뀐다. 대단히 재미난 일은 아니다. 알리시아는 사람들과 어울리기를 좋아하는데, 그들이 사는 뉴잉글랜드의 작은 시골 마을에는 사람이 그다지 많지 않기 때문이다. 그래도 남편이 담당하는 직원 채용 관련 일 돕기, 프로그램 개발하기, 홍보 자료 만들기, 직원용 안내 책자 작성하기, 책 관리하기 등등 할 일은 많다. 비수기는 알리시아 부부가 잠시 한숨을 돌리며 큰 구상도 하고 어떻게 하면 캠프 프로그램과 홍보 방법을 개선할 수 있을지 생각하는 시간이기도 하다.

배경

알리시아는 100여 년 동안 캠프 일을 해 온 가문에서 자란 남편과 달리 캠프와는 전혀 관련 없는 환경에서 자랐다. 다행이 알리시아의 성격 유형, 교육, 경험은 그녀가 그 일을 하면서 본질적으로 만족하고 탁월하게 느끼도록 하는 데 한몫했다.

알리시아는 대학에서 예술, 철학, 사회학, 문학을 두루 공부했다. 그리고 1년 동안 켄터키 보호소에서 아동복지 상담사로 자원봉사를 했다. 그 후에 작은 소매점을 몇 년 운영하다가 특별한 보호가 필요한 사람들을 돕기 위해 다시 사회복지사가 되었다. 그중 한 곳은 온종일 보살펴 주어야 하는 심각한 장애인들을 돕는 시설이었다.

"나는 행동 대장이자 '명랑 소녀'였어요. 사람들은 나만 보면 뭔가 재미있는 일이 있겠구나 싶어서 표정이 밝아졌죠."

알리시아는 사람들의 기분을 좋아지게 하는 일이 즐거웠다.

"한 소녀가 바다를 한 번도 본 적이 없다기에 바닷가로 데려갔어요. 그리고 꼭 붙들어 안고 아이가 난생처음 파도를 느낄 수 있게 해 주었어요."

대학을 졸업하고 9년 뒤, 알리시아는 남편 잭슨을 만났다. 당시 잭슨은 막 캠프를 매입해서 최고의 스포츠 캠프로 만들고 있었다.

"나는 그의 열정과 직업 윤리가 마음에 들었어요. 정말 활기찼거든요! 그래서 내가 혹시 이 남자와 데이트를 하게 된다면 그의 캠프가 우리 삶의 일부분이 되도록 만들겠다고 결심했어요."

두 사람이 캠프를 변화시키는 작업을 하는 동안, 알리시아는 지방 대학의 글쓰기 센터에서 근무했다. 머지않아 두 사람은 결혼했고, 슬하에 두 딸을 두었다. 그리고 성수기에만 캠프에서 지내다가 북쪽으로 이사해서 아예 캠프에서 살기로 마음먹었다.

꼭 맞는 직업

ENTP형은 자신의 타고난 능력을 활용하는 상황을 찾거나 만들어 내는 능력이 뛰어나다. 그리고 알리시아도 예외는 아니다. 대부분의 개념주의 자들처럼 알리시아도 평생 배우면서 잘 해내려고 노력한다. 대학에서 예술, 철학, 사회학, 문학을 전공했다는 점은 그녀의 타고난 호기심 그리고 매사가 서로 어떻게 연관되어 있는지 이해하려는 배움에 대한 갈망을 보여 준다. ENTP형은 꾸준히 새로운 도전을 추구하는 사람들이다. 캠프 사업에 뛰어들 때, 알리시아는 최고의 경험을 만들기 위해 필요한 것이 무엇이든 모조리 배우겠다며 기세 좋게 착수했다.

주기능이 직관인 알리시아는 자신의 창의력에 긍지를 느낀다. 시각 예술가로서의 재능뿐만 아니라 문제를 해결하는 데 창의력을 발휘할 수 있기 때문이다. 그녀는 아이디어나 계획을 실행할 대안을 찾아낸다. 이것은 캠프를 위한 마케팅 자료를 만들거나 캠프에서 발생하는 일상적인 문제들에 대한 혁신적인 해결책을 찾을 때 유용하다.

알리시아의 부기능인 사고는 그녀에게 중요한 균형 및 논리적이고 객관적으로 자신의 아이디어를 분석하는 능력을 제공한다. 그녀는 직원 간의 갈등을 해결할 때 냉정함과 침착함을 유지하기 위해서도 부기능인 사고를 사용한다.

미래에 대한 기대

캠프 성수기에는 사람들과의 상호작용이 가장 중요하다.

"캠프는 스무 명 정도 되는 직원들과 함께하는 즐거운 곳으로, 긍정적인 에너지가 넘칩니다."

알리시아는 자신이 갖고 있는 최고의 재능은 공감 능력과 소통 능력이라고 자부한다.

"남들이 나를 '따르고 싶은 좋은 지도자이자 실행력 있는 사람'이라고 생각해 주는 게 정말 좋아요."

그녀가 이제껏 들었던 중에 최고의 칭찬은 다음과 같다.

"알리시아는 절대 생각만 하고 끝내는 법이 없어. 결국엔 결실을 보고 만다니까."

그녀의 직업적 목표는 자신의 영역을 확장하고 커뮤니티를 넓히려는 욕구와 일치한다. 알리시아는 언젠가 캠프 운영자들을 지도하고 지혜를 나누기 위해 컨설턴트하는 모습을 상상한다. 그리고 자신의 영향력이 캠프를 넘어 다른 사람들도 그녀와 잭슨이 누린 성공을 성취하도록 돕는 일에서 큰 만족감을 느낄 것이다.

ENTP형이 만족할 수 있는 직업의 성격

브렌트와 조지 그리고 알리시아는 서로 다른 배경과 경험, 이력을 가지고 있음에도 그들의 인생사를 하나로 엮을 수 있는 공통점이 있다. ENTP형인 이 세 사람은 구체적인 관심사나 능력, 가치관이 서로 다를지 모른다. 하지만 이들은 모두 직관적 사고형의 기질이며, 주기능인 직관을 외향화하고 부기능인 사고를 내향화하는 동일한 심리학적 기능 구조를 갖고 있다. 따라서 우리는 이 세 사람을 통해서 ENTP형의 욕구에 대한 많은 것을 관찰할 수 있다.

아래의 열 가지 요소들은 정도의 차이와 중요성의 순서는 다르겠지만 ENTP형이 직업 만족을 느끼기 위해 필요한 것들을 나열한 것이다. 비록 같은 성격 유형의 소유자라고 해도 사람들은 저마다의 개성이 다르므로, 이 목록을 모두에게 똑같이 적용시킬 수는 없다.

아래의 목록을 읽어 본 다음 자신이 중요하다고 생각하는 순서에 따라 이들 열 가지 요소의 순서를 다시 정하는 것이 좋겠다. 그러면서 현재와 과거의 직업 중 특히 좋았던 부분이나 싫었던 부분을 생각해 보고 다양한 경험을 관통하는 일관된 요소를 찾아보자.

1. 창조적 문제 해결에 몰두하거나 새롭고 혁신적인 문제 해결 방식을 만들어 낼 수 있는 기회를 제공하는 일.

2. 기능 조직을 효과적으로 만들기 위한 혁신적인 해결책을 실천할 수 있는 일.

3. 창조성, 유능함, 그리고 임기응변 능력을 인정해 주고 격려하는 일.

4. 재미, 행동, 흥분으로 가득 찬 다양한 상황을 경험할 수 있게 해 주는 일.

5. 논리적인 순서를 따라서 하는 일. 한 개인의 선호를 따르기보다는 객관적이고 공정한 기준에 근거하는 일.

6. 전문성을 키워 주고 힘 있는 사람들과 자주 접촉할 수 있는 일.

7. 다양한 사람들, 특히 존경하는 사람들과 만나 지속적으로 교류할 수 있는 일.

8. 사람들과 깊은 관계를 맺으면서 빠르게 변화하고 에너지가 넘치는 환경에서 할 수 있는 일.

9. 짜여져 있지 않은 환경에서 할 수 있는 일. 개인적 자유와 시간적 여유가 있는 일.

10. 설계를 하거나 프로젝트를 시작하지만 그에 수반되는 허드렛일은 안 해도 되는 일.

ENTP형에게 맞는 직업

아래 직업 목록을 살펴볼 때, 어떤 성격형을 가진 사람들이든 모든 종류의 직업에서 성공을 거둘 수 있다는 점에 주의하자. 하지만 다음은 특히 ENTP형이 만족을 느낄 만한 직업의 목록과 그 이유들이다. 여기에서 제시한 직업 목록 중 미처 생각하지 못했던 직업에 대해서도 그 가능성을 알아보도록 하자.

▎기업 활동 및 비즈니스 분야

기업가 | 발명가 | 경영 컨설턴트 | 벤처 투자가 | 작가 및 탤런트 에이전트 | 사진작가 | 저널리스트 | 식당 및 바 주인 | 재취업 컨설턴트 | 기술 교육 전문가 | 투자 은행 직원 | 사내 다양성 관리자 및 교육자 | 대학 총장 및 학장 | 자산 관리사(상업, 부동산) | 소송 전문 변호사 | 판매 대행인(보안 및 상품) | 에이전트 및 경영 관리자 | 도시와 지역 설계자 | 인사 담당자 | 옴부즈맨 | 정보 보안 분석가 | 제조업 서비스 담당자 | 호텔 및 모텔 지배인 | 노사 관계 전문가

ENTP형은 타고난 사업가다! 이들이 위와 같은 직업에 끌리는 까닭은 새롭고, 유연하고, 변화하는 업무 환경을 창출할 수 있는 능력이 있기 때문이다. 이러한 직업은 많은 사람들의 참여와 그들과의 상호 작용을 포함한다. 게다가 신개념을 창조하고 혁신적 방식으로 사고하며 어느 정도의 위험을 무릅써야 하는 부분이 있다. 규모가 큰 프로젝트에 많은 예산을 배정하고, 힘 있고 영향력 있는 사람들의 참여가 요구된다.

▍마케팅 및 크리에이티브 분야

광고 크리에이티브 디렉터 | 시장 조사 분석가 | 홍보 전문가 | 소셜 미디어 관리자 | 시장 분석가 | 마케팅 관리자 | 라디오, 텔레비전 토크쇼 사회자 | 프로듀서 | 아트 디렉터 | 해외 마케터 | 인포그래픽 디자이너 | 크리에이티브 디렉터 | 출판 디자이너 | 인터랙션 디자이너 | 디지털 마케팅 관리자 | 블로거 | 웹 콘텐츠 크리에이터 | 크리에이티브 라이터 | 카피라이터 | 사진 작가 | 저널리스트 | 영화 감독 및 연출가 | 칼럼니스트 및 비평가, 해설자 | 리포터 및 특파원 | 방송 뉴스 분석가

ENTP형은 마케팅, 광고, 홍보 분야에서 창의적이고 재미있는 방식으로 다른 창조적인 사람들과 관계할 수 있고, 자신의 아이디어를 개발하여 실행할 수 있다. 이들은 속도가 빠르고 때로는 화려하기도 한 홍보와 광고의 세계를 좋아하고, 자신의 매력을 이용하여 아이디어와 콘셉트를 팔 수 있다. ENTP형은 동향을 파악할 수 있는 능력을 이용하여 시장 조사를 한다. 이 일은 또한 이들의 채워질 줄 모르는 호기심과 활발한 상상력을 자극하고 만족시킨다.

기획과 개발 분야의 직업은 자신의 통찰력과 이를 이용해 동향을 예측
하고 창조적 계획을 수립할 수 있어야 한다. 개발자들은 모험적 프로젝트
를 진행하면서 그 프로젝트의 장점과 성공 가능성에 대해 사람들을 설득
해야 하는데, ENTP형은 이런 일을 좋아할 뿐만 아니라 뛰어난 능력을 보
인다. 개발자들은 유연해야 하고 새로운 상황에 대한 적응력이 있어야 하
며, 별다른 사전 계획이나 연구 없이 새로운 '타협'을 할 수 있어야 한다.
혁신적인 해결책의 개발에 집중할 수 있고 또 다른 사람들에게 단순 업무
를 맡길 수 있다면 이들은 전략 기획 분야의 작업을 즐길 수 있다.

ENTP형은 이 분야의 직업을 통해 자신의 아이디어와 지식을 열정적으
로 활용할 수 있다. 이들은 동향과 대세, 여론의 흐름을 볼 수 있는 능력이
있고 이러한 변화에 적응할 수 있다. ENTP형은 영향력 있는 사람에게 이
끌리고 다양한 사람들과 만나서 일하기를 좋아한다. 정치계에서는 자신이

영향력을 미치고 싶은 사람들과 만나서 재빨리 우호적인 관계를 맺어야 한다. ENTP형 중에는 대중 연설을 즐기는 사람들이 많은데, 경우에 따라서 비유적이고 개방적인 언어를 구사하며 원대한 전망을 제시하는 뛰어난 연사가 될 수 있다.

▌기타 분야

지압사 | 환경 과학자 | 교육 심리학자 | 운동부 코치 및 스카우터 | 범죄학자 및 탄도학 전문가 | 형사

구직 활동 최적화

자기 성격 유형의 장단점을 알고 있으면 구직 활동에 큰 도움이 된다. 자리나 유망한 고용주에 대해 조사하고 이력서를 작성하는 것에서부터 인터뷰를 준비하거나 연봉을 협상할 때도 사람들은 자신의 성격 유형대로 행동한다. 당신의 장점을 활용하고 단점을 보완한다면 구직 활동을 더욱 성공적으로 해나갈 수 있다.

성격 유형의 차이는 때로는 눈에 잘 띄지 않기도 하고 어떤 경우에는 극적으로 드러난다. 구직 과정에서는 성격 유형과 같은 미묘한 변수가 성공이냐 실패냐를 가르기도 한다. 외향적인 사람들은 폭넓은 인맥 형성을 즐기지만 내향적인 사람들은 이미 아는 사람들을 계속 만나는 것처럼 좀 더 제한적이고 좁게 인맥을 쌓는 편이다. 감각형들은 한정된 범위의 사람들을 만나는 경향이 있고, 직관형의 사람들은 자기와 관련 없어 보이는 사람들까지 포함하여 폭넓게 사람들을 만나고는 한다. 감정형의 사람들은

매우 사적이고 친근하게 관계를 맺는 반면, 사고형 사람들은 더 객관적이고 초연한 태도로 사람들과 관계를 맺는다. 마지막으로 판단형은 모임에서 소수의 사람들에게 제한적인 질문을 하지만 인식형의 사람들은 온종일 상대방에게 모든 종류의 질문을 퍼부을 수도 있다.

ENTP형을 위한 성공적인 구직 활동법

ENTP형의 장점은 구직 과정의 정보 수집 단계에서 많은 도움이 된다. 혁신적인 접근 방식과 정력적이고 매력적인 스타일은 큰 자산이다. 그러나 흥분한 상태로 또 다른 선택을 모색하다가 사소하지만 필요한 일을 간과하는 경향이 있으므로 조심해야 한다. ENTP형에게 가장 효과적인 전략은 자신이 가진 능력을 발휘하는 것이다.

자기 자신과 자신의 아이디어에 대한 열정을 표현한다.
— 자신이 가진 능력, 프로젝트를 성공적으로 추진했던 경험, 자신의 기여 가능성에 대해 설명할 때, 아이디어와 영감에 대한 타고난 열정을 활용한다.
— 어떤 프로젝트든 해낼 수 있다는 자신감을 표현한다.

새롭고 신나는 가능성을 찾는다.
— 자신의 독창성과 참신한 시스템 활용을 통해 어떤 조직이나 기업에 이익을 가져다 줄 수 있는 방법을 모색한다.
— 이러한 변화가 현재와 미래의 문제를 어떻게 해결할 수 있는지에 대해 토론한다.

자신의 취업 기회를 창출해 낸다.
— 자신과 같은 능력의 소유자가 미래에는 어디에서 쓰이게 될지와 같은, 동향을 예측

할 수 있는 자신의 '통찰력'을 이용한다.

─ 자신의 에너지와 능력을 이용하여 사람들을 만나고, 자신을 다른 영향력 있는 이들
에게 소개시켜 줄 수 있을 만한 사람들과 사귄다.

사람들과 이야기를 나누면서 많은 정보를 수집한다.

─ 광범위한 인맥을 형성한다. 특히 많은 사람들을 알고 있는 이들과 사귄다. 사람들
과 만나 가능성 있는 직업에 대해 얘기해 본다.

─ 사람들에게 선택 가능한 직업 목록을 작성하는 일을 도와 달라고 부탁한다.

사람들이 어떤 동기에 의해 움직이는지 이해한다.

─ 가능성 있는 고용자가 자신의 필요에 대해 말한 것과 말하지 않은 것에 주의하여
자신의 능력이 어떻게 도움이 되는지에 대해 토론할 수 있도록 한다.

─ 타고난 매력과 유머 감각을 이용하여 우호적이고 긍정적인 관계를 형성한다.

자신의 임기응변 능력과 독창적 사고 능력을 보여 준다.

─ 예기치 않은 상황에 풍부한 상상력으로 대응할 수 있는 능력을 보여 준다.

─ 위기관리 및 기타 비상사태에 대처하는 능력과 경험에 대해 이야기한다. 책임질 줄
아는 능력에 대한 자신감을 표현한다.

장기적 관계를 분석한다.

─ 결과를 예측할 수 있고, 생산물과 과정에 대해 논리적으로 분석할 수 있는 자신의
능력을 보여 준다.

─ 과거의 업무 상황을 솔직하게 비판하여 객관성을 유지할 수 있는 자신의 능력을 보
여 준다.

구직 활동 중 ENTP형이 주의해야 할 점

ENTP형은 보편적으로 다음과 같은 단점을 가지는데, 이것은 단지 구직 활동만이 아니라 인생의 다른 측면에도 영향을 미친다. 그러므로 아래의 항목을 과거 경험과 결부시켜 하나하나 생각해 보는 것이 도움이 된다. '이건 나한테 맞는 얘기일까?'라고 물어본다. 만약 그렇다면, '어떤 점이 내가 원하는 일을 성취하는 데 방해가 되었나?'에 대해 생각해 보자. ENTP형이 단점을 극복하는 길은 자신의 3차 기능인 감정과 열등 기능인 감각을 의식적으로 개발하는 일이라는 것을 알 수 있다. 쉽지는 않겠지만 자신에게 부족한 기능을 많이 사용하면 할수록 앞으로 문제는 더욱 적게 발생할 것이다.

너무나 많은 대안을 고려하느라 결정을 내리지 못하거나 필요한 세부적인 일을 마무리하지 못하는 경향이 있으므로 주의한다.
— 어떤 프로젝트의 현실적 측면, 시기적 적절성에 대해 면밀히 고려한다. 자신이 설정한 우선순위 목록에 충실한다.

다른 사람들의 감정을 비논리적이고 사소한 것으로 취급해서 오만하거나 무례한 인상을 주는 일이 없도록 한다.
— 자신의 발언이 다른 사람들에게 어떤 영향을 미치는지에 중심을 둔다. 개중에는 비판을 사적인 공격으로 받아들이는 이들이 있다는 것을 알고, 부정적으로 비판하기 전에 긍정적인 면을 인정해 주도록 노력한다.

미루지 않는 버릇을 들인다. 결정을 너무 오랫동안 미루면 선택의 폭이 줄어든다.
— 기한을 정하고 꼭 지킨다. 다른 사람들의 일정을 염두에 두고 늦어질 경우에는 미리 알려 준다.

아이디어가 떠올랐다고 해서 다른 사람들이 말을 끝내기도 전에 끼어드는 일이 없도록 한다.

— 남의 말에 귀를 기울이는 능력을 기른다. 상대의 말이 끝날 때까지 기다렸다가 자신의 아이디어를 내놓는다.

— 상대방의 말을 제대로 이해했는지 확인하기 위해 상대가 한 말을 반복해 본다.

ENTP형을 위한 마지막 조언

지금까지 ENTP형의 성격 유형에 대해 구체적으로 살펴보았다. 이제 자신의 장점과 기질이 어떻게 해서 특정 직업과 구직 방식에 맞는지 알게 되었다. 그러나 앞에서 제시한 직업들이 꼭 마음에 들지만은 않았을지도 모르겠다. 다음, 마지막 단계에서는 당신이 바라는 직업과 그 분야를 좁혀 보겠다.

성격 유형뿐만 아니라, 자신의 가치관, 관심사, 기술 같은 다른 요소들도 직업 만족 수준을 높이는 데 기여한다. 즉 개인과 직업이 서로 잘 맞으면 맞을수록, 더욱 만족감을 얻는다. 이제 취업 전략을 수립하기 위해 지금까지 배운 모든 것들을 총동원할 준비를 하라. 23장의 연습 문제를 풀면서 이런 작업을 수행할 것이다.

하지만 어쩌면 현재 일자리를 유지하는 것이 더 현명한 결정일 수도 있다. 재정적인 압박, 가족들의 기대, 어려운 직업 시장 상황 등 다양한 이유 때문에 그렇다. 그래도 기운을 내길 바란다! 지금까지 이 책을 통해 배운 것들은 현재의 일자리에서도 더 성공적이고 알차게 일하는데 도움이 된다. 직업을 바꿀 시기라면 이직에 관련된 훨씬 풍부한 아이디어를 얻을 수 있다.

더 만족스러운 직업을 찾을 수 없다면, 지금 하고 있는 일을 사랑하라

대부분의 직장에서는 직원들이 업무를 수행하면서 융통성을 발휘할 수 있는 다양한 기회를 제공하고 있다는 것을 명심하라. 당신의 요구가 반영되도록 현재의 업무에 변화를 주는 방법을 아래에 제시한다.

— 가능하면 반복적인 단순 업무는 타인에게 위임한다.

— 당신의 전문성을 확장하기 위해 수업을 듣고 세미나에 참석한다.

— 동료 직원과 팀을 만들어 일한다.

— 세부적인 업무와 뒤처리에 능한 비서를 고용한다.

— 아이디어를 서로 나눌 수 있는 창조적인 사람을 찾는다.

— 전문인 단체에 가입하고 회의에 참가한다.

— 업무 시간을 조정하거나 업무를 나눠서 일을 다르게 해 본다.

— 비슷한 전문 분야나 취미를 가진 사람들끼리 모임을 만들거나 그런 모임에 가입한다.

— 일에 싫증이 나면 잠깐 동안 다른 일을 해 본다.

— 당신이 다양한 종류의 프로젝트를 진행하고 있다는 것을 확인한다.

— 친구들과 아이디어 모임을 만들어서 서로의 아이디어와 계획에 대해 평가한다.

원하는 바를 성취하기 위해 자신의 자산을 활용하라

최고의 성공 비결이란 간단히 말해, 자신의 장점을 발휘하고 단점을 보완하는 것이다. 이렇게 하는 방법을 몸소 익히게 되면, 성공할 수 있고 자신의 일을 사랑할 수 있다. 여기 ENTP형의 강점과 약점 목록을 제시한다. 개인적 특성이 모두 다르기는 하지만 다음 목록의 많은 부분을 ENTP형인 자신에게 적용할 수 있을 것이다.

업무와 관련된 ENTP형의 강점

— 의사소통 능력이 탁월하고 자신의 아이디어로 사람들을 자극할 수 있다.

— 고정 관념을 깨고 열렬히 새로운 가능성에 주목한다.

— 창조적으로 문제를 해결하는 데 탁월하다.

— 위험을 기꺼이 감수하고 새로운 시도를 하며 장애물을 극복한다.

— 관심 분야가 다양하고 새로운 것을 빨리 흡수한다.

— 거절을 이겨 내고 긍정과 열정을 유지하는 능력이 있다.

— 자신의 지식을 계속 확장하려는 욕구와 자신감이 대단하다.

— 타고난 호기심을 바탕으로 새로운 정보를 습득하는 기술이 뛰어나다.

— 숲 전체를 볼 수 있고 행동과 아이디어의 함의를 파악한다.

— 동시에 여러 가지 일을 처리하는 능력이 있다.

— 사람의 욕구와 동기를 파악하는 통찰력이 있다.

— 적응력이 강해서 쉽고 빠르게 방향에 변화를 준다.

— 사교성이 빼어나다.

업무와 관련된 ENTP형의 약점

— 조직적으로 생활하는 데 어려움을 느낀다.

— 우선순위를 정해서 결정을 내리기가 힘들다.

— 자부심이 지나쳐서 자신의 능력이나 경험을 잘못 전달할 수 있다.

— 현실보다 가능성에 관심을 갖는 경향이 있다.

— 당신의 능력을 벗어난 범위까지 약속하는 성향이 있다.

— 상상력이 부족하거나 고지식한 사람을 견디지 못한다.

— 일단 문제가 해결되면 프로젝트에 대한 관심도가 떨어진다.

— 틀에 박히거나 전통적인 방식으로 일을 처리하기 싫어한다.

— 중요한 세부 사항을 매듭짓는 훈련이 부족하다.

— 쉽게 지루해하고 딴 길로 새는 경향이 있다.

— 단순 반복적인 일을 싫어한다.

— 능력이 떨어지는 사람들을 견디지 못한다.

내향적, 직관적, 사고적, 인식적 성격형
INTP형 타고난 문제 해결사

사례 1 **가능성을 예측하는 마크** (소프트웨어 엔지니어)

"더 나은 의료 서비스를 위한 처방과 양식을 생각합니다."

직업

벤처 기업에서 일할 때는 다방면으로 생각해야 한다. 바로 의료 벤처 기업의 선임 소프트웨어 엔지니어로 일하는 마크가 그러하다. 회사는 정형외과를 위해 환자가 보고하는 치료 결과 데이터를 수집한다. 병원은 회사와 계약을 맺고 환자에게 수술 전후 연락을 취하고, 평가도구를 사용해서 수술 후 상태를 측정한다. 마크의 회사는 데이터를 이용해서 환자가 얼마나 좋아지고 있는지 알 수 있을 뿐만 아니라 다양한 병원의 감염률 등도 추적할 수 있다.

"우리가 이 일을 하기 전에는 누구도 환자에게 실제로 어떻게 느끼는지 물어보지 않았습니다. 그저 환자에게 일방적으로 말할 뿐이었죠."

마크는 이 일을 수행하는 웹 애플리케이션을 유지하는 소프트웨어를 담당한다. 여기에는 환자 등록 시스템뿐 아니라 설문 조사 대상 인프라 관리도 포함된다.

"예전에는 매주 12명 정도의 환자를 직접 등록했지만, 지금은 한 달에 10,000명을 등록할 수 있도록 시스템을 만들었습니다."

마크는 소규모 팀으로 일하기 때문에 다양한 역할을 맡고 있다.

"전혀 생각지도 못했던 고객의 문제를 해결하다가 갑자기 다른 프로그램의 유지관리도 신경써야 합니다. 그러다가 보면 뭔가가 나타나고, 일을 더 효율적으로 처리할 수 있는 좋은 아이디어가 떠오릅니다."

배경

마크는 컴퓨터가 있는 환경에서 자랐다.

"컴퓨터를 가진 몇 안 되는 집이었습니다. 그래서 선생님들께 컴퓨터 사용법을 알려드렸어요."

아버지가 컴퓨터 업계에서 근무하셨지만, 마크는 아버지로부터 직접 컴퓨터를 배운 적은 없었다.

"그냥 컴퓨터가 거기에 있었습니다. 그래서 컴퓨터를 분해하고 부품을 가지고 놀았어요. 그렇게 하드 드라이브, 컴퓨터, 게임 보드의 연동에 대해 알게 되었습니다."

어느 날 자바 프로그래밍 과정을 수강하기 전까지 마크는 컴퓨터에 대해 조금도 흥미를 느끼지 못했다. 그는 절반의 시간 만에 과정을 마치고 컴퓨터 공학 학위를 받았다. 학교 다니는 내내 인턴십을 유지했으며, 졸업하면서 정규직이 되었다.

그런 뒤에 마크는 피닉스 시에서 일했다.

"저는 컴퓨터 프로그래밍과 소프트웨어 개발의 전반에 대해 배워야 했습니다. 몸이 세 개라도 모자랄 지경이었습니다."

피닉스에서 나고 자란 마크는 다른 도시로 갈 기회가 오자 저항할 수 없었다. 그렇게 시애틀에 있는 작은 보건 의료 벤처 기업으로 향했다. 그는 소프트웨어 팀에서 일을 시작했다. 회사의 직원은 총 세 명이었고, 업무의 상당 부분은 인프라 관리였다.

"완전히 새로운 언어와 역할을 배워야 했는데, 그게 무척 마음에 들었습니다. 제가 무언가를 개발할 수 있다는 점에서 특별했습니다."

5년 후, 회사는 벤처 기업이라는 피할 수 없는 성장의 고통을 이겨내고 안정적으로 성장하고 있다.

꼭 맞는 직업

마크 같은 개념주의자에게는 어려운 문제를 해결하는 것만큼 만족스러운 일이 없다.

"누군가가 겪고 있는 문제를 듣고 실용적이고 흥미진진한 해결책을 생각해서 문제를 해결하는 것을 좋아합니다."

마크는 문제가 생기면 수습할 때보다 근본적인 원인을 파악할 때 자부심을 느낀다.

"아는 게 없는 상황 속에서 맥락을 찾아야 합니다. 어떻게 작동하는지 파악하고, 개발자의 성격과 그가 궁극적으로 원한 게 무엇인지 알아내는 거죠. 그런 면에서 보면 프로그램은 건축과 비슷합니다."

주기능이 사고인 마크는 맥락에 따라 가장 효율적이고 효과적인 결론에 도달하기 위해 논리에 의존한다. 그리고 지적이고 기술적 영역과 관련된 업무를 수행하느라 보통은 인력 관리에 시간을 덜 할애한다. 그는 인력 관리를 좋아하지 않지만, 관리할 필요가 없는 사람들과의 상호작용은 즐기는 편이다.

마크는 부기능인 직관도 업무에 활용한다. 큰 그림을 볼 수 있는 그의 능력으로 인해 고개를 숙이고 프로토콜을 따르는 다른 코더들과 차별화된다. 마크는 항상 시스템을 개선하고 혁신할 수 있는 방법을 찾고 있다.

"저는 전반적으로 창의적인 사람입니다. 창의적인 충동도 많다고 생각해요. 창의적이 될 수 있는 기회는 많습니다. 효율적일 수 있는 기회도 마찬가지입니다. 핵심은 창의성과 효율성의 조화입니다."

미래에 대한 기대

마크는 유능하고 야심이 있지만, 10년 후 자신이 어떤 모습일지에 대한 명확한 계획은 아직 없다. 다만 꿈꾸는 직업은 있는데, 바로 소프트웨어 아키텍트다.

"매니저가 없는 최고의 엔지니어입니다. 기술적 상황에 대해 인지해야 하고, 깊이 있는 이해보다는 폭넓은 이해가 필요합니다. 그리고 대화를 통해 제가 구현한 해결책이 잘 설계되었는지, 에코시스템에 적합한지 확인합니다."

마크는 업계의 트렌드를 확실하게 예측하고 있다.

"나보다 더 재능이 넘치는 18세 프로그래머가 있을 수도 있어요. 요즘엔 유튜브에서 프로그래밍을 배울 수 있는데, 실제 수업에서보다 더 많이 배울 수 있습니다."

사례 2 감각적인 출판 마케터 애나 (온라인 마케팅 책임자)

"디지털 시대에 적합한 도서 마케팅을 추구합니다."

직업

왜 어떤 책들은 여기저기에서 눈에 띄고, 입소문을 탈까? 그리고 왜 어떤 책들은 선반에 자리를 차지하고 있다가 소리 없이 사라지는가? 이 모든 일의 뒤에는 마케팅팀이 있다. 그리고 그곳에 애나가 근무한다.

애나는 판촉과 온라인 마케팅 책임자로 근무 중이다. 그녀는 출간될 책들이 최고의 판매량을 올릴 방안들을 구상한 뒤, 영업팀이 독자에게 책을 구매하도록 설득하기 위해 알아야 할 점들을 알려 주는 일을 맡고 있다. 또한 회사의 웹 사이트를 관리하고 소셜 미디어를 운영하며 안내 책자를 홍보하는 일도 담당한다. 그녀는 책의 성공에 있어 정말로 중요한 의견을 가진 작가들 및 평론가들과 온라인으로 돈독한 관계를 맺고 유지한다.

배경

애나는 어렸을 때만 해도 커서 예술가가 되고 싶었다. 고등학교 때는 수학자가 되고 싶었고, 대학교 때는 저널리스트가 되고 싶었다.

"대학을 졸업하자, 스물두 살이 꿈꿀 만한 전형적인 직업들은 아니구나 싶었어요."

결국 애나는 음식 관련 웹 사이트에서 편집자로 근무하게 되었다. 편집 과정과 광고, 마케팅 그리고 광고 문안 작성과 같은 다양한 일을 배우는 좋은 경험이 되리라 생각했다. 애나는 블로거, 작가, 사업가, 출판업자 들과 두루 관계를 맺었고, 나중에 자신에게 프리랜서 일을 맡겨 주거나 미래의 직업을 추천해 줄 만한 인맥을 쌓아 나갔다.

대학 졸업 후 1년 만에 애나는 신생 수제 맥주 회사의 마케팅 부장으로 취업했다. 신생 벤처 기업의 온라인 기반을 개척할 생각에 들뜨기도 했지만, 이내 편집 일이 갖는 창의적이고 지적인 측면을 모두 놓쳤다는 생각이 들었다. 그래서 회사를 그만두고 광고 문안 작성과 편집 프리랜서 일을 시작했다. 하지만 애나는 더 안정적인 작업을 원했고, 본격적으로 다시 진로를 탐색했다. 몇 달 후, 애나는 독립출판사에 채용되어 마케팅과 편집을 겸하게 되었다.

꼭 맞는 직업

개념주의자인 애나는 대단히 전략적이고 구조적인 사고를 한다. 이런 점은 애나가 각각의 계획을 성공적으로 실행할 수 있을지 계산하고 마케팅에 활용하는 데 매우 중요한 자질이다.

"요즘은 어떤 종류의 편집 일이든 사업 감각과 마케팅 감각을 지녀야 합니다. 책이 어떻게 시장으로 나가서 대량으로 판매되는지 이해해야 해요."

주기능이 사고인 애나는 분석적이고 지적인 편집자로, 프로젝트의 결함을 파악해 문제를 해결하는 방법을 찾아내는 능력을 갖고 있다.

그리고 직관이 부기능이라 책이든, 임무든, 계획이든, 회사에서 맡긴 일이든 전체적인 모습을 보고 그에 따른 아이디어를 효율적으로 소통하는 능력을 지녔다. 또한 직관이 잘 발달되어 있어서 책을 가장 탁월하게 홍보하는 데 필요한 요소들을 기가 막히게 고르는 재주가 있다.

"책의 스타일과 목적, 매력 그리고 예상 구매 독자를 판단해서 표현하는 일은 쉬워요."

애나는 예리하고 창의적인 미적 감각을 지니고 있어서 온라인 관리에도 능하다.

미래에 대한 기대

애나는 편집 일에 필요한 창의적이고 지적인 감수성을 매우 높이 평가한다. 그녀는 5년에서 10년 후에는 잡지나 웹 사이트 같은 출판업계 또는 출판사에서 책임 편집자가 되길 기대한다. 중요한 결정을 내리는 비중 있는 역할을 맡아서 책이나 간행물 또는 계절별 콘텐츠를 기획하고, 더 폭넓은 시야로 상황을 파악하는 재능을 활용하고 싶다. 애나는 편집자로서 제품의 성과를 더 잘 감독하고, 자신이 원하는 방향으로 이끌길 원한다. 무엇보다도 긍지를 느끼는 출판업계에서 계속 일하고 싶고, 그 일이 어떻게 진행되는지 보기 원한다.

사례 3 ■ 새로운 자극을 찾는 버트 (미디어 프로듀서)
"나는 과정을 소중하게 여깁니다. 그것이 성공을 만듭니다."

직업

얼핏 보면 버트는 미디어 프로듀서다. 하지만 실제로는 사업가다. 버트는 매년 오락 프로그램, 마케팅 설명회와 기업 회의, 시청각 교재, 그리고 전국의 대기업 고객들을 위한 주문형 마케팅 프로그램을 제작한다. 그는 네 명의 직원을 데리고 작은 사무실을 운영하고 있으며, 필요할 때마다 계약하는 프리랜서들의 숫자는 헤아리기 힘들 정도다. 버트는 영화사와 계약하여 기술과 음향 장비를 제공하며 엑스트라를 동원하며 장비를 수송하고, 숙박 시설을 예약하는 일을 한다. 또한 전국적 규모의 영업 회의가 열리는 동안 기업의 새로운 마케팅 전략을 보여 주는 시청각 프로그램을 개발한다. 세세한 일들은 끝이 없고 스트레스도 심하다.

배경

버트는 대학에서 회계학을 전공했다. 자신이 언젠가 사업을 벌이려면 회계학을 배워 둘 필요가 있다고 생각했기 때문이다. 대학을 졸업하자마자 아버지 회사에서 영업부 책임자로 일했는데 그때 배운 것들은 그에게 한없이 소중한 경험이 되었다. 그러나 창조성이 부족한 일에 싫증을 느낀 그는 아버지 회사를 관두고 가구 제조 회사를 차렸다.

1년 반이 지난 뒤, 버트는 인쇄소의 영업 부장으로 취직했다. 그가 이곳을 그만둔 것은 사장이 회사를 말아먹고 있다고 생각했기 때문이었다. 그래서 그는 직접 인쇄 회사를 차렸고 6년 동안 이 회사를 성공적으로 운영했다. 그러나 경기 침체가 시작되면서 이자율이 치솟자 한 달 만에 사업 규모가 85퍼센트 축소되었다. 회사를 정리한 그는 대학과 기업을 상대로 이벤트를 제작해 주는 이벤트 회사를 차렸다. 두 명의 동업자와 함께 5년 동안 그 사업을 운영했고, 지금은 다른 형태로 홀로 사업을 운영한다. 현재 그는 기업체들과만 일한다.

꼭 맞는 직업

직관적 사고형인 버트는 끊임없이 새로운 자극을 찾는다. 그는 프로그램과 서비스를 개발하는 사업을 일으켰고, 이러한 사업은 그에게 부단히 새로운 문젯거리를 가져다주었다. 그는 사업가가 된 덕분에 독립적으로 일하고 싶은 욕구와 유능하고 재주 많은 사람들 곁에서 일하고 싶은 욕구를 충족할 수 있다. 버트는 사고의 규모가 거창하고, 복잡한 프로젝트를 수주하며 자신의 성공이 가져다준 지위와 힘을 즐긴다. 또한 자신의 창조성과 성실성이 높이 평가받는 것을 기뻐한다.

그는 주기능인 사고를 통해서 어떤 일의 논리적 결과를 예측하고, 문제를 예상해서 그 해결책을 생각해 낸다. 또한 남들이 자신의 아이디어에 대해 뭐라고 생각할 것인가에 대해 별로 신경 쓰지 않는다. 그는 자신의 원칙에 따라 행동한다. 그에게 가장 중요한 것은 남의 생각보다는 자신의 생각이다.

버트는 부기능인 직관을 통해 가능성에 대해 객관적인 시각을 유지할 수 있다. 그는 고객의 목표를 달성하고, 비전에 대한 열정을 불러일으키는 흥미롭고 독창적인 방법을 제공한다. 그리고 최종 결과를 긍정적으로 받아들이는 고객을 보며 짜릿함을 느낀다. 그는 본능적으로 어떤 사람에게 어떤 일이 맞는지 알 수 있다.

버트는 자신의 일을 사랑한다. 직업상의 자유로움, 좋아하는 프로젝트를 소화하는 것, 그리고 좋아하는 사람들과 함께 일하는 것이 좋다.

"유능한 사람들과 함께 일할수록 더 수월하게 성공합니다."

그는 뛰어난 사람들과 일하는 과정을 통해 각자의 목표를 성취할 수 있다는 사실이 기분 좋다. 사람들이 위험 부담을 감수하고, 잠재력을 발휘해서 뛰어난 생산물을 창조해 낼 수 있는 이유가 자신의 도움 때문이라고 여긴다.

미래에 대한 기대

버트는 끊임없는 변화와 도전이 일의 본질로, 사업을 새롭고 놀라운 방식으로 계속 성장시키고 지루할 틈 없게 만들 수 있다고 생각한다. 나이가 들어감에 따라 그는 적재적소에 사람을 배치하는 능력을 기르고 있고, 그래서 일이 더 쉽고 재미있어졌다.

"제가 그런 능력을 완벽하게 습득하진 못할 겁니다. 하지만 저는 사람에 대한 통찰력을 길러서 제가 직접 하는 일을 줄이고 믿을 만한 사람들에게 일을 더 맡기는 것을 목표로 하고 있습니다.

버트에게 직업 만족이란 독창적인 발상, 유능한 사람들과 함께 일하는 것, 자신의 발상을 훌륭하게 실현하는 것, 같이 일하는 사람들의 만족과 관객들의 환호를 이끌어 내는 것이다.

INTP형이 만족할 수 있는 직업의 성격

마크와 애나 그리고 버트는 서로 다른 배경과 경험, 이력을 가지고 있지만 그들의 인생사를 하나로 엮을 수 있는 공통점이 있다. INTP형인 이 세 사람은 구체적인 관심사나 능력, 가치관이 서로 다를지 모른다. 하지만 이들은 모두 직관적 사고형의 기질이며, 주기능인 사고를 내향화하고 부기능인 직관을 외향화하는 동일한 심리학적 기능 구조를 갖고 있다. 우리는 이 세 사람을 통해서 INTP형의 욕구에 대한 많은 것을 관찰할 수 있다.

아래의 열 가지 요소들은 정도의 차이와 중요성의 순서는 다르겠지만 INTP형이 직업 만족을 느끼기 위해 필요한 것들을 나열한 것이다. 비록 같은 성격 유형의 소유자라고 해도 사람은 저마다의 개성이 다르므로, 이 목록을 모두에게 똑같이 적용시킬 수는 없다.

아래의 목록을 읽어 본 다음 자신이 중요하다고 생각하는 순서에 따라 이들 열 가지 요소의 순서를 다시 정하는 것이 좋겠다. 그러면서 현재와 과거의 직업 중 특히 좋았던 부분이나 싫었던 부분을 생각해 보고 다양한 경험을 관통하는 일관된 요소를 찾아보자.

1. 새로운 아이디어를 개발하고, 분석하고, 비판할 수 있는 일.
2. 결과물보다는 창조적, 이론적, 논리적 과정에 관심과 에너지를 집중할 수 있는 일.
3. 복잡한 문제를 다룰 수 있는 일. 관습적인 접근 방식을 벗어나 창조적인 접근 방식을 시도할 수 있고, 최선의 해결책을 찾기 위해 위험을 무릅쓸 수 있는 일.
4. 집중할 수 있는 개인 시간이 많고 독립적으로 할 수 있는 일.
5. 자신이 세운 높은 기준을 적용할 수 있는 일. 또한 자신이 한 일에 대한 평가와 보상 방식을 스스로 정할 수 있는 일.
6. 무의미한 규칙이나 지나친 규제, 불필요한 회의가 없는 유연한 환경에서 할 수 있는 일.
7. 존경하는 친구와 동료들로 이루어진 소그룹과 상호 작용할 수 있는 일.

8. 자신의 개인적 능력과 힘을 끊임없이 키울 수 있는 일. 성공한 사람들과 교류할 수 있는 일.

9. 독창적인 아이디어를 짜내고 계획을 세울 수 있는 일. 그리고 그 실행과 마무리는 능률적인 지원 부대에게 위임할 수 있는 일.

10. 사람들을 직접 조직하거나 감독하지 않아도 되는 일.

INTP형에게 맞는 직업

다음은 INTP형이 특히 만족을 느낄 수 있을 만한 직업과 그 이유들이다. 여기에서 제시한 직업 목록 중 미처 생각하지 못했던 직업에 대해서도 그 가능성을 탐색해 보도록 하자.

▌기술 분야

소프트웨어 개발자(애플리케이션, 시스템) | 컴퓨터 프로그래머 | 모바일 애플리케이션 개발자 | 컴퓨터 및 정보 리서치 사이언티스트 | 컴퓨터 시스템 분석가 | 전략 기획자 | 신규 시장 및 제품 개념화 전문가 | 네트워크 전문가 | 경영 컨설턴트(컴퓨터, 정보 서비스, 마케팅 및 재조직) | 출판 디자이너 | 인터랙션 디자이너 | 네트워크 및 컴퓨터 시스템 관리자 | 컴퓨터 애니메이터 | 정보 보안 분석가

기술 분야는 INTP형에 해당하는 사람들이 최고의 역량을 발휘할 수 있는 분야이다. INTP형은 복잡한 시스템을 이해하고 시스템 오류와 단점을 제거하는 능력이 뛰어나기 때문에 이 분야에서 일하기를 좋아한다.

이들은 생산물, 서비스, 또는 시스템이 전체 회사, 산업, 기술의 맥락에

어떻게 맞는지 잘 이해한다. 그리고 이들은 보다 새롭고 효율적인 작업 방식을 선호한다.

> **■ 보건 의료 및 의료 기술 분야**
>
> 신경과학자 | 외과 의사 | 내과 의사 | 약사 | 의학자 | 과학자(화학, 생물학) | 제약 회사 연구원 | 생체 공학 엔지니어 및 연구원 | 수의사 | 미생물학자 | 유전학자 | 물리학자 | 생물물리학자

INTP형에 해당되는 사람들은 이 분야에서 뛰어난 추론 능력과 기술 분야의 재능을 이용한다. 특히 신경과, 성형외과, 생체 공학 및 제약 연구는 급속히 성장하는 분야이다. INTP형이 이런 분야에 흥미를 느끼는 것은 어느 정도 위험이 따르는 혁신적 산업의 긴장을 견딜 수 있기 때문이다. 물리학, 화학, 생물학의 영역에는 복잡한 개념을 다룰 수 있는 기회가 있고, 끊임없이 새로운 것을 배울 수 있으며 '만약에'라는 질문을 되풀이할 수 있다. 게다가 이와 관계된 직업, 특히 연구직을 택하면 독립적으로 일할 수 있다. 이런 분야는 경쟁이 치열하기 때문에 지적 수준이 높고 재능이 뛰어난 사람들에게 적합하다.

> **■ 전문직 및 비즈니스 분야**
>
> 변호사 | 경제학자 | 개인 재무 상담자 | 심리학자 | 정신과 의사 | 시장 조사 분석가 | 재무 분석가 | 건축가 | 투자 은행 직원 | 경찰관 | 변리사 | 법률 중재인 | 기업 재무 담당 변호사 | 기업가 | 벤처 투자자 | 사업 분석가 | 정보 요원

INTP형은 이러한 직업들을 통해서 복잡한 문제를 분석하고 해결하는 기회를 많이 갖게 된다. 이 직업들은 극단적으로 까다로운 부분도 많기 때문에 논리적 사고와 문제에 대한 혁신적 접근 방식이 요구된다. 건축가와 심리학자의 일에서는 창조적 과정이 핵심이다. 어떤 요소나 사건이 시스템 전체에서 어떤 역할을 하는지 아는 것은 INTP형의 특별한 장점이다. 이 능력은 특히 경찰관과 재무 분석가의 일에서 요구되는 경우가 많다. 법적 전략을 완벽하게 짜는 일에서 경제적 동향을 전망하는 일까지, 이러한 직업은 INTP형이 필요로 하는 재미와 개인적 자극을 제공할 수 있다.

학술 분야

수학자 | 고고학자 | 인류학자 | 역사학자 | 철학자 | 대학교수 | 온라인 교육자 | 연구원 | 논리학자 | 대학교 행정 직원 | 통역가 및 번역가 | 천문학자

INTP형은 지적 자극을 주는 학문의 세계를 좋아하는 편이다. 색다른 접근 방식을 탐구하고 사유하는 일을 좋아하기 때문에 교수라는 직업에 만족한다. 이들은 보통 상위 그룹의 적극적인 학생들에게 까다로운 과목을 가르치는 것을 선호한다. 게다가 혼자 일하면서 자신의 통찰을 지적인 동료와 나누는 것을 좋아한다. INTP형은 지나친 규칙과 관료주의가 없는 곳에서 최고의 역량을 발휘한다.

크리에이티브 분야

사진작가 | 크리에이티브 라이터 | 예술가 | 그래픽 디자이너 | 연예인 및 무용수 |

음악가 | 에이전트 | 발명가 | 인포그래픽 디자이너 | 칼럼니스트 및 비평가, 해설자
| 블로거 | 편곡자 | 프로듀서 | 영화 감독 및 연출가 | 영화 편집자 | 아트 디렉터

INTP형이 이런 직업에 끌리는 가장 큰 이유는 완전히 독창적인 것을 만들어 낼 수 있기 때문이다. 이들은 다양한 매체를 통해 일하는 창조적인 직업을 좋아하고 여러 사람들과 다양한 경험을 쌓는 것을 좋아한다. 이들은 보통 혼자 일하거나 소수의 재능 있는 사람들과 함께 일하는 것을 선호한다. 그러나 INTP형이 크리에이티브 분야에서 만족을 느끼기 위해서 반드시 자신의 작품을 공연해야 할 필요가 있는 것은 아니다. 이들 가운데 많은 수가 창의적인 사람들의 세계에 매료되어 에이전트로 일하는 것을 즐긴다. 그리고 혁신적이고 독창적인 제품과 서비스를 창조해 낼 수 있는 능력 덕분에 발명가로 성공하는 경우도 많다.

기억해 둘 점은 위에 나열된 직업들은 이 성격 유형의 고유한 자질들을 만족스럽게 표현해 줄 수 있는 일부 영역에 지나지 않는다는 것이다.

구직 활동 최적화

자기 성격 유형의 장단점을 알고 있으면 구직 활동 과정에 큰 도움이 된다. 자리나 유망한 고용주에 대해 조사하고 이력서를 작성하는 것에서부터 인터뷰를 준비하거나 연봉을 협상할 때도 사람들은 자신의 성격 유형대로 행동한다. 자신의 장점을 활용하고 단점을 보완한다면 구직 활동을 더욱 성공적으로 해나갈 수 있다.

성격 유형의 차이는 때로는 눈에 잘 띄지 않기도 하고 어떤 경우에는

극적으로 드러난다. 구직 과정에서는 성격 유형과 같은 미묘한 변수가 성공이냐 실패냐를 가르기도 한다. 외향적인 사람들은 폭넓은 인맥 형성을 즐기지만 내향적인 사람들은 이미 아는 사람들을 계속 만나는 것처럼 좀 더 제한적이고 좁게 인맥을 쌓는 편이다. 감각형들은 한정된 범위의 사람들을 만나는 경향이 있고, 직관형의 사람들은 자기와 관련 없어 보이는 사람들까지 포함하여 폭넓게 사람들을 만나는 경우가 많다. 감정형의 사람들은 매우 사적이고 친근하게 관계를 맺는 반면, 사고형 사람들은 더 객관적이고 초연한 태도로 사람들과 관계를 맺는다. 마지막으로 판단형은 모임에서 소수의 사람들에게 제한적인 질문을 하지만 인식형의 사람들은 온종일 상대방에게 모든 종류의 질문을 퍼부을 수도 있다.

INTP형을 위한 성공적인 구직 활동법

INTP형은 자신의 장점(창조적 문제 해결 능력과 가능한 대안에 대한 비판적 분석력) 덕분에 다소 지루하거나 재미없는 구직 단계를 참고 견딜 수 있다. 그러나 이들은 우호적 관계를 형성하기 위해서, 그리고 다른 사람들이 이해할 수 있는 단순한 언어로 자신의 생각을 표현하기 위해 노력을 기울여야 한다.

INTP형에게 가장 효과적인 전략은 자신이 가진 능력을 최대한 보여 주는 것이다.

현재 존재하지 않는 가능성을 본다.

— 자신이 알고 있는 과거를 '현재의 존재 방식'으로 생각한다. 자신의 상상력을 동원해서 가까운 미래에 실현될 수 있는 가능성을 보고 그것을 최대로 이용할 수 있도록 계획을 세운다.

— 면접관의 주목을 끌거나 다른 후보들과의 차별성을 부각시키려고 할 때 너무 튀지
않는 방식을 사용하도록 한다.

취업 기회를 만들어 낸다. 지금은 별로 끌리지 않는 직업을 고려한다.
— 미래의 요구를 예견하는 능력을 이용해서 문제를 해결해 줄 수 있는 직업을 개발
한다.
— 현재의 일자리를 변형하고 개선해서 자신의 장점을 살리면서도 고용주의 요구를
충족시킬 수 있는 일을 만들어 낸다.

행동의 논리적 결과를 예상한다.
— 과거에 경험한 사례를 통해 원인과 결과에 대한 명쾌한 감각이 있음을 보여 준다.
자신의 감각을 이용했던 일의 긍정적인 결과에 대해서도 자세히 설명한다.
— 취업 기회가 생겼을 때 자신의 비판적 사고 능력을 이용해서 취업 결정의 긍정적,
부정적인 결과를 함께 예측해 본다.

혁신적인 구직 활동을 개발해서 실천한다.
— 문제가 생기면 이를 도전으로 받아들인다. 그리고 창조성으로 그러한 도전을 극복
할 수 있는 방법을 찾는다.
— 자신이 창조적이고 대안적 사고의 소유자임을 부각시켜 경쟁자들과의 차별성을 확
립한다.

모든 가능성을 고려해서 중요한 관련 정보를 수집한다.
— 냉정하고 침착한 태도를 갖는다. 결정을 내릴 때는 서두르지 말고 충분한 시간을
갖고 생각한다.
— 면접을 볼 때, 자신이 그 직업에 대해 정확한 인식을 갖고 있는지, 그 일자리의 책
임과 한계는 무엇인지에 대해 많은 질문을 던진다.

구직 활동 중 INTP형이 주의해야 할 점

INTP형은 보편적으로 다음과 같은 단점이 있을 수 있다. 이들의 단점은 단지 구직 활동만이 아니라 인생의 다른 측면에도 영향을 미치기 때문에 아래의 항목들을 과거 경험과 결부시켜 하나하나 생각해 보아야 한다. '이건 나한테 맞는 얘기일까?'라고 스스로에게 물어보고, 만약 그렇다면 '어떤 점이 내가 원하는 일을 성취하는데 방해가 되었나?'에 대해 생각해 보자. 자신이 가진 단점을 극복하는 길은 자신의 3차 기능인 감각과 열등 기능인 감정을 의식적으로 개발하는 일이라는 걸 알 수 있다. 쉽지는 않겠지만 자신에게 부족한 기능을 많이 사용하면 할수록 앞으로 문제가 발생할 가능성은 더욱 낮아진다.

계획을 실천으로 옮긴다.

— 일단 참신한 취업 계획을 세웠으면, 아이디어의 현실성을 점검해 본다. 내가 상상한 것을 전부 실천할 시간은 있는지, 내가 꿈꿨던 것을 창조하는 것이 가능한지 따져 본 뒤 자신의 아이디어를 실행에 옮길 시간표를 짜고 이를 지킨다.

— 질문해야 할 사항, 면접 후 계속 연락을 해야 할 곳 등 단계별 계획을 세워서 하나라도 빠뜨리는 일이 없도록 한다.

현실에 근거해서 목표를 세운다.

— 자신의 경험 정도와 추구하는 분야에 따라 자신에게 맞는 직업을 찾는 데 걸리는 기간이 총 세 달에서 열두 달까지 될 수 있다는 것을 기억한다. 구직 활동을 시작해서 끝날 때까지 이 사실을 염두에 두면 실망하거나 무관심해지는 일이 없을 것이다.

— 초조해지거나 자신감이 없어지면 친한 친구들에게 도움을 요청한다.

미래의 고용주에게 무심결에 오만한 인상을 주지 않도록 한다.

— 사람들이 자신을 어떻게 인식하는지 주의를 기울인다. 가까운 사람들에게 자신의
태도가 남의 눈에 어떻게 비치는지 평가해 달라고 한다. 면접을 볼 때 무뚝뚝한 솔
직함은 무례함으로 인식될 수도 있다는 사실을 인지한다.

— 면접관의 질문이나 이야기에 충분히 귀 기울인 다음 판단을 내리도록 한다. 면접
초기에는 우호적 관계 형성을 목표로 삼는다.

취업 과정에 수반되는 중요한 세부적인 일을 철저히 이행한다.

— 자신에게 취업 정보를 준 사람에게 보내는 감사 메일 같은 것은 불필요한 것으로
보일 수 있지만 취업 과정에서 중요한 부분이다.

— 확인 전화나 메일을 빠뜨려서 자신이 진정으로 원하는 자리에 흥미가 없는 모습으
로 비치는 일이 없도록 한다.

결정을 미루지 않는다.

— 자신이 선택할 수 있는 직업과 자신의 요구와 능력에 대해 충분히 생각한 다음에는
행동하라! 매력이 덜한 직업은 제외하고 마음에 드는 직업을 목표로 활발한 취업
활동을 한다.

— 너무 오랫동안 결정을 미뤄 기회를 잃어버리는 일이 없도록 한다.

INTP형을 위한 마지막 조언

지금까지 INTP형의 성격 유형에 대해 구체적으로 살펴보았다. 이제 자
신의 장점과 기질이 어떻게 해서 특정 직업과 구직 방식에 맞는지 알게 되
었다. 그러나 앞에서 제시한 직업들이 꼭 마음에 들지만은 않았을 것이다.
다음, 마지막 단계에서는 바라는 직업과 그 분야를 좁혀 보도록 하겠다.

성격 유형뿐만 아니라, 자신의 가치관, 관심사, 기술 같은 다른 요소들도 직업 만족 수준을 높이는 데 기여한다. 즉 자신과 직업이 서로 잘 맞으면 맞을수록, 더욱 만족감을 얻을 수 있다. 취업 전략을 수립하기 위해 지금까지 배운 모든 것을 총동원할 준비를 하라. 23장의 연습 문제를 풀면서 이런 작업을 수행할 것이다.

하지만 어쩌면 현재 일자리를 유지하는 것이 더 현명한 결정일 수도 있다. 재정적인 압박, 가족들의 기대, 어려운 직업 시장 상황 등 다양한 이유 때문에 그렇다. 그래도 기운을 내길 바란다! 지금까지 이 책을 통해 배운 것들은 현재의 일자리에서도 더 성공적이고 알차게 일하는 데 도움이 된다. 직업을 바꿀 시기가 찾아온 후에는 이직에 관련된 훨씬 풍부한 아이디어를 얻을 수 있다.

더 만족스러운 직업을 찾을 수 없다면, 지금 하고 있는 일을 사랑하라

대부분의 직장에서는 직원들이 업무를 수행할 때 융통성을 발휘할 수 있는 다양한 기회를 제공하고 있다는 것을 명심하라. 당신의 요구가 반영되도록 현재의 업무에 변화를 주는 방법을 아래에 제시한다.

― 단순 반복 업무는 다른 사람에게 위임한다.

― 방해 없이 아이디어를 키우고 궁리할 시간이 충분하다는 것을 확인한다.

― 아이디어에 관해서 대화를 나눌 만한 창의적인 사람을 찾는다.

― 근무 시간을 조정해서 다른 방식으로 일해 본다.

― 자신의 직속 부하를 바꿀 수 있는지 확인하라.

― 조직적이고 세부 사항을 잘 처리하는 조력자를 찾는다.

― 당신의 전문성을 지속적으로 키우기 위해 수업을 듣고 세미나에 참석한다.

― 일이 지루하게 느껴질 때 당신의 관심 방향에 변화를 준다.

― 친구들과 비평 모임을 만들어서 서로의 아이디어에 대해 평가하고 얘기 나눈다.

― 당신이 존경하는 능력 있고 자신감이 넘치는 사람들과 어울린다.

원하는 바를 성취하기 위해 자신의 자산을 활용하라

최고의 성공 비결이란 간단히 말해, 자신의 장점을 발휘하고 단점을 보완하는 것이다. 이렇게 하는 방법을 몸소 익히게 되면, 성공할 수 있고 자신의 일을 사랑하게 된다. 여기 INTP형의 강점과 약점 목록을 제시한다. 개개인 모두가 특별하지만, 다음 목록의 많은 부분을 INTP형인 자신에게 적용할 수 있을 것이다.

업무와 관련한 INTP형의 강점

― 고정 관념을 깨고 새로운 가능성을 열심히 찾는다.

― 매우 복잡하고 고도로 추상적인 아이디어를 이해할 수 있다.

― 창의적으로 문제를 해결하는 데 뛰어나다.

― 독립적이고 위험을 기꺼이 감수하는 용기가 있어서, 새로운 것을 시도하고 장애를 극복하려 한다.

― 많은 정보를 종합하는 능력이 있다.

― 필요한 정보를 얻기 위한 지적인 호기심과 기술이 있다.

― 힘든 상황에서도 일을 논리적으로 분석하는 능력이 있다.

― 자신의 지식을 계속 확장하려는 커다란 욕구와 자신감이 있다.

― 문제를 사적으로 받아들이지 않고 객관적으로 전달할 수 있다.

― 자신의 아이디어와 비전에 자신감이 있다.

― 숲 전체를 볼 수 있고 행동과 아이디어의 함의를 파악한다.

― 적응력이 있어서 빠르게 방향을 전환할 수 있다.

업무과 관련된 INTP형의 약점

— 조직적이지 못한 성향이 있다.

— 지나친 자부심으로 능력이나 경험을 잘못 전달하기도 한다.

— 창의성이나 자신감이 부족한 사람을 견디지 못한다.

— 전통적이거나 기존 방식으로 일하는 것을 싫어한다.

— 일단 문제가 해결되면 프로젝트에 대한 흥미를 잃는다.

— 복잡한 아이디어를 간단하게 설명하기가 어렵다.

— 지나치게 이론적이여서 현실을 무시하거나 놓치기도 한다.

— 중요한 세부적인 일을 시작해서 끝까지 마무리하는 데 서툴다.

— 반복적인 업무를 싫어한다.

— 너무 경직된 구조나 사람을 견디지 못한다.

┃ INTP형의 성공 비결 ┃

조직하는 능력을 더 키워라.

지적 능력이 떨어지는 이들에 대해 너그러워지라.

일터에서 원만한 대인 관계를 유지하는 데 힘써라.

DO WHAT YOU ARE

외향적, 감각적, 사고적, 판단적 성격형
ESTJ형 절차가 중요하다

사례 1 **교육 콘텐츠를 제공하는 앤** (비영리 교육가)

"교육 받을 관리를 존중합니다."

직업

앤은 모든 사람들이 교육의 기회를 누릴 자격이 있다고 믿는다. 그녀는 교육 비영리 단체를 위한 커뮤니티와 파트너 솔루션 팀의 일원으로 근무한다. 앤의 회사는 '학습을 위한 검색 엔진'을 제공한다. 구글과 비슷한 웹사이트로, 교사와 학생을 위한 무료 검색 서비스를 제공하며, 웹은 최고의 교육 리소스로만 구성되어 있다.

앤은 콘텐츠 제휴 업무를 맡고 있다. 그녀는 공짜로 볼 수 있는 교육 자료를 갖고 있는 다른 단체들과 소통하고 조정하는 일을 한다. 그리고 그들의 콘텐츠를 모아서 관리하는데, 기본적으로 학구적인 주제의 범위 내에서 비디오와 퀴즈, 기사 등의 자료 목록을 편성한다. 앤과 동료들은 콘텐츠를 전 세계 교사와 학생들이 사용할 수 있도록 제공하고, 자료를 처음 만든 사람들이 신뢰를 받을 수 있도록 한다. 앤은 이 일을 무척 좋아한다.

15

배경

앤은 운 좋게도 뉴햄프셔의 마을에 극장을 개관한 자립형 고등학교에 다녔고, 그 덕에 종종 극장을 찾았다. 어릴 때부터 지역 공연에 활발하게 참여했던 앤은 꿈을 이룬 셈이었다.

"지방 공립학교 외에 다른 선택지도 있다는 생각을 하게 되었어요. 비록 사립학교에 다닐 형편은 되지 않았지만 그런 선택에 접근할 수 있는 학생들에게 큰 관심을 가졌죠."

앤은 교육 개혁을 추구해 다른 아이들에게도 자신이 누렸던 기회를 경험할 수 있게 해 주기로 결심했다.

대학생이 된 앤은 뉴욕시 교육부에서 정책 연구 인턴으로 근무하며 학교와 지역 자료를 분석하고 교육법 수정안을 제시하는 보고서를 작성했다. 그러다 대학 졸업을 앞두고 한 웹 사이트에서 일자리를 찾다가 어느 비영리 교육 신생 벤처 기업에서 직원을 모집하는 공고를 발견했다. 앤은 그 회사에 취직했고, 졸업하자마자 뉴욕에서 팔로알토로 옮겨 가 곧장 일을 시작했다.

꼭 맞는 직업

전통주의자인 앤은 봉사 지향적이어서 교육계에 기여하는 직무에서 동기를 부여받는다. 앤의 직무는 파트너와의 상호 작용 및 웹 사이트상의 광범위한 콘텐츠를 추적하는 능력 간의 조화를 필요로 한다. 그녀는 자신이 800만 개가 넘는 자료들을 통합하고 계산하는 능력을 요구하는 직업에 적합한, '조직에 매료된' 사람이라고 생각한다.

회사는 비교적 신생 기업이라 다른 안정적인 회사들만큼 조직이 효율적으로 운영되지 못하고 있다. 앤은 웹 사이트에서 관장하는 무수한 내용을 추적하는 시스템들을 개발했다. 그리고 사고와 판단 기능을 꾸준히 활용해 자신이 만들어 낸 시스템을 운영하면서 큰 만족감을 얻고 있다.

또한 앤은 세부 지향적인 감각자다. 그래서 콘텐츠를 재확인하고, 스프레드시트를 데이터에 집어넣고, 전반적으로 결함이 없는지 확인하는 일을 담당한다. 외향형인 앤은 자신처럼 적극적이고 다재다능한 동료들을 사랑한다고 말한다.

"여기 있는 사람들은 다들 너무 많은 프로젝트를 다루고 있어요. 하지만 그런 이유로 인해 우리가 성공하는 거예요."

근무 환경은 부서 간의 광범위한 협력이 필요할 만큼 빠르게 진행되고, 상호 교환적이다. 가장 좋은 점은 모두가 같은 임무를 안고, 같은 목적을 이루기 위해 일하고 있다는 점이다.

미래에 대한 기대

앤의 회사는 미래에 비영리 신생 벤처 기업들을 위한 훈련의 장으로 입지를 다지고 있는 유일한 곳이다.

"회사에서는 사람들이 2년에서 3년 정도 시간을 들여 기술을 개발한 다음, 인간의 교육받을 권리를 지키는 임무를 향해 나아가는 문화를 만들어 놨어요. 그래서 그들이 여기서 일하지 않더라도, 결국은 우리 모두 같은 목표를 향해 나아가게 되는 거죠."

앤은 현재 회사에서 몇 년 더 일하다가 다시 학교로 돌아가 비영리 단체 운영에 대해 공부할 계획이다.

"지금 있는 이곳에서 아주 행복해요. 매일이 새로운 도전이거든요. 늘 새로운 기술들을 배우고 있어요."

앤은 언젠가 누구나 들어갈 수 있는 학교에서 예술 교육을 전문으로 하는 자신만의 비영리 단체를 만들고 싶다.

높은 윤리의식의 소유자 스티브 (보험 상품 영업 사원)

"거절 따위에 상처 받지 않습니다."

직업

스티브는 완벽주의자로, 보험 및 투자 상품 영업 사원이라는 직업이 요구하는 까다로움이 그를 자극한다.

스티브는 가끔 직업 윤리 의식이 부족한 사람들을 상대로 경쟁하는 때가 있기 때문에 자신은 한층 더 열심히 일한다고 고백한다.

"매일매일이 월드 시리즈의 첫 경기 같습니다. 열기는 압력솥처럼 달아오르고 이기는 것이 결정적인 건 아니지만 첫 시합은……. 그게 현실이지요."

스티브는 하루의 대부분을 새로운 고객을 찾는 데 투자하는데, 지금 그의 고객들은 거의 전부가 소개로 온 사람들이다. 새로운 고객을 만나면 우선 객관적인 사실을 수집하는 면담을 시작한다. 그런 다음 스티브는 고객에게 가장 적당한 생명 보험, 장애 보험, 기타 투자 상품에 관해 설명한다. 그는 면담을 끝낸 고객에 대해서는 판매를 성사시키는 것이 보통이다.

그는 지속적인 서비스를 제공하고 고객의 신상 정보를 갱신하기 위해 1년에 한두 차례 고객들을 만난다. 지금 600에서 650명가량의 고객을 확보하고 있으며 그중에서 200명 정도의 고객과 꾸준하고 활발하게 거래하고 있다. 스티브는 매년 교육을 받으며 자신이 판매하는 상품에 대한 지식을 끊임없이 갱신하고 있다. 또한 전문인 지위를 확보하기 위한 자격증을 따려는 중이다.

배경

스티브는 일곱 살 때 만화 출판사에서 보내온 수백 개의 씨앗 봉투를

다 팔아 치웠다. 그는 장학금을 받고 음대에 들어갔다. 트롬본 연주자가 되는 것이 그의 목표였다. 그러나 거물들과 함께 연주하는 것을 상상할 수 없었던 그는 경영학으로 전공을 바꿨다. 대학을 다니면서 보험 회사에서 인턴으로 일하다 졸업 후 그곳의 정식 사원이 되었다.

스티브에게 처음 맡겨진 일은 인턴 사원 프로그램을 운영하는 일이었는데 그는 업무가 마음에 들지 않았다. 그는 친구와 함께 자전거로 전국을 횡단하기 위해 두어 달 동안 일을 쉬었다가 다시 돌아가 보험을 판매했다. 그는 5년 동안 경영에 참여하지 않는다는 조건 하에 자신의 사업을 만들기로 결정했다. 그게 6년 전 일이었고, 그는 아직도 변화에 관심이 없다.

꼭 맞는 직업

대다수의 전통주의자들처럼 스티브는 높은 윤리 의식의 소유자다. 그는 성공을 원하긴 하지만 열심히 일해서 정직하게 목적을 달성하는 것이 더 중요하다고 생각한다. 그는 목표와 규칙, 요구 사항이 많은 조직 생활을 즐기며 다양한 수준의 성취를 이루는 것을 좋아한다.

스티브가 자신의 일에서 가장 좋아하는 부분 중에 하나는 지적인 자극이다. 스티브는 주기능인 사고를 이용해서 고객들에게 설득력 있는 의견을 제시한다. 게다가 이러한 사고 기능은 그가 끈기를 발휘할 수 있고 거절 때문에 상처받는 일이 없도록 돕는다. 이는 영업 사원에게 꼭 필요한 요소다. 그의 조직적인 성격과 일의 우선순위를 정할 수 있는 능력은 그로 하여금 능률적이고 생산적으로 일할 수 있게 한다.

그는 부기능인 감각을 통해서 다양한 사실에 주의를 기울일 수 있다. 그는 고객에 대한 정보를 수집하는 일과 자신이 제공하는 여러 상품에 대한 지식을 넓히는 일을 좋아한다. 그는 의식적으로 미래에 초점을 맞춘다. 즉 고객들의 성장과 변화에 맞춰 그들의 요구를 더욱 잘 만족시키기 위해 고객들의 직업적 성공을 예의 주시한다.

"전 고객의 신상 정보를 수집하는 일을 좋아합니다. 물론 그보다 더 좋은 것은 상품을 판매하는 일입니다. 전 그에 대한 금전적인 보상을 받습니다. 제 일은 고객들에게 재정적으로 올바른 의견을 제공하고 신뢰를 쌓는 겁니다. 굉장한 일이지요!"

미래에 대한 기대

스티브는 끈기가 있고, 조직적이고, 열정적이다. 그는 작은 연못에서 노는 큰 물고기가 되고 싶어 한다. 그는 최고가 되기 위해, 이 분야의 전문가들 사이에서 인정받기 위해 열심히 노력한다. 영업 사원으로서의 그의 성공은 세일즈 단체인 '100인 클럽'과 '100만 달러 원탁회의'의 회원이 된 것으로 확인할 수 있다. 매년 두 단체의 회원 자격을 갱신하는 스티브는 이 분야의 최고의 사람들과 교제할 수 있다는 자신감을 갖게 되었다. 치열한 판매 경쟁은 심한 스트레스가 되기도 하지만 자극이 되기도 한다.

"제일 보람 있는 부분은 제가 하는 일에 직접 보상을 받는다는 점이지요. 누구든 일을 꾸준히 잘한다면 금전적인 보상은 반드시 따른다고 생각합니다."

사례 3 진지한 태도로 일하는 마릴린 (이벤트 기획자)

"전 항상 에너지가 흘러 넘쳐요. 일단 시작한 일은 끝장을 본답니다."

직업

마릴린의 가슴을 뛰게 만드는 목표는 자신이 운영하는 특별 이벤트 회사의 이름을 유명하게 하는 것이다. 아마도 3년 후에는 그렇게 되지 않을까 기대한다.

"아직까진 사람들이 우리 회사에 대해서 잘 몰라요. 하지만 한번 우리의 서비스를 경험한 고객들은 항상 다시 찾아오곤 하죠!"

일단 마릴린이 고객에게 이벤트 아이디어를 팔고 나면 그 이벤트는 진행되는 경우가 많다.

"상상했던 것보다 훨씬 멋지다고 만족스러워하는 고객들이 많아요."

이 일은 마릴린에게 네 번째 직업이다. 두 아이를 다 키운 뒤에 그녀는 이제 자기 일에 모든 것을 쏟아붓는다. 그녀와 동업자 둘이서 스케줄을 짜고 운송이나 식사를 조달하며, 연예인을 섭외하고 스피커를 예약하는 일과 같은 특별 이벤트와 관련된 모든 것을 계획하고 이벤트도 진행한다.

"우리 둘이서 정말 모든 일을 해냅니다. 물론 필요할 땐 사람들 고용하기도 하고요."

마릴린은 콘셉트 개발, 기획, 예산, 그리고 이벤트의 시작부터 끝까지 업무의 모든 부분을 직접 책임진다. 영업 역시 직접 담당하고 있다.

"새로운 고객을 만나서 우리 회사에 대해서 소개하고 결국 일을 따냅니다. 실제 이벤트를 진행하는 일 자체보다 훨씬 재미있어요. 우리는 고객들과 친구가 되고, 고객의 회사도 점점 발전하죠. 이건 대단한 일입니다."

배경

마릴린의 첫 직업은 초등학교 특수 교육 교사였다. 5년간 아이들을 가르치다가 출산을 하면서 일을 관두었다. 아이들이 학교에 들어가면서 의사인 남편의 일을 돕기 시작했다. 남편의 병원에서 업무를 보조하면서 2년의 시간이 흘렀다.

그러나 마릴린은 좀 더 도전적인 일을 원했기에 부동산 중개 업무를 시작했다. 그녀는 2년간 회사에서 탁월한 성과를 냈고 그 일에 만족했다. 그런데 갑작스럽게 남편과 사별하게 되면서 하던 일을 중단하고 새로운 삶을 살기 위한 준비에 들어갔다.

다음 마릴린은 국립 자선 단체에서 기금 모금 자원봉사를 시작했다. 기업들을 찾아다니면서 기금을 요청하는 일이었다.

"전 기금 모금 이벤트를 기획해서 실행에 옮겼죠. 대단한 일이었지만 뭔가 허전함을 느꼈어요. 저는 제가 해낸 일에 대한 적절한 보상을 받고 싶었죠."

마릴린은 재혼을 했다. 사업가인 남편은 그녀가 자기 재능을 발휘할 수 있는 일을 해 보라고 격려했다. 그녀는 기금 모금 자원봉사 경험을 바탕으로 특별 이벤트 관련 직장을 찾아보기로 결심했다. 그녀는 비슷한 새로운 모험을 꿈꾸고 있는 사람을 만나 그와 함께 동업을 하게 되었다.

꼭 맞는 직업

많은 전통주의자들처럼 그녀는 자신의 일에 매우 진지한 태도로 임한다. 마릴린의 일에 대한 완고한 윤리와 철학은 자기 분야에서 최고의 명성을 얻는 데 일조하고 있다. 경제적 성공과 명예를 얻는 일은 그녀에게 강력한 동기 부여가 된다.

마릴린이 가장 좋아하는 일은 영업이다. 그녀의 주기능인 외향화된 사고는 자신의 아이디어를 논리적으로 표현하는 데 도움을 주고 결코 포기하지 않고 끈질기게 업무를 수행하게 한다. 이 기능은 까다로운 협상 과정이나 예산 배분, 이벤트를 조직적으로 수행하는 일 등에서도 도움을 준다.

마릴린은 부기능인 감각을 통해서 이벤트를 기획하거나 수행하는 데 필요한 수백 가지의 세부 사항들을 실수 없이 다룰 수 있다. 또한 사물에 대한 훌륭한 감식안을 갖고 있다. 그녀가 벌이는 많은 이벤트는 참가자들이 직접 참여할 수 있는 게임이나 활동을 포함하고 있다.

미래에 대한 기대

마릴린은 자신의 업무 성과에 대해 자랑스러워한다. 그녀는 직원을 뽑아서 회사의 업무 부담을 덜어 낼 계획을 갖고 있다. 일에 대한 굽힐 줄 모르는 집념은 그녀의 큰 장점 가운데 하나다.

"일단 뭔가를 하기로 결정했으면 전 무슨 일이 있어도 끝장을 봅니다. 일에다 제 모든 걸 쏟아부어요. 정말 시간 가는 줄 모르고 일에 몰두한답니다!"

지난 10여 년 동안 전 남편과의 사별, 그리고 이어진 재혼, 아이들의 성장 등을 겪으면서 그녀는 더욱 독립적인 인간이 되었고 어느 때보다 목표 지향적인 사람이 되었다.

"저는 자기 내면의 힘에 의지해야 한다는 걸 깨달았어요. 제 능력이 점점 향상되고 있다는 걸 알고 있어요."

마릴린에게 있어 직업 만족이란 일을 잘 해내고 그에 걸맞는 인정과 보상을 받는 일이다.

"우리 회사는 점점 인지도를 높이고 있어요. 당신이 일만 훌륭히 잘 해낸다면, 경쟁자들은 당신에게 아무 말도 못할 겁니다. 왜냐하면 당신은 커다란 위협이기 때문이죠!"

ESTJ형이 만족할 수 있는 직업의 성격

앤과 스티브 그리고 마릴린은 서로 다른 배경과 경험, 이력을 가지고 있음에도 그들의 인생사를 하나로 엮을 수 있는 공통점이 있다. ESTJ형인 이 세 사람은 구체적인 관심사나 능력, 가치관이 서로 다를지 모른다. 하지만 이들은 모두 감각적 판단형의 기질이며, 주기능인 사고를 외향화하고 부기능인 감각을 내향화하는 동일한 심리학적 기능 구조를 갖고 있다. 따라서 이 세 사람을 통해서 ESTJ형의 욕구에 대한 많은 것을 관찰할 수 있다.

다음은 정도의 차이와 중요성의 순서는 다르겠지만 ESTJ형이 직업 만족을 느끼기 위해 필요한 요소들의 나열이다. 비록 같은 성격 유형의 소유자라고 해도 모든 개인은 저마다의 개성이 다르므로, 이 목록을 모두에게 똑같이 적용시킬 수는 없다.

아래의 목록을 읽어 본 다음 자신이 중요하다고 생각하는 순서에 따라 이들 열 가지 요소의 순서를 다시 정하는 것이 좋겠다. 그러면서 현재와 과거의 직업 중 특히 좋았던 부분이나 싫었던 부분을 생각해 보고 다양한 경험을 관통하는 일관된 요소를 찾아보도록 하자.

1. 체계적으로 사실, 정책, 사람을 조직할 수 있는 일. 그리고 논리적인 결과를 위해 시간과 자원을 효율적으로 사용할 수 있는 일.

2. 뛰어난 추론 능력을 사용하면서, 구체적이고 단순한 과제를 설명서를 참고하며 숙달된 기술로 처리하는 일.

3. 공정하고 논리적이며 분명하고 객관적인 기준으로 평가받을 수 있는 일.

4. 일터에서는 사적인 감정을 나눌 필요가 없는 부지런하고 양심적인 사람들과 친근한 환경에서 하는 일.

5. 현실적이고 구체적인 일. 그리고 실제로 응용할 수 있으며 구체적인 결과가 나오는 일.

6. 기대치가 분명하며, 보고 체계가 확실한 일.

7. 생산적인 일. 절차와 정해진 시한을 따르면서 단계와 자원을 조직할 수 있는 일.

8. 안정적이고 예측 가능한 상황에서 하는 일. 또한 동적이고 다양한 사람들과 함께하는 일.

9. 자기와 타인에 대해 책임을 지면서, 다른 사람들과 함께할 수 있는 일.
10. 결정권이 있으며 권한과 책임이 많고, 자신의 견해와 경험이 중요하게 취급되는 일.

구직 활동 최적화

자기 성격 유형의 장단점을 알고 있으면 구직 활동에 큰 도움이 된다. 자리나 유망한 고용주에 대해 조사하고 이력서를 작성하는 것에서부터 인터뷰를 준비하거나 연봉을 협상할 때도 사람들은 자신의 성격 유형대로 행동한다. 자신의 장점을 활용하고 단점을 보완한다면 구직 활동을 더욱 성공적으로 해나갈 수 있다.

성격 유형의 차이는 때로는 눈에 잘 띄지 않기도 하고 어떤 경우에는 극적으로 드러난다. 구직 과정에서는 성격 유형과 같은 미묘한 변수가 성공이냐 실패냐를 가르기도 한다. 외향적인 사람들은 폭넓은 인맥 형성을 즐기고, 내향적인 사람들은 이미 아는 사람들을 계속 만나는 것처럼 좀 더 제한적이고 좁게 인맥을 쌓는 편이다. 감각형들은 한정된 범위의 사람들을 만나지만 직관형의 사람들은 자기와 관련 없어 보이는 사람들까지 포함하여 폭넓게 사람들을 만나는 편이다. 감정형의 사람들은 매우 사적이고 친근하게 관계를 맺는 반면, 사고형 사람들은 더 객관적이고 초연한 태도로 사람들과 관계를 맺는다. 마지막으로 판단형은 모임에서 소수의 사람들에게 제한적인 질문을 하지만 인식형의 사람들은 온종일 상대방에게 모든 종류의 질문을 퍼부을 수도 있다.

ESTJ형에게 맞는 직업

아래 직업 목록을 살펴볼 때, 어떤 성격 유형을 가진 사람들이든 모든 종류의 직업에서 성공을 거둘 수 있다는 점에 주의하자. 하지만 다음은 특히 ESTJ형이 만족을 느낄 만한 직업의 목록과 그 이유들이다. 여기에서 제시한 직업 목록 중 미처 생각하지 못했던 직업에 대해서도 그 가능성을 알아보도록 하자.

판매 및 서비스 분야

보험 설계사 | 컴퓨터 및 부동산 분야 영업 사원 | 도매 및 제조 분야 판매 대리인 | 제약회사 영업 사원 | 경찰관 및 보호 감찰관, 교도관 | 군 장교 | 요리사 | 공무원 | 장의사 | 산업 안전 보건 전문가 | 운동기구 판매원 | 선장 | 준법 감시인 | 항공 안전 감독관 | 개인 운동 트레이너 | 운동선수 트레이너 | 운동부 코치 | 보안 및 일반 상품 판매 중개인 | 구매 대행인 | 손해 사정사 | 신용 분석가 | 원가 관리사 | 예산 분석가 | 경찰 간부 | 항공기 조종사 | 수송 코디네이터 | 항공 기관사 | 건축 감리사 | 감정 평가사 | 법률 보조원 | 법원 서기 | 호텔 및 모텔 지배인 | 환경 감시원 | 놀이 치료사

ESTJ형은 이 분야에서 현실적이고 구체적인 프로젝트를 수행할 수 있다. 이런 직업은 대부분 표준 절차를 이행해야 하는 일이고 대중이나 집단과의 접촉이 굉장히 많이 필요하다. ESTJ형의 사람들은 권위가 있는 지위에서 지시 내리는 것을 좋아한다. 실제 물건을 파는 일은 즉각적이고 분명한 결과를 성취하는 기회를 제공한다.

기계 및 응용 분야 엔지니어 | 회계 감사 | 건설 인부 | 임상 기사 | 사이버 보안 전문가 | 음향 기술자 | 보안 요원 | 내부 회계 감사 | 기술 교육 전문가 | 뇌전도 공학자 및 기사 | 초음파 검사 기사 | 법률 보조원 | 네트워크 및 컴퓨터 시스템 관리자 | 유기농 작물 재배자 | 태양광 발전 설치자 | 풍력 터빈 서비스 기술자 | 데이터베이스 관리자

ESTJ형은 위의 분야에서 기술적, 기계적 능력을 사용한다. 또한 정보를 수집, 정리하여 분석하고 연역적 추론에 능하다. 이 직업들은 논리적이고 조직적인 업무 스타일을 요구하는데, 이는 질서 정연하고 정돈된 업무 환경을 선호하는 ESTJ형과 맞는다. 이들은 혼란과 비능률을 잘 참지 못한다.

프로젝트 관리자 | 중간 관리자 | 일반 관리자 | 공장 감독관 | 데이터베이스 관리자 | 구매 대행인 | 준법 감시인 | 예산 분석가 | 보건 서비스 행정가 | 정보 관리 최고 책임자 | 경영 컨설턴트(사업 운영) | 물류 및 공급 관리자 | 은행 지점장 및 대출 담당자 | 신용 분석가 및 상담가 | 자산 관리사(상업, 부동산) | 대금 및 회계 수금원 | 요식업 및 숙박업소 지배인 | 네트워크 및 컴퓨터 시스템 관리자 | 간호 부장 | 건축 현장 소장 | 협회 관리자 및 고문 | 회계 담당자 및 최고 재무 책임자 | 민간 부문 책임자

ESTJ형의 사람들은 권위 있는 자리를 좋아하기 때문에 관리 분야에서

만족을 느끼는 경우가 많다. 이들은 지시를 내리고 결정하는 일, 남을 감독하는 일을 좋아하기 때문에 훌륭한 간부가 될 수 있다. 또한 제도에 매우 충실하다. 경영 분야는 사람들과의 지속적인 상호 작용을 필요로 하는데 특히 업무를 지휘하고 감독하며 평가할 수 있는 능력이 있어야 한다.

> **전문직 분야**
>
> 치과 의사 | 주식 중개인 | 판사 | 임원 | 교사(기술 및 무역 과목) | 토목, 기계, 금속 기사 | 기업 재무 담당 변호사 | 전기 기사 | 1차 진료 기관 의사 | 식품 · 의약 과학자 및 기술자 | 산업 기사 | 법률 보조원 | 약사 | 통계학자 | 변호사 | 교장

전문직 분야가 매력을 갖는 것은 제도화된 기관의 권위 있는 자리에서 일할 수 있는 능력이 있기 때문이다. 치의학이나 의학 분야는 일반적으로 (사람을 만지거나 인체를 대상으로)실질적인 활동을 하는 기술적인 분야이다. ESTJ형의 사람들은 이런 직업을 통해 연역적인 추론 능력과 인과 관계를 이해하는 능력을 사용한다. 이들은 자신의 체험이나 존경하는 사람들을 통해 효율성이 입증된, 미리 정해진 절차에 따라 일하는 것을 선호한다.

기억해 둘 점은 위에 나열된 직업들은 이 성격 유형의 고유한 자질들을 만족스럽게 표현해 줄 수 있는 일부 영역에 지나지 않는다는 것이다.

ESTJ형을 위한 성공적인 구직 활동법

ESTJ형은 일단 자신에게 맞는 직업을 찾기로 결심하면 어느 누구보다 더 열심히 구직 활동을 한다. 이들은 자신이 추구하는 과정에 대한 끈기

와 진지함으로 최고의 일자리를 찾을 때까지 할 일을 성실하게 수행할 것이다. 그러나 목표를 이루기 위해 열심히 노력하는 과정에서 다른 가능성, 새로운 정보나 접근 방식을 보지 못할 수도 있다.

ESTJ형의 사람들에게 가장 효과적인 전략은 자신의 능력을 발휘하는 것이다.

효율적인 구직 활동을 조직하고 수행한다.

— 프로젝트를 관장하고, 계획을 세우고, 시간을 지킬 수 있는 자신의 조직적인 능력을 이용한다. 가능성 있는 고용주에게 계속 연락하는 것을 잊지 않는다.

— 현실적인 취업 활동 계획을 짠다. 자신이 근무하는 회사나 잘 아는 회사에 기회가 있는지부터 알아본다.

이미 알려진 사실과 객관적인 정보에 근거해서 현실적 판단을 내린다.

— 비판적 사고 능력을 이용해서 선택 가능한 직업들의 긍정적, 부정적 측면을 분석해 보고, 흥미가 없거나 자격이 안 되는 직업들은 제외한다.

— 가능성 있는 직종이나 분야에 대해 가능한 한 많은 정보를 수집한다. 지역에서 발행되는 경제 신문을 읽으면서 회사의 역사와 목표를 명확하게 파악한다.

고용주에게 자신의 능력이나 기술에 대해 직접적이고 정직하게 설명한다.

— 면접을 보기 전에 예상 질문지를 미리 작성해 본다. 자신의 과거 경험과 성공 사례에 초점을 맞춰 질문에 답하는 연습을 해 둔다.

— 질문에 답하는 연습을 할 수 있도록 친구에게 어려운 질문을 해 달라고 부탁한다.

현실적인 취업 목표를 세운다.

— 월급, 수당, 근무 스케줄, 직장의 소재지, 승진 가능성과 기타 중요한 기준을 포함하는 구직 기준을 설정한다. 이 기준에 따라 모든 취업 기회를 평가한다.

— 자신에게 맞는 일자리를 찾는 데 시간이 오래 걸릴 수 있다는 사실을 잊지 않는다. 필요한 모든 단계를 밟기까지는 직장을 구할 것이라는 기대를 갖지 않는다.

자신을 유능하고, 안정감 있으며, 경쟁력 있는 후보로 소개한다.

— 면접을 보거나 이력서 및 자기소개서와 같은 서류를 작성할 때 명확하고 논리적인 방식으로 자신을 표현한다. 자신의 능력과 성취도를 보여 주기 위해 과거 경험을 예로 드는 것을 잊지 않는다.

— 과거 고용주로부터 자신의 능력과 성취도를 증명하는 추천장을 받아 제출한다.

— 면접을 볼 때 자신이 어떤 방식으로 회사의 목표 달성을 도울 수 있는지 얘기한다.

광범위한 인맥을 구축한다.

— 오랫동안 함께 일하고 자신을 잘 아는 사람들에게 취업을 위해 접촉할 만한 사람들을 알려 달라고 청한다.

구직 활동 중 ESTJ형이 주의해야 할 점

ESTJ형은 보편적으로 다음과 같은 단점을 가지는데, 이들의 단점은 단지 구직 활동만이 아니라 인생의 다른 측면에도 영향을 미친다. 그러므로 아래의 항목들을 과거 경험과 결부시켜 하나하나 생각해 보는 것이 도움이 된다. '이건 나한테 맞는 얘기일까?'를 스스로에게 물어보고, 만약 그렇다면 '어떤 점이 내가 원하는 일을 성취하는데 방해가 되었나?'에 대해 생각해 보자. 단점을 극복하기 위해서는 자신의 3차 기능인 직관과 열등 기능인 감정을 의식적으로 개발해야 한다. 쉽지는 않겠지만 자신에게 부족한 기능을 많이 사용하면 할수록 앞으로 문제가 발생할 가능성은 더욱 낮아진다.

결정을 내릴 때 서두르지 않는다.

— 잠시 시간을 내서 어떤 상황에 대해 자신이 아는 것은 무엇이고, 여전히 모르는 것은 무엇인지 생각해 본다. 그 후에 당면한 문제에 대해 고려해 보는 것이 더 나은 결정을 내리는 데 도움이 될 것이다.

— 자신의 선택이 갖는 의미를 보다 확실히 이해하기 위해 구직의 모든 단계에서 거리낌 없이 다양한 질문을 던져 본다.

기존의 구직 방식과 더불어 혁신적이고 새로운 구직 방식을 고려해 본다.

— 직관력이 뛰어난 친구나 동료들에게 부탁하여 기업의 핵심적 의사 결정자(고용주)에게 다가갈 수 있는 여러 가지 방법을 같이 찾아본다.

직업 선택의 장기적 결과를 고려한다.

— 자신의 목표와 요구가 장기적으로 어떻게 달라질 것인지를 상상해 본다. 현재의 요구가 무엇인지 목록을 작성하고 지금으로부터 1년 후, 5년 후 그리고 10년 후에는 그러한 요구가 어떻게 달라질 것인지를 예상해 본다. 이를 토대로 장기 계획에 대한 결정을 내린다.

— 면접을 보는 동안, 회사 내에서의 성장 가능성, 재배치 가능성, 그리고 고용주의 장기 목표에 대해 질문하고 회사가 자신을 배치할 가능성이 있는 분야에 대해 흥미가 있는지 생각해 본다.

면접시 우호적 분위기 형성을 위해 노력하고, 지나치게 무뚝뚝하거나 사무적인 인상을 주지 않는다.

— 면접을 보기 전에 긴장을 풀도록 노력한다. 지나친 진지함은 부정적 영향을 미칠 수 있으니 주의한다. 면접관들은 쉽게 친해질 수 있고, 팀의 일원이 될 수 있는 사람을 원한다는 사실을 기억한다.

고용 조건을 협상할 때 지나치게 경직되고 융통성 없는 태도를 취하지 않는다.

— 자신이 작성한 구직 기준을 따라야 할 불변의 법칙으로 여기기보다는 좋은 직장을 구하기 위한 길잡이라고 생각한다. 없어서는 안 될 필수적인 조건들에 대해서는 타협하지 않되, 보다 사소한 것들에 대해서는 유연한 태도를 취한다.

— 부정적으로 비판하기 전에 긍정적인 점들을 보려고 노력한다. 부정적인 평가를 받을 경우에는 마음을 다치거나 좌절하는 사람도 있다는 것을 기억한다.

ESTJ형을 위한 마지막 조언

지금까지 ESTJ형의 성격 유형에 대해 구체적으로 살펴보았다. 이제 자신의 장점과 기질이 어떻게 해서 특정 직업과 구직 방식에 맞는지 알게 되었다. 그러나 앞에서 제시한 직업들이 꼭 마음에 들지만은 않았을 것이다. 이제 자신이 바라는 직업과 그 분야를 좁혀 보도록 하겠다.

성격 유형뿐만 아니라 자신의 가치관, 관심사, 기술 같은 다른 요소들도 직업 만족 수준을 높이는 데 기여한다. 즉 자신과 직업이 서로 잘 맞으면 맞을수록, 더욱 만족감을 얻을 수 있다는 의미다. 전략적 취업 계획을 수립하기 위해 지금까지 배운 모든 것을 총동원할 준비를 하라. 23장의 연습 문제를 풀면서 이런 작업을 수행하면 된다.

하지만 어쩌면 현재 일자리를 유지하는 것이 더 현명한 결정일 수도 있다. 재정적인 압박, 가족들의 기대, 어려운 직업 시장 상황 등 다양한 이유 때문에 그렇다. 그래도 기운을 내길 바란다! 지금까지 이 책을 통해 배운 것들은 현재의 일자리에서도 더 성공적이고 알차게 일하는데 도움이 된다. 직업을 바꿀 시기가 찾아올 때에도 이직에 관련된 훨씬 풍부한 아이디어를 얻을 수 있다.

더 만족스러운 직업을 찾을 수 없다면, 지금 하고 있는 일을 사랑하라

대부분의 직장에서는 직원들이 업무를 수행할 때 융통성을 발휘할 수 있는 다양한 기회를 제공하고 있다는 것을 명심하라. 당신의 요구가 반영되도록 현재의 업무에 변화를 주는 방법을 아래에 제시한다.

— 유능한 업무 보조 인력을 찾는다.

— 사람들의 회의 준비를 돕기 위하여 의제를 공급한다.

— 자신과 견해가 다른 사람들에게서 조언을 구한다.

— 전문가 단체에 가입하여 인맥을 쌓는다.

— 효율적인 시스템을 실행하고 그것을 사용하도록 한다.

— 주변에 자극이 되는 동료들이 많다는 것을 확인하고, 혼자 하는 업무는 다른 사람에게 위임한다.

— 프로젝트를 찾아서 자발적으로 이끌어 본다.

— 상사에게 그들의 기대치를 솔직하게 말해 줄 것을 요청한다.

— 한 팀의 일원이 되어 일해 본다.

원하는 바를 성취하기 위해 자신의 자산을 활용하라

최고의 성공 비결이란 간단히 말해, 자신의 장점을 발휘하고 단점을 보완하는 것이다. 이렇게 하는 방법을 체득하면, 성공할 수 있을 뿐 아니라 자신의 일을 사랑할 수 있다. 여기 ESTJ형의 강점과 약점 목록을 제시한다. 개개인 모두가 특별하지만, 다음 목록의 많은 부분을 ESTJ형인 자신에게 적용할 수 있을 것이다.

업무와 관련된 ESTJ형의 강점

── 현실적이고 성과 지향적이다.

── 의무를 성실하게 이행하고 필요한 경우 냉정해질 수 있다.

── 초지일관 조직의 목표를 향해 나아간다.

── 신중하고 정확하며 일을 올바르게 처리하려고 한다.

── 확립된 순서와 절차를 따르려고 한다.

── 논리성, 일관성, 실용성이나 효율성이 없는 일을 알아보는 능력이 뛰어나다.

── 조직적인 능력이 뛰어나고 객관적인 결정을 잘 내린다.

── 전통 조직의 가치를 믿고 거기서 일을 잘 해낸다.

── 책임감이 강하다. 말한 것을 행하는 일을 중요하게 여긴다.

── 분명한 직업 윤리를 갖고 있다. 효율적이고 생산적일 필요가 있다.

── 상식적이고 현실적인 시각의 소유자이다.

업무와 관련된 ESTJ형의 약점

── 절차를 따르지 않거나 꼼꼼하지 못한 사람들을 못 견딘다.

── 새롭고 검증되지 않은 아이디어를 수용하기 꺼린다.

── 변화에 저항하고 불편해한다.

── 비효율이나 지나치게 긴 과정을 못 견딘다.

── 미래보다 현재의 필요에만 관심이 있다.

── 목표를 추구하는 과정에서 사람들을 희생시키는 경향이 있다.

── 미래의 가능성을 보지 못한다.

── 정책이나 결정이 사람들에게 끼치는 영향에 대해 둔감하다.

── 반대 의견에 귀 기울이려 하지 않는다.

여유를 가져라.

사람들에게 미칠 영향을 고려하라.

유연한 태도를 가져라.

내향적, 감각적, 사고적, 판단적 성격형

ISTJ형 천천히, 그리고 제대로 하자

사례 1 **비영리 기업 대표를 돕는 재키** (특별 보좌관)

"언제나 배후에서 매사를 부드럽게 운영하라."

직업

재키는 상사와 일을 하나로 붙여 주는 접착제 역할을 한다. 그녀는 교육 비영리 단체 대표의 특별 보좌관이다. 고도로 조직적이고 효율적인 재키는 대표인 톰을 든든하게 지원해 주고 있다.

"대표님은 아이디어가 많고, 늘 뭐든지 하고 싶어 하시죠. 그래서 이 프로젝트에서 저 프로젝트로 너무 빨리 옮겨 가요. 그러다 보니 무엇이든 제대로 마무리 짓는 걸 버거워하시죠."

재키는 일정, 상세 계획, 일과들을 점검하고, 모든 팀원이 명확하게 의사소통을 하도록 지원하는 역할을 한다. 그녀는 자신의 일이 '회의를 위한 여백을 찾는 일', 즉 복잡한 일정과 현장 간의 균형을 맞추고 모든 일을 마무리할 수 있게 시간을 적절하게 낼 수 있는지 확인하는 일이라고 설명한다. 그녀의 결정적인 작업이 없었다면, 비영리 단체가 시도하려는 좋은 일들을 해내지 못했을 것이다. 재키는 이런 점을 매우 만족스럽게 생각한다.

배경

재키의 경력은 그녀의 표현에 의하면 "길고 험난한 여정"이었다. 재키는 대학에서 심리학과 동아시아학을 전공했고, 졸업하면 학교 상담사가 되고 싶었다. 그래서 학교 상담사 자격증을 취득하기 위해 교육학 석사 과정으로 재빨리 옮겼다. 그리고 1학년을 마치고 도심에 있는 자립형 공립학교에서 여름 학기 교생 실습을 하면서 교육에 대한 열정을 확인했다. 동시에 학교로 돌아가 남은 2학년 과정을 마치고 학교 상담사 자격증을 받고 싶다는 바람을 새삼 재확인했다.

학위를 취득하자마자 재키는 몇 달 동안 도심의 공립중학교에서 생활지도 상담사로 일했지만, 시에서 면허증을 발급받는 데 계속 난관에 부딪혔다. 게다가 학교 환경이 생각만큼 좋지 않았고, 교장이 부적합하고 무능하다고 생각했다. 재키는 유능한 사람이 비조직적이고 비합리적으로 운영되는 직장에 있으면 다른 사람들의 일들을 처리하느라 정작 자기 일은 제대로 하지 못할 거라고 생각했다.

재키는 몇 달 동안 상황을 개선하려 애쓰다가 시스템 자체의 문제라 자신의 능력으로는 고칠 수 없다는 사실을 깨달았다. 그녀는 한 웹 사이트에 올라온 직장을 발견하고 여섯 번의 험난한 면접을 거친 후 비영리 교육재단 대표인 톰의 특별 보좌관으로 채용되었다. 이제 그녀는 대표를 위해 든든한 지원군 역할을 한다.

꼭 맞는 직업

재키는 전략을 짜서 지휘한다. 주기능이 감각인 그녀는 현실적인 감각으로 실질적인 세부사항을 조율하고 주관한다. 대표는 장기적인 전망에 집중하며, 재키는 현재 상황을 확실히 이해하고 대표가 놓치는 것들을 챙긴다. 예를 들어, 재키가 오기 전까지 대표는 이동 시간을 계산하지 않아서 번번이 회의에 늦었다. 하지만 이제는 5분 일찍 도착한다.

재키의 부기능인 사고는 그녀를 이성적이고 감정을 잘 드러내지 않는 사람으로 만든다. 그리고 판단형답게 기민하고 계획적이다.

"나는 모든 걸 체계적으로 만드는 사람이고 싶어요. 그리고 사람들을 후원하고 싶어요."

많은 전통주의자들처럼 재키는 단체에 봉사하고 남들을 돕는 일에 깊이 끌린다. 그녀는 상담사로서 역할과 대표를 지원하는 새로운 역할 사이에서 공통점을 발견한다.

"나는 배후에 있으면서 모든 일이 잘 돌아가도록 하는 게 좋아요."

내향형인 재키는 이 일에서 실질적이고 의미 있는 방법으로 단체에 봉사하고, 자신에게 중요한 대의를 지원하는 역할을 맡는다.

미래에 대한 기대

재키는 새 직장에 다닌 지 불과 몇 달밖에 안 되었고, 여전히 일의 흐름에 적응하고 배우는 데 집중하고 있다. 재키는 조직 안에서 자신의 미래를 그려 본다. 그리고 재무 관리자와 함께 일하고, 위원회에서 더 큰 역할을 맡고, 교육 위원회에서 중간 연락망이 되는 등 조만간 더 많은 책임을 지게 될 것이다.

재키는 경영 대학원으로 돌아가 프로젝트 관리를 공부하거나 상담사가 될 수도 있다. 하지만 몇 년 동안은 대표를 제대로 이해하고 그와 조직을 지원할 최상의 방법을 찾아내는 일에 몰두할 예정이다.

사례 2 **단계적 상승형인 라시다** (학생처장)

"전 일을 제대로 합니다."

직업

라시다는 어느 주립 대학교의 보건 대학 학생처장으로 많은 책임을 맡고 있다. 그녀는 행정을 담당하는 교수로 중요한 업무 중 하나는 교수들의 활동을 돕고 그들이 필요로 하는 자원을 공급해 주는 것이다. 그녀는 행동하면서 결정을 내리고 그것을 집행하는 것을 좋아한다.

라시다가 하는 일의 대부분은 기획이나 의사 결정을 지휘하는 것이다. 그녀는 교수의 채용 및 평가를 비롯해서 인사에 관한 모든 권한을 가지고 있는데, 상부에 교수들의 승진과 종신 교수 임용 권고안을 올리는 것도 그녀의 책임이다. 또한 성적이 나쁘거나 학칙을 위반한 학생의 퇴학 결정을 내린다. 그리고 입학 허용 과정을 감독하고, 학생들의 취업 계획을 세우고, 입학 부서의 직원들을 감독하며, 학교 예산을 짜고 그 집행을 감시한다. 또한 학기마다 한 과목을 강의한다. 학교의 장단기 발전 계획을 짜서 학교의 목표가 성취되었는지를 평가한다. 또 학교를 대표해서 다양한 위원회와 토론회에 참석한다. 그녀 자신의 입을 빌면 자신은 '용량이 무한대인 일꾼'이다.

배경

라시다의 이력은 대단히 계획적인 것으로 보이지만 실제로 그녀에게 원대한 계획 같은 것은 없었다. 대학에서 임상 검사를 전공한 그녀는 졸업 후 큰 대학 병원에 취직해서 8년간 일했다.

"그 일을 좋아했어요. 그리고 학문의 현장을 떠나 다시 의료 기사로 돌아가서 즐겁게 살 수 있을 거라고 생각합니다."

그러나 학생들의 실습을 지도할 수 있는 기회가 생기자 의료 기사 일을 그만두었다.

그녀는 곧 교수가 되었고, 교육적 배경이 필요하다고 생각되어 대학원에 진학해서 교육학 석사 학위를 받았다. 그녀는 교수로 재직하면서, 정신 측정학(감각, 능력, 성격, 태도 등과 같이 직접 관측할 수 없는 심리학적 개념을 측량하기 위한 방법의 총칭. 심리 현상에 대한 분석 방법으로 통계적 방법을 활용하는 학문이다─옮긴이) 박사 학위를 받았다. 그녀는 보건 대학의 학생처장으로 승진했고 8년을 더 일했다. 그곳에서 정말로 행복했고 솔직히 그곳에서 정년을 맞으리라고 생각했다. 그러나 어느 보건 협회의 사무국에서 그녀는 지금 재직하는 대학의 보건 대학 학생처장을 만났다. 퇴직을 앞두고 있던 그 학생처장은 라시다에게 자신의 후임으로 들어올 것을 종용했다.

"그건 거절할 수 없는 제안이었습니다. 더 많은 보수에, 더 많은 책임, 그리고 더 많은 권한까지 주어졌으니까요."

꼭 맞는 직업

라시다는 매우 전통적인 조직에서 고도의 책임이 수반되는 자리에 있다. 라시다는 감각적 판단형답게 이미 조직된 환경에서 매우 열심히 일한다. 감각적 판단형이 대개 그렇듯, 그녀의 이력은 단계적으로 상승해 왔다. 그녀가 자신의 일에 만족스러워하는 것은 남에게 봉사할 기회를 제공하기 때문이었다.

라시다는 일하는 과정에서 많은 정보를 수집해야만 한다. 그녀는 학교의 모든 활동을 기록하고, 보고서를 작성하고, 교수 활동 성과를 토대로 근무 평점을 매긴다. 그녀는 주기능인 감각의 도움을 받아서 이 모든 업무뿐만 아니라, 단기적 계획을 수립하고 매 학기 강의를 할 수 있다.

라시다는 자신의 가장 큰 장점이 목표 지향적인 성격이라고 생각한다. "전 일의 우선순위를 정하는 능력이 뛰어나고 일을 성취하는 데 필요한 게 무엇인지를 아주 분명히 파악합니다."

라시다가 아주 좋아하는, 의사 결정을 내리는 일에는 부기능인 사고가 이용된다. 또한 그녀는 모임의 우선순위를 정하는 일, 목표를 정하고 달성하는 일, 자신이 책임지고 있는 프로젝트를 관리하는 일을 즐긴다. 발달된 사고 기능을 통해 그녀는 사람들을 정직하게 대하고, 다른 사람들과의 관계에서 솔직하고 현실적이라는 평을 듣는다.

미래에 대한 기대

라시다는 지금 이곳에서 5년째 재직 중이고 매우 만족스러워한다. 그리고 앞으로 자신의 영역을 넓히고 영향력을 행사하고 구체화할 수 있는 범위를 넓히기 위해 보건 대학 학장이 될 계획을 세우고 있다. 라시다가 자신의 직업에서 가장 마음에 들어 하는 부분은 실제적인 영향력을 가진다는 점이다. 일에 대한 무한한 능력과 근면함을 가진 그녀가 이루지 못할 것은 없어 보인다.

사례 3 책임감이 강한 데이브 (자산 관리자)

"저는 책임감을 갖고 목표 달성에 매진하고 있습니다."

직업

부동산 회사의 부사장이자 빌딩 관리 책임자로 있는 데이브는 시내에 있는 여섯 개 빌딩의 운영과 관리를 감독한다. 어떤 빌딩에서는 현장 관리 책임자로 일하고, 다른 빌딩에서는 현장 관리 책임자의 일을 감독한다.

"건물주가 신경 쓸 필요가 없도록 건물의 모든 것을 관리하는 책임을 지고 있지요."

데이브의 꼼꼼한 성격은 그의 업무에 큰 도움이 된다. 데이브는 건물이 항상 최고의 상태로 유지되도록 휴지를 줍는 일에서 냉방 시스템 수리까지 모든 일을 다 처리한다.

데이브는 매우 다양한 상황에 직면하고 또 다양한 사람들과 만난다. 청소, 경비, 쓰레기 처리 용역 회사와 계약하고, 건물 운영에 필요한 많은 기술 인력들을 감독한다. 한순간도 숨 돌릴 새 없이, 그는 사무실 온도를 어떻게 해 달라거나, 새로운 전기 콘센트를 설치해 달라거나, 전구를 갈아 달라는 입주자의 요구를 처리하고 있다. 그는 항상 손을 보아야 할 곳들을 적고 다니며, 직원들에게 일을 분담시키거나 용역 직원을 불러서 일을 맡긴다. 가끔은 현재 입주자의 임대차 계약을 갱신하거나 입주 예정자에게 건물을 안내하기도 한다. 그것은 건물에 관한 모든 일을 원만히 처리한다는 그의 목표와 책임의 일부이다.

데이브가 가장 좋아하는 일은 건물의 외관을 바꿔서 실질적이고 긍정적인 결과를 만들어 내는 일이다.

"어느 건물의 엘리베이터 구역이 어두워서 조명을 설치했지요. 그곳이 얼마나 좋아졌는지는 말로 표현하지 못합니다. 그런데 그건 제 아이디어였거든요!"

데이브는 주어진 자원을 훌륭하게 활용할 줄 알고, 중요한 자료를 수집한다. 그는 효율적이고 능률적인 방식으로 문제를 해결함으로써 보상을 받는다.

배경

데이브의 이력은 전공과는 좀 다른 길에서 시작되었다. 심리학을 전공한 그는 자신의 전공을 살려 일을 할 거라고는 생각도 하지 않았다. 그는 빌딩 관리 자격을 주는 대학원에서 석사 학위를 따기 위해 공부를 하면서 경험을 쌓았다. 그는 2년 동안 대학 캠퍼스에서 학생회관 운영 보조와 학생 활동 개발, 그리고 학생 식당을 관리했다. 그것은 아주 좋은 경험이자 다른 대학의 학생 회관 책임자로 취직할 수 있는 계기가 되었다. 그는 그 일을 좋아했지만, 학구적이면서 정치 성향이 강한 대학 캠퍼스의 근무 환경이 맞지 않았다.

2년 뒤, 그는 지금 일하고 있는 부동산 회사의 빌딩 관리부에 지원했다. 첫 번째 면접이 끝난 다음 그는 자신이 회사 간부들에게 그다지 큰 인상을 남기지 못했다는 것을 알았다. 그러나 학생 회관에 있던 사무실에서 두 번째 면접을 할 때였다.

"제가 처리해야 하는 모든 일들을 효율적으로 처리(면접하러 온 사람들과 함께 복도를 걸으면서 휴지를 주운 일까지 포함해서)하는 모습을 보고, 면접관들은 제 능력에 신뢰를 갖게 되었고 제 모습에 큰 인상을 받았습니다."

2년 만에 빌딩 관리 매니저로 승진했다. 또다시 2년 뒤, 빌딩 관리부의 책임자 겸 부사장으로 승진했다. 그것은 데이브 자신도 놀란 초고속 승진이었다.

"전 어떤 요구에도 거절한 적이 없습니다. 저는 지금 있는 자리에 만족하고 더 많은 빌딩 관리를 위탁받으면서 할 일을 점점 늘려 가고 있습니다."

꼭 맞는 직업

건물 관리자로서 데이브의 업무는 그의 감각적 판단형의 기질과 잘 맞는다. 건물이 원만하게 돌아가게 하고, 장비와 비품을 규정에 맞게 준비하는 것이 그의 일이다. 그의 일에는 많은 책임이 포함되어 있다. 그리고 업무의 성격상 일을 제대로 하려면 책임 소재가 분명해야 한다.

데이브는 직장에서 모든 일에 다 신경 쓴다. 그는 주기능인 감각을 통해 건물의 모양, 소리, 느낌, 심지어는 냄새까지 신경을 쓴다. 그는 건물을 관리하면서 조명, 온도, 소음과 같은 것에서, 건물의 물리적 상태를 포함하는 아주 사소한 부분에까지 주의를 기울여야만 한다. 그밖에 예산 관리, 관리 일정을 시간에 맞추는 일, 필요한 서류를 보관하는 일, 규정을 따르는 것 등이 그의 할 일이다.

데이브의 또 다른 책임은 입주자들, 상인들, 관리 및 경비 인력과 계약하는 일이다. 그의 부기능인 사고는 그가 감독하는 사람들의 업무를 평가할 때 공정하고 객관적일 수 있게 한다. 그리고 용역 계약을 할 때 냉정해질 수 있는 것도 그 덕분이다. 또한 데이브는 까다로운 업무를 해결하는 일에서 보람을 느낀다.

미래에 대한 기대

당분간 데이브는 지금 하는 일을 계속할 예정이다.

"언젠가는 공동 경영자가 되어 위험 부담을 나누는 것도 좋은 일이겠지만, 전 이 직업을 갖고 있는 사람들이 흔히 그러는 것처럼 개발업자가 되고 싶은 생각은 없습니다."

최근에 데이브는 지역의 정치 활동에 참여하면서 공동 관리 협회 사무국의 일을 돌보며 여가 시간을 보낸다.

"언젠가 선거에 출마할 생각입니다. 시민 대표나 시 위원으로 말입니다. 전 제가 속한 공동체에서 일어나는 일에 관심이 많습니다. 앞으로 공동체의 일에 더욱 적극적으로 참여할 생각입니다."

재키와 라시다 그리고 데이브는 서로 다른 배경과 경험, 이력을 가지고 있음에도 그들의 인생사를 하나로 엮을 수 있는 공통점이 있다. ISTJ형인 이 세 사람은 구체적인 관심사나 능력, 가치관이 서로 다를지 모른다. 하지만 이들은 모두 감각적 판단형의 기질이며, 주기능인 감각을 내향화하고 부기능인 사고를 외향화하는 동일한 심리학적 기능 구조를 갖고 있기 때문에 우리는 이 세 사람을 통해서 ISTJ형의 욕구에 대한 많은 것을 관찰할 수 있다.

아래의 열 가지 요소들은 정도의 차이와 중요성의 순서는 다르겠지만, ISTJ형이 직업 만족을 느끼기 위해 필요한 것들의 목록이다. 비록 같은 성격 유형의 소유자라고 해도 사람은 저마다의 개성이 다르므로 이 목록을 ISTJ형의 사람들 모두에게 똑같이 적용시킬 수는 없다.

아래의 목록을 읽어 본 다음 자신이 중요하다고 생각하는 순서에 따라 이들 열 가지 요소의 순서를 다시 정하는 것이 좋겠다. 그러면서 현재와 과거의 직업 중 특히 좋았던 부분이나 싫었던 부분을 생각해 보라. 그리고 다양한 경험을 관통하는 일관된 요소를 찾아보도록 하자.

1. 기능적인 일. 중요한 사실과 사소한 내용을 기억하는 능력을 이용하는 일.
2. 신중하고 논리적이고 효율적인 방식으로 서비스를 제공하는 일. 표준 절차를 이용하는 일이면 더욱 좋다.
3. 혼자 일할 시간이 많고, 독립적으로 하는 일. 뛰어난 집중력을 이용하여 임무를 완수하는 일.
4. 안정되고 전통적인 환경에서 하는 일. 불필요한 위험을 무릅쓰거나 검증되지 않은 방법을 사용할 필요가 없는 일.
5. 결과가 눈에 보이고 측정 가능한 일. 기준을 지키는 것이 필수 불가결한 일.

6. 목표가 분명하고 조직의 체계가 명확하게 짜여진 일.

7. 자신이 한 일을 설명하거나 제시하기 전에 준비할 시간이 충분한 일. 일대일 이나 소그룹 환경이면 더욱 좋다.

8. 책임이 점점 커지는 일. 자신이 한 일로 평가받고 공헌이 인정되는 일.

9. 자신의 현실적 판단과 경험을 높이 평가하고 보상해 주는 환경에서 하는 일.

10. 스스로 목표를 세우고 그것을 달성하도록 필요한 자원이 제공되는 일.

ISTJ형에게 맞는 직업

아래 직업 목록을 살펴볼 때, 어떤 성격 유형의 사람이든 모든 직업에서 성공할 수 있다는 점에 주의하자. 하지만 다음은 특히 ISTJ형이 만족을 느낄 만한 직업 목록과 그 이유이다. 이 목록이 모든 직업을 다루고 있는 것은 아니지만 이전에는 생각지 못했을지도 모르는 가능성을 제시한다.

> ### ▌ 비즈니스 분야
>
> 회계 감사 | 중간 관리자 | 회계사 | 관리자 및 감독관 | 임원 보좌관 | 경영 능률 향상 전문가 및 분석가 | 보험 인수 심사자 | 회계사무원 | 물류 및 공급 매니저 | 준법 감시인 | 정보 관리 최고 책임자 | 보험 계리인 | 자산 관리자(상업, 부동산) | 대금 및 회계 수금원 | 건축 감리사 | 건축 현장 소장 | 구매 대행인과 계약 전문가 | 보험 조사관 | 통계학자 | 호텔 접객 직원 | 청구서 작성 사무원 | 기술 문서 담당자 | 협회 관리자 및 고문 | 프로젝트 관리자 | 감정 평가사

ISTJ형은 비즈니스 분야의 직업을 좋아하는 경향이 있고 시스템을 관리

하거나 일을 원만하게 운영하는 일에 뛰어난 능력을 보인다. 이들은 전통적이고 제도화된 조직을 선호하는 편이고 이들의 존재는 조직 운영을 안정시키는 효과를 가져온다. 이들은 비용과 수입을 추적하는 일을 효율적으로 해내며, 실수를 고치지 않고 넘어가는 일이 없다. 이들이 관리자라면 직원들의 역할을 분명하게 설정해 주고 일하는 방식을 정해 준다. 이들은 눈에 보이는 상품이나 서비스를 생산하는 비즈니스를 선호하는 일이 많다.

> **▍판매 및 서비스 분야**
>
> 경찰관 및 형사 | 국세청 직원 | 정부 조사관 | 공무원 | 군 장교 | 공인 중개사 | 운동 기구 및 상품 판매원 | 교도관 | 산업안전기사 및 보건기사 | 화재 예방 전문가 | 선장 | 항공기 조종사 | 보호 감찰관 | 조경 관리자 | 항공 기관사 | 우체국장 및 우편물 관리자 | 환경 감시원 | 입국 심사원 및 세관 조사관 | 건축 설계사 | 유기농 작물 재배자 | 악기 제작자 | 항법사

ISTJ형이 공무 관련 직업에 자주 끌리는 까닭은 공동체에 봉사하고 싶은 욕구가 있기 때문이다. 이들은 사람들에게 봉사하는 시스템을 관리하는 일을 좋아한다. 이미 짜인 환경에서 일을 잘하고, 지시와 감독에 능하다. 이들은 지식과 경험을 활용하여 현안을 효율적이고 단호하게 처리한다. 사실과 세부 사항을 꼼꼼하게 기억하고 모든 일에서 실질적인 판단력을 발휘한다. 같은 이유로 ISTJ형은 자신이 겪어 본 물건을 판매하는 일을 즐긴다.

은행 감독 | 투자 유가 증권 관리자 | 조세 감독관 | 주식 중개인 | 재무 설계사 | 신용 분석가 | 예산 분석가 | 원가 관리사 | 회계 담당자 및 재무 최고 책임자

ISTJ형에는 숫자 감각이 뛰어난 사람이 많다. 이들은 사실과 세부 사항을 잘 기억하고 자신의 견해를 뒷받침할 수 있는 증거를 인용하는 능력이 있다. 쉽게 산만해지지 않으며, 임무를 정확하고 꼼꼼하게 완수하기 위해 열심히 노력한다. 금융 관련 직업은 혼자서 일하고 많은 정보를 흡수하는 능력과 계산을 치밀하게 해내는 능력을 필요로 한다.

교장 | 교사(기술, 공업, 수학, 체육 과목) | 사서 | 일반 관리자 | 아키비스트(기록물 관리사)

ISTJ형은 교육 분야의 직업에서 만족을 느끼는 일이 많은데, 특히 행정이나 기술 과목과 관련되어 있을 경우 더욱 그렇다. 이들은 학교나 커리큘럼의 운영을 잘 감독하고, 실질적인 가능성과 시스템을 관리할 수 있는 방법을 찾는다. 행정 업무나 도서관과 관련된 직업은 독립적으로 일할 수 있고, 객관적인 분석 능력을 이용하여 시험 점수나 예산과 같은 자료를 정리하거나 감독할 수 있다. 교사로서는 기술이나 현장 학습의 기회가 많은 실용 과목을 가르치는 것을 좋아한다.

법률 연구원 | 법률 보조원 | 판사 및 사법관 | 범죄학자 및 탄도학 전문가 | 법원 서기

ISTJ형에게 법률 분야는 편하게 느껴진다. 집중하고, 상세한 정보를 잊지 않고, 엄격한 조직 시스템을 유지하는 능력은 법률 사무소나 실무진에게 큰 자산이 된다. ISTJ형은 진지하고 중요한 법률 업무를 즐긴다.

기술 분야

전기 기사 | 엔지니어 | 정비 기사 | 컴퓨터 프로그래머 | 소프트웨어 및 웹 개발 엔지니어 | 건축 개발 엔지니어 | 기술 문서 담당자 | 제약회사 영업 사원 및 연구원 | 뇌전도 공학자 및 기사 | 지질학자 | 기상학자 | 항공기 정비사 | 태양광 발전 설치자 | 풍력 터번 서비스 기술자 | 정비, 산업, 전기 기사 | 농업 연구원 | 신뢰성 공학자(제품의 고장 원인을 과학적으로 해명하고 이를 기초로 고장을 없애려 노력하는 사람—옮긴이) | 데이터베이스 관리자 | 네트워크 시스템 및 데이터 통신 분석가 | 하드웨어 엔지니어

ISTJ형이 이들 직업을 가지면 기술적 능력을 사용할 수 있고, 정확성을 요하는 생산물을 다루게 된다. 이들은 오류와 실수를 잘 잡아내고 필요한 절차와 시스템을 충실하게 따른다. 위와 같은 직업을 가질 경우 대개 혼자서 일할 수 있고, 강한 집중력을 발휘할 수 있으며, 사실에 대한 뛰어난 기억력과 기술 습득력을 이용할 수 있다.

외과 의사 | 수의사 | 치과 의사 | 간호 행정가 | 의료 기관 행정가 | 약사 | 검사실 기사 | 의학자 | 1차 진료 기관 의사 | 생체 공학 엔지니어 | 운동 생리학자 | 수의 보조사 | 치과 위생사 | 약사 및 약사 보조원 | 외과 수술 전문의 | 초음파 검사 기사 | 치과 교정 전문의 | 검시관 | 검안사 | 공중 보건 담당 공무원 | 생물 표본 기사 | 환경 과학 기사 | 의무 기록사 | 뇌전도 공학자

ISTJ형은 의료 관련 직업에 끌리는 일이 많은데, 특히 병원의 전통적 구조 내에 있는 직업들을 선호한다. 이들은 환자의 말을 경청한 뒤 신중하고 보수적인 조언과 치료 계획을 제시한다. 이들은 또한 의료 환경 내에서 양심적으로 일하고, 주어진 책임을 완수하며 자신이 기여한 바에 대해 긍지를 갖는 훌륭한 행정가가 될 수 있다. ISTJ형은 일을 제시간에 마쳤을 때 보상이 주어지는 환경을 좋아한다. 또한 사실적인 정보를 쉽게 습득하고 영구히 기억할 수 있기 때문에 치과와 제약 분야에서도 좀 더 기술적인 면에 끌리는 경우가 많다.

기억해 둘 점은 위에 나열된 직업들은 이 성격 유형의 고유한 자질들을 만족스럽게 표현해 줄 수 있는 일부 영역에 지나지 않는다는 것이다.

구직 활동 최적화

자기 성격 유형의 장단점을 알고 있으면 구직 활동에 도움이 된다. 자리나 유망한 고용주에 대해 조사하고 이력서를 작성하는 것에서부터 인터뷰를 준비하거나 연봉을 협상할 때도 사람들은 자신의 성격 유형대로

행동할 것이다. 당신의 장점을 활용하고 단점을 보완한다면 구직 활동을 더욱 성공적으로 해나갈 수 있다.

성격 유형의 차이는 때로는 눈에 잘 띄지 않기도 하고 어떤 경우에는 극적으로 드러난다. 구직 과정에서는 성격 유형과 같은 미묘한 변수가 성공이냐 실패냐를 가르기도 한다. 외향적인 사람들은 폭넓은 인맥 형성을 즐기는 편이고, 내향적인 사람들은 이미 아는 사람들을 계속 만나는 것처럼 좀 더 제한적이고 좁게 인맥을 쌓는다. 감각형들은 한정된 범위의 사람들을 만나는 경향이 있고, 직관형의 사람들은 자기와 관련 없어 보이는 사람들까지 포함하여 폭넓게 사람들을 경우가 많다. 감정형의 사람들은 매우 사적이고 친근하게 관계를 맺는 반면, 사고형 사람들은 더 객관적이고 초연한 태도로 사람들과 관계를 맺는다. 마지막으로 판단형은 모임에서 소수의 사람들에게 제한적인 질문을 하지만 인식형의 사람들은 온종일 상대방에게 모든 종류의 질문을 퍼부을 수도 있다.

ISTJ형을 위한 성공적인 구직 활동법

구직 과정에서 나타나는 ISTJ형의 장점은 열심히 일하고자 하는 욕구와, 세부 사항과 약속을 일일이 기억할 수 있는 능력이다. 그러나 이미 검증된 전통적 방식만을 선호하고 분명하게 드러나 있지는 않은 보다 치밀한 방식을 놓치는 경향이 있으므로 주의한다.

ISTJ형의 가장 효과적인 전략은 자신이 가진 능력을 발휘하는 것이다.

선택 가능한 직업들에 대해 완벽히 조사하고 철저하게 정보를 수집한다.
— 인내심을 갖고 취업 활동에 필요한 정보를 수집한다. 자신에게 맞는 직업을 찾는 데는 몇 달이 걸릴 수도 있다는 사실을 기억한다.

— 자신을 잘 아는 사람들에게 연락을 취한다. 특히 과거에 함께 일했던 사람 중 지금은 다른 직업을 갖고 있는 사람들, 또는 그들이 추천하는 사람들을 만나 본다.

자신에 대한 마케팅 자료를 신중하게 준비한다.

— 객관적인 눈으로 자신이 쓴 이력서와 서류를 살펴본다. 그것들이 자신에 대한 어떤 메시지를 담고 있는지 자문한다. 이것은 나를 정확하게 반영하고 있는가?

— 서류에 과거의 업적이 포함됐는지를 확인한다. 필요한 경우에는 추천장을 받아 첨부한다.

회사의 구인 절차를 끈기 있게 따른다.

— 전체적인 정보 수집의 일환으로 기업의 채용 절차를 알아 둔다. 조직이 돌아가는 방식에 자신의 구직 방식을 맞춘다.

— 조직의 명령 계통을 존중하면서 자신이 어떤 직원이 될 것인지를 보여 준다.

모든 세부 사항을 꼼꼼하게 챙기고 마무리 짓는다.

— 구직 과정과 관련된 크고 작은 일을 마무리 짓는 데 에너지를 집중한다. 전체 계획을 세우고, 진행 상황을 점검하고, 감사 메일을 보내고, 확인 전화를 한다.

— 조직적으로 행동한다. 자신의 재능을 보여 주고 끈질기게 버티는 일을 두려워하지 않는다.

신중하고 현실적으로 판단한다.

— 어떤 일자리를 제안받았을 때 신중하게 생각할 수 있는 시간을 요청한다. 미래의 고용주에게 자신은 약속을 진지하게 생각한다는 점과 상대의 제안에 대해 주의 깊게 생각하는 모습을 보여 준다.

— 현재의 취업 시장과 자신의 재능에 대해 현실적으로 판단한다. 추론 능력을 발휘하여 논리적인 결정을 내린다.

ISTJ형은 보편적으로 다음과 같은 단점을 가지는데, 이는 단지 구직 활동만이 아니라 인생의 다른 측면에도 영향을 미친다. 그러므로 아래의 항목들을 과거 경험과 결부시켜 하나하나 생각해 보는 것이 도움이 된다. '이건 나한테 맞는 얘기일까?'라고 스스로에게 물어보고, 만약 그렇다면 '어떤 점이 내가 원하는 일을 성취하는데 방해가 되었나?'에 대해 생각해 보자. 자신이 가진 단점을 극복하기 위해서는 자신의 3차 기능인 감정과 열등 기능인 직관을 의식적으로 개발해야 한다. 쉽지는 않겠지만 자신에게 부족한 기능을 많이 사용하면 할수록 앞으로 문제는 더욱 적게 발생할 것이다.

분명해 보이지 않는 직업들에 대해서도 가능성을 고려한다.
— 현재 존재하지 않는 직업들의 가능성을 찾아본다. 흥미를 느끼는 직업의 목록을 최대한 적어 본다.
— 해당 분야에 직접적인 경험이 없다는 이유만으로 선택할 수 있는 직업을 제외하지 않는다.

자신의 결정이 미치는 영향을 간과하지 않는다.
— 취업을 고려 중인 직업에 종사하는 자신의 모습을 상상해 본다. 5년 뒤, 10년 뒤, 아니면 20년 뒤의 자신의 모습을 상상한다. 성장 가능성이 있는지, 분야를 바꾸거나 책임 영역을 넓힐 기회가 있는지 신중히 생각한다.
— 장·단기 목표를 수립하여 구직 활동 중 척도로 사용한다. 가능성이 있는 직업을 장·단기 목표와 비교해 보고, 미래의 목표를 단기적 목표와 바꾸는 것은 아닌지 살펴본다.

조심성이 지나치고 사고가 경직되기 쉬운 경향이 있으므로 주의한다.

— 과거에 한 일과 전혀 다른 일을 할 수 있는 가능성을 열어 놓는다. 직업 만족을 찾기 위해서 합당한 위험을 감수할 것을 고려한다.

— 자신의 생각이 정해진 틀을 벗어나지 못하는 것 같은 생각이 들 경우에는 친구나 전문가들에게 상담을 요청한다.

구직 과정에서 인간적 요소를 고려한다.

— 상식적인 일이나 자격을 가지고 있는 일은 물론이고 자신의 진실한 감정과 동기에 대해 여유를 갖고 생각해 본다. 직업은 물론 자신의 인생에서 진정 중요한 것이 무엇인지 자문해 본다. 자신의 인생에서 정말 중요한 부분에 대해서는 절대 타협하지 않는다.

— 면접 과정에서 사람들의 감정에 주의를 기울인다. 무의미하다고 생각되는 예의범절도 지킬 필요가 있다. 왜냐하면 어떤 사람들은 그러한 것을 중요하게 여기기 때문이다.

일에 대한 열정을 표현하고 적극적으로 자신을 마케팅한다.

— 자신이 어떤 직업에 관심을 가지고 있는지를 사람들에게 알린다. 자기 자신과 그 자리에 대한 열정과 에너지를 표현한다.

— 자신의 능력을 과소평가하지 않는다. 과거에 성취한 것과 자신이 회사에 기여할 수 있는 부분에 대해 이야기하여 자신감을 나타낸다.

ISTJ형을 위한 마지막 조언

지금까지 ISTJ형의 성격 유형에 대해 구체적으로 살펴보았다. 이제 자신의 장점과 기질이 어떻게 해서 특정 직업과 구직 방식에 맞는지 알게 되었다. 그러나 앞에서 제시한 직업들이 꼭 마음에 들지만은 않았을 것이다. 마지막 단계에서 자신이 바라는 직업과 그 분야를 좁혀 보자.

성격 유형뿐만 아니라, 자신의 가치관, 관심사, 기술 같은 다른 요소들도 직업 만족 수준을 높이는 데 기여한다. 즉 자신과 직업이 서로 잘 맞으면 맞을수록, 더욱 만족감을 얻는다. 이제 전략적인 취업 계획을 수립하기 위해 지금까지 배운 모든 것들을 총동원할 준비를 하라. 23장의 연습 문제를 풀면서 이런 작업을 수행할 것이다.

하지만 어쩌면 현재 일자리를 유지하는 것이 더 현명한 결정일 수도 있다. 재정적인 압박, 가족들의 기대, 어려운 직업 시장 상황 등 다양한 이유 때문에 그렇다. 그래도 기운을 내길 바란다! 지금까지 이 책을 통해 배운 것들은 현재 일자리에서 더 성공적이고 알차게 일하는데 도움이 된다. 혹은 직업을 바꿀 시기가 찾아왔을 때에 이직에 관련된 훨씬 풍부한 아이디어를 얻을 수 있다.

더 만족스러운 직업을 찾을 수 없다면, 지금 하고 있는 일을 사랑하라

대부분의 직장에서는 직원들이 업무를 수행할 때 융통성을 발휘할 수 있는 다양한 기회를 제공하고 있다는 것을 명심하라. 당신의 요구가 반영되도록 현재의 업무에 변화를 주는 방법을 아래에 제시한다.

— 유능한 조력자를 찾으라.

— 한 번에 한 가지 프로젝트를 수행하라.

— 효율적인 시스템을 시행하고 직속 부하에게 그것을 사용하도록 요청한다.

— 회의에 좀 더 참석해 본다.

— 균형을 맞추기 위해 다른 의견도 고려한다.

— 회의 전에 회의 안건을 미리 알아보고 준비한다.

— 방해를 피할 수 있는 방법을 찾는다.

— 상관에게 그들의 기대치에 대하여 분명히 말해 달라고 요청한다.

— 단기 목표를 설정한다.

원하는 바를 성취하기 위해 자신의 자산을 활용하라

최고의 성공 비결이란 간단히 말해, 자신의 장점을 발휘하고 단점을 보완하는 것이라 하겠다. 이렇게 하는 방법을 체득하게 되면, 성공할 수 있고 자신의 일을 사랑하게 될 것이다.

여기 ISTJ형의 강점과 약점을 제시한다. 개별적 특성이 모두 다르지만, 다음 목록의 많은 부분을 ISTJ형에게 적용할 수 있다.

업무와 관련된 ISTJ형의 강점

— 신중하고 정확하며, 일을 한 번에 제대로 해내려고 한다.

— 확립된 절차와 정책을 기꺼이 따르려고 한다.

— 한 번에 한 가지 일을 할 때 매우 강한 집중력을 발휘할 수 있다.

— 혼자서 일할 수 있는 능력이 있다.

— 조직하는 능력을 갈고 닦기 위해 노력한다.

— 사실과 세부 사항에 완전히 집중할 줄 안다.

— 전통적인 구조를 높이 평가하고 그런 곳에서 일할 수 있다.

— 책임감이 강하고 말한 것을 실행에 옮기려 한다.

— 직업 윤리 의식이 확고하고, 효율성과 생산성을 중요시한다.

— 목표를 달성하기 위해 끈기와 투지를 발휘한다.

— 상식적이고 현실적인 안목을 갖고 있다.

업무와 관련된 ISTJ형의 약점

— 새롭고 검증되지 않은 아이디어를 받아들이기 힘들다.

— 변화에 저항하거나 불편해한다.

— 시간이 오래 걸리는 과정을 견디기 힘들다.

— 현재의 요구에 집중하는 정도로 미래의 요구에 집중하지 않는다.

— 융통성이 부족하여 필요할 때 적응하지 못한다.

— 나무를 보고 숲 전체를 보지 못한다. 행동이 끼치는 영향을 보지 못한다.

— 정책과 결정이 사람들에게 어떤 영향을 미칠 것인지에 대한 예측력이 떨어진다.

— 결과가 보장된 상황에서는 방향을 바꾸거나 속도를 조절하려 하지 않는다.

— 필요한 변화를 지지하지 않고, 위험을 감수하려 하지 않는다.

| ISTJ형의 성공 비결 |

여러 가지 가능성을 받아들여라.

사람들에게 미치는 영향을 고려하라.

변화를 받아들여라.

외향적, 감각적, 감정적, 판단적 성격형
ESFJ형 무엇을 도와드릴까요?

사례 1 **에너지가 넘치는 크리스틴** (판매원)

"친분을 쌓는 것은 정말 즐거운 일이에요."

직업

크리스틴은 첫인상이 좋은 편이다. 치과에 치과 장비와 제품을 판매하는 회사의 영업 사원인 그녀에게는 첫인상이 매우 중요한 요소다. 그녀의 공식 직함은 선임 판매 담당 관리자이고, 연간 평균 130만 달러의 수익을 올리는 구역을 담당하고 있다. 크리스틴의 일은 주로 맨해튼 북쪽과 웨스트체스터를 포함한 다섯 개 주를 다니면서 장비를 업그레이드해 주거나 보다 효율적인 시술을 돕는 새 제품을 소개하는 일이다.

크리스틴은 하루의 대부분을 길에서 보낸다. 넓은 구역을 담당하고 있기 때문에 멀리 떨어져 있는 사무실들을 돌아다녀야 하기 때문이다. 그리고 고객의 사무실에 도착하면, 편안한 모습으로 등장한다. 크리스틴은 모든 사람을 파악하는 것이 주된 일이다. 그래서 사람들은 그녀가 만드는 따뜻한 관계로 바로 빠져든다. 그녀는 일상적인 제품에서 새 기계에 이르기까지 사무실에 필요한 것들을 공급한다. 크리스틴은 최신 정보를 바로바로 업데이트하고 아주 작은 세부사항까지 자신의 제품에 대해 모조리 알아야 한다. 그녀의 일 중에는 직원들에게 새 제품을 교육하는 일도 포함되지만, 가장 중요한 일은 관계를 맺는 일이다.

"기본적으로 사람들과 친분을 쌓는 일이에요."

배경

크리스틴은 외향적이고 늘 활기찬 사람이다. 대학에서 뮤지컬을 전공한 크리스틴은 학교에 다니는 동안 은행에서 창구 직원으로 고객 응대를 담당했다.

"일을 좋아했어요. 책상 앞에 앉아 있지 않았으니까요. 하루 종일 사람들과 이야기를 나누었죠. 정말 재미있었어요!"

대학을 졸업한 뒤, 크리스틴은 무대가 자신에게 맞지 않는다고 생각했지만 어떤 일을 해야 할지 확신할 수 없었다.

그녀는 능력에 따라 월급과 수당을 받는 기업 간 외부 판매직에 지원했다. 그 직업이 매력적이라고 느꼈던 건 다른 기업에 기업 서비스를 판매하는 일이라 사람들을 직접 만난다는 점 때문이었다.

"나는 설명을 잘했어요."

크리스틴은 이렇게 기억을 떠올린다.

"경험은 많지 않았지만 이력서와 자기소개서를 잘 썼고 물론 면접도 잘 봤어요."

그녀는 우수한 성적으로 채용되었고, 곧 회사 내의 회계 사무원이나 경리를 고용할 여력이 안 되어서 대안을 찾는 작은 기업에 자동 급여 서비스 프로그램을 판매했다.

크리스틴은 2년 동안 그 일을 계속하면서 판매 경험을 쌓았고, 그 지역 최고의 판매 대리인이 되었다. 그녀에게 판매란 무대 위에서 제품에 관한 대본을 외우고 노래를 부르는 것처럼 편안하게 느껴졌다.

"함께 있는 사람과 수다 떨면서 잡담을 나누는 거예요."

그녀는 은행의 우수 고객 관리자로 자리를 옮겼다. 처음에는 그 일이 자신에게 잘 맞지 않는다고 느꼈지만, 결국 뉴욕까지 가게 되었다. 2년 반이 지난 뒤, 크리스틴은 은행이 합병되면서 정리해고되었다.

"당시에는 충격이 컸지만, 나중에 돌아보니 최고의 일이었더라고요. 나는 마음을 다잡고 이렇게 생각했죠. '정말 하고 싶은 일은 뭘까? 자랑스럽게 이야기할 만한 일, 매일 아침 즐겁게 일어나서 하러 갈 만한 일이 무엇일까?'"

크리스틴은 자신이 원하는 일이 판매직으로 복귀하는 일임을 깨달았다. 그래서 취업 알선원들을 만나 면접을 보고 치아 치료 장비와 치과 제품을 판매하는 현재 회사에 취직했다.

꼭 맞는 직업

크리스틴의 카리스마는 그녀를 타고난 판매원으로 만들어 준다.

"관계를 맺는 일은 참 쉬워요. 나는 누군가가 발산하는 에너지를 아주 빨리 판단해서 거기에 맞출 수 있어요."

외향형에 주기능이 감정인 크리스틴은 따뜻하고 친절한 사람이다. 자칭 '비밀이 없는 사람'으로, 자신이 매일 상대하는 많은 사람들과 친분을 맺는 일을 매우 좋아한다.

"이 일을 하려면 자기 자신을 기꺼이 보여줄 수 있는 사람이어야 해요. 특히 같은 병원과 계속 거래를 하려면요. 제가 거래하는 병원 사람들은 저를 잘 알아요. 나나 그들이나 진실한 사람들이며, 기계적으로 치아 관련 대화나 나누는 로봇과는 다르답니다."

부기능이 감각인 크리스틴은 방대한 치과 제품에 관한 상세한 정보를 외우고 전달하는 능력이 있다. 그리고 다수의 판단형들처럼 목표물을 찾고, 접근하고, 상대하고 경쟁하는 과정에서 짜릿함을 느끼고, 노력이 구체적인 결실로 이어지는 모습을 보며 보람을 느낀다.

미래에 대한 기대

크리스틴은 자신의 일을 즐기며, 한동안은 이 일을 계속할 작정이다.
"나는 스스로 충실한 사람이라고 생각해요. 이 회사가 좋았기 때문에 나도 그들에게 좋은 사람이 되고 싶어요."
5년에서 10년 후에는 의학 분야로 영역을 넓히고 싶다.
"나는 늘 정형외과 수술실에서 사용하는 제품들을 판매하고 싶었어요. 정말 탐나는 일이지만, 쉽지 않을 거예요. 하지만 꼭 그 일을 하고 싶어요."
의욕적이고 경쟁심이 강한 크리스틴이 자신의 성공을 발판으로 다음 단계로 도약하는 모습은 쉽게 볼 수 있을 것이다.

사례 2 자신의 책임을 다하는 데니스 (경찰관)
"사람들이 더욱 효율적이고 안전하게 일할 수 있도록 돕습니다."

직업

데니스는 지역 경찰서에 소속된 순찰 경찰관이다. 2년 전부터 그는 순찰뿐만 아니라 훈련 부서 교관도 맡고 있다. 그는 경찰 업무의 상호 작용, 다양성, 그리고 동료들에게 생생하고 유용한 정보를 전달하는 기회를 즐기고 있다.

매주 데니스는 지역의 서로 다른 경찰관 그룹을 대상으로 주(州) 정부 위원회로부터 승인받은 다양한 수업을 진행한다. 그 수업은 인간관계, 최신 법률에 관한 것에서부터 화기 면허 갱신, 방어 운전에 이르는 다양한 주제를 망라하고 있다. 데니스가 수업에서 다룰 수 있는 내용의 범위는 제한되어 있지만, 수업 방식은 스스로 개발하고 있다. 그는 수업 계획서를 작성하여 제출하고, 주제에 관한 자료 조사를 수행하며, 수업을 진행하고 학생들의 출석을 체크한다.

데니스는 순찰 활동도 수행한다. 하지만 최근에는 야근이나 가끔씩 필요할 때 순찰을 나간다. 그는 특히 야간에 근무 중인 경찰관에게 요구되는 경계 상태에서 벗어난 잠깐의 휴식을 즐긴다.

"순찰할 때는 내내 긴장을 유지할 필요는 없지만 결코 완전히 풀어져서는 안 됩니다. 계속 상황을 주시하면서 언제 올지 모르는 호출에 준비하고 있어야 합니다."

배경

데니스는 약 13년 전에 경찰관 일을 시작했다. 그는 대학에서 경영학을 전공했지만, 졸업 후 군에 입대하여 헬기 수송 업무를 담당했다. 그 후 8년간 육군 예비군 생활을 하면서 동시에 사촌의 가게에서 기계공 일을 했다. 수년 동안 그 일을 하면서 주말에는 자동차 경주에 참가했다.

어느 날 기계 다루는 일에 싫증을 느끼게 되면서 경찰관 친구들의 추천으로 공인 보안 요원에 지원하여 합격했다. 5년 간 그 일을 하다가 책임도가 좀 더 높은 일에 도전하고 싶어졌다. 그래서 데니스는 현재 근무하고 있는 지역 경찰서에 지원해서 합격했다. 10년 동안 순찰 경찰관으로 근무를 한 뒤에 2년 6개월 전부터 강의를 시작했다.

꼭 맞는 직업

데니스는 경찰관으로 대중을 보호하는 책임을 맡고 있다. 다른 감각적 판단형과 마찬가지로 그는 사회를 위해 봉사하고 규율을 강제하는 일 같은, 자신에게 부여된 책임을 완수하는 일에 잘 어울린다. 데니스는 명확한 보고 체계와 목표를 갖춘 고도로 체계적인 조직에서 일한다. 성실한 업무 수행과 기존의 정책과 절차에 대한 준수는 그에 상응하는 보상을 받는다. 작은 마을에서 비슷한 배경과 가치관을 가진 사람들과 함께 일한다는 사실은 데니스가 만족을 느끼는 이유 중에 하나이다.

데니스는 자신이 잘한 일에 대해서 동료들로부터 존경과 인정을 받고 싶어 한다. 주기능이 감정인 그는 확실히 자기 자신의 가치관과 윤리관을 따른다. 가르치는 일이나 상담을 통해서, 또는 사람들에게 개인적으로 도움을 주면서 그들과 교류하는 일도 데니스에게 중요하다. 그는 사람들에게 조언해 주는 것을 즐긴다. 그가 가장 만족을 느끼는 것은 사람들에게 실질적인 도움을 주는 것이다.

데니스는 부기능인 감각을 통해 순찰 근무 시 모든 것에 주의를 기울일 수 있다. 그는 감각 기능을 활용하여 화기 사용법이나 방어 운전 요령 등의 시범을 직접 보이면서 강의를 진행한다. 이런 기술들은 교실이 아니라 현장에서 배울 수 있는 실질적인 기술이다. 그는 또한 새로운 무기나 장비에 관한 정보를 수집하거나 그러한 장비를 시험해 볼 때도 감각 기능을 사용한다.

미래에 대한 기대

데니스는 자신의 현재 위치에 만족하면서도, 변화를 원하고 있다. 그는 내년에 있을 경사 시험을 준비하는 데 집중하기로 했다.

"저는 분석적으로 생각하는 편입니다. 판단의 원인과 결과를 이해할 수 있죠. 주위 사람들이 추천하기는 하지만 전 형사가 되는 것을 원하지는 않습니다. 전 어느 때보다 목표가 더욱 분명해 졌어요. 제 일 때문에 사생활을 희생시키지 않을 겁니다."

사례 3 **타협의 귀재 로빈** (부동산 중개인)
"어려움에 처한 가족들이 보금자리를 찾도록 돕습니다."

직업

로빈이 부동산 중개인으로서 어떤 보람을 느끼는지는 처음 만난 고객의 사례에서 전형적으로 드러난다.

"그 불쌍한 사람들은 어려운 상황에 처해 있었어요. 그 사람들은 자기 집을 매매 계약한 다음 다른 집을 사려고 계약금을 걸어 놓았는데 중개사가 뭔가 중요한 실수를 하는 바람에 양쪽 계약이 다 깨져 버렸지요. 계약금을 날린 데다가 집을 사기로 한 사람까지 없어진 거예요. 그 사람들은 저를 비롯해서 다른 10년차 중개인과도 면담했지요. 그분들이 부동산 중개인으로 저를 택했을 때 전 믿을 수가 없었어요. 그들은 제 정직성과 열정에 감동받았기 때문이라고 하더군요. 어쨌든 전 그 사람들의 집을 사흘 만에 팔아 버리고 나흘 만에 아주 괜찮은 집을 하나 찾았습니다. 고객이 그 집을 사서 들어간 뒤 몇 달 만에 첫아이를 낳아서 저는 병원을 찾아갔었지요. 진짜 어려운 상황에 처해 있는 그런 사람들을 도울 수 있다는 건 정말 좋은 거예요. 정말 엄청난 보상이죠!"

협상을 시작해서 계약을 성사시키기까지는 무수하게 많은 일들이 있다. 로빈은 집을 팔기 위한 전략을 세우고, 판매 소책자를 만들고, 집을 공개할 때 사람들을 모은다. 감정 평가사, 조사관, 변호사에게 각각 관련된 일을 맡기고, 신문 광고를 내고, 일체의 진행 상황을 고객에게 알리는 일에 이르기까지 모든 것을 스스로 처리한다.

배경

로빈의 삶은 가족이라는 말과 관련이 깊다. 가족 관계와 아동 발달을 전공한 그녀는 사회복지 기관에 취직해서 입양 부서의 사회복지사로 일했다. 로빈은 좀 더 나은 보살핌을 받아야 하는 아기들을 위한 입양 프로그램을 만드는 부서의 팀원이 되었다. 그 프로그램은 다른 주에 하나의 모델이 되었고, 로빈은 입양 코디네이터가 되었다.

"사회복지학 분야의 석사 학위가 없었기 때문에 제가 코디네이터라는 자리에 가게 된 것은 놀라운 일이었지요. 전 그 일을 정말 좋아했습니다. 그리고 사람들이 가족을 이루는 걸 도우면서 정말 큰 보람을 느꼈지요."

로빈은 아이를 갖기 위해 사회복지 기관을 떠났다. 그리고 아이들이 학교에 들어가자 다시 직업을 갖기로 했다.

"하지만 아이들이 절 찾을 때마다 옆에 있을 수 있도록 일하는 시간이 완전히 자유로워야 했어요."

로빈은 부동산 중개업을 잘 해낼 거라는 친구들과 아는 부동산 중개인의 조언을 따랐다. 그녀는 자격증을 따기 위해 공부를 하고 시험을 봤다. 그리고 곧 일하는 시간을 자유롭게 정한다는 조건으로 부동산 중개인으로 취직했다.

꼭 맞는 직업

로빈은 다른 가족이 새로운 보금자리를 찾도록 돕는 것을 좋아한다.

"어려움에 처한 사람들의 문제를 해결해 주는 일이 정말 좋아요. 특히 누군가를 위해, 아기를 위해 안전한 집을 찾아 주는 일은 더 좋아요."

업무에 충실하고 조직력이 뛰어난 그녀는 고객들이 어려운 상황을 극복하기 위해 자신에게 기대는 것 역시 좋아한다. 대다수의 전통주의자들이 그러하듯, 업무 중심적이고 조직적인 로빈은 가족을 위해 열심히 일하는 것처럼 고객을 위해서도 열심히 일한다.

로빈은 주기능이 감정으로, 이해관계가 다른 사람들을 이어 주고 조화를 창출하는 데 능력을 발휘한다. 특히 그녀는 계약 당사자 양쪽이 모두 무엇인가를 얻을 수 있도록 도와주어 타협해 나가는 일을 좋아한다. 외향적인 로빈은 매일 만나는 많은 사람들이나 단체와 협력 관계를 만드는 것을 좋아한다.

로빈은 부기능인 감각 덕분에 머릿속에 수많은 정보를 담아두고 있다. 로빈은 하루에도 보통 변호사, 저당물 중개인, 감정 평가사, 조사원(집의 구매자와 판매자는 말할 것도 없고)들을 다 만나는데 이들은 모두 중요한 정보를 가지고 있다. 그리고 일을 진행하려면 다른 많은 사람들의 스케줄을 조정해야 하는 게 보통이다. 또한 그녀는 감각 기능 덕분에 집이 사람들의 눈에 어떻게 비칠지와 가능성 있는 구매자들이 물건을 보고 어떤 반응을 보일지를 쉽게 알 수 있다.

미래에 대한 기대

두 번째 직업으로 로빈은 일과 삶의 균형을 잘 맞추고 있다고 느낀다. 또한 최근 지역 정치, 초등학교 학부모 모임과 환경 및 세계 평화 단체에 더 많이 참여하게 되었다.

"저는 단체를 통해 의회 대표들에게 메일을 보내고, 전 세계적인 이슈들에 대한 정보를 얻습니다."

요즘 로빈은 전 세계적인 문제들에 대한 생각을 많이 하고 있다.

"언젠가는 더 큰 영향을 미칠 수 있는 일을 하고 싶습니다. 그리고 아이들을 바르게 키우고 다른 사람을 친절하게 대하는 일이 궁극적으로는 아주 큰 영향을 미친다는 사실을 압니다. 다른 사람으로 인해 감동한 사람이 또 다른 누군가를 감동시키는 것, 이게 바로 파급 효과입니다."

ESFJ형이 만족할 수 있는 직업의 성격

크리스틴과 데니스 그리고 로빈은 서로 다른 배경과 경험, 이력을 가지고 있음에도 그들의 인생사를 하나로 엮을 수 있는 공통점이 있다. ESFJ형인 이 세 사람은 구체적인 관심사나 능력, 가치관이 서로 다를지 모른다. 하지만 이들은 모두 감각적 판단형의 기질이며, 주기능인 감정을 외향화하고 부기능인 감각을 내향화하는 동일한 심리학적 기능 구조를 갖고 있기 때문에 우리는 이 세 사람을 통해서 ESFJ형의 욕구에 대한 많은 것을 관찰할 수 있다.

아래의 열 가지 요소들은 정도의 차이와 중요성의 순서는 다르겠지만, ESFJ형이 직업 만족을 느끼기 위해 필요한 것들을 나열한 것이다. 비록 같은 성격 유형의 소유자라고 해도 모든 개인은 저마다의 개성이 다르므로 이 목록을 ESFJ형의 사람들 모두에게 똑같이 적용시킬 수는 없다.

아래의 목록을 읽어 본 다음 자신이 중요하다고 생각하는 순서에 따라 이들 열 가지 요소의 순서를 다시 정하라. 그러면서 현재와 과거의 직업 중 특히 좋았던 부분이나 싫었던 부분에 대해 생각해 보도록 하자. 그리고 다양한 경험을 관통하는 일관된 요소를 찾아보자.

1. 삶의 질을 높일 수 있는 방식으로 일하면서 사람들과 따뜻하고 성실한 관계를 맺을 수 있는 일.

2. 사람들에게 현실적 이득을 줄 수 있는 일. 필요한 기능을 사용하기 전에 그것을 완벽하게 습득할 시간이 있는 일.

3. 많은 사람들과 함께 일하면서 권한을 행사할 수 있는 일. 그리고 사람들이 공통의 목표를 향해 조화롭게 나아갈 수 있도록 돕는 일.

4. 기대치가 분명하고 객관적인 기준에 따라 자신의 일을 평가받을 수 있는 일.

5. 동료, 고객, 환자 등 사람들 간에 갈등과 긴장이 없는 협조적 환경에서 할 수 있는 일.

6. 스스로 결정할 수 있는 일. 프로젝트의 모든 부분이 자신이 설정한 대로 되었는지 확인하기 위해 효과적인 절차를 사용할 수 있는 일.

7. 일과 중에 사람들과 상호 작용할 수 있는 기회가 많고, 의사 결정 과정에 주체적으로 참여할 수 있는 일.

8. 일이 원만하고 효율적으로 돌아가도록 자신의 일과 주위 사람들의 일을 조직할 수 있는 일.

9. 나의 성취에 대하여 사람들이 찬사를 보내는 우호적인 환경에서 할 수 있는 일. 동료들과 친구처럼 지내는 환경에서 하는 일.

10. 명령 계통이 분명하고 권위가 존중받는 조직적인 환경에서 하는 일.

ESFJ형에게 맞는 직업

아래 직업 목록을 살펴볼 때, 어떤 성격형을 가진 사람이든 모든 종류의 직업에서 성공을 거둘 수 있다는 점에 주의한다. 하지만 다음은 특히 ESFJ형이 만족을 느낄 만한 직업의 목록과 그 이유들이다. 여기에 제시한 직업 목록 중 미처 생각하지 못했던 직업에 대해서도 그 가능성을 탐색해 보도록 하자.

간호사 | 의료 및 치과 보조원 | 언어 병리학자 및 청능사 | 운동 생리학자 | 가족 주치의 | 치과 의사 | 의료 담당 비서 | 식이요법사 및 영양사 | 마사지 치료사 | 검안사 및 안경사 | 약사 및 약사 보조원 | 호흡 치료사 | 수의사 | 수의 보조사 | 가정 건강 조무사 | 1차 진료 기관 의사 | 물리 치료사 | 가정 건강 담당 사회복지사 | 개인 운동 트레이너 | 피트니스 강사 | 호스피스 | 놀이 치료사 | 방사선 치료사 | 의료 기관 행정가 | 지압사 | 교정 치료사 | 치과 위생사 | 인공 투석 기사

ESFJ형이 보건 의료 분야에 끌리는 이유는 이들에게 사람들을 직접 상대하면서 도움을 줄 수 있는 능력이 있기 때문이다. 이들은 자신의 기술로 환자의 고통을 줄이고 상처를 치료하는 데 도움을 주려 한다. 실용적인 기술을 즉각 적용하면서 표준 절차를 따르는 직업에서 뛰어난 능력을 보인다. ESFJ형은 환자와 동료들과 강한 유대 관계를 맺을 수 있다.

초등학교 교사 | 특수 교육 교사 | 조기 교육 교사 | 보육 교사 | 운동부 코치 | 이중 언어 교사 | 간호 강사 | 종교 교육 책임자 | 교장 | 자연 보호 구역 체험 전문가

ESFJ형이 교사가 된다면 직접 참여하고 모범을 보이는 교육을 한다. 특히 이들은 어린이와 특수 교육이 필요한 아동들에게 끌리는데 그들에게 기본적인 기능을 가르치면서 보람을 찾게 된다. 어린이들과 직접 소통하면서 일하는 것은 ESFJ형의 타고난 에너지와 열정을 북돋운다.

ESFJ형은 학교의 체계적이고 질서가 잡힌 환경에서 편안함을 느낀다. 이들은 신체를 활발하게 움직이는 것을 좋아해서 사람들에게 운동 기술이나 협동의 중요성을 가르치는 것을 즐긴다.

사회복지 및 상담 분야

사회복지사 | 자원봉사 코디네이터 | 종교 교육자 | 상담가 | 성직자, 사제, 랍비, 이맘 | 근로자 지원 상담사 | 아동복지 상담사 | 약물 중독 재활 상담사 | 노인 및 아동 담당 사회복지사 | 재판 연구원 | 입법 보조원 | 법원 서기 | 법원 속기사 | 법무 보조원

ESFJ형은 자신이 속한 공동체의 든든한 후원자들이다. 이들은 시민 단체를 결성하고 유지하기 위해 자원봉사하는 일이 많다. 따라서 사회복지 분야의 일에서 보람을 얻는다. 사람들과 편안하게 만날 수 있고 여러 사람들 앞에서 쉽게 이야기할 수 있는 능력이 있기 때문에 공동체 활동과 관련된 직업에서 만족을 느끼기도 한다. 매우 구체적이고 의미 있는 방식으로 사람들을 돕는 일을 좋아하는 사람들은 상담, 종교 교육, 목회에 끌리는 경우도 많다. 이들은 원래 보수적이고 전통적인 성향이 있고, 기존의 주요 단체에 들어가서 일하는 것을 좋아한다.

비즈니스 분야

홍보 책임자 | 대출 담당 직원 및 상담원 | 시장 조사 분석가 | 중간 관리자 | 소매점 경영자 및 점장 | 경영 컨설턴트(인사, 교육 훈련) | 보험 설계사 | 신용 상담사 | 상품 기획자 | 고객 서비스 관리자 | 헬스 클럽 관리자 | 숙박업소 경영자 | 상업 및 부동

산 자산 관리사 | 어린이집 원장 | 고객 상담 관리자(기술 분야) | 변호사(기술 분야) | 급식 관리자 | 묘목장 및 온실 관리자 | 호텔 및 모텔 지배인 | 감정 평가사

ESFJ형은 비즈니스 세계에서 많은 사람들을 만나고 목표 달성을 위해 열심히 일할 수 있는 기회를 갖는다. 이들은 적극적으로 바쁘게 일하는 것을 좋아하고 고객과 접촉하기를 즐긴다. 부동산 중개인처럼 사람을 자주 접하는 업종에서 성공하는 경우가 많은데, 이들이 사람들과 긍정적인 관계를 맺고 이를 유지하기 위해 아주 적극적으로 노력하기 때문이다.

홍보와 마케팅 분야는 ESFJ형의 뛰어난 대인 관계 능력과 의사소통 능력을 필요로 한다. 이 분야의 직업들은 세부 사항을 주의 깊게 챙기는 꼼꼼함을 요구하는데 ESFJ형의 조직적 능력은 이러한 직업에서 폭넓게 사용될 수 있다.

판매와 서비스 분야

판매 대리인 | 보험 설계사 | 항공기 승무원 | 고객 서비스 담당자 | 장의사 | 미용사 및 메이크업 전문가 | 연회 진행자 | 개인 요양 조무사 | 케이터러 | 기금 모금 전문가 | 여행 컨설턴트 | 생태 관광 전문가 | 공인 중개사 및 부동산 브로커 | 마케팅 책임자(라디오, 텔레비전, 케이블 방송) | 번역가 및 통역가 | 족보학자 | 가정 보건 의료 상품 판매원 | 치과 장비 및 의료 장비 판매자 | 운동 기구 및 상품 판매원 | 보험 설계사 | 토지 임대 및 개발 전문가

ESFJ형은 사람들을 직접 상대하여 일하면서 보다 즐거운 경험이 되도록 서비스를 제공할 수 있는 능력 때문에 서비스 분야의 직업에 끌리

는 일이 많다. 고객 서비스 대행업은 이들에게 그런 기회를 제공해 준다. ESFJ형은 어려운 시기에도 끈기 있고 믿음직하게 버티며, 위기에 처했을 때는 모든 일을 꼼꼼히 챙기는 위치로 부상하는 일도 많다. 장례식장 책임자는 업무 과정에서 보통 이상의 세심함과 타인에 대한 배려를 보여 주어야 한다.

ESFJ형은 다양한 곳을 여행하고, 사람들과의 접촉을 즐길 수 있는 비행기 승무원을 택하는 경우도 많다. 또한 식당이나 연회 사업에서 따뜻하고 섬세하며 능력 있는 호스트, 호스티스가 될 수 있다. 고객들과 장기적인 관계를 맺을 수 있는 조건에서 이루어지는 판매, 특히 실용적인 상품을 판매하는 일을 즐기고 이 분야에서 두각을 나타낸다.

기억해 둘 점은 위에 나열된 직업들은 이 성격 유형의 고유한 자질들을 만족스럽게 표현해 줄 수 있는 일부 영역에 지나지 않는다는 것이다.

구직 활동 최적화

자기 성격 유형의 장단점을 알고 있으면 구직 활동에 큰 도움이 된다. 자리나 유망한 고용주에 대해 조사하고 이력서를 작성하는 것에서부터 인터뷰를 준비하거나 연봉을 협상할 때도 사람들은 자신의 성격 유형대로 행동할 것이다. 당신의 장점을 활용하고 단점을 보완한다면 구직 활동을 더욱 성공적으로 해나갈 수 있다.

성격 유형의 차이는 때로는 눈에 잘 띄지 않기도 하고 어떤 경우에는 극적으로 드러난다. 구직 과정에서는 성격 유형과 같은 미묘한 변수가 성공이냐 실패냐를 가르기도 한다. 외향적인 사람들은 폭넓은 인맥 형성을 즐기는 편이고, 내향적인 사람들은 이미 아는 사람들을 계속 만나는 것처럼 좀 더 제한적이고 좁게 인맥을 쌓는 경우가 많다. 감각형들은 한정된 범위의 사람들을 만나는 경향이 있고, 직관형의 사람들은 자기와 관련 없어 보이는 사람들까지 포함하여 폭넓게 사람들을 만나고는 한다. 감정형의 사람들은 매우 사적이고 친근하게 관계를 맺는 반면, 사고형 사람들은 더 객관적이고 초연한 태도로 사람들과 관계를 맺는다. 마지막으로 판단형은 모임에서 소수의 사람들에게 제한적인 질문을 하지만 인식형의 사람들은 온종일 상대방에게 모든 종류의 질문을 퍼부을 수도 있다.

ESFJ형을 위한 성공적인 구직 활동법

ESFJ형은 원만한 대인 관계를 맺는 능력과 훌륭한 조직 능력을 이용해서 효율적으로 구직 활동을 수행할 수 있다. 다만 구직 과정의 불안정함 때문에 용기가 꺾이기 쉽고 거절당했을 때 실망하기 쉬운 경향이 있으므로 이 점에 주의한다. ESFJ형에게 가장 효과적인 전략은 자신이 가진 능력을 발휘하는 것이다.

면접관과 우호적인 관계를 형성한다.
— 면접관에게 새로운 사람을 만나는 일을 즐기고 주변 사람을 편안하게 만드는 자신의 능력을 보여 준다.
— 날카로운 관찰력과 친근한 분위기를 만들어 낼 수 있는 능력을 발휘해서 공통의 관심사를 찾아낸다.

사람들을 만나서 정보를 수집한다.
— 관심 있는 분야에서 일하는 사람들을 만나서 그 직업에 관해 충분하게 알아본다.
— 현재의 인맥을 확대한다. 만나는 사람들에게 자신이 자격을 가지고 있는 분야에 대해 알고 있을 만한 사람들을 소개해 달라고 부탁한다.

조직적이고 계획적으로 구직 활동을 한다.

— 취업 분비를 위해 드는 비용과 취업까지 걸리는 시간을 예상하여 계획표와 예산을 짠다. 매일 시간을 따로 정해 두고, 자신이 연락한 사람에 관한 기록을 간직해 둔다.

— 뛰어난 조직 능력을 이용해서 읽기 쉽고 깔끔하게 만든 이력서와 지원 서류를 완성한다. 면접 시간은 꼭 지키고 면접 후에는 감사 메일을 보낸다.

자신을 조직의 목표 달성을 위해 열심히 일할 수 있는 팀 구성원이라고 홍보한다.

— 과거에 다양한 사람들과 함께 일했던 경험을 강조한다. 어려운 상황에서 자신의 대인 관계 능력을 이용했던 일을 예로 들어 설명한다.

— 지원하고자 하는 조직의 성격에 대해 가능한 많은 정보를 알아 둔다. 면접을 보기 전에 인터넷에서 정보를 찾아보거나, 해당 기업에 대해 직접 아는 사람들을 만나 이야기한다.

결단을 내린다.

— 일단 어떤 자리에 대해 관심이 있다고 판단되면 기회를 놓치지 말고 행동으로 옮긴다.

— 목표에 집중할 수 있도록 불가능하거나 덜 끌리는 직업을 제외한다. 겉보기는 화려하지만 안정성이 떨어지는 직업들에 끌려서 쉽사리 동요하는 일이 없도록 자신의 능력, 관심 분야에 대해 현실적으로 판단한다.

구직 활동 중 ESFJ형이 주의해야 할 점

ESFJ형은 보편적으로 다음과 같은 단점이 있을 수 있는데 이것은 단지 구직 활동만이 아니라 삶의 다른 측면에도 영향을 미친다. 그러므로 아래의 항목들을 과거 경험과 결부시켜 하나하나 생각해 보는 것이 도움이 될 것이다. '이건 나한테 맞는 얘기일까?'라고 스스로에게 물어보고, 만약 그렇다면 '어떤 점이 내가 원하는 일을 성취하는데 방해가 되었나?'에 대해 생각해 보자. 자신이 가진 단점을 극복하기 위해서는 자신의 3차 기능인 직관과 열등 기능인 사고를 의식적으로 개발해야 한다. 쉽지는 않겠지만 자신에게 부족한 기능을 많이 사용하면 할수록 앞으로 문제는 더욱 적게 발생하게 된다.

자신이 일단 건넜다고 생각되는 다리는 없애 버리는 경향이 있으니 조심한다.

— 선택 가능한 직업들에 대해 모든 게 좋거나 모든 게 나쁘다고 생각하지 않도록 노력한다. 대부분의 상황에는 회색 지대가 있으므로 그것을 찾아보자. 가끔은 타협이 필요한 때도 있다.

— 자신의 선택에 대해 여유를 갖고 신중하게 생각해 본다. 필요한 모든 정보를 모으기도 전에 성급히 결정을 내리는 것은 위험한 일이다.

쉽게 낙담하는 경향이 있으므로 조심한다.

— 건설적인 비판을 있는 그대로 받아들이고 그것을 자신에 대한 공격으로 생각하지 않는다.

— 취업 활동 과정에서 친구들의 지원과 격려를 요청한다. 같은 구직자들로부터 도움을 받는다.

개인적인 느낌에만 의존하지 말고 객관적인 판단 기준을 세운다.

— 한걸음 뒤로 물러나 상황을 좀 더 객관적으로 보려고 한다. 면접관에 대한 개인적인 감정을 근거로 어떤 직업에 대한 의견을 정하려는 충동을 억누른다.

— 어떤 직업을 선택하거나 어떤 행동에 돌입했을 때 그 논리적인 결과가 어떻게 될지 자문해 본다.

좀 더 장기적인 취업 계획에 초점을 맞춘다.

— 지금으로부터 1년, 5년, 10년 뒤의 목표를 세운다. 어떤 직업이나 일자리를 고려할 때, 그 일이 자신이 세운 목표를 달성하는 데 도움이 되는지를 생각해 본다.

— 불안하거나 불안정해지면 임시적인 일이라도 받아들이려는 경향이 있으므로 조심한다. 장기적으로 볼 때, 만족스럽지 않을 일자리에 타협하지 말라.

아직 알려지지 않은 직업을 찾아본다.

— 가능 직업의 목록을 작성할 때 '그밖에 뭐가 없을까?'라고 자문해 본다. 직관력이 뛰어나면서 나에 대해서 잘 아는 친구들과 함께 아이디어를 내 본다.

— 본인이 어떻게 다른 종류의 업무에서도 능력을 발휘하는지 보여 줄 방법을 찾는다.

ESFJ형을 위한 마지막 조언

지금까지 ESFJ형의 성격 유형에 대해 구체적으로 살펴보았다. 이제 자신의 장점과 기질이 어떻게 해서 특정 직업과 구직 방식에 맞는지 알게 되었다. 그러나 앞에서 제시한 직업들이 꼭 마음에 들지만은 않았을 것이다. 다음에서 자신이 바라는 직업과 그 분야를 좁혀 보도록 하겠다.

성격 유형뿐만 아니라, 자신의 가치관, 관심사, 기술 같은 다른 요소들도 직업 만족 수준을 높이는 데 기여한다. 즉 자신과 직업이 서로 잘 맞으면 맞을수록, 더욱 만족하게 된다. 취업 계획을 수립하기 위해 지금까지 배운 모든 것들을 총동원할 준비를 하라. 23장의 연습 문제를 풀면서 이런 작업을 수행하라.

하지만 어쩌면 현재 일자리를 유지하는 것이 더 현명한 결정일 수도 있다. 재정적 압박, 가족들의 기대, 어려운 직업 시장 상황 등 다양한 이유 때문에 그렇다. 그래도 기운을 내길 바란다! 지금까지 이 책을 통해 배운 것들은 현재 일자리에서 더 성공적이고 알차게 일하도록 도움을 줄 수 있다. 혹은 직업을 바꿀 시기라면 이직과 관련된 훨씬 풍부한 아이디어를 얻을 수 있다.

더 만족스러운 직업을 찾을 수 없다면, 지금 하고 있는 일을 사랑하라

대부분의 직장에서는 직원들이 업무를 수행할 때 융통성을 발휘할 수 있는 다양한 기회를 제공하고 있다는 것을 명심하라. 당신의 요구가 반영되도록 현재의 업무에 변화를 주는 방법을 아래에 제시한다.

— 동료나 직장 상사와의 갈등 해결을 시도해 본다.
— 상사에게 업무의 기대치를 확실하게 해 달라고 요청한다.
— 인간관계와 관련하여 긴장도가 높은 환경을 피한다.
— 조직 안이나 밖에서 의미 있는 일을 자원해서 해 본다.
— 업무 중에 충분한 인간적인 교류가 있다는 점을 생각해 본다.
— 직속 부하에게 효율적 시스템을 실행하도록 요청한다.
— 책임자가 아니라면, 적절한 프로젝트를 찾아서 자원하여 책임져 본다.
— 당신의 결점을 채워 줄 수 있는 사람을 사귄다.
— 단기 목표를 세우고, 달성한다.

원하는 바를 성취하기 위해 자신의 자산을 활용하라

최고의 성공 비결이란 간단히 말해, 자신의 장점을 발휘하고 단점을 보완하는 것이라 할 수 있다. 이렇게 하는 방법을 몸소 익히게 되면, 당신은 성공할 수 있고 자신의 일을 사랑하게 될 것이다. 여기 ESFJ형의 강점과 약점 목록을 제시한다. 개개인 모두가 특별하지만, 다음 목록의 많은 부분을 ESFJ형인 자신에게 적용할 수 있다.

업무와 관련된 ESFJ형의 강점

— 에너지가 넘치고 생산적이며 일을 마무리 지으려는 욕구가 강하다.

— 협력을 잘하고 사람들과 조화로운 관계를 유지한다.

— 현실적이고 실용적인 태도를 갖고 있고, 사실과 세부 사항을 잘 다룬다.

— 천성적으로 남을 보살피고 도우려고 한다. 다른 사람의 훌륭한 태도를 칭찬하고 격려한다.

— 결단력과 안정감이 있다.

— 조직의 전통을 유지하는 능력이 있다.

— 조직화 기술이 뛰어나고 확고한 업무 윤리를 따른다.

— 전통적인 조직에서 일하는 것을 자랑스러워한다.

— 책임감이 강하다.

— 확립된 규칙과 절차를 잘 따른다.

— 상식적이고 현실적인 안목을 지닌다.

업무와 관련된 ESFJ형의 약점

— 새롭거나 검증되지 않은 아이디어를 받아들이기 힘들다.

— 비판에 민감하다. 긴장된 업무 환경에서 스트레스를 받는다.

— 미래보다 현재에 초점을 맞추려고 한다.

— 빠른 변화에 적응하기가 힘들다.

— 과민 반응하는 성향이 있고 불쾌한 상황을 피하려고 한다.

— 장시간 혼자 일하기가 힘들다. 사람들과 사귀는 것이 필요하다.

— 편파적인 태도를 보이는 경향이 있다.

— 다른 사람의 감정적 짐을 떠맡기 힘들다.

— 정보를 충분히 모으기 전에 성급히 결정을 내리는 경우가 있다.

— 숲을 보거나 숨은 뜻을 찾기보다는 구체적인 사실에 집중한다.

— 독선적이고 완고해지기 쉽다.

— 상대방의 의견을 경청하고 받아들이기 어려워한다.

— 칭찬이나 감사의 표현이 없을 경우 풀이 죽기 쉽다.

— 미래에 필요한 일에 집중하기 어려워한다.

ESFJ형의 성공 비결

서두르지 말라.

아직 존재하지 않는 가능성을 고려하라.

매사에 지나치게 사적인 의미를 부여하지 말라.

내향적, 감각적, 감정적, 판단적 성격형
ISFJ형 나의 의무를 다할 것을 맹세합니다

사례 1 **헌신적인 산부인과 간호사 에린** (간호사)

"내 일에 열정을 느껴요. 여기 있기만 해도 기분이 좋아요."

직업

에린은 친밀하고 지칠 줄 모르는 감독자다. 그녀는 분만실 간호사로, 건강한 아이의 출산을 위한 모든 일을 담당한다. 여성의 출산 경험에 관련된 신체적, 사회적, 감정적인 부분을 책임지는 에린은 매 순간 빠지지 않고 참석해야 하고, 동시에 흘려버리는 일이 없도록 해야 한다.

에린은 매일 분만 중인 산모와 아기의 건강을 관리하고, 활력 징후(바이탈 사인)를 확인하고, 약을 투여하고, 여성이 인생에서 가장 격렬한 경험 중 하나를 겪는 동안 신체적, 정서적으로 대처할 수 있도록 돕는 일을 한다. 또한 환자들이 치료를 결정하는 일에 적극적으로 참여할 수 있도록 돕는다.

"산모가 무통 주사를 원할 경우, 저는 그녀에게 어떤 위험과 이점이 있는지, 언제 효과가 나타나는지 이해시킵니다. 그리고 이 과정을 잘 이겨낼 수 있도록 돕습니다. 이 모든 선택은 항상 일어나는 일이고, 저는 산모들 옆에서 감정적이고 육체적인 가이드 역할을 합니다."

에린은 또한 의사와 조산사 사이에서 소통해야 하고, 아기의 출생과 관련된 법적 세부 사항들을 완벽하게 기록하고 도표를 작성해야 한다.

"하나도 놓칠 수 없습니다!"

배경

고등학교 시절, 에린에게 장래 희망이 뭐냐고 물었다면 거침없이 산부인과 의사라고 대답했을 것이다.

"'그래 이거야. 난 하고 싶은 일이 뭔지 알고, 그 일을 곧 하게 되리라는 것도 알아.'라고 생각하면서 대학에 진학했어요."

그런데 뉴욕에서 여름 학기를 보내는 동안 모든 것이 달라졌다. 산부인과 의사들과 함께 지내면서 생각이 바뀌었다.

"내 생각대로 되지 않을 거라는 걸 처음으로 어렴풋이 눈치챘어요. 진통을 겪는 여성들을 도우면서 내내 그들과 함께 있는 모습을 마음에 그렸죠."

하지만 그녀가 함께했던 의사들은 진단하는 데 시간을 더 많이 쓰고, 환자들과의 일대일 상담에는 시간을 더 적게 할애하는 듯했다.

학교로 돌아간 에린은 간호학에 대해 배웠고, 전통 의학에 대한 배울 수 있었다. 그리고 여전히 여성의 감정적, 사회적 욕구를 돌보는 데 충분한 시간을 쓰지 않는다는 사실 역시 알게 되었다.

"의학에 끌렸던 건 도움이 필요한 사람들과 함께한다는 점 때문이었어요. 그리고 배운 바에 따르면, 간호사의 역할은 그 이상이에요. 의사는 진단을 하고 문제를 해결하고 상태를 파악하죠. 간호사는 훨씬 전인적이에요. 환자를 대할 때 전인적으로 대하죠. 그냥 그 시간에 맡게 된 문제라고 여기지 않아요."

에린은 진로를 바꿔 간호사 학위를 받기 위해 박차를 가했다.

졸업 후 분만실에서 일자리를 찾지 못한 에린은 위장관 및 이식 환자들이 있는 수술 후 입원실에서 근무하게 되었다. 그곳에서의 일은 그녀에게 쉽지 않았다. 한꺼번에 많은 환자를 돌봐야 했고, 환자 개개인을 제대로 치료하기엔 시간이 부족하다고 느꼈다.

"저는 그냥 정해진 일만 할 수 있었습니다. 환자 및 가족과 함께 감정적, 사회적으로 해결해야 할 사항들에 대해 충분히 상의할 수 없었어요."

2년 동안 분만실 관련 구인글을 꼼꼼하게 지켜본 에린은 마침내 기회를 얻었다. 그녀는 담당자에게 직접 메일을 보냈고, 온라인으로 신청하는 것도 잊지 않았다. 그리고 마침내 분만실로 옮겨 가게 되어 매우 기뻤다. 에린은 그 병원에서 2년 반 동안 일했고, 새로운 병원으로 가서도 동일한 업무를 맡게 되었다.

"한 번에 많은 환자를 돌보는 것보다, 한 환자와 한 가족에 집중하는 게 좋아요."

꼭 맞는 직업

많은 전통주의자들처럼 에린도 봉사 지향적이고, 사회에 의미 있는 기여를 하고자 한다. 주기능은 감각으로, 간호사라는 직업에서 꾸준히 발휘되는 기능이다. 사실 세부 사항을 감지하는 일은 삶과 죽음이 걸린 일이 될 수 있다.

"분만을 하다 보면 멀쩡하게 있다가도 순식간에 응급 상황에 놓일 수 있어요. 그래서 항상 정신을 바짝 차리고 수많은 세부 사항에 관심을 기울여야 합니다."

에린은 반복되는 일과를 챙기고 배우는 데 능숙하고, 여러 가지 일을 한꺼번에 처리하는 게 편하다. 그녀는 꼭 알아야 할 단계를 시각화해서 새로운 상황에 대처하고, 일단 그 일을 배우고 나면 자신감과 자부심을 느낀다. 조직적인 판단형인 에린은 병원이라는 절차가 중요한 세계에 잘 맞는다.

에린의 부기능인 감정은 간호사라는 직업에서 아주 중요한 요소다. 대부분의 시간을 진통이나 분만이라는 극도로 감정적인 상태 속에서 보내기 때문이다. 에린은 배려심이 풍부하고 공감 능력이 뛰어난데, 이는 간호사들이 환자를 진정시키는 데 필요한 최고의 자질이다. 에린의 감정 기능 역시 그녀가 돌보는 환자들의 욕구를 예측할 수 있게 해 주고, 그들을 신체적으로나 감정적으로 도울 수 있게 한다.

미래에 대한 기대

에린은 산모에게 더 집중하는 병원의 분만실에서 간호사로 일하는 게 꿈이다. 또한 간호사와 환자의 비율이 일대일이 되길 바라지만, 현재의 병원에서는 그 비율이 인력 및 예산 등에 의해 더 높아질 수 있다. 에린은 10년 안에 조산사가 되어 있을 테지만, 지금은 이 계획을 재고하고 있다. 에린은 산부인과 간호사 일을 할수록 그 일이 자신에게 꼭 맞다고 느낀다.

전체적으로 에린에게 직장에서의 행복은 병원의 건전성, 직원 및 직원들에 대한 지원, 존경과 선택의 분위기와 관련 있다.

특히 조산사들이 출산 과정에서 종종 의사들처럼 행동하거나, 전반적인 과정에 참여하지 않는 것을 볼 때면 더욱 그런 생각이 든다. 그리고 간호사로서 경험이 쌓일수록 지금 하고 있는 일이 다른 사람들의 삶에 매일 변화를 일으키는, 꼭 필요한 일이라는 확신이 든다.

정확하고 철저한 벤자민 (회계사)

"조직이 맡은 일을 완수할 수 있도록 돕는 것이 제 일입니다."

직업

대학 때부터 벤자민은 공인 회계사가 되어야겠다고 생각했다. 그러나 최근까지 그 일은 스트레스와 가족과 지내는 시간이 부족한 데 따른 죄책감도 가져다주었다. 그는 완전한 변화를 가져오기로 결심했고 지금은 비영리 단체를 위해서만 일하는 독립 공인 회계사로 만족스럽게 일하고 있다.

현재 벤자민은 비영리 단체를 대상으로 감사 업무를 수행하고 있다. 그의 고객들은 사립 학교, 매 맞는 여성들의 쉼터, 가족계획 센터, 입양 기관, 도서관, 기타 많은 사회복지 단체들이다. 그는 재무제표가 공정하게 작성되었다는 의견을 내기 전에 그것을 꼼꼼하게 들여다본다. 일단 감사가 끝나면 벤자민은 최종 재무제표를 해당 단체의 대표나 이사회에 제출한다.

봉사 단체의 일부가 되는 것은 벤자민이 가장 좋아하는 일이다.

"봉사 단체 사람들은 정말 좋습니다. 공동체를 발전시키기 위해서 선행을 하는 사람들이지요. 그 사람들의 목표는 막대한 이익을 남기는 것이 아니라 다른 사람을 돕는 자신의 임무를 다하는 것입니다. 전 그런 사람들과 관계를 맺는 게 좋습니다."

배경

육군 생활을 마무리한 뒤 벤자민은 회계사로서의 경력을 시작했고, 항상 큰 회사에서 작은 회사로 옮겨 갔다. 그의 첫 번째 직장은 100명의 회계사들이 일하는 큰 회사였다. 1년 뒤에는 열다섯 명의 회계사들이 일하는 중간 규모의 회사로 옮겼다. 다음 해는 네 명이 일하는 작은 회사로 옮겼다. 자리를 옮길 때마다 그는 고객과의 접촉이 많아졌고 책임이 무거워졌다. 그 모든 자리는 '확인과 추적' 작업이 많았고 고객과의 만남은 제한되어 있었다.

"결국 저는 회사를 그만두고 개업하기로 했습니다. 저는 권한과 자유, 그리고 고객과 직접 접촉할 기회를 원했습니다. 그래서 개업 후 10년 동안 회사를 일궈 왔지요. 다른 회계사 두 명과 보조 인력도 한 명 두게 되었고요. 그 모든 일을 해냈다는 사실이 정말 자랑스럽습니다."

그러나 지난 10년 동안, 벤자민은 세금 관련 업무의 긴장과 스트레스를 지나치게 많이 경험했다.

"저에게 변화는 천천히 다가왔습니다. 개인이나 기업의 세금 관계 일 때문에 점점 미쳐 가고 있었지요. 스트레스가 너무도 심한 이 일에서 벗어날 방법은 없을까를 생각해 보았습니다. 돈은 많이 벌었지만 나머지 생활은 괴롭기만 했어요. 건강도 엉망이었어요. 한시라도 일에 대한 생각에서 벗어나지 못했습니다. 집에도 일거리를 가져갔고 그것 때문에 가정과 개인적 관심사는 항상 뒤로 밀렸어요. 전 변화가 필요했습니다. 그래서 운영하던 회계 법인에서 싫은 부분을 매각하고 좋은 부분만을 남겨서 그 일을 확장시켰습니다."

"세금 쪽 일을 인수하고 싶은 사람을 만났던 건 정말 큰 행운이었습니다. 그 사람이 이쪽으로 옮겨 와서 사무실을 공동으로 사용하게 되었고 직원들에 대한 책임도 떠맡았습니다. 가구도 샀고, 고객 관리도 맡았지요. 저는 제가 좋아하는 분야만 남겨서 감당할 수 있을 정도로 키웠습니다."

꼭 맞는 직업

ISFJ형인 벤자민은 열심히 일하고 자신의 책임을 매우 진지하게 받아들인다. 그에게 일이 특히 만족스러운 것은 갈고 닦은 기술과 능력을 이용해서 자신이 인정하는 단체가 재정적으로 안정되도록 도울 수 있기 때문이다. 일하는 시간을 조정한 덕분에 그는 가족과 종교 활동에 시간을 낼 수 있다.

대부분의 회계사들은 벤자민처럼 주기능이 감각이다. 벤자민은 대부분의 시간을 혼자 보내거나 소수의 사람들과 보내며 재무제표를 분석하고, 모든 것이 정확하고 완벽하게 되도록 노력한다. 회계에서는 아주 사소한 사실에도 주의를 기울여야 한다. 소수점 하나라도 잘못 찍으면 심각한 문제를 야기할 수 있기 때문이다. 그 외에 그는 끊임없이 변하는 조세 관련 규정에 대해 알아야 하고 새로운 형식과 절차에 익숙해져야만 한다.

벤자민의 부기능인 감정은 고객들을 만날 때 두각을 나타낸다. 그는 비영리 단체의 사람들에게 의견을 내거나 이사회에서 설명하는 자리를 좋아한다. 그가 봉사 단체의 일만 하기로 결심한 것은 그의 가치관이 직업에 강한 영향력을 행사한다는 증거가 된다. 그는 좋은 일을 하겠다는 신념이 강하고 또한 좋은 일을 하는 사람들과 관계를 맺는 것을 좋아한다.

미래에 대한 기대

요즘 벤자민은 사회 단체가 그 임무를 다하는 것을 도와줌으로써 일상적으로 사회에 기여하는 데 중심을 두고 있다. 벤자민에게 직업 만족이란 품위 있는 사람들과 함께 일하는 것, 사회에 뭔가를 환원하기 위해 노력하는 것이다.

"좋은 사람이 되고 싶습니다. 그렇게 되기 위해 노력하고요. 그리고 가족을 사랑하고 헌신적입니다. 전 제 자신의 겸손함, 사려 깊은 마음을 높이 평가합니다. 전 부드러운 남자입니다!"

벤자민은 만족스러운 일을 찾는 비결에 대해 이렇게 말한다.

"자신에게 진실해야 합니다. 자신과 타인에게 거짓말을 해서 뭔가 옳지 않은 일을 해서는 절대 안 됩니다. 결국 그렇게 해서는 행복해지지 못할 겁니다. 게다가 다른 누구도 행복하게 만들지 못할 거고요."

사례 3 **뛰어난 감각의 소유자 샬롯** (특수 교육 책임자)

"긍정적인 방식으로 세상을 환기시키고 싶어요."

직업

ISFJ형인 샬롯은 작은 마을에서 특수 교육 책임자로 일한다. 그녀는 많은 시간을 들여 마을 곳곳을 다니면서 자신이 관리하는 35명의 교사들과의 모임에 참석하거나, 40명의 학생들을 수용할 교외 활동 장소를 방문한다. 그녀의 일은 수없이 전화 통화를 하고, 학부모, 교사, 다른 교육 전문가 및 학교 행정 직원들과 끊임없이 만나야 한다.

샬롯은 일과 시간의 70퍼센트를 현장에서 교사와 특수 교육 전문가들을 만나는 데 쓴다. 그녀가 만나는 사람들은 상담 교사, 언어 치료사, 영어를 외국어로 가르치는 영어 교사 등이고, 가장 많이 접촉하는 사람들은 특수 교육 교사들이다. 샬롯은 예산, 인력 채용 등 일상적인 행정 업무를 처리하고 자신이 일하는 학군에서 모든 장애 어린이에게 적절한 교육을 무상으로 제공해야 한다는 연방 법규를 이행할 책임을 지고 있다.

샬롯은 교실에서 학생들을 관찰하여 평가한 뒤 부모를 만나 아이의 한계를 받아들일 수 있도록 도와주고 교사와 학부모, 그리고 기타 필요한 전문가들과 함께 공식적인 진단 회의에 참석한다. 그녀는 모든 사람들에게 자신을 개방한다. 그녀가 사무실에 있는 동안에는 조언과 지도 및 다른 도움을 필요로 하는 학부모와 교사들의 전화가 빗발친다.

샬롯이 자신의 일에서 가장 좋아하는 부분은 사람들을 돕는 일이다. 그리고 학부모, 교사, 행정 직원들과 관계를 맺으며 힘을 얻는다.

"전 일을 끝까지 해내는 게 좋습니다. 어느 학교에서 상담 교사가 정말 필요했던 적이 있어요. 저는 그 자리에 사람을 충원할 수 있도록 조건을 만들어 줬지요. 지금 그 자리에 사람이 들어와서 학교 일에 큰 도움이 되고 있는 걸 보면 정말 뿌듯합니다."

배경

샬롯은 특수 교육 분야에서 22년째 일하고 있다. 그녀는 다른 많은 교육자들처럼 지쳐서 낙오되지 않았다는 사실에 자부심을 느낀다. 그녀는 자신이 특수 교육에 일종의 소명 의식을 느끼기 때문에 지금까지 버텨 왔다고 생각한다.

샬롯은 9년 동안 초등학교에서 특수 교육을 가르쳤는데 그곳에서는 나이와 장애 정도를 구분하지 않고 장애아들을 같은 교실에서 가르쳤다. 그녀는 그 학교를 나와 권한과 독립성이 좀 더 보장된 다른 교실로 옮겼다.

책임이 더 많은 자리를 찾던 그녀는 학교 내에 진단 센터를 열었다.

"그 일은 참 특이한 시도였습니다. 일 자체가 제게 커다란 자극을 주었고 같은 팀에 있던 사람들도 정말 좋은 사람들이었어요."

5년 뒤 그녀는 더욱 권한이 있는 자리를 찾았고 그곳에서 행정을 담당하게 되었다.

"가장 좋았던 부분은 실습 나온 교사들을 훈련시키는 일이었습니다. 교사들을 돕는다면 제가 훨씬 더 큰 영향력을 가질 수 있겠다고 깨달은 게 그곳이었지요. 왜냐하면 교사들은 많은 사람들과 접촉하게 되니까요."

9년 뒤, 샬롯은 작은 학군에서 일하던 동료들에게서 작은 지역에서 일하는 사람들이 대도시보다 일에 대한 책임과 권한이 훨씬 크게 가진다는 얘기를 듣게 되었다.

"전 아이들에게 더 큰 영향력을 행사할 수 있는 결정권을 갖고 싶었습니다. 그래서 교외 지역에 자리가 날 때마다 지원서를 냈지요. 네 번 떨어진 끝에 이 자리를 얻었습니다. 전 경력은 되었지만 다른 후보들에게 있는 박사 학위가 없었거든요. 그런데 아주 작은 지역에서 기회가 왔습니다. 여기서는 학부모들의 지원과 참여가 대단합니다. 진짜 공동체이지요."

지금은 교사와 학부모, 그리고 학생들에게 더 큰 영향력을 행사하고 있다.

꼭 맞는 직업

샬롯은 22년을 교육 분야에서 일해 왔는데 ISFJ형 가운데 많은 수가 교육 분야에 일하면서 만족을 느낀다고 한다. 그녀는 고도로 체계화된 전통적 조직에서 뚜렷하게 정해진 업무를 담당하고 있다. 그녀의 업무는 학생과 교사들의 요구를 충족시킬 수 있도록 지원하는 일이고, 연방 및 주의 법규를 따르는 일이다.

샬롯은 주기능인 감각을 이용해서 머릿속에 엄청난 양의 정보를 저장하고 이를 바탕으로 학생들에게 가장 알맞은 교육 기관을 소개해 준다. 그리고 그녀는 개인적인 교육 경험을 안내자로 삼고 있다. 예산, 인력 채용, 행정 업무 처리 같은 꼼꼼함이 필요한 일은 물론 교실에서 학생들을 관찰하고 평가하는 일에서 감각 기능을 훌륭하게 사용하고 있다.

샬롯의 일에서 만족스러운 점 가운데 하나는 다양한 사람들과 대화를 나눌 수 있는 기회가 존재하는 것이다. 그녀는 학생, 학부모, 교사와 행정 직원들을 대하는 일에 부기능인 감정을 이용한다. 그녀는 섬세하게 사람의 마음과 기분을 읽은 뒤 어떻게 하면 더 효과적이 될 수 있는지 파악한다. 또한 감정을 통해 학교를 발전시키고 사람들을 더욱 행복하게 만드는 방법에 관한 강한 가치관을 발전시킨다. 그녀는 어려운 아이를 돕는 과정에서 부모, 교사들과 긴밀한 협조 관계를 맺는 일을 즐긴다.

미래에 대한 기대

샬롯은 당분간 자리를 옮길 생각이 없다.

"다른 역할을 추구하기 전에 제 능력을 갈고 닦아서 준비를 끝낼 필요가 있습니다. 언젠가는 초등학교 교장직에 지원할 생각입니다. 하지만 지금 제 목표는 주(州) 전체를 통틀어 최고의 특수 교육 책임자가 되는 겁니다. 이 정도면 만족스럽다고 느낀다면 다른 일을 하게 될지도 모르지요. 안 그럴지도 모르고요."

ISFJ형이 만족할 수 있는 직업의 성격

에린과 벤자민 그리고 샬롯은 서로 다른 배경과 경험, 이력을 가지고 있음에도 그들의 인생사를 하나로 엮을 수 있는 공통점이 있다. ISFJ형인 이 세 사람은 구체적인 관심사나 능력, 가치관이 서로 다를지 모른다. 하지만 이들은 모두 감각적 판단형의 기질이며, 주기능인 감각을 내향화하고 부기능인 감정을 외향화하는 동일한 심리학적 기능 구조를 갖고 있기 때문에 우리는 이 세 사람을 통해서 ISFJ형의 욕구에 대한 많은 것을 관찰할 수 있다.

아래의 열 가지 요소들은 개인에 따라 정도의 차이가 있고 중요성의 순서도 다르겠지만, ISFJ형이 직업 만족을 느끼기 위해 필요한 것들을 나열한 것이다.

비록 같은 성격 유형의 소유자라도 해도 개인은 저마다의 개성이 다르기 때문에 이 목록을 ISFJ형 모두에게 똑같이 적용시킬 수는 없다.

아래의 목록을 읽어 본 다음 자신이 중요하다고 생각하는 순서에 따라 이들 열 가지 요소의 순서를 다시 정한다. 그러면서 현재와 과거의 직업 중, 특히 좋았던 부분이나 싫었던 부분을 생각해 본다. 그리고 다양한 경험을 관통하는 일관된 요소를 찾아 본다.

1. 세심한 관찰력과 정확성이 요구되는 일. 세부 사항을 잘 기억하는 능력을 사용할 수 있는 일.
2. 다른 사람들을 실질적으로 도울 수 있는 일. 정확성과 주의력이 많이 요구되는 일.
3. 뒤에서 일하면서 내 헌신과 공감을 표현할 수 있는 일. 자신의 기여가 제대로 평가되고 인정받는 일.
4. 전통적이고 안정적이며, 질서가 잡힌 체계적인 환경에서 하는 일. 실질적이고 봉사 지향적인 결과가 나오는 일.
5. 표준적인 절차를 따르고 실질적인 판단이 필요하며, 세심하고 조직적인 방식으로 매듭을 짓는 일.
6. 한 번에 하나의 프로젝트에 대해 자신의 모든 에너지를 집중할 수 있고 눈에 보이는 결과물이 생기는 일.
7. 사적인 작업 공간이 있어서 장시간 방해받지 않고 완전히 집중할 수 있는 일.
8. 일대일로 다른 사람을 돕는 일. 개인의 가치관이나 신념을 공유하는 사람들과 함께 하는 일.
9. 조직적이고 효율적인 방식으로 주어진 과제를 완수할 수 있는 일.
10. 사전에 준비할 시간을 충분히 갖지 못하고 사람들 앞에서 자신의 업무에 대해 발표하는 것을 자주 요구받지 않는 일.

ISFJ형에게 맞는 직업

아래 직업 목록을 살펴볼 때, 어떤 성격형을 가진 사람들이든 모든 종류의 직업에서 성공을 거둘 수 있다는 점에 주의한다. 하지만 다음은 특히 ISFJ형이 만족을 느낄 만한 직업의 목록과 그 이유들이다. 여기에서 제시한 직업 목록 중 미처 생각하지 못했던 직업에 대해서도 그 가능성을 알아보도록 하자.

▍보건 의료 분야

간호사 | 가족 주치의 | 의료 기사 | 물리 치료사 | 의료 장비 판매원 | 의료 기관 행정가 | 식이요법사 및 영양사 | 언어 병리학자 및 청능사 | 안경사 | 의무 기록사 | 약사 및 약사 보조원 | 방사선 기사 | 호흡 치료사 | 수의사 | 수의 보조사 | 1차 진료 기관 의사 | 가정 건강 조무사 | 의료 및 치과 보조원 | 제약회사 영업 사원 | 호스피스 | 의료 연구원 | 생물학자 | 식물학자 | 치과 의사 | 작업 치료사 | 생화학자 | 마사지 치료사 | 외과 수술 전문의 | 치과 위생사 | 교정 치료사 | 인공 투석 기사

ISFJ형은 자신의 기여가 사람들에게 직접적으로 영향을 미치는 분야에서 일한다. 이런 직업들은 대부분 고객이나 환자들과의 직접적인 일대일 접촉을 필요로 한다. 이들은 현실적이고 실용적인 방식으로 남을 돕는 일을 좋아한다. 또한 위와 같은 직업을 통해 전통적 조직 문화 내에서도 상대적으로 독립적으로 일할 수 있다. 이런 이유로 ISFJ형은 의료 분야에서 기능을 배우고 사용하는 능력을 잘 발휘할 수 있고 사람들과 사적인 관계를 맺을 수 있는 기회가 있다.

유치원 교사 | 사서 및 아키비스트(기록물 관리사) | 사회복지사 | 개인 상담사 | 보호 감찰관 | 가정 건강 담당 사회복지사 | 아동복지 상담사 | 약물 중독 재활 상담사 | 개인 요양 조무사 | 초등학교 교사 | 특수 교육 교사 | 족보학자 | 큐레이터 | 교육 행정가 | 학생 생활지도 상담사 | 종교 교육자 | 노인 요양 복지사 | 직업 재활 상담사 | 역사학자 | 운동선수 트레이너 | 레지던스 카운슬러

ISFJ형은 교육을 통해 타인을 돕고 사회에 기여할 수 있기 때문에 사회복지나 교육 분야에 흥미를 느낀다. 학생들과 상호 작용을 하고 기본기를 가르칠 수 있는 초등학교 교사직을 선호하는 경우도 많다. 또한 교육 행정직을 선호하는 경우도 많은데, 특히 특수 교육 분야를 책임지고 있거나 상대적으로 좁은 지역에서 근무할 때 그렇다. 이들은 자신의 기여가 인정되고 역할이 분명히 정해져 있는 조직 내에서 독립적으로 일하기를 원한다. 연구 조사 분야의 일이 적성에 맞는 이유는 독립적으로 일할 수 있고 구체적으로 정해진 임무를 수행할 수 있기 때문이다. 학예사는 조직하는 능력과 사실을 기억하는 능력을 발휘해서 기록을 완전하고 정확히 만들어 보관해야 한다.

사회복지 분야는 ISFJ형에게 큰 만족을 줄 수 있다. 이 분야의 직업은 개인적으로 힘들기는 하지만, 일대일 인간관계와 독립적인 업무 환경을 제공해 주기 때문이다.

행정 보조원 | 사무 관리자 | 고객 서비스 담당자 | 인사 관리자 | 부동산 중개사 및

부동산 브로커 | 회계 담당자 | 신용 상담사 | 법률 보조원 | 가정 건강 담당 사회복지사 | 잔디 관리업자 | 유기농 작물 재배자 | 기술 지원 전문가 | 수렵 감시관 | 소매점 경영자 | 상품 기획자 | 검문 전문 경찰관 | 학예사 | 장의사 | 교부금 관리자 | 우수 고객 판매 대리인 | B&B 경영인 | 권리 분석사

비즈니스나 서비스에 관련된 직업을 가지면 사람들과 일대일로 많이 만나게 되는데 ISFJ형은 그러한 것을 즐기는 편이다. 보조 역할에서는 조직 능력과 중요한 세부 사항을 놓치지 않는 꼼꼼함을 발휘할 수 있다. 이들은 특히 자신이 존경하거나 좋아하는 사람을 잘 돕는다. 이런 직업을 갖기 위해서는 사람들이 필요한 정보나 지원을 얻을 수 있도록 도와주는 기능과 의사 소통 능력, 관련 지식이 필요하다.

크리에이티브 및 기술 분야

인테리어 디자이너 | 전기 기사 | 예술가 | 음악가 | 보석 세공사 | 현악기 수리 기사

크리에이티브나 기술 분야의 직업들은 일정한 공통된 특징과 요구 사항을 갖고 있다. 위의 직업 하나하나는 일상생활과 관련된 실제적인 일이다. 인테리어 디자이너는 미적 감각을 이용해서 고객의 요구에 맞는 장식을 찾아 준다. 이 일에는 세부 사항에 대한 주의력이 필요하고, 고객의 요구를 수행하는 과정에서 다른 사람과 협력하는 능력이 필수적으로 요구된다. ISFJ형은 보통 자신의 집을 꾸미는 일을 매우 중요하게 생각하기 때문에 집을 꾸미고 싶어 하는 고객들의 요구를 쉽게 이해하고 표현할 수 있다.

전기 기사는 기술적으로 정확해야 하고 표준 규정을 따를 책임이 있다. ISFJ형은 직접적인 업무에 집중하는 것을 좋아하고 자신이 습득한 기술을 사용하고 싶어 한다. 이들은 자신의 기여가 인정받는다고 느끼면서, 고객이나 동료들과 의미 있는 관계를 맺을 수 있다면 전기 기사의 일에 만족할 수 있다.

기억해 둘 점은 위에 나열된 직업들은 이 성격 유형의 고유한 자질들을 만족스럽게 표현해 줄 수 있는 일부 영역에 지나지 않는다는 것이다.

구직 활동 최적화

자기 성격 유형의 장단점을 알고 있으면 구직 활동에 큰 도움이 된다. 자리나 유망한 고용주에 대해 조사하고 이력서를 작성하는 것에서부터 인터뷰를 준비하거나 연봉을 협상할 때도 사람들은 자신의 성격 유형대로 행동한다. 당신의 장점을 활용하고 단점을 보완한다면 구직 활동을 더욱 성공적으로 해나갈 수 있다.

성격 유형의 차이는 때로는 눈에 잘 띄지 않기도 하고 어떤 경우에는 극적으로 드러난다. 구직 과정에서는 성격 유형과 같은 미묘한 변수가 성공이냐 실패냐를 가르기도 한다. 외향적인 사람들은 폭넓은 인맥 형성을 즐기는 편이고, 내향적인 사람들은 이미 아는 사람들을 계속 만나는 것처럼 좀 더 제한적이고 좁게 인맥을 쌓는 경우가 많다. 감각형들은 한정된 범위의 사람들을 만나는 경향이 있고, 직관형의 사람들은 자기와 관련 없어 보이는 사람들까지 포함하여 폭넓게 사람들을 만나고는 한다. 감정형의 사람들은 매우 사적이고 친근하게 관계를 맺는 반면, 사고형 사람들은 더 객관적이고 초연한 태도로 사람들과 관계를 맺는다. 마지막으로 판단형은 모임에서 소수의 사람들에게 제한적인 질문을 하지만 인식형의 사람들은 온종일 상대방에게 모든 종류의 질문을 퍼부을 수도 있다.

ISFJ형을 위한 성공적인 구직 활동법

구직 과정에서 드러나는 ISFJ형의 장점은 자신의 능률과 성실성, 근면성을 보여 줄 수 있는 능력에 있다. 그러나 괜찮은 자리를 찾지 못하거나 거절을 지나치게 개인적으로 받아들일 때는 취업이 지체될 수도 있다.

ISFJ형에게 가장 효과적인 전략은 자신이 가진 능력을 발휘하는 것이다.

가능성 있는 자리가 나면, 관련된 모든 사실을 수집하여 철저하게 조사한다.
— 자신이 고려 중인 직업에 대해 가능한 많은 정보를 수집한다.
— 면접 단계로 가기 전에 자신이 수집한 정보를 근거로 충분히 생각해 본다.

실질적으로 생각하여 사려 깊게 판단한다.
— 자신에게 맞는 직업의 기준을 세운 다음 구직 과정에서 가능한 일자리가 생기면 그것을 근거로 비교해 본다.
— 가능성 있는 직업에 대해서 구체적이고 현실적인 판단을 내릴 수 있도록 의사 결정 과정에서 객관적인 태도를 취하려 노력한다.

조직적이고 계획적인 취업 활동을 한다.
— 원하는 직장에 지원서를 제출한다. 고용주가 자신에게 연락하기를 기다리지 말고, 먼저 전화를 걸어 면접 약속을 정한다.
— 자신에게 시간을 내주었거나 면접을 한 사람들과 계속 연락을 취한다. 감사 메일을 보내고 직장을 구하면 그 사실을 알린다.

안정적이고 믿음직한 자신의 근무 경험을 강조한다.

— 수상 경력이나 추천장 등 과거의 성공 사례를 제시한다.

— 조직의 목표를 달성한 자신의 능력을 보여 준다.

구직 활동 중 ISFJ형이 주의해야 할 점

ISFJ형에게는 보편적으로 다음과 같은 단점이 있을 수 있는데 이들의 단점은 단지 구직 활동만이 아니라 인생의 다른 측면에도 영향을 미친다. 그러므로 아래의 항목 하나하나를 과거 경험과 결부시켜 생각해 보는 것이 도움이 될 것이다. '이건 나한테 맞는 얘기일까?'라고 스스로에게 물어 보고, 만약 그렇다면 '어떤 점이 내가 원하는 일을 성취하는데 방해가 되었나?'에 대해 생각해 보자. 단점을 극복하는 길은 자신의 3차 기능인 사고와 열등 기능인 직관을 의식적으로 개발하는 일이라는 것을 알 수 있다. 쉽지는 않겠지만 자신에게 부족한 기능을 많이 사용하면 할수록 앞으로 문제는 더욱 적게 발생할 가능성이 높다.

현재 존재하지 않는 가능성을 열린 자세로 추구한다.

— 아이디어를 짜낸다. 불가능해 보이는 대안을 제외하려는 충동을 억제하면서 직업의 목록을 만든다. 목록 하나하나에 대해 깊이 생각해 보고 목록에서 제외하기 전에 '왜 안 되는지'를 여러 번 자문해 본다. 아이디어가 풍부한 친구들에게 도움을 요청하는 것도 좋다.

— 자신이 고려하고 있는 직업에 종사하는 사람들에게 그 직업에 대한 자격을 얻기 위해 어떤 교육을 받았는지, 또는 면접 기회를 어떻게 얻었는지를 물어본다. 전통에서 벗어난 참신한 방법을 고려한다.

취업 계획을 세우고 실행하는 동안 공격적인 자세를 갖는다. 아니면 적어도 자기 주장이 강해야 한다.

— 경쟁적인 고용 시장에서는 '우는 아이 떡 하나 더 준다.'는 속담이 진실일 수도 있다는 것을 깨닫는다.

— 어떤 기회도 놓치지 않기 위해 자신의 탁월한 조직 능력과 꼼꼼한 태도를 활용한다. 면접 이후에도 가능성 있는 회사의 고용주에게 메일을 보내 여전히 그 자리에 관심이 있다는 것을 상기시킨다. 친한 친구나 옛 직장 동료들에게 연락해서 도움이 될 만한 사람들을 소개시켜 달라고 부탁한다. 무엇보다 중요한 것은 면접을 요청하고, 면접관에게 자신이 원하는 자리에 대해 말하는 것이다.

자신의 열정과 대인 관계 능력을 과소평가하지 않는다.

— 지나친 겸손함은 구직 활동에 방해가 된다. 자신이 과거에 성취한 것을 강조한다. 과거의 직장 상사가 작성한 평가서와 추천장을 제시하여 자신의 능력을 보여 준다.

— 자신이 고용주가 찾는 바로 그런 사람이고 직장을 위해서 해 줄 수 있는 것이 많다는 전제에서 출발한다. 대개의 고용자들은 자신감과 활력이 넘치는 사람을 원한다.

객관적인 태도를 취한다. 사적인 감정을 유일한 판단 기준으로 내세우지 않도록 한다.

— 면접이 끝나고 돌이켜 생각해 볼 시간을 가지기 전까지는 어떤 사람이나 자리에 대해 섣불리 판단을 내리는 일을 유보한다. 우호적인 분위기를 우정과 혼동하기 쉬우므로 조심한다.

— 결정을 내리게 된 이유와 그 결과에 대해 생각해 본다. 면접관이나 직장에 대한 사적인 감정보다는 맨 처음 세운 구직 기준을 토대로 자신의 선택에 따른 결과를 조목조목 적어 본다.

경직되고 융통성 없는 태도를 버린다. 선택 가능한 직업을 아주 좋기만 하거나 아주 나쁘기만 한 것으로 생각하지 않는다.

— 다시 한 번, 맨 처음 세워 놓은 기준으로 돌아간다. 필수 불가결한 요소들은 고수하되 덜 중요한 부분에 대해서는 유연한 태도를 갖는다.

— 어떤 직업에 대해 고려할 때 그 일을 하고 있는 자신의 모습을 상상해 본다. 친구와 함께 가능성이 있는 직업의 좋은 점과 나쁜 점을 따져 보고 결정을 내리기 전에 그 직업의 양 측면에 대해 충분히 알아 둔다.

거절당했을 때 상처를 입거나 실망하지 않는다.

— 거절당했을 때 상처를 받는 것은 자신의 관점에서 세계를 보기 때문이라는 것을 기억한다. 거절이란 대개 개인에 대한 것이 아니라 자격에 대한 것이다. 자신에게 맞는 직업을 찾는 데는 몇 주나 몇 달이 걸리기도 한다. 인내의 열매는 달다.

— 활기와 자신감이 없어질 때는 가족이나 친구에게 지원해 달라고 부탁한다. 친구들의 도움을 받아 변화를 시도한다.

ISFJ형을 위한 마지막 조언

지금까지 ISFJ형의 성격 유형에 대해 구체적으로 살펴보았다. 이제 자신의 장점과 기질이 어떻게 해서 특정 직업과 구직 방식에 맞는지 알게 되었다. 그러나 앞에서 제시한 직업들이 꼭 마음에 들지만은 않았을 것이다. 다음 단계에서는 자신이 바라는 직업과 그 분야를 좁혀 보도록 하겠다.

성격형뿐만 아니라, 자신의 가치관, 관심사, 기술 같은 다른 요소들도 직업 만족 수준을 높이는 데 기여한다. 즉 자신과 직업이 서로 잘 맞으면 맞을수록, 더욱 만족하게 된다. 이제 전략적인 취업 계획을 수립하기 위해 지금까지 배운 모든 것들을 총동원할 준비를 하라. 23장의 연습 문제를 풀면서 이런 작업을 수행할 것이다.

하지만 어쩌면 현재 일자리를 유지하는 것이 더 현명한 결정일 수도 있다. 재정적인 압박, 가족들의 기대, 어려운 직업 시장 상황 등 다양한 이유 때문에 그렇다. 그래도 기운을 내길 바란다! 지금까지 이 책을 통해 배운 것들은 현재 일자리에서 더 성공적이고 알차게 일하는 데 도움을 줄 수 있다. 혹은 직업을 바꿀 시기라면 이직에 관련된 훨씬 풍부한 아이디어를 얻을 수 있다.

더 만족스러운 직업을 찾을 수 없다면, 지금 하고 있는 일을 사랑하라

대부분의 직장에서는 직원들에게 업무 수행에 있어서 융통성을 발휘할 수 있는 다양한 기회를 제공하고 있다는 것을 명심하라. 당신의 요구가 반영되도록 현재의 업무에 변화를 주는 방법을 아래에 제시한다.

— 조언을 통해서 당신의 부족한 면을 채우는 데 도움을 줄 만한 사람을 찾으라.

— 상사에게 업무 기대치를 분명하게 제시해 달라고 요청하라.

— 동료 직원 간, 관리자들 간의 갈등을 해소하는 일을 해 보라.

— 사람들 사이의 긴장이 팽팽한 환경에서 벗어나라.

— 근무 평점을 통해서 직속 부하를 평가하라.

— 개인적으로 흥미가 있는 연구, 조사 업무에 자원해 보라.

— 방해받지 않고 일할 수 있는 시간이 충분하다는 것을 확인하라.

— 회의 주제를 미리 알아보라.

— 달성 가능한 목표를 세우라.

— 적극성 훈련 프로그램에 참가해 보라.

원하는 바를 성취하기 위해 자신의 자산을 활용하라

최고의 성공 비결이란 간단히 말해, 자신의 장점을 발휘하고 단점을 보완하는 것이다. 이렇게 하는 방법을 몸소 익히게 되면, 성공할 수 있고 자신의 일을 사랑할 수 있다. 여기 ISFJ형의 강점과 약점 목록을 제시한다. 개개인 모두가 특별하지만, 다음 목록의 많은 부분을 ISFJ형인 자신에게 적용할 수 있다.

업무와 관련한 ISFJ형의 강점

— 집중력이 강하다.

— 직업 윤리 의식이 철저하다. 책임감이 강하고 열심히 일한다.

— 동료들과 관계를 조화롭게 유지하며 협력을 잘한다.

— 매우 현실적이고 실용적이다.

— 사실과 세부 사항을 잘 다룬다.

— 사람들에게 봉사하는 것을 즐긴다. 동료나 부하에 대해 협조적이다.

— 조직의 역사와 전통을 잘 따르고 유지하려 한다.

— 조직 능력이 탁월하다.

— 충성심이 강하고 전통적인 조직에 잘 적응한다.

— 순차적이고 반복적인 절차를 따르는 업무에 능하다.

— 책임감이 강하다. 자신이 한 말에 책임을 진다.

— 이미 정해진 방식에 따라 일하는 것을 좋아한다. 직함이나 지휘에 대한 존경심이 있다.

— 상식적이고 현실적으로 판단한다.

— 자신의 가치를 과소평가하는 성향이 있다. 자신의 요구를 주장하지 못한다.

— 새롭거나 입증되지 않은 아이디어를 받아들이기 꺼린다.

— 비판에 민감하다. 긴장도가 높은 환경에서 스트레스를 받는다.

— 미래나 숲 전체를 보기보다는 현재와 세부 사항에 관심을 둔다.

— 지나치게 많은 일을 떠맡는 경향이 있다.

— 새로운 방식에 빠르게 적응하지 못한다.

— 동시에 지나치게 많은 일을 하는 탓에 과로하는 경향이 있다.

— 더 이상 필요 없거나 인정받지 못한다고 느낄 때 실망에 빠진다.

— 한번 결정한 일은 바꾸려 하지 않는다.

ISFJ형의 성공 비결

할 말은 솔직히 털어놓아라.

아직 존재하지 않는 가능성을 고려하라.

더욱 융통성 있고 자발적으로 행동하라.

외향적, 감각적, 사고적, 인식적 성격형
ESTP형 바쁘다, 바빠!

사례 1 **관찰력과 정보력이 뛰어난 루** (사설 조사관)

"전 원래 호기심이 많은 사람이죠. 결단력도 있습니다."

직업

루는 한마디로 탐정이라고 설명할 수 있다. 그는 고등학생 시절 친구에게 자신은 언젠가 사설 탐정이 될 거라고 말한 적이 있다. 그리고 그는 35년을 그렇게 살아왔다. 관선 변호사 사무실의 수석 조사관인 루는 다양한 직업을 거쳐서 현재의 이 자리에 이르렀고 지금의 일을 좋아한다. 새로운 자리에 갈 때마다 그는 배워야 할 것을 배우고 지루해지면 다른 자리로 옮겼다. 지금 그는 복잡한 사건들을 다루며 자극과 만족을 얻고 있다.

그는 서른 개 이상의 법정에 배치돼 있는 50여 명의 조사관을 감독하고 있고, 형사 사건 변호사 측의 조사 과정에 처음부터 끝까지 관여한다. 변호에 도움이 되는 중요한 정보를 수집하는 것도 조사관의 일인데 완전히 새로운 정보를 알아내야 하는 경우가 많다. 그는 소년 재판소도 전체적으로 책임지고 있으며 사형 언도가 가능한 범죄 사건만을 취급하는 중범 재판소도 그의 관할이다. 루는 복잡한 사건의 경우 조사관들이 법의학적 분석과 같은 특수 서비스를 이용할 수 있도록 돕는다. 또한 인력 채용, 지원자들의 전력 조사와 교육을 담당하고, 내부자 조사와 같은 민감한 사안도 처리한다.

"이 일은 사람들을 만나면서 문제를 해결하는 일입니다. 제일 재미있는 건 까다로운 사건의 수사를 해결할 때입니다. 변호사가 알지도 못했던 훌륭한 변론 자료를 구하게 되면 그야말로 최고지요!"

배경

일찍부터 조사관이 되려는 생각을 품고 있었던 루는 대학을 졸업한 뒤 해병대에서 2년 동안 복무한 후 조사관이 됐다. 10년 동안 그는 조사관 사무실의 관리자로 있으면서 상해 배상 청구 사건들을 조사했다. 그러다 독립하기로 결심했고 사설 조사관으로 15년 동안 일했다.

"사설 조사관 일이 재미있었어요. 왜냐하면 훨씬 자극을 주었거든요."

루가 다음에 선택한 직업은 검사 측 조사관이었다. 그 일을 통해 검사 측 조사에 대해 배울 수 있었다. 그러나 루는 하급심만 담당했고 사건들이 시시하다고 느꼈다. 3년 뒤, 그는 상급심의 변호사 측 조사관으로 지원했다. 그리고 중대 범죄 사건만을 담당하는 새로운 부서로 옮기게 되었다.

"그 일은 정말 재미있었습니다. 그러다 1년 전 여기에 자리가 나서 옮기게 되었지요. 제가 가졌던 직업들은 모두 자유로운 일이었습니다. 그리고 자리를 옮길 때마다 가벼운 범죄에서 중범죄를 다루는 일로 옮겨 갔지요."

꼭 맞는 직업

감각적 인식형의 가장 큰 장점은 자율적인 행동 능력이다. 루는 자신의 자리를 만들어 왔다. 그는 직업 특성상 현장에 자주 나가는데, 현장에서 감각적 인식형의 호기심을 충족시키면서 일의 재미있는 측면을 경험할 수 있다. 또한 그는 다양한 업무를 담당하기 때문에 지루해지는 일이 거의 없다. 루에게도 취미 생활은 매우 중요하기 때문에 배를 타고 나가 휴식을 취할 수 있도록 충분한 시간을 만든다.

조사관의 일은 루의 주기능이기도 한 외향화된 감각을 필요로 한다. 단서를 찾을 땐 무척 주의를 기울여야 한다. 아주 사소한 사항에도 주목해야 하고, 숨겨진 정보를 찾아다녀야 하며, 정보원이 제공한 정보가 믿을 만하고 정확한 것인지 주의 깊게 검토해야 한다.

일단 모든 정보를 받아들이면, 그는 부기능인 내향화된 사고에 의지해서 그것을 분석한다. 논리적 결론을 끌어내고, 문제 해결을 위해 추리하는 과정은 머릿속에서 조용히 이루어진다. 그는 또한 내향화된 사고 덕분에 아주 끔찍한 살인 사건에서도 객관성을 유지할 수 있다. 사실 이렇게 거리를 유지할 수 있는 능력을 타고난 덕분에 연쇄 살인범들과도 우정을 쌓을 수 있는 것이다.

미래에 대한 기대

루는 현재의 위치에서 자신의 직업 목표를 달성했다고 느낀다.

"나라 전체를 통틀어 수석 조사관 자리가 하나 있다면 그 일을 지원했을 겁니다. 하지만 그런 건 없지요. 저는 올 수 있는 데까지 왔기 때문에 만족합니다. 직업은 제 인생 자체였습니다. 하지만 그렇다고 해서 스물여덟 해를 같이 산 아내와 세 아이들이 별로 중요하지 않다는 건 아닙니다."

요즘 루는 3~4년 뒤 퇴직하게 되면 연로한 부모님과 가까운 곳에 살 계획을 세우고 있다.

루는 매일 열정을 가지고 일을 시작한다.

"전 어떤 일이든 절대로 만만하게 보지 않습니다."

그의 성공은 패배에 굴복하지 않는다는 데 있다.

"그런 건 그냥 뒤로 밀어 놓고 앞으로 계속 나아가지요. 저는 몇 군데 지원했다가 떨어진 적이 있습니다. 하지만 계속 노력하면, 그쪽에서 기억해 줍니다. 사람들이 형편없는 걸 던져 줄 때도 가끔씩 있지요. 그렇지만 어떤 일에서 패배자가 된다고 해도, 결국은 다른 일에서 승자가 되는 거죠."

사례 2 짜릿한 스릴을 즐기는 니키 (암벽 등반 강사)

"사람들에게 깜짝 놀랄 만한 경험을 안겨 줍니다."

직업

니키는 많은 사람들이 주저할 만한 일을 하며 하루하루를 보낸다. 그녀는 암벽 등반 강사이고, 대부분의 시간을 닻과 밧줄을 이용해 30미터 절벽을 오르내리며 보낸다. 고객들에게 이처럼 강도 높은 활동을 소개하는 니키는 자신의 일이 사람들에게 놀라운 경험을 안겨 준다고 말한다.

"모두 저에게 오기 전보다 더 자신감 있고, 더 행복해진 상태로 떠납니다. 두려움이나 기술을 시험하기도 하고, 가본 적 없는 곳으로 데려갑니다. 이건 사람마다 달라요. 하지만 그게 무엇이든, 사람들에겐 좋은 시간인 건 확실합니다."

니키의 주요 고객은 실내 등반을 시작한 20대에서 50대 여성들이다.

"그들은 실내 암장을 이용하는데, 항상 자신들보다 더 잘하는 누군가와 함께해야 한다고 생각하거든요. 그래서 저는 그들에게 이렇게 말하며 독려합니다. '당신은 전문가가 될 수 있어요. 남자친구나 남편과 함께 가려고 기다릴 필요 없어요. 당신은 닻을 만드는 법을 배울 수 있습니다. 두려워하지 않아도 됩니다.'"

니키는 사람들이 소화해 낼 수 있을 만큼으로 나눠서 단계별로 가르친다. 그리고 이 모든 것들은 그녀가 가장 좋아하는 장소인 야외, 자연에서 이루어진다.

배경

니키는 계획 없이 이 일을 시작했다.

"대학에서 전공과 관련된 계획을 세우거나 여름 프로그램을 선택하고 등록하는 일이 너무 어렵게 느껴졌어요."

그녀가 취미로 등산을 시작한 것도 즉흥적이었다.

"처음 해 보는 건데 저랑 딱 맞았어요."

이제껏 무슨 일에도 열정을 가져본 적 없었기에 그녀는 이번에는 관심을 가져야겠다고 느꼈다. 니키는 마케팅 일을 그만두고 등산을 하려고 홀로 태국으로 향했다. 그리고 곧 태국의 작은 섬에서 등산을 하러온 관광객들을 안내하는 등산 가이드로 취직할 수 있었다.

미국으로 돌아온 니키는 사무직으로 취업할 계획을 세웠지만, 뭔가 자신과 맞지 않는다고 느꼈다. 그래서 교사가 되는 것 같은 다른 길을 찾으려 했다.

"어째서 가장 좋아하는 교실이 야외인데 왜 교실 안으로 들어가려고 하는 것일까?"

그녀는 꼼꼼하게 알아본 뒤 등산 강사 자격증을 따기 위해 미국 산악 가이드 협회에서 필요한 모든 수업을 들었다.

"무슨 일이 일어날지 정말 몰랐어요. 하지만 그냥 너무 좋았어요. 그러니 시도 안 할 이유가 없잖아요?"

니키는 등산의 중심지인 네바다주 라스베이거스로 이사했다. 그녀는 자신의 꿈을 위해 식당 종업원 일을 시작했고, 여가 시간에 등반을 하며 현장에서 사람들과 관계를 맺어갔다.

"등반과 관련된 사람들과 안면을 트고, 다양한 사람들과 어울리고, 현장에 대해 배우고, 주요 선수들을 알아가는 것 등 이 모든 게 우연처럼 앞뒤가 딱 맞아 떨어졌어요."

니키는 고객들을 만들기 시작했다. 일 년에 두세 번 이 지역을 다시 찾은 대여섯 명의 여성들과 하루 단위 관광객들의 등록이 이어졌다. 그녀는 필요한 장비와 보험을 제공하는 일들도 했다. 그렇게 그녀는 자신이 가장 좋아하는 일, 야외에서 사람들과 관계를 만드는 일에 집중할 수 있었다.

꼭 맞는 직업

니키의 직업을 대부분의 경험주의자들이 꿈에 그리는 일이다. 그녀는 스릴 넘치는 환경을 조성하고 두려움을 통해 사람들을 지도하는 데 시간을 보낸다. 아드레날린과 스킬의 조합은 완벽한 결합이다. 방문객들이 많은 자연 보호 공원에 사람들을 데리고 오기 때문에 종종 관객들과 함께 등산한다.

"사람들이 항상 나에게 '뭐하는 거예요? 어떻게 하는 거예요?'라고 물으며 쳐다봐요. 사람들의 마음을 뒤흔드는 활동을 하면 짜릿해집니다."

주기능이 감각인 니키는 그 순간에 눈앞에 있는 고객들, 위험 요소 및 안전 예방책을 완벽하게 파악한다. 그녀는 필요한 기술들을 익혔고, 고객들이 위험을 감수하면서 안전하다고 느낄 수 있도록 세부적인 안전 절차들을 하나하나 자신감을 갖고 관리한다. 문자 그대로 허공에 발을 동동 띄운 상태이기 때문에 매듭 하나하나, 닻 하나하나, 완벽하게 처리한다.

니키의 부기능은 사고로, 스트레스를 많이 받는 상황에서도 냉정함과 침착함을 유지할 수 있다. 그녀는 고객들에게 무엇을 할 것인지 차근차근 설명할 때에도 명확하고 간결하게 한다. 이러한 경험들이 고객들에게 강렬한 감정을 불러일으킨다. 그리고 니키는 긍정적인 분위기를 유지하며 성공으로 이끈다.

미래에 대한 기대

실내 등반장으로 인해 암벽 등반은 폭발적인 인기를 끌고 있다. 많은 등산가들이 인스타그램과 페이스북에 아름다운 장소에 있는 아름다운 모습을 올려 많은 팔로워들을 만들고 있다.

"사람들을 끌어당기는 이미지들로, 꼭 산과 직접적인 연관이 있을 필요는 없어요."

니키는 하계 올림픽에 등반이 포함된다면 사업에도 큰 영향을 줄 것이라고 생각한다.

"커다란 전환점이 될 거예요."

니키와 그의 파트너는 그들만의 가이드 서비스를 시작하는 것을 두고 생각이 많다.

"순전히 재정적인 관점에서 볼 때는 대기업과 일하는 게 가장 좋은 방법입니다. 팀을 꾸리기도 좋고 금전적으로도 풍족하니까요. 하지만 제가 훨씬 좋아하는 건 보통은 그런 기회를 가지지 못한 청소년들을 데리고 등반하러 가는 것입니다."

그녀는 또한 경쟁심이 강한 아이들과 함께 실내 등산을 하는 일에도 마음이 끌린다.

"젊은 사람들에겐 경쟁뿐만 아니라 진정한 스포츠 윤리를 심어줄 필요가 있다고 생각합니다. 이들은 경험보다는 평가 기준에 더 집중하고 있거든요."

손재주가 좋은 크리스틴 (공군 생체 장비 수리사)

"제대로 작동하게 만듭니다."

직업

의료 응급 상황에는 낭비할 시간이 없다. 생명 유지 모니터가 원활하게 작동하는 것은 삶과 죽음이라는 차이를 만들 수 있다. 그리고 그런 곳에 크리스틴이 있다. 미 공군에서 생체 장비 수리사로 근무하는 크리스틴은 인명 구조 기계를 즉석에서 진단하고 수리한다. 군 복무는 그녀의 직업에 또 다른 요소를 더해준다. 부대에 배치되기 전까지 그녀는 자신이 어떤 일을 하게 될지, 어떤 기계들을 다루게 될지 전혀 모른다. 아드레날린과 압박감 속에서도 분명하게 생각하는 능력을 발휘하여 크리스틴은 하루 일과를 마친다.

그녀가 맡은 일의 세부사항은 처한 상황에 따라 달라진다.

"부대에서 시설을 배치할 때가 제일 재미있어요. 텐트를 세우고, 배관을 설치하고, 발전기를 다루고, 야외로 나가서 손을 더럽힐 법한 많은 일들을 하죠."

그녀는 솟구치는 아드레날린과 전율을 낙으로 삼아 지칠 줄 모르고, 넘치는 에너지를 적극 활용한다.

"구조 장비가 고장 나면 제대로 가동될 때까지 쉬지 않고 스물다섯 시간 일할 때도 있어요. 그러고는 다시 여섯 시간 정도 지키고 앉아서 기계가 제대로 작동하는지 확인하죠."

배경

크리스틴은 항상 사물의 작동 원리에 마음이 끌렸다.

"아버지는 컴퓨터 네트워크 엔지니어였고, 나는 아버지가 컴퓨터를 분해했다가 재조립하는 모습을 어깨 너머로 구경하곤 했어요."

열 살 때 크리스틴은 비디오 기기나 라디오, 부모님이 허락하는 건 뭐든지 분해해서 작동 원리를 알아보며 놀았다. 크리스틴은 중학교와 고등학교 시절 모범생이었다. 하지만 대학에 들어가 필수 교양 과목에서 관심과 흥미를 잃는 바람에 벽에 부딪쳤다. 그래서 수업에 빠지기 시작했고, 급기야는 낙제생이 되고 말았다. 크리스틴은 여름 학기에 성적을 올려서 복학했다. 하지만 크리스틴의 탈선에 화가 난 부모님이 재정 지원을 중단하는 바람에 등록금을 델 방도가 없었다.

그 후로 3년 동안 크리스틴은 '방황했다.'고 말한다. 지역 전문대학에 다니면서 식당 아르바이트도 하고 마구 제조소에서도 일했다. 결국 식당 종업원 일을 시작했는데, 이 일이 중요한 전환점이 되었다.

"손님들이 군에 입대한 다른 사람들의 이야기를 해 주면서 그 일로 삶이 얼마나 좋아졌는지 말해 줬어요. 군대에 가면 교육비도 안 들고, 민간인이 되어서도 유리하게 써먹을 수 있는 값진 기술을 배울 수 있다고 하더라고요. 그들이 들려준 성공담이 머릿속을 맴돌았어요. 그래서 어떤 부서가 나에게 제일 잘 맞을지 알아보았지요."

크리스틴은 공군에 정착했다. 군대 복무 직업 적성 검사에서 크리스틴이 높은 점수를 받자 담당자는 그녀에게 생체 공학 장비 수리가 잘 맞을 거라며 추천했다.

"그의 말이 딱 맞았어요!"

기본 훈련을 상위 7퍼센트의 성적으로 마친 후, 크리스틴은 기술 훈련을 시작했다. 이듬해에는 다양한 의료 장비를 유지하고 수리하는 방법을 익혔다. 그리고 졸업하자마자 부대 배치를 받았고, 현역 군인으로 6년 반 동안 복무하며 '올해의 뛰어난 생체 공학 장비 수리 공군 상'처럼 명예로운 상들을 받았다.

꼭 맞는 직업

크리스틴의 일은 손재주와 성격에 완벽하게 맞는다. 경험주의자인 크리스틴은 뭐든 손으로 만지는 자신의 직업적 특성이 아주 마음에 든다.

"물건들을 분해하고 조립하는 일이 제일 신나요."

주기능이 감각인 그녀는 실무에 매우 적합하고, 기계들을 작동시키는 역학과 세부 사항들에 대한 눈썰미가 대단하다. 그녀는 상당한 양의 특수 지식과 기술을 익혔고, 그 기술들을 매일 훌륭히 활용한다.

크리스틴의 부기능은 사고라 논리적이고 객관적이며, 고도로 긴장해야 하는 상황에서도 차분하고 냉정하다. 그녀는 천성적으로 실리적인 문제 해결사여서 장비 수리를 좋아한다. 이론적이고 학구적이며 실내 활동 위주로 이루어진 학교 교육의 따분한 면모는 크리스틴의 직업에서 찾아볼 수 없다. 대신 매일매일이 모험으로 가득하다.

미래에 대한 기대

제일 원하는 직업이 뭐냐고 물으면 크리스틴은 한 치의 망설임 없이 이미 그 일을 하고 있다고 대답한다. 다만 끊임없이 변화하는 군대의 속성 때문에 5년에서 10년 후에는 그녀가 어떤 곳에 있게 될지 전혀 예측할 수가 없다.

크리스틴과 같은 일을 하는 사람들의 경력을 살펴보면 대개의 경우 자신만의 수리점을 차린다. 물론 그런 일도 존중하지만 크리스틴은 자신이 제일 즐기는 실전 경험에서 멀어질 것 같다. 다행히도 장비를 수리하고 유지하는 그녀의 기술은 민간 부문에서도 쉽게 적용할 수 있어서 생각만 있다면 같은 종류의 일을 계속할 수 있다.

ESTP형이 만족할 수 있는 직업의 성격

루와 니키 그리고 크리스틴은 서로 다른 배경과 경험, 이력을 가지고 있음에도 그들의 인생사를 하나로 엮을 수 있는 공통점이 있다. ESTP형인 이 세 사람은 구체적인 관심사나 능력, 가치관이 서로 다를지 모른다. 하지만 이들은 모두 감각적 인식형의 기질이며, 주기능인 감각을 외향화하고 부기능인 사고를 내향화하는 동일한 심리학적 기능 구조를 갖고 있기 때문에 우리는 이 세 사람을 통해서 ESTP형의 욕구에 대한 많은 것을 관찰할 수 있다.

아래의 열 가지 요소들은 개인에 따라 정도의 차이가 있고 중요성의 순서도 다르겠지만, ESTP형이 직업 만족을 느끼기 위해 필요한 것들을 나열한 것이다. 하지만 같은 성격 유형의 소유자라도 저마다의 개성이 다르기 때문에 이 목록을 ESTP형 모두에게 똑같이 적용시킬 수는 없다.

아래의 목록을 읽어 본 다음 자신이 중요하다고 생각하는 순서에 따라 이들 열 가지 요소의 순서를 다시 정하라. 그러면서 현재와 과거의 직업 중, 특히 좋았던 부분이나 싫었던 부분에 대해 생각해 보자. 그리고 다양한 경험을 관통하는 일관된 요소를 찾아보도록 하자.

1. 많은 사람들과 자발적으로 만나서 교류할 수 있는 일. 매일이 다르고 재미있는 일.
2. 날카로운 관찰력과 기억력을 발휘할 수 있는 일.
3. 직접 경험과 뛰어난 분석력을 통해서 문제를 해결하는 일.
4. 활동적이고 모험적이며 재미있는 일. 일의 진행 속도가 빠르고 위험을 무릅쓰고 새로운 기회를 모색할 수 있는 일.
5. 돌발적인 상황에 대응할 수 있는 일. 이 과정에서 요령 있게 만족스러운 문제 해결을 꾀할 수 있는 일.

6. 규칙이나 제한이 많지 않은 환경에서 할 수 있는 일. 실용적이고 활기찬 사람들과 함께 일하며 과제를 완수한 다음에는 자유로운 시간을 즐길 수 있는 일.

7. 다른 사람의 기준에 따르기보다는 자신의 필요와 생각에 따라 활동할 수 있는 일.

8. 실질적이고 논리적인 일. 추론 능력을 이용해서 어떤 시스템의 논리적 모순과 결함을 찾아내고 그것을 즉석에서 고칠 수 있는 일.

9. 위기 상황에 자율적으로 대응 가능하고 위급한 문제를 적절히 처리할 수 있는 일.

10. 이론이나 아이디어가 아니라 실제의 사람과 사물을 대하는 일. 노력을 통해 눈에 보이는 생산물이나 서비스를 직접 창출해 내는 일.

ESTP형에게 맞는 직업

아래 직업 목록을 살펴볼 때, 어떤 성격형을 가진 사람들이든 모든 종류의 직업에서 성공을 거둘 수 있다는 점에 주의한다. 하지만 다음은 특히 ESTP형이 만족을 느낄 만한 직업의 목록과 그 이유들이다. 여기에서 제시한 직업 목록 중 미처 생각하지 못했던 직업에 대해서도 그 가능성을 알아보도록 하자.

▎서비스 및 활동적 분야

경찰관 | 소방관 | 의료 보조원 | 사설 탐정 | 수사관 | 교도관 | 운동 생리학자 및 스포츠 의학자 | 호흡 치료사 | 항공기 승무원 | 구급차 운전사 및 응급 구조원 | 보험 사기 조사관 | 개인 트레이너 | 비행 교관 | 항공 기관사 | 헬리콥터 조종사 | 선장 | 군 장교 | 정보 요원 | 보호 감찰관 | 해충 방제 전문가 | 범죄학자 및 탄도학 전문가

ESTP형은 활동적인 직업에서 만족을 느끼는 경우가 많다. 판매나 서비스 같은 직업을 가지면 활동적이면서 다양한 변화를 경험할 수 있고 다양한 배경을 가진 사람들과 자주 교류할 수 있다. 이 분야는 주로 급속히 변화하는 상황에서 신속하게 생각하고 대처하며 긴장하는 가운데 냉정함을 유지할 수 있는 능력을 필요로 한다. 선천적으로 호기심이 많고 관찰력이 뛰어난 ESTP형은 훌륭한 형사나 조사관이 되는 경우가 많다.

판매 및 금융 분야

공인 중개사 | 운동 기구 판매원 | 손해 사정사 | 개인 재무 상담사 | 회계 감사 | 주식 중개인 | 은행원 | 투자가 | 보험 설계사 | 예산 분석가 | 소매점 판매원 | 자동차 판매원

ESTP형은 금융 분야에 흥미를 느끼는 일이 많은데, 특히 상황이 급속히 변화하고 일정한 위험이 따를 때 그렇다. 모험과 흥분을 좋아한다는 것은 주식 시장에서 도박이나 투기를 할 가능성이 있다는 것을 의미한다. 이들은 문제 해결이 필요한 직업을 즐기는 현실적이고 실질적인 인간형이다. 위와 같은 금융 분야에서는 대중과의 교류가 많은데, ESTP형의 편안하고 친근한 스타일은 사람들을 만나고 새로운 고객을 확보하는 데 도움이 된다.

엔터테인먼트 및 스포츠 분야

스포츠 캐스터 | 뉴스 보도 기자 | 프로모터 | 여행사 직원 및 여행 가이드 | 무용수 | 바텐더 | 경매사 | 카지노 매니저 | 프로 운동선수 및 코치, 심판 | 피트니스 강사

엔터테인먼트 분야의 직업에는 재미가 따르는 경우가 많은데, 이것은 ESTP형의 직업 만족에 필수적인 요소다. ESTP형은 '지금 이 순간'을 위해서 살며 활동적인 일을 좋아한다. 이들은 타고난 흥행업자이면서 모험과 스릴을 즐긴다. ESTP형 가운데 대다수가 스포츠 팬이면서, 남들과 경쟁하거나 훈련시키는 일을 잘한다. 이들은 사람들과 어울려 일하는 것을 선호하고 매력적인 바텐더나 경매사가 될 수 있다.

상업 및 기술 분야

목수 | 장인 및 기능 보유자 | 유기농 작물 재배자 | 종합 건설업자 | 건설 인부 | 벽돌공, 석공, 타일공 및 대리석공 | 로보틱스와 제조 엔지니어 | 건축 개발 엔지니어 | 운송 수단 및 모바일 기기 기계공 | 정비 기사, 설치 및 수리 기사(전기 및 전자 장비) | 팀 어셈블러 | 주방장 및 요리사 | 전기 기사 | 기술 교육 전문가(학급 환경) | 물류 및 공급 매니저(제조업) | 네트워크 통합 전문가 | 토목 기술자(제반 교통 시설 수리) | 생체 공학 엔지니어 | 산업 기사 및 기계 기사 | 뇌전도 공학자 및 기사 | 방사선 기사 | 항공기 정비사 | 해양 생물학자 | 데이터 처리 장치 수리 기사 | 자산 관리사(상업, 부동산) | 시스템 유지 및 설치 담당자 | 비디오 게임 개발자 | 잔디 관리업자 | 수송 코디네이터 | 공원 관리자 | 시청각 기사 | 조경사 | 산림 관리원 | 운동 생리학자 | 지압사 | 교사(무역, 산업, 기술 과목) | 항공 안전 감독관 | 토양 보전 전문가 | 사진작가 | 자연 보호 구역 체험 전문가 | 항공 교통 관제사 | 항공기 승무원 | 여행 컨설턴트 | 건축 감리사 | 대장장이 | 생태 관광 전문가 | 배 대목 및 소목장

ESTP형이 수공업 분야에 끌리는 것은 실질적 대상을 가지고 일할 수 있고, 효율적이며 경제적이고 기술적인 방법으로 도구를 사용할 수 있기 때문이다. 이들은 기계에 대한 이해와 손재주가 뛰어나다. 이들은 절대적인 시간 제한(예를 들면, 농사나 요리처럼)으로 가끔 심한 스트레스를 받는 일이 있어도 육체적이고 활동적인 일을 즐긴다.

▎비즈니스 분야

기업가 | 토지 개발업자 | 도매상 | 경영 컨설턴트(사업 운영) | 프랜차이즈 경영자 | 웹 마케터 | 보험 조사관(손해 보험사) | 제품 안전 관리 기사

일반적으로 ESTP형은 비즈니스 계통을 지나치게 구속이 심하고 속도가 느린 것으로 생각하여 만족하지 못하는 경우가 많다. 그러나 조직에 속하지 않는 직업을 가지면 스케줄을 융통성 있게 조절할 수 있고 자유와 변화를 즐길 수 있다. ESTP형은 새로운 기업을 일으키거나 개발하는 데서 오는 위험 부담을 즐기는 뛰어난 기업가다.

기억해 둘 점은 위에 나열된 직업들은 이 성격 유형의 고유한 자질들을 만족스럽게 표현해 줄 수 있는 일부 영역에 지나지 않는다는 것이다.

구직 활동 최적화

자기 성격 유형의 장단점을 알고 있으면 구직 활동에 큰 도움이 된다. 자리나 유망한 고용주에 대해 조사하고 이력서를 작성하는 것에서부터 인터뷰를 준비하거나 연봉을 협상할 때도 사람들은 자신의 성격 유형대

로 행동할 것이다. 당신의 장점을 활용하고 단점을 보완한다면 구직 활동을 더욱 성공적으로 해나갈 수 있다.

성격 유형의 차이는 때로는 눈에 잘 띄지 않기도 하고 어떤 경우에는 극적으로 드러난다. 구직 과정에서는 성격 유형과 같은 미묘한 변수가 성공이냐 실패냐를 가르기도 한다. 외향적인 사람들은 폭넓은 인맥 형성을 즐기는 편이고, 내향적인 사람들은 이미 아는 사람들을 계속 만나는 것처럼 좀 더 제한적이고 좁게 인맥을 쌓는 경우가 많다. 감각형들은 한정된 범위의 사람들을 만나는 경향이 있고, 직관형의 사람들은 자기와 관련 없어 보이는 사람들까지 포함하여 폭넓게 사람들을 만나고는 한다. 감정형의 사람들은 매우 사적이고 친근하게 관계를 맺는 반면, 사고형 사람들은 더 객관적이고 초연한 태도로 사람들과 관계를 맺는다. 마지막으로 판단형은 모임에서 소수의 사람들에게 제한적인 질문을 하지만 인식형의 사람들은 온종일 상대방에게 모든 종류의 질문을 퍼부을 수도 있다.

ESTP형을 위한 성공적인 구직 활동법

ESTP형의 취업 과정에서의 장점은 에너지, 호기심, 현실주의, 그리고 유연한 대처 능력이라고 할 수 있다. 그러나 취업 과정에 무심한 경향이 있어 기회를 놓칠 가능성이 있으니 주의해야 한다. ESTP형에게 가장 효과적인 전략은 자신이 가진 능력을 발휘하는 것이다.

적극적이고 정력적으로 구직 활동을 한다.
— 광범위한 인맥을 통해 자신이 직업을 구하는 중이라는 것을 퍼뜨린다.
— 넘치는 에너지를 활용하여 취업 활동에 집중한다. 자신에게 알맞은 직업을 찾는 것을 일종의 모험이라고 생각한다.

자기 자신을 광고한다.

— 면접관들과 우호적인 관계를 맺는다. 새로운 사람들과 쉽게 만나고 주변 사람들을
편안하게 해 줄 수 있는 능력을 보여 준다.

— 자신의 능력, 재능, 에너지에 대해 열정을 갖고 말한다. 고용주들은 그러한 점에 매
력을 느끼면서 사업에 귀중한 보탬이 될 것으로 생각할 것이다.

관찰력을 이용해서 중요한 환경 요소들을 찾아낸다.

— 사람들을 자세히 관찰하여 그들이 직장을 정말 좋아하는지 여부, 사람들과의 교류
정도, 사생활, 개인 시간, 일에 있어서의 자율성 등에 대해 파악한다.

— 이렇게 파악한 것을 자신이 정말 중요하다고 생각하는 사항과 비교한다. 많은 시간
을 투자하기 전에 그 상황의 문제점을 찾아본다.

효율적이고 외교적으로 협상한다.

— 자신에게 결정적으로 중요한 것이 어떤 것이고 기꺼이 양보할 수 있는 것은 어떤
것인지 미리 생각해서 결정해 둔다. 그런 다음 유연하고 합리적인 태도로 협상에
임한다.

가능한 자원을 찾아서 이용한다.

— 친구와 동료들 중에 자신이 가고자 하는 조직의 사람들과 만나게 해 줄 사람이 있
는지 찾아본다. 통상적인 방법으로 접근하기 힘든 사람을 만날 필요가 있을 때는
색다른 방식을 사용한다.

— 자신의 타고난 활동성을 활용해서 기회가 생겼을 때는 재빨리 움직이고, 즉각적으
로 관심을 표현한다. 그리고 마감 시한을 꼭 지킨다.

구직 활동 중 ESTP형이 주의해야 할 점

ESTP형에게는 보편적으로 다음과 같은 단점이 있을 수 있다. 이러한 단점은 단지 구직 활동만이 아니라 인생의 다른 측면에도 영향을 미친다. 그러므로 아래의 항목 하나하나를 과거 경험과 결부시켜 생각해 보는 것이 도움이 될 것이다. '이건 나한테 맞는 얘기일까?'라고 스스로에게 물어보고, 만약 그렇다면 '어떤 점이 내가 원하는 일을 성취하는데 방해가 되었을까?'에 대해 생각해 보자. 자신이 가진 단점을 극복하는 길은 자신의 3차 기능인 감정과 열등 기능인 직관을 의식적으로 개발하는 일이라는 것을 알게 될 것이다. 쉽지는 않겠지만 자신에게 부족한 기능을 많이 사용하면 할수록 앞으로 문제는 더욱 적게 발생하게 된다.

현재 존재하는 직업만을 고려하지는 않는다.
— 자신이 이미 해 온 일을 넘어서서 하고 싶은 일을 찾아본다. 아이디어의 목록을 만들되 현실성이 없는 것처럼 생각되는 일도 포함시킨다.
— 미래에 초점을 맞추고 자신의 결정이 앞으로 어떤 결과를 가져올지 상상해 본다. 표면적으로 좋아 보이는 직업들도 장기적으로 볼 때는 불만족스러울 수 있다.

시간 여유를 갖고 장기적인 직업 계획을 세운다.
— 충동적으로 잘못된 방향으로 뛰어들지 않도록 한다. 정말 중요한 것은 무엇이고 진정한 동기가 무엇인지에 대해 신중히 생각해 보는 것은 좋은 직업을 선택하는 데 도움이 될 것이다.
— 직업 만족의 기준을 조목조목 적은 후에 장단기 목표를 세운다. 이는 가능성 있는 직업을 현실적으로 판단하기 위한 잣대가 될 것이다.

끈기를 갖고 일을 마무리하는 능력을 키운다.

— 구직 활동을 철저하게 하려면 당장의 문제들만을 처리하려는 태도를 억제해야 한다. 좀 더 냉정을 유지하고 일이 용두사미가 되지 않도록 끝마무리를 철저히 한다.

— 면접에 대비한다. 해당 직업과 회사에 대해 가능한 많은 것을 알아두고 질문을 받았을 때 잘 설명할 수 있도록 한다.

신뢰성이 없거나 예측 불가능한 사람으로 인식되지 않도록 조심한다.

— 최종적으로 선택하지 않을 직장일 경우에도 끝까지 최선을 다한다. 약속 시간을 엄수하고, 전화를 하기로 한 경우에는 반드시 전화를 해서 자신이 믿을 만한 사람이라는 것을 보여 준다.

— 많은 사람들이 조직의 일 처리 방식을 존중한다는 사실을 기억한다. 규정을 지키는 것을 싫어하는 자신의 성격 때문에 다른 사람의 기분을 상하게 하는 일이 없도록 조심한다.

진지한 태도로 대화에 집중한다.

— 대하기 쉽고 편안한 태도는 매력적일 수 있다. 그러나 미래의 고용주의 눈에 그것은 진지함이 부족한 태도로 인식될 수 있다.

— 다른 사람의 감정에 둔감해지지 않도록 조심한다. 다른 사람의 반응에 주의를 기울인다. 사람들의 기분을 상하지 않게 하려면 자신의 주장을 좀 더 부드럽게 표현해야 한다.

ESTP형을 위한 마지막 조언

지금까지 ESTP형의 성격 유형에 대해 구체적으로 살펴보았다. 이제 자신의 장점과 기질이 어떻게 해서 특정 직업과 구직 방식에 맞는지 알게 되었을 것이다. 그러나 앞에서 제시한 직업들이 꼭 마음에 들지만은 않았을지도 모른다. 다음 단계에서 자신이 바라는 직업과 그 분야를 좁혀 보도록 하겠다.

성격 유형뿐만 아니라, 자신의 가치관, 관심사, 기술 같은 다른 요소들도 직업 만족 수준을 높이는 데 기여한다. 즉 자신과 직업이 서로 잘 맞으면 맞을수록, 더욱 만족감을 얻을 수 있다. 전략적인 취업 계획을 수립하기 위해 지금까지 배운 모든 것들은 총동원할 준비를 하라. 23장의 연습 문제를 풀면서 이런 작업을 수행하라.

하지만 어쩌면 현재 일자리를 그대로 유지하는 것이 더 현명한 결정일 수도 있다. 재정적인 압박, 가족들의 기대, 어려운 직업 시장 상황 등 다양한 이유 때문이다. 그래도 기운을 내길 바란다! 지금까지 이 책을 통해 배운 것들은 현재 일자리에서 더 성공적이고 알차게 일하는데 도움을 줄 수 있다. 혹은 직업을 바꿀 시기라면 이직에 관련된 훨씬 풍부한 아이디어를 얻을 수 있을 것이다.

더 만족스러운 직업을 찾을 수 없다면, 지금 하고 있는 일을 사랑하라

대부분의 직장에서는 직원들에게 업무 수행에 융통성을 발휘할 수 있는 다양한 기회를 제공하고 있다는 것을 명심하라. 자신의 요구가 반영되도록 현재의 업무에 변화를 주는 방법을 아래에 제시한다.

— 해 보고 싶은 프로젝트를 찾아 자원해서 그 일에 참여한다.

— 시간 관리 강좌를 수강한다.

— 상사에게 그들의 업무 기대치를 밝혀 달라고 요청한다.

— 근무 중 짬을 내서 밖에 나가 운동을 한다.

— 회사나 단체의 오락 활동에 참가한다.

— 지금으로부터 5년 후의 자신의 모습을 상상해 본다.

— 규칙적으로 휴식 시간을 갖는다.

— 당신의 장점을 갈고닦는 데 도움을 줄 사람을 찾는다.

— 더욱 재미있게 일을 하는 방법을 제안한다.

— 유능한 보조 인력을 고용한다.

— 세세한 업무를 다른 사람에게 위임한다.

원하는 바를 성취하기 위해 자신의 자산을 활용하라

최고의 성공 비결이란 간단히 말해, 자신의 장점을 발휘하고 단점을 보완하는 것이다. 이렇게 하는 방법을 몸소 익히게 되면, 성공할 수 있고 자신의 일을 사랑하게 될 것이다. ESTP형의 강점과 약점 목록을 제시한다. 개개인 모두가 특별하지만, 다음 목록의 많은 부분을 자신에게 적용할 수 있다.

업무와 관련된 ESTP형의 강점

— 날카로운 관찰력과 기억력을 지니고 있다.

— 무엇을 해야 할 것인지, 또 그것을 위해 현실적으로 무엇이 필요한지 안다.

— 매력적이고 친구를 쉽게 사귄다.

— 에너지가 많기 때문에 활동적인 업무를 즐긴다.

— 변화에 잘 적응하고 방향을 빠르게 전환할 수 있다.

— 분위기를 즐겁고 신나게 만드는 재주가 있다.

— 팀의 일원이 되는 것을 즐긴다.

— 실용적이고 현실적이며 상식적으로 행동한다.

— 과정 지향적으로 접근한다. 당신은 일터에서 활기 넘치고 재미있는 환경을 창조할 수 있다.

— 유연하게 위험을 감수하며 새로운 방법을 시도한다.

— 차이를 기꺼이 인정하며, 자연스럽게 흐름을 타는 능력이 있다.

업무와 관련된 ESTP형의 약점

— 장기간 혼자서 일하기가 힘들다.

— 미리 준비하는 것을 싫어한다. 시간 관리에 실패하는 경우가 많다.

— 타인의 감정에 둔감한 편이다.

— 현재 존재하지 않는 기회나 대안을 찾지 못한다.

— 행정적인 절차나 사항을 견디지 못한다.

— 결정을 내리거나 우선순위를 정하는 데 어려움을 느낀다.

— 충동적으로 행동하거나 쉽게 태만해지는 경향이 있다.

— 행동의 장기적인 결과를 보지 못한다.

— 지나친 규율이나 관료주의를 싫어한다.

— 장기적인 목표를 세우고, 마감 시한을 맞추는 것을 어려워한다.

| ESTP형의 성공 비결 |

행동하기 전에 생각하라.

사람들의 감정을 고려하라.

자신의 맡은 일에 대해 끝까지 최선을 다하라.

내향적, 감각적, 사고적, 인식적 성격형
ISTP형 자기 실력으로 최선을 다한다

사례 1 **자율적인 예술가 사이먼** (타투 아티스트)

"작품이 완성될 때까지 완전히 몰입합니다."

직업

사이먼에게 타투란 엄밀하게 사업이다.

"타투는 인류의 초창기부터 모든 토착 문화에 존재해 왔고, 오늘날에도
여전히 행해지고 있습니다. 평생 함께할 수 있는 무언가를 만들려는 사람
들과 일대일로 만나는 일입니다. 그리고 제가 만든 예술 작품이 자기만의
생명을 가지는 일입니다."

많은 사람들이 타투는 영구적이라고 생각하지만, 반면에 사이먼은 과
도기적인 것이라고 생각한다.

"타투는 변혁, 포기, 변화의 수용 및 전진에 관한 것입니다. 수천 년 전
의 예술품으로 가득한 미술관을 보면 문신이 보존된 미라들이 몇 개 안
됩니다. 타투는 영원하지 않아요. 우리가 왔던 곳으로, 자연으로 돌아갑니
다."

사이먼은 매일 '타투 아티스트의 생명줄'인 인스타그램과 소셜 미디어 플랫폼을 통해 자신의 작품을 찾는 고객들과 만난다. 고객은 예약을 하고 스튜디오로 찾아온다. 때때로 그림을 미리 그려놓을 때도 있고, 고객의 몸을 보고 그릴 때도 있다.

"제가 제안한 것을 두고 고객이 적극적으로 의견을 내고 선택하는 과정을 통해 협업으로 이루어집니다."

타투 하는 과정은 작품의 크기에 따라 몇 시간이 걸릴 수 있다.

"저는 기계를 설치하는 의식을 좋아합니다. 제가 좋아하는 작업 순서와 시스템이 있습니다. 그리고 일단 시작하면, 작품이 완성될 때까지 멈추지 않습니다. 완전히 몰입하는 거죠."

배경

사이먼은 종이와 연필만 있으면 행복하다.

"늘 미대에 진학할 거라고 생각했어요. 하지만 무슨 일이 벌어질지 전혀 몰랐습니다."

사이먼은 그림을 그리기 위해 학교에 다녔는데, 이 경험으로 인해 미술 분야에서 경력을 쌓으려던 계획을 그만두었다.

"어떤 산업이든 일단 그 안으로 들어가면 그에 수반되는 모든 것들을 볼 수 있습니다."

사이먼은 예술계의 돈, 무절제 그리고 자유분방함에 별다른 감흥이 없었다. 그래서 그는 다른 것을 찾아보았다.

사이먼은 타투 기계를 사서 자신과 친구들의 몸을 대상으로 시행착오를 겪으며 독학했다. 그러는 동안 제작소에서 프리랜서로 목공, 금속 공예, 마무리 작업, 맞춤 제작 제품 설치 등의 일을 하며 비용을 충당했다.

첫 번째 타투 일자리는 우연히 그가 막 이사 온 동네를 산책하다가 얻게 되었다.

"한 블록을 더 가서 그 방향을 쳐다보지 않았다면, 그 가게를 절대 못 봤을 거예요. 저는 그냥 여기저기 돌아다니고 있었어요."

공교롭게도 타투 아티스트가 막 떠나서 빈 자리가 생긴 참이었다. 사이먼은 다음 주부터 근무하라는 요청을 받았다. 그는 다른 가게에서 새로운 자리를 제안받기 전까지 1년 동안 견습생으로 일했다. 그는 자신에게 기회를 준 것에 감사했지만, 새로운 일을 할 준비가 되어 있었다.

"저는 타투의 가능성에 좀 더 집중하는 커뮤니티가 필요했습니다."

첫 직장과 달리 지금 사이먼의 직장은 예약제로 운영되는 작은 개인 스튜디오다. 이곳은 다른 예술가들과 함께 월세를 내고 자신만의 스케줄을 잡는 방식으로 운영된다.

"많은 자유를 얻었지만, 모든 것들을 제가 책임져야 합니다. 그래서 저에게 소셜 미디어는 정말 유용한 도구입니다. 대부분의 고객들이 인스타그램을 통해 저를 찾습니다."

꼭 맞는 직업

사이먼을 괴롭혔던 미술계의 엘리트주의와 낮은 접근성은 타투의 세계에 존재하지 않는다. 가장 좋아하는 일을 직접 자신의 손으로 작업하면서, 사이먼은 자신이 맡은 일에 완전히 몰두한다. 그리고 아주 사소한 부분에도 신경 써야 하고, 바로 그의 앞에 있는 사람도 섬세하게 인식해야 한다.

주기능이 사고인 사이먼의 일은 시스템과 관련이 많다.

"저는 타투가 기계로 그림 그리는 일이라 좋아합니다. 기계를 사용하는 일을 좋아해요. 저는 유지 보수와 조율, 튜닝, 부품 교체가 편한 공구를 사용하는 게 멋지다고 생각합니다."

사이먼은 멋지고 유능하고 인상적인 사람이다. 다수의 사고형처럼, 그는 기계처럼 논리적인 시스템을 이해하고 통달하는 일을 좋아한다.

사이먼은 부기능이 감각으로, 강한 미적 감각과 세부사항을 조율하는 데 능하다. 그는 수중생물과 새, 자연에서 타투의 영감을 얻는다.

"저는 항상 식물과 동물의 질감을 고려하며 사진을 찍습니다."

그가 작업한 타투 중에는 수백 개의 비늘이 맞물린 용, 거대한 호랑이, 섬세한 호박벌, 매 등이 있다. 또한 일본의 전통적인 타투에서 영감을 얻기도 한다.

ISTP형에게 직업 만족도에서 가장 중요한 부분은 자율성일 것이다. 사이먼은 자신의 스튜디오에서 완전한 독립성과 소속감을 느낀다. 그는 고객을 만나기 위해 여행할 수도 있고, 하기 싫은 타투는 싫다고 말할 수도 있고, 자신만의 시간을 만들 수도 있다.

미래에 대한 기대

사이먼은 이미 꿈에 그리던 일을 하고 있다.

"어떤 일을 오랫동안 해야 할 때, 저는 항상 의문을 품기 시작합니다. 이 일을 할 줄 아는데, 어떻게 바꿀 수 있을까? 마찬가지로 좋은 타투가 무엇인지에 대한 아이디어는 끊임없이 바뀌고, 그 생각이 항상 제 머릿속을 맴돕니다."

타투 산업은 사이먼이 작업하는 동안 폭발적으로 커졌다.

"이제 타투는 접근하기 훨씬 쉬워졌습니다. 인스타그램을 열고 타투 아티스트들의 포트폴리오를 둘러볼 수 있습니다. 더 나은 선택을 할 수 있고, 자신에게 맞는 사람을 찾을 수도 있습니다. 더 이상 위험한 일이 아니에요."

재미있고 실질적인 일을 좋아하는 알렉스 (엔지니어)

"숙제처럼 느껴지지 않는 일을 하고 싶어요."

직업

알렉스는 세상의 많은 문제들이 해결될 수 있다고 믿는다. 그는 에너지 시스템 공학 프로그램에서 석사 과정을 밟고 있고, 오늘날 사회가 직면하고 있는 가장 시급한 문제인 재생 에너지 문제를 해결할 수 있는 기술을 자신이 갖게 되길 바라고 있다. 전력 시스템 공학은 전력 공학 전반의 하위 분야로 전력의 생성, 전송, 분배, 활용 방식을 다룬다. 재생 에너지를 사용하고 화석 연료에 대한 의존도를 줄이는 새로운 방법을 빠르게 모색하고 있는 세계에서 알렉스의 직업은 그 어느 때보다 중요하다.

배경

알렉스는 일곱 살 때 장래 희망으로 두 가지를 떠올렸다. 환경미화원이나 건설업자가 되고 싶었다. 고등학교 때는 천문학과 망원경에 흥미가 생겼고, 대학 과정 물리학에서 두각을 나타내 진로를 바꿔서 코넬 대학교에서 천문학을 전공하기로 했다. 그러다가 3학년이 되면서 천문학 학위는 보다 광범위하고 기본적인 물리학 학위만큼 실용적이지 않다는 사실을 깨달았다. 알렉스는 계획을 바꾸어서 엔지니어링 석사 학위를 따기로 했다.

"엔지니어 분야로 옮기는 일이 당장에는 가장 실용적이었어요."

현재 미시간 주립대학에서 에너지 시스템 프로그램 석사 과정에 있는 알렉스는 재생 에너지에 중점을 둔 일반적인 파워 시스템을 배우고 있다. 그는 졸업 논문을 위해 친구들과 팀을 꾸려서 런던 경영 대학에서 주최하는 친환경기술 경연에 참여했다. 이 경합은 대학(원)팀이나 신생 벤처 기업을 대상으로 친환경 기술에 대한 아이디어를 뽑는 세계적인 대회이다. 알렉스는 트레일러 트럭이 정차한 상태에서 밤새도록 엔진을 켜 두어서 연료를 엄청나게 낭비하고 주요 오염원이 되는 것을 막기 위해, 여열을 곧바로 전기로 변환해 배기가스를 막는 장치를 고안 중이다. 그 장치는 낮 동안 배기관에서 작동하며 에너지를 모았다가 트럭 운전석 뒤의 공간에 충분한 에너지를 공급하게 된다.

경합 자체는 참가자들을 위한 토론회 장으로 기능하며, 학계 일원이나 해당 분야 산업 전문가 두 명이 각 팀의 멘토로 배정된다. 팀원들은 스물네 시간 동안 멘토들이 각 팀의 프로젝트에 가장 큰 도전 과제로 지목한 문제를 해결해야 한다. 우승팀은 상당한 액수의 상금을 받아 자신들의 아이디어를 실현할 수 있다. 천상 실용주의자인 알렉스는 딱히 우승을 기대하지는 않지만 그 경연이 자신의 계획을 다듬을 훌륭한 기회이자 중요한 산업 전문가 및 벤처 기업가와 관계를 형성할 기회로 여긴다.

꼭 맞는 직업

많은 경험주의자와 마찬가지로 알렉스도 직접 손으로 뭔가를 만드는, 물리적인 세계를 제일 좋아한다. 주기능이 사고인 알렉스는 기계 시스템을 쉽게 이해한다. 그는 실용적인 시각으로 실생활의 문제들을 빨리 해결하는 데 능하다.

"저는 문제를 파악하고 실제 여건에서 적당한 자료를 구축하는 작업이 재미있어요. 크기를 어림잡고 제어 장치를 파악하고 나면 기본적으로 간단한 메모부터 시작해서 뭔가를 만들 수 있죠."

알렉스의 부기능은 감각이어서 상당한 기술과 특정 지식이 필요한, 구체적이고 복잡한 시스템을 개발할 수 있다. 알렉스에게는 소유권과 독립성이 중요하다. '내 문제로 시작해서 내 문제로 끝나고 내 프로젝트에 집중하는 일'이 그에게는 충분한 보상이다. 그는 '도서관에 앉아서 연구 자료로 그래프를 만드는 일'보다 직접 손으로 뭔가를 만드는 일에 훨씬 관심이 많다.

"숙제처럼 느껴지지 않는, 뭔가 실질적이고 재미있는 일을 하고 싶어요."

미래에 대한 기대

알렉스의 팀은 런던에서 일이 잘 풀려 긍정적인 평가를 받게 되면, 트럭에서 공짜로 시도할 수 있는 몇 가지 시제품을 개발하도록 뒷받침해 줄 자금을 찾기를 바라고 있다. 그 일이 제대로 되면 알렉스는 벤처 기업을 시작해 볼 생각이다. 어쨌든 이번 여름에는 논문에 필요한 시제품을 개발할 작정이다.

"우리는 런던에 가서 맘껏 즐기고 보고 올 거예요."

알렉스가 생각하는 미래에 대한 차선책은 풍력 농장이나 태양력 농장 같은 재생 에너지 분야에서 프로젝트 중심으로 일하는 것이다. 절대로 에너지 부서 같은 곳에서 사무 작업 따위는 하고 싶지 않다.

"주어진 기회를 최대한 활용해서 최고의 해결책을 찾는 일을 할 거예요."

사례 3 　최고의 디자인을 꿈꾸는 질 (제품 디자이너)

"다른 사람들은 위기라고 부르는 상황에서 전 재미를 느낍니다."

직업

고등학교 다닐 때 질은 직업은커녕 자신이 사랑하는 직업을 가지게 될 거라고는 생각도 못 했다. 현재 그녀는 성공한 제품 디자이너다. 질은 제품 디자이너가 갖는 다양성, 자율성, 창조성을 좋아하고 일상생활에 쓰이는 실용적인 제품을 창조해 내는 것을 마음에 들어한다.

질은 작은 디자인 회사에서 일하고 있는데, 회사 내 둘뿐인 제품 디자이너 중의 한 명이다. 그리고 질과 다른 디자이너를 보조하는 디자이너가 둘, 기계 아티스트가 세 명이 있다. 질이 자신의 일에서 가장 마음에 드는 것은 매일매일이 다르다는 것이다. 그녀는 새로운 식품의 포장이나 사무용품, 조명 설비 같은 제품을 디자인한다. 그녀는 제품 특징에 대한 설명서를 본 다음 디자인 업무의 대부분을 혼자 해낸다. 디자인이 완성되면 제품 견본을 만들어서 고객에게 제시하고 생산 공장에서 테스트를 해 보도록 한다. 그리고 질은 디자인한 제품이 생산 공장에서 문제가 발생하면 그 문제를 해결하고 조립 라인에서 나오는 실제 상품을 점검한다.

"제 일에서 정말 재미있는 부분은 문제 해결 과정이에요. 테스트 단계에서 디자인한 제품의 크기나 비율을 변경해야 된다는 전화가 올 수도 있어요. 그리고 실제 생산 과정에서 접합이나 조립에 문제가 생길 수도 있고요. 그러면 전 공장의 생산 라인에 가서 이렇게 저렇게 시도해 봅니다."

배경

고등학교를 졸업한 다음 대학에 흥미를 못 느꼈던 그녀는 대학에 진학하는 대신 아트 디자인 전문학교에 등록했다. 그녀는 그래픽 디자인과 산업 디자인을 전공했다. 공부를 마친 다음 질은 광고 회사에 취직해서 광고의 레이아웃을 담당했다. 처음에는 재미있었지만 반복되는 일에 점점 지루함을 느꼈고, 게다가 그곳은 점심을 먹으러 밖에 나갈 시간도 낼 수 없을 만큼 바빴다.

"전 디자인을 하고 싶었지만 그 회사의 구조는 아주 경직돼 있었어요. 그래서 일단 한 부서에 채용된 사람은 다른 일은 절대로 해 볼 수가 없었지요. 승진하는 길은 직장을 옮기는 수밖에 없었죠. 그래서 전 직장을 옮겼어요."

다음 일은 작은 디자인 회사의 보조 디자이너였다. 그녀는 자신의 일이 마음에 들었고 상급자인 아트 디렉터를 존경했다. 그러나 회사의 방침은 엉망이었다.

"충분한 준비가 안 됐는데도 서둘러 생산에 들어가는 제품이 너무 많았어요. 쉬운 돈벌이가 되었기 때문이죠. 사장은 정말 사기꾼이었어요. 그리고 고객들한테나 직원들한테나 완전히 거짓말쟁이였죠."

질은 마침내 정면으로 반대했고 곧 해고되었다.

다음 직장은 인쇄소였다. 그곳에서 질은 생산에 대한 것을 배웠다. 생산 공정을 감독했고 인쇄 스케줄 조정, 종이 주문, 견적서 작성을 담당했다. 그 일에는 풍부한 조직 능력과 꼼꼼함이 필요했다. 그녀는 또한 1주일에 60시간을 일했고 친구들을 만나거나 취미 생활을 할 시간도 없었다. 그녀는 1년도 못돼서 그만두었다. 그러나 생산 공정 경험을 살려서 제품 디자이너 보조로 취직했고 디자이너의 아이디어를 실행하는 과정에서 제품 디자인에 대한 사항을 직접 배웠다. 디자이너가 대략적인 스케치를 넘겨주면 그녀는 그것을 건네받아 정확하게 도면을 그렸다. 그 일을 하면서 그녀는 디자이너와 함께 프레스로 제품을 찍어 내는 것을 볼 기회를 가졌다. 그녀는 그 부분을 제일 좋아했다. 4년 뒤, 한 디자이너가 직장을 그만두었을때 그녀는 정식 제품 디자이너로 승진했다. 그것이 2년 전의 일이었고 지금은 이 일을 계속하게 될 거라고 생각하고 있다.

꼭 맞는 직업

제품 디자이너인 질은 1년에 십여 가지 다양한 제품을 만든다. 제품마다 해결해야 할 독특한 문제들이 있기 때문에 질은 다양한 상황을 다루어야 한다. 그리고 수작업으로 모형과 견본을 설계하고 만들어야 한다. 대부분의 경험주의자처럼 질도 매일 하는 일에서 덜 체계적이고, 상대적으로 자율성이 주어지는 일을 즐긴다. 또한 그녀는 다른 디자이너가 기술적 문제를 해결하는 일을 돕는다. 그녀에겐 복잡한 문제를 이해하고 재빨리 해결책을 찾아낼 수 있는 능력이 있다. 보통은 몇 번 스케치를 해 본 뒤 견본을 대충 만들어보면 일이 끝난다.

"종이 위에 몇 번 끄적거려 본 다음에 제대로 기능하는 새로운 제품을 만들어 내는 일은 일종의 마술과 비슷한 거죠. 전 그런 과정이 너무 재미있어요. 다른 사람들이 위기라고 부르는 상황에서 전 재미를 느끼는 거예요."

질은 주기능이 사고로, 어떻게 하면 뭔가가 가장 잘 돌아갈지 심사숙고하는 편이다. 그녀는 주로 크기나 균형, 색, 공간 관계 같은 세부 사항에 극도로 집중해야 하는 기술적인 일을 담당한다. 그리고 사람들이나 그들의 감정이 아닌 사물을 다루며 객관성을 유지할 수 있다.

부기능이 감각인 질은 현실적인 감각을 기준으로 어떤 재료로 만드는 게 가장 적합한지, 실생활에서 제품이 어떻게 사용되는지 판단한다. 자신이 디자인한 제품들이 대부분 음식 포장과 기술 장비 같은 실용적인 제품들이어서 그 제품들이 어떤 상황에서든 실제로 활용될 수 있도록 하는 일에 집중해야 한다. 질은 제조업 종사자나 때에 따라서는 고객들과 이야기를 나누며 자료 수집하는 일도 좋아한다.

미래에 대한 기대

질에겐 직업 목표가 많지 않다. 그녀는 일과 가족을 결합시키길 희망하고 언젠가는 직접 회사를 차릴 생각도 한다.

"전 고객을 상대할 수 있고 관리 업무를 처리할 수 있는 사람들과 함께 일하고 싶어요. 그러면 자유롭게 디자인에 전념하고 휴가도 갈 수 있겠지요! 어쨌든, 지금 저한테는 직업 만족의 요소가 모두 있어요. 재미, 자유,

괜찮은 보수, 자극을 주는 프로젝트, 그리고 훌륭한 동료들 말이에요."

사이먼과 알렉스 그리고 질은 서로 다른 배경과 경험, 이력을 가지고 있음에도 그들의 인생사를 하나로 엮을 수 있는 공통점이 있다. ISTP형인 이 세 사람은 구체적인 관심사나 능력, 가치관이 서로 다를지 모른다. 하지만 이들은 모두 감각적 인식형의 기질이며, 주기능인 사고를 내향화하고 부기능인 감각을 외향화하는 동일한 심리학적 기능 구조를 갖고 있기 때문에 우리는 이 세 사람을 통해서 ISTP형의 욕구에 대한 많은 것을 관찰할 수 있다.

아래의 열 가지 요소들은 개인에 따라 정도의 차이가 있고 중요성의 순서도 다르겠지만, ISTP형이 직업 만족을 느끼기 위해 필요한 것들을 나열한 것이다.

비록 같은 성격 유형의 소유자라도 해도 저마다의 개성이 다르기 때문에 이 목록을 ISTP형 모두에게 똑같이 적용시킬 수는 없다.

아래의 목록을 읽어 본 다음 자신이 중요하다고 생각하는 순서에 따라 이들 열 가지 요소의 순서를 다시 정하라. 그러면서 현재와 과거의 직업 중 특히 좋았던 부분이나 싫었던 부분을 생각해 보고, 여러 가지 경험들을 관통하는 일관된 요소를 찾아보도록 하자.

1. 가장 효율적인 방법으로 이용 가능한 자원을 쓸 수 있는 일.

2. 자신이 습득한 기술을 연마해서 활용할 수 있는 직업. 특히 기계를 다루거나 도구의 사용을 포함하는 일.

3. 지식과 기술을 적용할 수 있고 자신이 하는 일의 원리를 논리적으로 이해할

수 있는 일. 문제 해결에 전념할 수 있는 일.

4. 방향이 뚜렷한 일. 임기응변 능력을 발휘할 수 있고 현실적이고 실용적인 생산물을 다룰 수 있는 일.

5. 재미있고 활동적인 일. 독립적으로 일할 수 있고 작업 공간을 벗어나서 자주 야외에 나갈 수 있는 일.

6. 지나친 규제가 없는 환경에서 할 수 있는 일. 일하는 과정에서 생기는 위험을 즐길 수 있고 어떤 위기가 닥쳤을 때 그것을 처리할 수 있는 일.

7. 다른 사람들을 철저히 감독할 필요가 없는 일.

8. 취미 활동을 할 수 있는 시간적 여유가 많은 일.

9. 즐길 수 있는 일이 많고 지속적인 자극이 필요한 일.

10. 쓸데없는 에너지의 낭비가 없는 일. 불필요한 반복 업무나 절차가 없는 일.

ISTP형에게 맞는 직업

다음은 ISTP형이 특히 만족을 느낄 수 있을 만한 직업과 그 이유들이다. 여기에 제시한 직업 목록 중 자신이 미처 생각하지 못했던 직업에 대해서도 그 가능성을 탐색해 보자.

▌서비스 및 활동적 분야

소방관 | 경찰관 및 교도관 | 카레이서 | 선장 | 항공기 조종사 | 비행교관 | 항공 기관사 | 헬리콥터 조종사 | 항공 교통 관제사 | 무기 전문가 | 군 장교 | 집행관 | 정보 요원 | 양육비 청구 및 실종자 수사관 | 고등학교 및 대학 운동부 코치 | 사진작가 | 범죄학자 및 탄도학 전문가

ISTP형이 활동적인 직업에 끌리는 것은 조직과 구조에 의해 제한받고 싶지 않은 욕구가 있기 때문이다. 이들은 충동적으로 행동하고 자연적으로 일어나는 상황을 즐긴다. 그리고 타고난 능력으로 필요한 자원을 재빨리 확인한 다음 적절한 행동을 취한다. 이들은 혼자서 일을 잘하지만 필요에 따라 팀의 일원으로 협력하기도 한다. ISTP형은 특수한 도구나 기계류의 사용법을 습득하는 것을 좋아하고 야외에 나가거나 신체 활동을 즐긴다.

기술 분야

전기 및 기계 기사 | 토목 기술자 | 기술 교육 전문가(일대일) | 정보 서비스 개발자 | 소프트웨어 개발자(애플리케이션, 시스템) | 대체 에너지 개발 연구원 | 물류 및 공급 매니저(제조업) | 네트워크 전문가 | 컴퓨터 프로그래머 | 해양 생물학자 | 품질 보증 기사 | 신뢰성 기술사 | 시스템 유지 및 설치 담당자 | 네트워크 시스템 및 데이터 통신 분석가 | 홈 네트워크 관리자 | 생산물 검사자 | 소프트웨어 엔지니어 | 지질학자 | 제품 안전 관리 기사

사물이 작동하는 방식과 원인에 관심이 많기 때문에 ISTP형은 기술 관련 직업에서 만족을 찾는 경우가 많다. 이들은 뛰어난 관찰력의 소유자이고 중요한 사실과 세부 사항을 기억해서 활용하는 능력이 있기 때문에 기계 분야에서 재능을 발휘한다. ISTP형은 보통 손을 써서 일하기를 즐기고 끊임없는 감각 정보를 제공하는 일을 좋아한다. 오감을 통해 수집한 구체적 사실을 바탕으로 뛰어난 논리적 분석력을 발휘한다.

뇌전도 공학자 및 기사 | 방사선 기사 | 응급 구조원 | 운동 생리학자 | 치과 위생사 | 응급실 전문의 | 수술 테크니션 | 의료 후송 코디네이터 | 수송 코디네이터

ISTP형이 보건 의료 분야에서 특별히 만족을 느끼는 것은 일의 성격이 고도로 기능적이기 때문이다. 이 일은 정밀함과 고도의 기계적 감각, 그리고 진단 장비를 운용하고 유지하는 데 필요한 인내심과 집중력을 요한다.

보안 분석가 | 구매 대행인 | 은행원 | 경제학자 | 법률 비서 | 법률 보조원 | 경영 컨설턴트(사업 운영) | 원가 관리사 | 손해 사정사 | 운동 기구 및 상품 판매원 | 제약회사 영업 사원

ISTP형은 실용적이고 숫자에 강하기 때문에 기업 활동과 금융 분야의 일을 좋아할 수 있다. 이들이 만족할 만한 근무 환경은 자유롭고 융통성이 있어야 한다. 지나치게 많은 회의나 정치적인 문제 대신 자율적으로 일할 수 있는 환경이 조성된다면 가장 좋을 것이다.

ISTP형은 복잡한 자료와 인식되지 않은 사실에 질서를 부여할 수 있다. 그러므로 이들은 경제 현실을 쉽게 인식하고 당면한 변화에 즉각 대응할 수 있다.

컴퓨터 수리 기사 | 항공기 정비사 | 로보틱스와 제조 엔지니어 | 구급차 운전사 및 응급 구조원 | 코치 및 트레이너 | 목수 | 자전거 수리 기사 | 사진가 | 타투 아티스트 | 정비 기사, 설치 및 수리 기사(전기 및 전자 장비) | 정비 기사, 설치 및 수리 기사(보안 및 화재 경보 시스템) | 자동차 판매원 | 상업 예술가 | 잔디 관리업자 | 조경사 | 산림 관리원 | 공원 관리자 및 경비원 | 시청각 기사 | 방송 촬영 기사 | 보험 조정인(자동차 관련) | 범죄 수사관 | 선장 | 항공기 조종사 | 비행 교관 | 항공 기관사 | 헬리콥터 조종사 | 기관사 | 군 장교 | 유기농 작물 재배자 | 항공 교통 관제사 | 스튜디오 및 무대, 특수 효과 기술자 | 벽돌공, 석공, 타일공 및 대리석공 | 운송 수단 및 이동식 장비 기계공 | 건설 인부 | 대형 및 트레일러 트럭 운전사 | 은 세공사 | 박제사 | 총기 제작자 | 가구 제작자 | 악기 제작자 | 스케치 작가 | 금형 제작자

ISTP형은 수공업이나 상업 분야의 독립성과 실용성에 끌린다. 이들은 현실적이고 구체적이며 손으로 할 수 있는 일을 선호한다. 이들은 관심이 가는 분야에서 매우 열심히 일하는데, 운동을 좋아한다면 다른 어떤 유사 직업보다 선수를 코치하고 훈련시키는 일을 훨씬 더 즐길 것이다. 취미를 직업으로 바꾸는 것은 ISTP형에게 아주 적합한 전략이다.

기억해 둘 점은 위에 나열된 직업들은 이 성격 유형의 고유한 자질들을 만족스럽게 표현해 줄 수 있는 일부 영역에 지나지 않는다는 것이다.

구직 활동 최적화

자기 성격 유형의 장단점을 알고 있으면 구직 활동에 큰 도움이 된다.

자리나 유망한 고용주에 대해 조사하고 이력서를 작성하는 것에서부터 인터뷰를 준비하거나 연봉을 협상할 때도 사람들은 자신의 성격 유형대로 행동할 것이다. 당신의 장점을 활용하고 단점을 보완한다면 구직 활동을 더욱 성공적으로 해나갈 수 있다.

성격 유형의 차이는 때로는 눈에 잘 띄지 않기도 하고 어떤 경우에는 극적으로 드러난다. 구직 과정에서는 성격 유형과 같은 미묘한 변수가 성공이냐 실패냐를 가르기도 한다.

외향적인 사람들은 폭넓은 인맥 형성을 즐기는 편이고, 내향적인 사람들은 이미 아는 사람들을 계속 만나는 것처럼 좀 더 제한적이고 좁게 인맥을 쌓는 경우가 많다. 감각형들은 한정된 범위의 사람들을 만나는 경향이 있고, 직관형의 사람들은 자기와 관련 없어 보이는 사람들까지 포함하여 폭넓게 사람들을 만나고는 한다. 감정형의 사람들은 매우 사적이고 친근하게 관계를 맺는 반면, 사고형 사람들은 더 객관적이고 초연한 태도로 사람들과 관계를 맺는다. 마지막으로 판단형은 모임에서 소수의 사람들에게 제한적인 질문을 하지만 인식형의 사람들은 온종일 상대방에게 모든 종류의 질문을 퍼부을 수도 있다.

ISTP형을 위한 성공적인 구직 활동법

ISTP형의 구직 활동에서의 장점은 날카로운 관찰력과 당면 문제에 대한 논리적 분석력, 그리고 소박한 의사소통 스타일에 있다. 그러나 정직한 성격 때문에 가능성 있는 회사의 고용주와 우호적 관계를 맺는 일의 중요성을 깨닫지 못할 수도 있다. ISTP형에게 가장 효과적인 전략은 자신이 가진 능력을 발휘하는 것이다.

관련된 모든 정보를 수집하고 기억해 둔다.

— 뛰어난 관찰력을 이용해서 가능성 있는 회사의 사람들과 환경에 대해 관찰한다. 그
리고 그곳이 자신에게 맞는 환경인지 생각한다.

— 자신을 걸어 다니는 정보 창고라고 소개한다. 그리고 예전 직장에서 그러한 능력이
어떻게 쓸모 있게 사용되었는지를 예를 들어 설명한다.

이용 가능한 자원을 활용한다.

— 장애물에 부딪쳤을 때도 구직 활동을 끈기 있게 계속한다.

— 구직 활동 중이나 면접 과정에서 문제가 발생했을 때 바로 해결책을 찾아내는 자신
의 능력을 보여 준다.

미래의 고용주에게 신중하고 논리적으로 생각할 수 있는 자신의 능력을 보여 준다.

— 시간적 여유를 가지고 관찰 능력을 이용해서 조직과 조직 내의 사람들을 관찰한다.
현재 조직의 모습에 비추어 보았을 때 자신이 담당하게 될 역할이 조직 내에서 어
떻게 어울릴 것인지를 자문해 본다.

— 모든 질문에 솔직하게 답한다.

기회를 객관적으로 분석한다.

— 행위와 선택의 자연스러운 귀결을 이해하기 위해 뛰어난 논리력을 활용한다.

— 고용주에게 예기치 못했던 계획의 변경이나 위기 상황 앞에서도 냉정할 수 있는 모
습을 보여 준다.

이유 있는 위험 부담은 감수한다.

— 사람들에게 일도 잘하고 놀기도 잘하는 자신의 모습을 보여 준다. 사람들은 함께
커피를 마실 수 있을 만한 사람을 팀원으로 받아들이기 쉽다.

— 현실적으로 발생할 수 있는 문제점들을 조사해서 그 해결책을 제시함으로써 자신

의 문제 해결 능력을 보여 준다.

구직 활동 중 ISTP형이 주의해야 할 점

ISTP형은 다음과 같은 보편적인 단점을 가지는데, 이것은 단지 구직 활동만이 아니라 인생의 다른 측면에도 영향을 미치게 된다. 그러므로 아래의 항목들 하나하나를 과거 경험과 결부시켜 생각해 보는 것이 도움이 될 것이다. '이건 나한테 맞는 얘기일까?'라고 자문해 보고, 만약 그렇다면 '어떤 점이 내가 원하는 일을 성취하는 데 방해가 되었나?'에 대해 생각해 보자. 자신이 가진 단점을 극복하는 길은 3차 기능인 직관과 열등 기능인 감정을 의식적으로 개발하는 일이라는 것을 알게 될 것이다. 쉽지는 않겠지만, 자신에게 부족한 기능을 많이 사용하면 할수록, 앞으로 문제는 더욱 적게 발생하게 된다.

미리 계획을 세워서 조직적인 구직 활동을 한다.

— 자신의 노력이 효과가 있었는지를 기다려 보지도 않고 더 재미있는 일로 옮겨 가지 않도록 한다.

— 인내심을 키우기 위해 의식적으로 노력한다. 계획한 대로 열심히 노력하면 정말 원하는 결과를 얻을 수 있다는 것을 기억한다.

지금 존재하지 않는 가능성을 탐구한다.

— 임시적인 일을 택하지 않도록 한다. 괜찮긴 하지만 만족스럽지는 않은 직업을 택해서 구직 활동을 빨리 끝내려는 유혹에 굴복하지 않는다.

— 자신과 자신의 직업에 대해 장기적인 계획을 세운다. 지금부터 5년이나 10년 뒤에 무엇을 성취하고 싶은지를 자문해 본다. 자신이 고려하고 있는 직업이 그러한 목표

에 도달하는 데 도움이 될지 가늠해 본다.

꼭 필요한 만큼만 노력하려는 경향이 있으므로 조심한다.

— 쉽게 눈에 띄더라도 지름길을 택하려는 유혹에 빠지지 않는다. 구직 활동의 모든
단계에 면밀한 주의를 기울이고 똑같은 에너지와 근면함으로 각 단계를 밟는다.

— 고용주들은 양심적인 사람을 찾는다는 사실을 기억한다. 일을 제대로 해내기 위해
서라면 기꺼이 고생을 감수하려는 자세를 보여 준다.

결정을 너무 오래 미뤄 두지 않는다.

— 결정을 내리면 바로 실행에 옮긴다. 자신에게 맞지 않는 가능성은 배제하고 진정으
로 원하는 직업을 구할 수 있도록 계속 노력한다.

— 지나치게 오랫동안 결정을 미뤄서 다른 사람들에게 신뢰성도 없고 목표도 뚜렷하
지 않은 사람으로 비치지 않도록 한다.

ISTP형을 위한 마지막 조언

지금까지 ISTP형의 성격 유형에 대해 구체적으로 살펴보았다. 이제 자
신의 장점과 기질이 어떻게 해서 특정 직업과 구직 방식에 맞는지 알게
되었을 것이다. 그러나 당신은 앞에서 제시한 직업들이 꼭 마음에 들지만
은 않았을 것이다. 다음 마지막 단계에서는 자신이 바라는 직업과 그 분야
를 좁혀 보도록 하겠다.

성격 유형뿐만 아니라, 자신의 가치관, 관심사, 기술 같은 다른 요소들
도 직업 만족 수준을 높이는 데 기여한다. 즉 자신과 직업이 서로 잘 맞으
면 맞을수록, 더욱 만족감을 얻을 수 있다. 전략적인 취업 계획을 수립하
기 위해 지금까지 배운 모든 것들은 총동원할 준비를 하라. 23장의 연습

문제를 풀면서 이런 작업을 수행하게 된다.

하지만 어쩌면 현재 일자리를 유지하는 것이 더 현명한 결정일 수도 있다. 재정적인 압박, 가족들의 기대, 어려운 직업 시장 상황 등 다양한 이유 때문에 그렇다. 그래도 기운을 내길 바란다! 지금까지 이 책을 통해 배운 것들은 현재 일자리에서 더 성공적이고 알차게 일하는데 도움을 줄 것이다. 직업을 바꿀 시기가 찾아온 때라면 이직에 관련된 훨씬 풍부한 아이디어를 얻을 수 있다.

더 만족스러운 직업을 찾을 수 없다면, 지금 하고 있는 일을 사랑하라

대부분의 직장에서는 직원들에게 업무 수행 시 융통성을 발휘할 수 있는 다양한 기회를 제공하고 있다는 것을 명심하라. 당신의 요구가 반영되도록 현재의 업무에 변화를 주는 방법을 아래에 제시한다.

— 직장 상사에게 그들의 기대치를 명확히 해 달라고 요청한다.

— 당신의 협상력을 발휘할 기회를 찾는다.

— 가능한 한 독립성을 많이 얻을 수 있도록 노력한다.

— 일과 중에 잠깐 나가서 육체 활동을 할 수 있는 시간을 찾는다.

— 지금으로부터 5년 뒤에는 어떤 위치에 있고 싶은지 생각해 본다.

— 업무에 집중하기 위해 방해받지 않는 시간이 충분한지 확인한다.

— 시간 관리에 도움을 주는 강좌를 들어 본다.

— 당신이 아이디어를 평가하는 데 도움을 줄 수 있는 능력을 가진 사람을 구한다.

원하는 바를 성취하기 위해 자신의 자산을 활용하라

최고의 성공 비결이란 간단히 말해, 자신의 장점을 발휘하고 단점을 보충하는 것이다. 이렇게 하는 방법을 익히게 되면, 성공할 수 있고 자신의 일을 사랑하게 된다. 여기 ISTP형의 강점과 약점 목록을 제시한다. 개개인 모두가 특별하지만, 다음 목록의 많은 부분을 ISTP형인 자신에게 적용할 수 있을 것이다.

업무와 관련된 ISTP형의 강점

— 명확한 업무와 구체적인 생산물과 관련된 일을 잘한다.

— 관찰력이 뛰어나고 사실에 관한 기억력이 탁월하다.

— 복잡한 자료와 식별 가능한 사실에 질서를 부여할 수 있다.

— 혼자 일하거나 존경하는 사람들과 함께 일하는 것을 좋아한다.

— 재난이나 위기 상황에서 침착하고 냉정하게 대처한다.

— 무슨 일을 해야할지와 무엇이 필요한지 잘 파악한다.

— 손과 장비를 사용하는 일을 좋아한다.

— 갑작스러운 변화에 잘 적응한다.

— 실용적이고 상식적이다.

— 이용 가능한 자원을 잘 활용한다.

— 위험을 감수하고 새로운 접근을 시도하려는 유연성이 있다.

업무와 관련된 ISTP형의 약점

— 행위의 장기적인 결과 예측을 힘들어 한다.

— 대화를 통한 의사소통에 관심이 부족하다.

— 미리 준비하는 것을 싫어한다. 시간 관리에 어려움을 겪는다.

— 추상적이고 복잡한 이론을 습득하는 데 인내심이 부족하다.

— 다른 사람의 요구와 감정에 둔감하다.

— 쉽게 지루해하고 안절부절못한다.

— 앞으로의 가능성과 선택 사항을 예측하는 데 어려움을 느낀다.

— 행정적인 세부 사항과 절차를 견디지 못한다.

— 반복하기를 싫어한다.

— 결정 내리기를 어려워한다.

— 독립적이 성향이 아주 강하고, 지나친 규율이나 계층적인 조직을 싫어한다.

— 장기적인 목표를 세우는 것을 어려워하고 마감 기한을 맞추기가 힘들다.

ISTP형의 성공 비결

대화하라.

사람들의 감정을 고려하라.

자신이 맡은 일에 끝까지 최선을 다하라.

DO WHAT YOU ARE

외향적, 감각적, 감정적, 인식적 성격형
ESFP형 좋은 분위기로 기분 좋게 가자!

사례 1 **에너지가 넘치는 섬너** (사이클 강사)

"몸, 체육관, 에너지와 음악 안으로 녹아듭니다."

직업

섬너는 일명 셀럽이라 불린다. 그녀는 매우 인기 있는 실내 사이클 회사의 선임 강사다. 그녀와 업계 사람들은 이 회사를 '부티크 피트니스'라고 부른다. 서류상으로 그녀의 업무는 수업에 맞춰 음악 재생 목록을 만들고 조명을 설정하는 것까지 포함해서, 45분 동안 고강도 사이클 수업을 하는 것이다. 그러나 섬머의 실제 업무는 경험을 창조하는 일이다.

"우리는 수강생들을 감성적인 여행으로 안내합니다. 그렇게 몸, 체육관, 에너지와 음악 안으로 녹아듭니다."

경험이 매우 격렬하기 때문에 섬너는 운동실 안의 감정도 관리한다.

"이곳은 사람들이 흘려보내고, 울거나 웃고, 놓아주고, 축하하는 모든 것을 축하하는 장소입니다. 우리는 이 공간을 장악하고 있습니다."

단골 수강생들은 섬너의 수업을 빠짐없이 등록하고, 수업은 빠르게 매진된다. 그녀의 좌우명은 '나의 기운이 사람들을 끌어당긴다.'이다. 섬녀는 자신의 기운을 '에너지 넘치고, 활발하게 소통하고, 끊임없이 동기를 부여한다.'고 표현한다. 하지만 그녀만의 특별한 방식을 갖는 것만큼 운동실을 읽는 것도 중요하다. 섬녀는 운동 강도나 실내의 정서적 환경을 눈앞에 있는 수강생들의 필요에 맞게 조율하며, 유연하고 즉각적으로 반응한다.

배경

섬녀는 세 살 때부터 댄서였다. 일곱 살에는 댄스 경연 대회에 나갔다. 고등학교 상급생 시절에는 오디션을 기반으로 한 댄스팀 경연대회를 위한 여행을 시작했다.

"주말에는 그들과 함께 여행을 다니며 유명 안무가들을 도왔어요. 최고의 삶을 살았죠. 정말 대단했다고요. 우리는 작은 가족 같았어요."

또한 섬녀는 댄스팀의 공연 의상을 디자인하고, 옷감을 고르고 재봉사와 함께 옷을 만들었했다.

고등학교를 졸업했을 때, 그녀는 춤을 계속 추면서 패션과 상품 디자인 관련 학교에 들어갈 야심찬 계획을 가지고 있었다.

"계획대로 되지 않았습니다. 학교는 절 지치게 만들었거든요."

학교를 마친 섬녀는 패션계에서 인턴십을 비롯해 여러 일자리를 얻었다.

"저는 여전히 댄스 수업을 들었지만, 열정을 쏟은 건 아니었어요."

그러다 우연히 수준급 안무가인 부부팀이 시작한 힙합 의류 브랜드에 디자이너 겸 제작 매니저로 취직하면서 그녀의 두 세계가 합쳐졌다.

"평생 두 유명 안무가들을 존경해 왔어요. 이제 그들과 함께 일하게 된 거죠."

하지만 두 사람은 끊임없이 여행을 다녔고, 섬녀는 자신을 비참하게 만드는 상사와 함께 일하게 되었다. 한 동료가 연예 기획사에서 댄서를 모집한다고 귀띔하자 섬녀는 바로 지원했고, 전업 댄서로 복귀했다.

"우리는 멕시코, 베네수엘라로 공연을 다녔어요. 장소에 따라 1, 2주 동안 매일밤 무대에 섰습니다. 정말 좋았어요."

그 일을 마친 뒤 섬녀는 댄스 에이전트를 통해 뮤직비디오와 라이브 쇼에 출연하기 위해 공연 오디션을 보러 다니기 시작했다.

"유명한 팝스타와 함께 독일 투어도 다녔어요. 그 일을 하던 5년 동안 정말 최선을 다했습니다."

결국 섬녀는 좀 더 일관성 있는 일을 갈망하게 되었다. 그녀는 부업으로 발레를 가르쳤다. 사이클 강사가 될 기회가 열렸을 때, 그녀의 에이전트가 연락해 왔다.

"그들은 공연자를 고용하고 싶어 합니다. 당신은 공연도 잘하는 데다 빛, 동기, 에너지, 그 모든 것을 가졌잖아요."

그녀에게 완벽하게 어울리는 자리였다.

5년 사이에 섬녀는 수석 강사로 승진했다. 그래서 수업 일정, 더 나은 시간대, 복리 후생 등 대우가 좋아졌다. 그녀는 회사의 주식도 보유하고 있다.

꼭 맞는 직업

섬녀의 경험주의자 성향은 말 그대로 고객을 위한 경험을 디자인하는 그녀의 직업과 잘 어울린다. 그녀의 일은 매우 격렬하고, 육체적으로나 정서적으로 단단해야 한다. 일주일에 12개의 수업을 진행하는 섬녀는 운동선수들처럼 몸 상태를 유지한다.

주기능이 감각인 섬녀는 경험을 위한 세부 사항을 꼼꼼하게 챙긴다. 심지어 각 곡의 템포까지 정확하게 조율해서 음악이 사이클의 속도를 이끌도록 의도한다. 그녀는 운동실의 분위기에 반응하고 필요에 따라 조정할 수 있도록 각 수업의 균형을 유지한다.

섬녀는 부기능이 감정으로, 수강생들과 어떤 식으로든 연결되어 있다.

"수업 시간에 수강생들은 대부분 자신이 나약하다고 느낍니다. 그래서 저는 제 경험을 말하고 수강생들과 소통하려고 노력합니다. 가끔은 치료사가 된 듯한 기분이 들어요. 수강생들은 제가 만든 환경 속에서 자신들이 삶에서 겪고 있는 것들을 털어놓아요. 그럴 때면 엔돌핀이 솟습니다."

미래에 대한 기대

섬녀는 내년에 최고 수준의 마스터 강사가 되기를 희망한다. 그렇게 된다면 더 높은 급여, 훨씬 더 유연한 시간 및 일정 수준의 지위를 얻게 될 것이다. 그리고 새로 온 강사들과 계속 일할 수 있게 된다. 그들과 함께 일하는 건 정말 즐겁다.

"제 풋내기 시절이 떠오르고, 그때 제가 무엇을 필요로 하고 무엇을 느꼈는지 기억하게 됩니다. 쉽지 않은 일이기 때문에 그들이 잘 헤쳐나갈 수 있도록 돕고 있어요."

섬녀는 부티크 피트니스 세계에서 지속 가능성을 본다. 이 회사는 사람들이 목표를 달성할 수 있도록 돕는 새로운 수업, 새로운 기술을 항상 만들고 있다. 그리고 사람들은 섬녀가 열심히 만든 경험 때문에 비싼 수업료를 지불하며 그녀에게로 계속 돌아온다.

사례 2 끊임없이 자극을 찾는 제이콥 (소아과 의사)

"환자를 대하는 태도, 그리고 최선의 치료가 중요합니다."

직업

제이콥은 소아과 병원의 소아 관절염 전문의이며 대학에서 소아과 부교수로 재직 중이다. 그는 환자와 그 가족들이 보낸 감사 편지를 소중히 간직하고 있다. 그것은 자신이 좋은 일을 하고 있다는 하나의 증거가 될 수 있다.

제이콥은 60퍼센트의 시간을 전국 각지에서 온 아이들을 진료하며 보낸다. 대부분은 소아 관절염 환자로, 제이콥은 이전 X-레이를 검토하고, 아이를 진찰하고, 아이와 보호자와 함께 대화를 나누며 진단을 내린다. 이때 제이콥은 능숙하게 그들과 친밀감을 만들어 효과적으로 의사소통한다. 그러고는 치료 계획을 세운다. 보통은 약물치료, 물리치료를 하고 때로는 수술이 포함된다.

"80개에서 100개 정도의 질병이 있지만, 사실상 우리는 대략 20개 정도의 질병을 진찰합니다."

제이콥은 또한 가르치는 일도 하고 있다.

"대부분은 환자 곁에서 레지던트를 가르칩니다. 우리는 함께 진단을 검토하고 환자를 진찰합니다."

제이콥은 한 달에 한두 번 레지던트를 상대로 임상 강의를 한다. 또한 지역 주민을 상대로 교육을 하기도 하고, 전국을 돌면서 강연을 하는 일도 가끔 있다. 그리고 투약에 대한 연구에 참여하고 학술지에 게재할 논문을 쓴다.

제이콥은 환자를 치료하는 일을 제일 좋아한다.

"환자를 진찰하고, 그 가족들과 함께 아이들의 고통을 최소화하고 상태가 향상되도록 돕는 일, 그들에게 최선의 치료를 하는 것, 그게 제가 좋아하는 일입니다."

배경

제이콥은 의사가 되기로 결심한 게 언제인지 기억하지 못한다. 그는 수학과 과학에 맞춰 고등학교에 진학했고, 그 후 대학에서 의학을 전공했다. 그는 의대 3학년 때 소아과 실습을 했다.

"전 아이들을 좋아했고, 매일 병동에 가는 게 기다려졌습니다. 그래서 소아과를 택하고 싶다고 생각했지요."

제이콥은 담당 교수의 영향으로 소아 관절염을 전공으로 택했다.

"저는 교수님의 태도가 마음에 들었고, 몇 시간 동안 함께 대화를 나눌 수 있었습니다. 그분에게서 진정한 지혜를 얻었습니다."

그렇게 소아 관절염을 선택한 제이콥은 실제 상사를 만나기 전에 그의 멘토가 일하는 병원에 취직하기로 동의했다. 2년 후, 제이콥은 자리를 옮겨 대학 병원 클리닉과 일반 소아과에서 근무했다. 그는 관절염 관련 치료로 바빠지자 일반 소아과 진료를 점차 줄여갔다.

그는 9년 전 어린이병원의 내과 직원으로 채용되어 파트타임으로 근무하다가 3년 후에 정규직이 되었다. 그가 담당한 부서는 보통 1년에 55명의 어린이를 진료했는데 제이콥은 그것을 첫해에 300명으로 올려놓았다. 지금은 연간 1200명의 어린이 환자를 보고 있으며 그중 350명은 새로운 환자이다.

꼭 맞는 직업

감각적 인식형의 기질인 제이콥은 활동적인 삶을 살고 있다. 그는 자신이 선택한 직업에서 끊임없이 새로운 자극을 찾아 움직인다. 타고난 호기심과 어린이에 대한 사랑이 풍부한 그의 기질은 환자 치료에 도움이 된다. 그리고 어린이의 수준에서 어린이와 교류하면서 많이 놀 수 있는데 이것은 감각적 인식형의 중요한 특징 중의 하나이다.

그가 자신의 일을 그렇게 만족스럽게 느끼는 것은 일을 통해 주기능인 감각을 지속적으로 사용할 수 있기 때문이기도 하다. 그는 환자들에 대한 정보를 끊임없이 수집하고 있다. 그리고 날카로운 감각을 통해 올바른 진단에 도움이 되는 미묘한 증상들을 파악한다. 그리고 환자들의 예후나 증상 변화를 면밀히 관찰한다.

제이콥은 부기능인 감정 기능을 통해 환자들을 깊이 사랑한다. 감정이 내향화된 그는 열정이 있고 자신의 개인적 가치를 따르게 된다. 특히 다른 사람들을 도와주고 싶어 한다. 제이콥은 환자들에게 매우 따뜻하게 대하고 어린이들이 여러 의사를 거친 다음에야 병의 진짜 원인을 발견하게 될 때 괴로움을 느낀다.

미래에 대한 기대

제이콥은 병원에 소아 관절염 전문과를 만들어서 성공적으로 운영했다. 지금 또 다른 목표는 연구 활동을 강화하고 학술지에 더 많은 논문을 발표해서 전국적으로 인정받는 의사가 되는 것이다. 그리고 제이콥은 다른 의사들을 더 채용해서 소아 관절염 전문과를 더 크게 키우고, 싫어하는 행정 업무에 드는 시간이 줄어들기를 희망한다.

사례 3 조기 교육의 옹호자 이브 (유치원 원장)

"저에게는 일이 놀이예요."

직업

이브는 자신을 비영리 유치원 원장이자 '조기 교육의 옹호자'로 소개한다. 이브는 대부분의 시간을 그날그날의 긴급한 문제를 처리하는 데 할애한다. 그래서 매일이 다르다. 그녀는 휴가 중인 선생님을 대신해서 아이들을 돌보기도 하고 아이들을 등록시키러 온 부모와 그 아이를 상담한다. 직원들과 기획 회의를 하고, 교사들의 교육과 학부모 참여 프로그램을 계획하고, 이사회에 매달 제출하는 보고서를 작성한다. 이브는 게다가 지역의 협동 육아 관리 위원회에 참석해서 유치원의 필요성에 대해 논의한다. 그녀의 목적은 탁아의 질적 수준을 높이는 것이다.

배경

이브는 27년 동안 이곳 유치원에서 일했다. 처음에는 교사로 출발했지만 지금은 책임자로 있다. 그녀는 대학에서 체육 교육학을 전공했다.

"젊은이들이 체육 교육에 대해 멋진 태도를 갖게 된다면 세상이 변할 거라고 생각했지요. 하지만 체육 교사를 시작한 지 1년 만에 교육 환경에 완전히 질려 버렸지요!"

첫아이를 출산한 다음, 이브는 인근 대학 부설 유치원에 취직했다. 그녀는 2년 동안 세네 살짜리 아이들을 가르쳤다.

"전 그 일이 너무 좋았어요. 인생의 방향을 제대로 찾았다는 것을 깨달았지요."

그리고 이브는 다시 새로운 직장을 구했다. 출발은 시간제 교사였지만 21년 동안 그녀는 네 살짜리 어린이들을 가르쳤고, 유아 교육학 석사 학위를 취득했다. 6년 전, 그녀는 변화를 일으킬 때가 되었다고 판단했다.

"제 시간을 좀 자유롭게 쓰고 싶었습니다. 학생들과 부모들이 기다리기 때문에 부랴부랴 서둘러야 하는 일에는 진력이 난 거지요."

그녀는 원장 자리에 지원했고 그것은 받아들여졌다.

꼭 맞는 직업

"아이들이 창조적으로 반응하고 발전하는 걸 보는 게 제일 좋아요. 아이들이 문제를 해결했다는 얘기를 듣거나 자신의 감정을 말로 표현하는 걸 들으면 너무 좋습니다!"

이브는 그날그날의 긴급한 요구를 처리하는 일을 가장 좋아한다. 그리고 매일 학생과 교사와 학부모들을 만나는 것 역시 좋아한다.

이브는 주기능인 감각을 이용해서 현재 일어나는 모든 일을 지속적으로 검색한다. 눈으로는 아이들이 떨어지지 않고 정글짐에 잘 올라가는지 보고, 귀로는 아이들이 하는 얘기에 귀 기울이고, 팔로는 울적한 아이를 안아 주고, 심지어는 코까지 동원해서 누구의 기저귀를 갈아 줘야 하는지 냄새를 맡는다. 또한 한편으로는 교사들의 일을 계속 모니터하면서 누구의 일을 어떻게 도와줘야 할지를 본다.

올바른 육아법에 대한 신념은 이브의 부기능인 감정에서 나온다. 그녀는 사람들에게 자신의 생각을 주입하려고 노력한다. 감정을 내향화하는 사람들이 그렇듯이 이브는 학생, 교사, 학부모들과 지속적인 일대일 관계를 맺는다. 그리고 대부분의 학부모가 예전에 이 유치원의 학생이었다는 사실에 큰 자부심을 느끼고 있다.

미래에 대한 기대

이브에게 가장 의미 있는 성취는 '유치원이 계속 돌아가는 것'이다. 이곳에 아이를 맡긴 학부모에게서 좋다는 소문을 듣고 이곳을 찾아온 학부모를 만나면 그녀는 마음이 뿌듯해진다.

"그리고 전 이 유치원의 '졸업생'들이 성공했다는 얘기를 들으면 정말 기분이 좋습니다."

그녀는 매일 직업에서의 목표를 성취하고 있다.

"전 퇴직하는 게 두렵습니다. 왜냐하면 더 이상 자극받지 못할 것이고, 사명이 없어질 테니까요."

섬너와 제이콥 그리고 이브는 서로 다른 배경과 경험, 이력을 가지고 있음에도 그들의 인생사를 하나로 엮을 수 있는 공통점이 있다. ESFP형인 이 세 사람은 구체적인 관심사나 능력, 가치관이 서로 다를지 모른다. 하지만 이들은 모두 감각적 인식형의 기질이며, 주기능인 감각을 외향화하고 부기능인 감정을 내향화하는 동일한 심리학적 기능 구조를 갖고 있기 때문에 우리는 이 세 사람을 통해서 ESFP형의 욕구에 대한 많은 것을 관찰할 수 있다.

아래의 열 가지 요소들은 개인에 따라 정도의 차이가 있고 중요성의 순서도 다르겠지만, ESFP형이 직업 만족을 느끼기 위해 필요한 것들을 나열한 것이다. 비록 같은 성격 유형의 소유자라도 해도 저마다 개성이 다르기 때문에 이 목록을 ESFP형 모두에게 똑같이 적용시킬 수는 없다.

아래의 목록을 읽어 본 다음 자신이 중요하다고 생각하는 순서에 따라 이들 열 가지 요소의 순서를 다시 정하는 것이 좋다. 그러면서 현재와 과거의 직업 중, 특히 좋았던 부분이나 싫었던 부분을 생각해 보고, 여러 가지 경험들을 관통하는 주제를 찾아보도록 하자.

1. 체험을 통해 배울 수 있는 일. 정보를 수집해서 문제 해결책을 찾을 수 있는 일.

2. 현장에서 고객들을 직접 상대하는 일.

3. 활동적이고 사교적인 환경에서 많은 사람들과 함께할 수 있는 일.

4. 사람들을 요령 있게 다루는 일. 협력해서 일할 수 있도록 분위기를 좋게 만들 수 있는 능력과 다른 사람들에게 동기를 부여할 수 있는 능력이 필요한 일.

5. 다양한 프로젝트를 요령 있게 처리할 필요가 있는 일. 특히 미적 취향과 디자인 감각을 이용할 수 있는 일.

6. 자신과 같은 열정, 에너지, 현실적 안목을 가진 편안하고 사교적인 사람들과

교류할 수 있는 일.

7. 실용적인 물품이나 시설에 관한 일, 그리고 주위 사람들의 요구가 반영된 일.

8. 우호적이고 편안한 분위기에서 하는 일.

9. 자신의 근면함과 선의에 대한 보상이 있고 업적이 인정되는 일.

10. 재미있는 일. 일상적으로 색다름을 즐길 수 있고 관료주의, 규칙, 제한이 적은 일.

ESFP형에게 맞는 직업

아래 직업 목록을 살펴볼 때, 어떤 성격 유형의 사람이든 모든 종류의 직업에서 성공을 거둘 수 있다는 점에 주의한다. 하지만 다음은 특히 ESFP형이 만족을 느낄 만한 직업의 목록과 그 이유들이다. 여기에서 제시한 직업 목록 중 미처 생각하지 못했던 직업에 대해서도 그 가능성을 알아보도록 하자.

> **■ 교육 및 사회복지 분야**
>
> 조기 교육 교사 | 초등학교 교사 | 보육 교사 | 교사(미술, 연극, 음악 과목) | 특수 교육 교사 | 운동부 코치 | 가정 보건 담당 사회복지사 | 노인 요양복지사 | 개인 요양 조무사 | 약물 중독 재활 상담사 | 아동복지 상담사 | 놀이 치료사 | 미술 치료사 | 직업 치료사 | 교육용 소프트웨어 개발자

ESFP형은 교육 분야에서 만족을 찾는 경우가 많은데 특히 어린이들을 가르칠 때 그렇다. ESFP형은 저학년 어린이에게 기본적인 기능을 가르치

고 서로 사이좋게 지내도록 돕는 일을 즐긴다. 이들은 초등학생들의 활동성과 에너지, 학습의 다양성을 좋아한다. ESFP형에는 활동적이고 신체 능력이 뛰어난 사람들이 많기 때문에 체육 교사나 운동 코치가 적성에 맞다. 이들은 열정적이고, 격려와 지원을 아끼지 않는 교사가 될 수 있다. 사회 복지 분야에서 ESFP형은 사람들과 쉽게 공감대를 형성하고, 다른 사람의 삶을 이롭게 만드는 일을 도우며 만족감을 얻는다.

보건 의료 분야

응급실 간호사 | 의료 보조원 | 치과 위생사 | 간호 조무사 | 물리 치료사 | 1차 진료 기관 의사 | 가정 보건 조무사 | 마사치 치료사 | 식이요법사 및 영양사 | 안경사 및 검안사 | 응급 구조원 | 운동 생리학자 | 약사 보조사 | 방사선 기사 | 호흡 치료사 | 수의사 | 수의 보조사 | 작업 치료사 | 개인 운동 트레이너 | 노인 건강 관리 재택 근무자 | 호스피스 | 응급실 의사 | 족부 전문의 | 언어 병리학자 및 청능사 | 소아과 의사 | 직업 재활 상담가 | 미술 치료사 | 지압사 | 간호사 | 간호 강사 | 심장병 전문 의 | 장기 이식 코디네이터

ESFP형은 보건 의료와 사회복지 분야에서 일하며 남을 도울 수 있는 기회를 갖는다. 이 보건 의료와 사회복지 분야의 직업은 기능의 습득과 그 반복적 사용을 필요로 한다. ESFP형은 대부분 사람들을 직접 상대하는 것을 좋아하고, 다양하고 변화가 있는 업무를 좋아한다. 응급실 간호사는 판단이 빨라야 하고, 위기 상황에서 공포에 질린 사람들을 진정시키는 능력이 있어야 한다. 이들 가운데는 동물을 사랑해서 수의사나 조련사가 되는 사람이 많다.

여행 컨설턴트 및 패키지 여행 전문가 | 사진작가 | 영화 제작자 | 음악가 | 무용수 | 코미디언 | 프로모터 | 행사 코디네이터 | 화가, 일러스트레이터 및 조각가 | 의상 전문가 | 뉴스 앵커 | 배우 | 공원 관리자 및 경비원 | 해양 동물 조련사 | 개인 운동 트레이너 | 피트니스 강사 | 비행 교관 | 헬리콥터 조종사 | 연예 및 스포츠 에이전트 | 산림 감독관 | 방송 촬영 기사 | 만화가 및 애니메이터 | 보험 사기 조사관 | 화재 조사관 | 경찰관 | 자연 보호 구역 체험 전문가 | 암벽 등반 강사 | 라디오, 텔레비전 아나운서 | 스케치 작가 | 유기농 작물 재배자 | 목수

ESFP형은 공식적인 자리에서든 비공식적인 자리에서든 남을 즐겁게 해 주는 것을 좋아한다. 이들은 새롭고 아름다운 것을 알아보는 안목이 있으며 직접 공연하거나 예술가들과 교류하는 것을 좋아한다. 여행을 즐기는 이들은 훌륭한 여행사 직원이 되기도 하는데 고객들이 원하는 여행지를 찾아내기 위해 열심히 노력한다. ESFP형은 몇 개의 일을 한꺼번에 요령 있게 처리할 수 있기 때문에 이벤트 기획 일에서 만족을 느끼는 경우도 많다.

비즈니스 및 판매 분야

소매점 머천다이저 및 기획자 | 홍보 전문가 | 기금 모금 전문가 | 노사 관계 전문가 | 접수 담당자 | 행정 보조원 | 상품 기획자 | 인적 자원 분야 다양성 관리자 | 팀 교육 전문가 | 여행 상품 판매원 | 보험 설계사 | 고객 서비스 담당자 | 공인 중개사 | 상품 진열 전문가 | 운동 기구 판매원 및 마케터 | 소매점 판매원 및 점장 | 생태 관광 전문가 | 가정 보건 담당 사회복지사 | 제조자 서비스 대리인

ESFP형은 비즈니스, 특히 기업의 세계를 좋아하지 않는 것이 보통이다. 그러나 다른 사람들과 많이 교류할 수 있고, 이미 짜인 스케줄이 적은 직업은 괜찮을 수도 있다. 이들은 부동산 중개인처럼 많은 시간을 사무실 밖에서 지낼 수 있고 다양한 사람들과 만날 수 있는 직업에 적합하다. ESFP형은 타고난 설득력을 활용할 수 있는 홍보, 기금 모금, 중재 등의 일을 좋아한다. 이러한 직업을 가지면 대인 관계의 기술이나 정보 수집 능력을 발휘할 수 있다. 이들 가운데 많은 수가 패션에 대한 안목이나 흥행에 대한 감각을 활용할 수 있는 직업에도 흥미를 느낀다.

서비스 분야

항공기 승무원 | 식당 종업원 | 연회 진행자 | 플로리스트 | 경찰, 교도관(교정 훈련, 재활, 상담) | 조경사 | 주방장 및 요리사 | 인테리어 디자이너 | 사냥터 관리인 | 정원사 | 토지 관리인 | 전시 제작자 | 생태 여행 전문가 | 사진작가 | 상품 전시인

ESFP형이 서비스 분야에 흥미를 느끼는 이유는 우선 사람들과의 접촉이 있기 때문이고 또한 습득한 기술을 사용할 수 있는 능력 때문이기도 하다. 이들은 대개 따뜻하고 친근해서 사람들을 편하게 해 주는 능력을 가지고 있다. 이들은 사교적이고 순간을 즐기는 성격이기 때문에 재미있으며 파티 같은 행사에도 잘 참석한다.

과학 분야

환경 과학자 | 환경 보호 활동가 | 동물학자 | 해양 생물학자 | 지질학자

ESFP형은 종종 과학에 관심이 있고 세밀한 관찰과 사실과 증거의 수집에 타고난 재능을 보인다. 그들은 특히 자연 세계에 관심이 있고 동물학이나 해양 생물학 분야의 동물들과 함께 일하면서 큰 만족을 찾을 수 있다. ESFP형은 자연계의 훌륭한 관리자이자 지칠 줄 모르는 보존 옹호자가 될 수 있다.

기억해 둘 점은 위에 나열된 직업들은 이 성격 유형의 고유한 자질들을 만족스럽게 표현해 줄 수 있는 일부 영역에 지나지 않는다는 것이다.

구직 활동 최적화

자기 성격 유형의 장단점을 알고 있으면 구직 활동에 큰 도움이 된다. 자리나 유망한 고용주에 대해 조사하고 이력서를 작성하는 것에서부터 인터뷰를 준비하거나 연봉을 협상할 때도 사람들은 자신의 성격 유형대로 행동할 것이다. 당신의 장점을 활용하고 단점을 보완한다면 구직 활동을 더욱 성공적으로 해나갈 수 있다.

성격 유형의 차이는 때로는 눈에 잘 띄지 않기도 하고 어떤 경우에는 극적으로 드러난다. 구직 과정에서는 성격 유형과 같은 미묘한 변수가 성공이냐 실패냐를 가르기도 한다. 외향적인 사람들은 폭넓은 인맥 형성을 즐기는 편이고, 내향적인 사람들은 이미 아는 사람들을 계속 만나는 것처럼 좀 더 제한적이고 좁게 인맥을 쌓는 경우가 많다. 감각형들은 한정된 범위의 사람들을 만나는 경향이 있고, 직관형의 사람들은 자기와 관련 없어 보이는 사람들까지 포함하여 폭넓게 사람들을 만나고는 한다. 감정형의 사람들은 매우 사적이고 친근하게 관계를 맺는 반면, 사고형 사람들은 더 객관적이고 초연한 태도로 사람들과 관계를 맺는다. 마지막으로 판단형은 모임에서 소수의 사람들에게 제한적인 질문을 하지만 인식형의 사람들은 온종일 상대방에게 모든 종류의 질문을 퍼부을 수도 있다.

ESFP형을 위한 성공적인 구직 활동법

구직 활동에서 나타나는 ESFP형의 장점은 편안하고 친근한 성격과 쉽게 친분을 맺을 수 있는 능력에 있다. 그러나 일보다 놀기 좋아하는 성향이 있어 구직 활동이 별 소득 없이 끝날 수 있으니 조심해야 한다. 그런 일이 생긴다면, 자신에게 알맞은 직업을 찾으려 하기보다는 실망해서 아무 직업에나 안주하게 될 수도 있다. ESFP형에게 가장 효과적인 전략은 자신이 가진 능력을 발휘하는 것이다.

우호적인 관계를 형성하고 자신을 홍보한다.
— 한 팀의 일원으로서, 새로운 도전을 기꺼이 받아들이고 다른 사람과 원만하게 지낼 수 있다는 것을 알린다.
— 새로운 상황에 적응할 수 있고 위기 상황에서 냉정을 유지할 수 있는 능력을 보여 준다.

예기치 못한 문제를 기회로 전환시킬 수 있는 적응 능력을 활용한다.
— 면접관에게 자신의 문제 해결 능력을 보여 준다.
— 예전의 직장에서 자신의 능력을 어떻게 발휘하였는지 설명하는 방법을 찾는다.

기꺼이 타협할 수 있다는 것을 보여 준다. 협상을 할 때는 융통성 있는 태도를 취한다.
— 취업에 있어 결정적으로 중요한 기준이 무엇이고 그렇지 않은 기준이 무엇인지를 미리 판단한다. 덜 중요한 부분을 양보하는 융통성을 보여 준다.

날카로운 관찰력과 의사소통 능력을 이용해서 많은 정보를 수집한다.

— 고려할 만한 가치가 있는 중요한 정보를 알기 위해 목표로 하는 회사에서 일하는 사람들과 직접 대화한다.

— 자신이 고려하고 있는 직장이 일하고 싶은 곳인지를 확인하기 위해 사람들의 옷차림, 사무실과 휴게실의 분위기에 주목한다.

광범위한 인맥을 활용해서 사전 정보를 많이 수집한다.

— 사람들은 대개 ESFP형을 기분 좋게 도와준다. 그러므로 아는 사람들에게 부탁해서 취직에 도움이 되는 사람들을 소개시켜 달라고 한다. 자신의 능력을 잘 알고 있는 과거 고용주들에게 도움을 요청한다.

— 사람들을 만나 자신의 능력을 적은 목록을 보여 주고, 자신에게 적합한 직업이 어떤 것이 있을지 조언을 구한다.

구직 활동 중 ESFP형이 주의해야 할 점

ESFP형은 다음과 같은 보편적인 단점을 가지는데, 이것은 단지 구직 활동만이 아니라 인생의 다른 측면에도 영향을 미치게 된다. 그러므로 아래의 항목들 하나하나를 과거 경험과 결부시켜 생각해 보는 것이 도움이 될 것이다. '이건 나한테 맞는 얘기일까?'라고 자신에게 물어보고, 만약 그렇다면, '어떤 점이 내가 원하는 일을 성취하는 데 방해가 되었나?'에 대해서 생각해 보자. 자신이 가진 단점을 극복하는 길은 3차 기능인 사고와 열등 기능인 직관을 의식적으로 개발하는 일이라는 것을 알게 될 것이다. 쉽지는 않겠지만, 자신에게 부족한 기능을 많이 사용하면 할수록, 앞으로 문제는 더욱 적게 발생하게 된다.

시간을 투자해서 취업 계획을 수립한다.

― 장기적인 관점에서 자신이 여태까지 있었던 곳과 앞으로 가고 싶은 곳에 대해 신중하게 생각한다.

― 직업에 대한 필요성과 동기에 대해 생각해 본다.

모든 가능성을 고려한다.

― 미리 판단하기 전에 가능한 직업의 목록을 작성한다. 색다르게 보이거나 자격 미달이라고 생각되는 직업들도 전부 포함한다.

― 창의적인 친구의 도움을 받아 자신이 가진 능력으로 진출 가능한 분야의 목록을 적는다.

취업 계획을 세워서 철저히 실천한다.

― 확인 전화를 하고 정보를 준 사람들에게 감사 메일을 보내는 등 구직 과정의 사소한 일도 자신에게 맞는 직업을 구하기 위한 중요한 부분이라는 점을 명심한다.

― 좀 더 흥미로운 상황이 생겼을 때나 재미있는 일이 생기더라도 이미 시작한 일을 포기하고 싶은 충동을 자제한다. 취업 활동을 직업 그 자체로 보는 것도 도움이 된다.

거절 때문에 상처받는 일이 없도록 한다.

― 거절을 당하는 경우, 그것은 단지 일에 대한 거절이라는 것을 기억하라. 고용주들은 매우 객관적인 결정을 내리기 때문에 그것은 당신 자신에 대한 거부가 아니다.

― 원하는 만큼 일이 빨리 진행되지 않는다고 해서 실망하지 않는다. 자신에게 맞는 직업을 찾는 데는 몇 달이 걸릴 수도 있지만, 직업 만족을 위해서라면 그만큼 기다리고 노력할 가치가 있다.

결정을 미루지 않는다.

― 정보를 충분히 수집한 후에 결정을 내린다. 그러나 너무 오랜 시간을 끌면 기회나

선택의 범위가 줄어들 수 있다.

— 어떤 직업을 선택하기로 했을 때 그 이유와 결과에 대해 진지하게 생각해 본다. 선택 범위를 좁히는 것은 최고의 선택을 위해 집중하는 데 도움이 될 수 있다.

ESFP형을 위한 마지막 조언

지금까지 ESFP형의 성격 유형에 대해 구체적으로 살펴보았다. 이제 자신의 장점과 기질이 어떻게 해서 특정 직업과 구직 방식에 맞는지 알게 되었을 것이다. 그러나 앞에서 제시한 직업들이 꼭 마음에 들지만은 않았을 것이다. 다음 단계에서는 자신이 바라는 직업과 그 분야를 좁혀 보도록 하겠다.

성격 유형뿐만 아니라, 자신의 가치관, 관심사, 기술 같은 다른 요소들도 직업 만족 수준을 높이는 데 기여한다. 즉 자신과 직업이 서로 잘 맞으면 맞을수록, 더욱 만족감을 얻을 수 있다. 이제 전략적인 취업 계획을 수립하기 위해 지금까지 배운 모든 것들을 총동원할 준비를 하라. 23장의 연습 문제를 풀면서 이런 작업을 수행하게 된다.

하지만 어쩌면 현재 일자리를 유지하는 것이 더 현명한 결정일 수도 있다. 재정적인 압박, 가족들의 기대, 어려운 직업 시장 상황 등 다양한 이유 때문에 그렇다. 그래도 기운을 내길 바란다! 지금까지 이 책을 통해 배운 것들은 현재 일자리에서 더 성공적이고 알차게 일하는데 도움이 되기도 한다. 혹은 직업을 바꿀 시기라면 이직과 관련된 훨씬 풍부한 아이디어를 얻을 수 있다.

더 만족스러운 직업을 찾을 수 없다면, 지금 하고 있는 일을 사랑하라

대부분의 직장에서는 직원들에게 업무 수행에 있어서 융통성을 발휘할 수 있는 다양한 기회를 제공하고 있다는 것을 명심하라. 당신의 요구가 반영되도록 현재의 업무에 변화를 주는 방법을 아래에 제시한다.

— 동료들과 교류할 시간이 충분하다는 것을 확인하라.

— 시간 관리 강좌를 수강하라.

— 상사에게 업무 기대치를 분명하게 해 달라고 요청 하라.

— 일과 중에 시간을 내서 운동을 하라.

— 자신에게 없는 장점을 가진 사람을 찾아서 그에게 조언을 구하라.

— 자진해서 오락 활동을 책임지고 수행해 보거나 그런 활동에 참가하라.

— 지금으로부터 5년 뒤 당신이 어느 위치에 있고 싶은지에 대해 고민해 보라.

— 단기 목표를 세워서 달성해 보라.

— 자신이 다양한 일을 수행하고 있다는 것을 확인하라. 단순하고 반복적인 업무는 피하라.

— 연장 근무 시에는 혼자 일하지 마라.

원하는 바를 성취하기 위해 자신의 자산을 활용하라

최고의 성공 비결이란 간단히 말해, 자신의 강점을 발휘하고 약점을 보완하는 것이다. 이렇게 하는 방법을 익히게 되면, 성공할 수 있고 자신의 일을 사랑하게 될 것이다. 여기 ESFP형의 강점과 약점 목록을 제시한다. 개개인 모두가 특별하지만, 다음 목록의 많은 부분을 ESFP형에게 적용할 수 있다.

업무와 관련된 ESFP형의 강점

— 에너지가 많아서 활동적인 업무를 즐긴다.

— 변화에 잘 적응하고 방향을 빠르게 바꿀 수 있다.

— 사람들의 요구에 민감하고 그들을 실질적인 방식으로 도우려 한다.

— 남을 배려하는 성격으로, 협조적인 팀원이 된다.

— 일을 즐겁고 활기차게 수행하는 능력이 있다.

— 상식에 입각해서 현실적으로 일을 처리한다.

— 존중하는 사람과 조직에 대한 충성심이 강하다.

— 일이 진행되는 과정을 중시한다. 당신은 활기 넘치고 재미있는 업무 환경을 만들 수 있다.

— 융통성을 발휘하면서 예측 가능한 위험을 기꺼이 감수하고 새로운 방식을 시도하려 한다.

— 협조를 잘하고 남을 실질적인 방법으로 도우려 한다.

— 현재의 자원과 상태를 분명하게 판단하여 무엇이 필요한지 즉시 알 수 있다.

업무와 관련된 ESFP형의 약점

— 혼자 일하기 힘들어한다.

— 사물을 표면적으로 평가하고 거기서 좀 더 깊은 의미를 찾지 못한다.

— 미리 준비하는 것을 싫어한다. 시간 관리에 어려움을 느낀다.

— 현재 존재하지 않는 가능성과 대안을 잘 보지 못한다.

— 비판이나 부정적인 평가를 개인적으로 받아들인다.

— 결정을 내리는 일이 힘들다.

— 충동적이고 쉽게 유혹에 넘어가는 경향이 있다.

— 지나친 규율과 관료주의를 싫어한다.

— 사람들 사이의 감정 다툼에 대해서 논리적으로 판단하기 힘들어 한다.

— 장기적인 목표를 세우는 것을 싫어하고 마감 기한을 잘 맞추지 못한다.

— 자신이나 타인을 훈련시키는 소질이 부족하다.

내향적, 감각적, 감정적, 인식적 성격형
ISFP형 중요한 건 마음이다

사례 1 **음악을 사랑하는 매트** (녹음 프로듀서)

"모든 사람에게 음악은 정말 중요해요."

직업

그가 음악을 녹음하고 제작하든, 밴드와 함께 투어나 여행을 하든, 음악은 매트의 인생에서 가장 큰 사랑이다. 그는 자신의 스튜디오에서 아티스트 및 밴드들과 세상에 그들만의 음악을 세상에 내놓기 위해 함께 일하며 하루하루를 보낸다. 매트는 독립적인 음반 제작자이기 때문에, 아티스트와의 관계가 매우 중요하다. 가끔 매트는 투어 도중에 아티스트 및 밴드들과 만난다. 그들은 녹음을 준비하며 매트를 떠올린다. 매트는 자신의 경쟁자인 대형 스튜디오에 대항하기 위해 요금과 태도 면에서 매력적인 제안을 한다.

작업 과정은 아티스트가 실제로 스튜디오에 들어오기 몇 주 전부터 시작된다. 이때 매트는 고객들에게 앨범에 대한 비전을 알리고 그들의 데모나 "스크래치 트랙"을 듣는다. 일단 밴드나 아티스트가 스튜디오에 들어

오면, 매트는 그들의 일정에 맞춰 움직인다. 그는 마이크, 악기 케이블 등 20개에서 30개의 하드웨어가 포함된 장치를 엔지니어링하는 동시에 아티스트의 기분을 북돋우고 관리하며 최고의 실력을 발휘할 수 있도록 돕는다. 가끔 그는 직접 곡을 써서 다른 악기들의 세션을 채운다. 그는 음악에 있어 팔방미인이다. 때때로 이 과정은 다른 나라 또는 전 세계의 예술가들과 함께 원격으로 이루어진다.

"곡 전체를 이메일을 주고받으며 만들 수도 있어요."

녹음이 끝나면 매트는 노래에 효과를 더하고 각 부분이 적절한 수준이 되도록 믹싱과 마스터링 작업을 한다.

배경

음악은 매트가 4학년 때 처음 색소폰을 접한 이후로 가장 마음에 드는 일이다. 그는 고등학교 재즈 프로그램에서 색소폰을 연주했고, 대회와 공연 때문에 여행을 많이 다녔다. 그러면서 학교 밖에서도 세 군데 밴드에서 기타를 연주했다. 그런데 매트 주변에는 전문 음악가들이 많지 않았다.

"직업으로 음악을 작곡하거나 연주하라고 권하는 사람은 아무도 없었어요."

그래서 매트는 대학에 입학한 뒤 전공을 정하지 않고 몇 년을 지내다가 결국 음악과 미국 해양학을 복수 전공했다.

매트는 대학에서 아카펠라팀과 보컬 편곡팀에 들어갔고, 편곡하고 녹음하는 일에서 경험을 쌓을 수 있겠다고 생각했다. 4학년 때 그는 음악 분야에서 일하는 졸업생을 몇 명 만났다. 그리고 플로리다에 위치한 예술과학 대학의 녹음 예술 프로그램에 들어갔다. 그곳에서 매트는 녹음의 기술적인 측면을 익히고, 녹음 장비 작동법을 배우며, 전기와 신호의 흐름을 공부했다.

"저는 온갖 장비와 음향 효과를 사용하는 방법, 실질적인 음악 기술자에게 필요한 기술들을 터득했습니다."

매트는 전문가용 음악 소프트웨어인 프로툴의 달인이 되었고, 졸업 후에는 로스앤젤레스로 가서 모든 주요 녹음 스튜디오의 인턴에 지원하기 시작했다.

매트는 녹음 스튜디오에서 인턴으로 일을 시작한 지 얼마 되지 않아 대형 스튜디오에서 녹음 기사 보조 자리를 얻었다. 일주일 내내 하루 열네 시간 이상 근무하는 고된 직업이었지만 자리를 얻게 되어 기뻤다.

"저는 참여한다는 사실만으로도 힘이 솟았어요. 어떤 식으로든 일류 밴드 작업에 기여한다는 건 실제로 굉장한 일이거든요."

그는 편곡자로 빠르게 승진했고, 매트가 색소폰을 연주할 수 있다는 사실이 알려진 후로는 녹음 작업에 매트의 부분이 추가되었다.

"굉장한 일이었죠. 편곡만 하는 게 아니라 음악적으로 녹음 작업에 참여할 수 있었으니까요."

1년 후, 매트는 녹음적인 측면에서 더욱 많은 것을 다루기 시작했고, 아티스트들과 함께 작업하며 더 많은 경험과 자립심을 갖추어 갔다. 4년이 흘렀고, 매트는 독립해도 좋을 만큼 충분히 배웠다. 그리고 프리랜서 싱어송라이터로도 활동을 시작했다. 그는 로스앤젤레스와 뉴욕을 오가며 곡을 쓰고, 엔지니어링과 녹음을 했다.

"수입은 엄청나게 줄었고, 예전처럼 저명한 빌보드 톱 텐에 오를 곡들도 작업하지 못했어요. 하지만 주변에 얼씬거리는 상관이 없다는 점이 정말 좋았어요."

매트는 유명한 잼 밴드에 합류해서 이제는 색소폰 연주자이자 백업 보컬리스트로서 1년에 6개월에서 7개월씩 순회공연을 다닌다.

꼭 맞는 직업

매트는 ISFP형이며, 주기능은 감정이다. 그는 상냥하고 예민하고 참을성 있는 사람이며, 일명 '스튜디오 매너'로 불리는 태도가 훌륭하다.

"환자를 대하는 의사처럼, 저는 다른 아티스트들의 기분을 잘 맞추죠. 그래서 그들이 공연을 더 잘 하도록 만들어 줘요. 사람들은 스튜디오에서 즐겁고 편하다고 느끼고, 그들을 편하게 대해 주는 나와 함께 녹음하는 걸 좋아하죠."

매트는 자신의 작품이 사람들에게 영향을 미치는 걸 감지하는 게 좋다. 그리고 노력의 산물을 사람들이 즐기는 모습을 보면 대단히 뿌듯하다.

매트의 부기능은 감각으로, 사운드 엔지니어와 녹음의 복잡하고 기술적인 면들을 이해하는 능력이 탁월하고 현재 순간을 잘 즐긴다. 내향적 유형답게 스튜디오 분위기를 친밀하게 만들고, 아티스트들과 일대일 관계를 형성한다. 또 경험주의자답게 프리랜서 일을 훨씬 더 매력적으로 느낀다. 자신이 알아서 시간을 관리하고 전형적인 직장의 구속을 벗어나서 작업할 수 있기 때문이다.

"세상에서 이보다 더 즐겁게 시간을 보내는 일은 없을 거예요."

미래에 대한 기대

매트는 이미 이상적인 직업을 가졌다고 생각한다. 그는 몇 개의 골든 앨범을 가지고 있고, 심지어 그래미 상 후보에도 올랐다. 그래도 할 수 있다면 몇 가지를 고치고 싶다. 예를 들면, 밴드의 순회공연을 좀 줄였으면 한다. 1년에 4개월 정도 타지 생활을 하고 8개월 정도는 집에서 음악을 만드는 게 적당할 것 같다. 앞으로 5년에서 10년 후에는 지금 하는 일을 집에서 더 많이 하고 싶고, 한 곳에 정착하면서 가정을 꾸리고 싶다.

동정심이 많은 캐리 (의료 보조원)

"저는 타고난 사무실의 중재자예요."

직업

캐리는 직업 만족을 찾은 지는 겨우 3년밖에 안 됐다. 그전까지 보험 업계에서 일했던 그녀는 하고 싶지 않은 일을 해 왔던 셈이다. 지금 캐리는 일하러 가는 것이 기다려지고 자신이 필요하고 가치 있는 존재로 인정받고 있다는 것을 느낀다. 캐리는 내과 의원의 의료 보조원이다. 다섯 명의 내과의가 일하고 있는 그곳에서 환자들이 진료를 기다리는 동안 그녀는 검사를 수행한다.

캐리의 일은 90퍼센트가 환자와 접촉하는 일이다. 그녀는 혈압, 체중, 맥박 측정에서 엑스레이, 소변 분석에 이르는 다양한 검사를 실시한다. 그녀는 의사들의 일을 보조하고 검사받는 환자들을 돕는다. 환자들을 보는 사이사이 캐리는 차트를 정리하고 환자들의 진료 예약을 받고, 진료비와 보험에 관한 업무를 처리한다. 사무실이 특히 바쁜 날이면 캐리는 전화를 받고 환자들에 대한 처방전을 처리하는 동시에 진료 예약을 받는다.

"환자와 접촉할 수 있는 이 일이 정말 좋습니다. 저는 진료의 모든 분야에 푹 빠졌어요. 그리고 질병과 무엇이 병을 낫게 하는지에 대해 궁금한 게 많지요. 전 하루 종일 재미있는 검사를 한답니다. 그리고 계속 배우지요! 인체의 생리는 정말 놀랍게 느껴집니다. 전 새로운 걸 탐구하는 일이 좋아요. 전 의사들한테 질문도 많이 하고 제 일과는 상관이 없는 환자의 예후에 대해서도 계속 관심을 갖지요."

캐리는 자신을 털털하다고 표현한다.

"저는 심호흡을 하며 스트레스를 해소하는 방법을 알고 있거든요. 심지어 다른 직원들까지 진정시키죠. 업무를 마감하고 퇴근하면 가족들에게 관심을 돌립니다."

배경

캐리의 중심은 항상 가족이었다. 결혼을 하기 위해 대학 2학년을 마치고 학교를 그만둔 그녀는 그때부터 일을 하기 시작했다. 그러나 첫 번째 결혼에 실패하고 간호 분야의 공부를 할 것을 고려했지만 결국 어느 보험 회사에 취직했다. 그곳에서 18년째 결혼 생활을 하고 있는 지금의 남편을 만났다. 캐리는 결혼한 뒤 12년 동안 보험료 청구 부서에서 일을 계속했다. 방학 기간에는 아이들과 함께 있기 위해 휴가를 받아서 시간제나 임시직으로 일했다.

"제가 했던 일은 계산기를 들고 책상 앞에 앉아서 서류의 빈칸을 채우고 보험료와 수수료를 계산하는 일이었지요."

약 3년 전, 캐리는 보험 회사에 임시직으로 취직했다. 임시직으로 취직한 것은 좀 더 재미있는 일을 찾기 위한 시간을 내기 위해서였다. 그녀는 신문에서 의료 보조원 임시직을 구한다는 구인 광고를 보았다.

"직업 훈련을 해 준다고 하더라고요. 저처럼 관심은 있지만 기능이 없는 사람에게는 완벽한 조건이었지요. 전 그 일이 너무 마음에 들어서 당장 보험 회사를 그만두었어요. 의사들이 저를 정식으로 받아 주기도 전에 말이지요. 결국 저는 정식 직원이 됐고, 그 후로 계속 여기서 일하고 있습니다."

꼭 맞는 직업

캐리는 아주 바쁜 것이 마음에 든다. 그녀의 일은 경험주의자들이 만족을 느끼는 두 가지 요건을 갖추고 있다. 즉 자신이 습득한 기능을 사용할 수 있고, 다양한 사람들을 만날 수 있는 기회가 있는 것이다. 다수의 경험주의자들이 대개 그렇듯 캐리는 호기심이 매우 많다. 그녀의 일에는 자신이 호기심을 느낀 부분에 대해 끊임없이 배우고 탐구하는 과정이 포함되어 있다.

주기능이 감정인 캐리는 선천적으로 애정이 풍부하고 성격이 따뜻하다. 그녀의 장점은 불안정하며 가끔 까다롭게 구는 사람들을 잘 다룬다는 것이다.

"전 까다로운 환자들을 달래 줄 수 있어요. 전 타고난 중재자인 것 같습니다. 제가 아는 건 상대방에게 친절을 베풀면, 그 친절을 다시 돌려 받는다는 것이죠."

또한 사람들을 돕고 그들에게 미치는 영향을 지켜보는 것도 캐리가 매우 만족스러워하는 일이다.

캐리는 부기능인 감각을 사용하여 하루 종일 환자의 병력을 조사하고 검사 결과를 기록하며, 환자들에게 치료 절차를 설명하고 의사들이 환자를 치료하는 일을 돕는다.

미래에 대한 기대

캐리는 나이가 들면서 자신은 항상 간호사가 되고 싶었지만 젊었을 때 미래를 위한 계획을 세우기보다는 당장의 순간에만 관심을 쏟았다는 것을 깨달았다.

"저는 직업이 중심이었던 적이 한 번도 없어요. 그리고 항상 애들과 남편이 우선이고 일은 뒷전이었지요. 전 이 일을 계속해서 언젠가는 간호 대학을 졸업하려고 합니다. 병원에서 일하고 싶지만 의료 분야의 다른 직업을 가져도 만족할 거 같아요. 준비가 되면 꼭 그렇게 할 겁니다."

일이 즐거운 토머스 (자전거 제작가)

"일과 놀이 사이에 경계 따윈 없습니다."

직업

토머스는 일급 장인으로 대부분의 사람들이 평생 가져 보지 못할 것을 만든다. 그는 최고의 경량급 자전거의 프레임과 조립 자전거를 주문에 따라 설계하고 제작한다. 토머스는 사이클 선수면서, 자전거를 설계 제작하는 일에서는 타협을 모르는 완벽주의자다. 그는 너무도 취미에 가깝게 느껴지는 일을 거의 20여 년 동안 혼자 해 오고 있다.

"이 일은 제 직업이면서 저 자신이기도 해요."

토머스의 고객들은 전국 방방곡곡에서 최고급 자전거 프레임을 주문한다. 자전거에서 가장 핵심적인 부품은 프레임인데 특히 경주용 자전거는 더하다. 프레임이 불완전한 자전거는 부상을 초래할 수도 있기 때문이다. 그가 만든 자전거는 최고의 품질을 인정받고 있다. 토머스는 자전거 탈 사람의 체격이나, 안장에 올라앉아 핸들을 조작하는 스타일에 맞게 자전거 프레임을 정한다. 자전거를 주문한 고객에 관해 여러 가지 정보를 입수한 다음 최고급 파이프를 크기에 맞춰 자른 후 매우 복잡하고 정밀한 연결 과정을 거쳐 프레임을 만든다. 그는 자전거 프레임이 그 기능만큼이나 멋지게 보이도록 특별 제작한 페인트와 함께 마감 장식을 한다. 그는 공방에서 연간 80내에서 100대의 자전거 프레임을 제작한다.

"이건 아주 정밀한 작업이지요. 이 일에는 속임수가 없어요, 하지만 프레임을 제대로 만드는 일이 대충 만드는 것보다 시간이 더 걸리는 건 아닙니다."

배경

자전거 제작을 하게 된 것은 우연이었다. 대학 입학이 6개월 늦어져서 기다리는 동안, 그는 '시간을 죽이고 뭔가 재미있는 일을 하기 위해' 유럽 여행을 했다. 그때부터 열정적인 사이클 선수였던 토머스는 어느 자전거 제작사에 들어가서 자전거 제작을 배웠다. 그것은 그저 경험을 쌓기 위해서였다. 미국에 돌아온 그는 다시 아주 우연하게 자신이 유럽에 있을 때 일했던 자전거 제작사의 자전거를 수입, 판매하는 회사에 들어갔다.

2년 반 동안 회사가 생산 라인을 늘리고 무역 박람회에 자전거를 출품하는 일을 도우면서 자전거 기술자로 활동했다.

"그때까지도 모르는 게 많았지만 다른 사람의 돈으로 자전거를 만드는 게 재미있었어요. 그런데 사장이 생산성을 높이라고 압력을 가하니까 일이 점점 하기 싫어지더라고요. 전 자전거를 더 빨리 만들어 내는 재주는 없었어요. 결국 회사를 관두고 말았어요."

그리고 가족에게서 약간의 돈을 지원받아서 사업을 시작했다.

"저는 오직 하고 싶은 일을 계속해서 하길 원했습니다."

꼭 맞는 직업

경험주의자들이 대개 그렇듯, 토머스가 자신의 일을 그렇게 만족스러워하는 이유는 일이 재미있기 때문이다. 그는 자전거의 모든 것을 다 좋아한다. 그는 자전거 제작 과정과 그 결과물을 모두 좋아한다. 그가 자신의 일을 만족스러워하는 또 다른 이유는 자유를 누릴 수 있기 때문이다. 그는 매우 자율적으로 일하고, 마음 내키는 대로 작업실 문을 닫는다. 토머스는 또한 자전거 제작 과정의 육체적 활동성을 좋아한다. 그것은 감각적 인식형에게 중요한 요소이기도 하다.

토머스에게 자전거를 제작하는 일은 일종의 사랑하는 행위다. 그는 자신이 만드는 모든 자전거에 자신의 전부를 불어넣는다. 사실 토머스는 자전거를 팔 때마다 자신의 일부를 줘 버리는 듯한 느낌을 받는다. 게다가 자전거는 사람들의 체격 조건에 맞게 수제작되어야 하고, 최고의 품질을 유지해야 한다는 믿음은 그의 주기능인 감정에서 나온다. 토머스는 고객들과 지속적인 관계를 맺는다. 그는 고객들을 알게 되면 오랫동안 연락을 취하며 지내는 일이 많다.

토머스는 여러 가지 방식으로 부기능인 감각을 사용한다. 먼저 자전거를 탈 사람에 대한 모든 정보를 수집한다. 몸무게, 체격, 정확히 어떻게 페달을 밟는지, 그리고 자전거로 무엇을 하기를 원하는지 등을 포함한다. 그런 다음 꼼꼼히 치수를 잰다. 또한 금속을 구부리고 연결하고, 용접, 시험, 마감하는 일을 모두 손으로 한다. 그는 부기능인 감각을 이용해서 재료를 주문하고 대금을 지불한다.

미래에 대한 기대

토머스는 자신이 오랫동안 같은 일을 해 왔다는 것에 자부심을 느끼고 있다. 그에게는 특유의 겸손함이 있다. 그는 자전거 잡지와 기타 언론 매체를 통해 절대 타협하지 않는 사람으로 묘사되었다.

"저는 제가 고급 자전거를 만들고 있고 완벽하게 일해야 한다는 걸 항상 기억하지요. 게다가 실용적이면서도 사람들한테 기쁨을 줄 수 있는 물건을 잘 만든다고 생각하면 기분이 좋습니다."

고객들이 만족해한다는 증거는 그가 공방에 보관하고 있는 큰 박스를 가득 채운 감사 편지에 나타나 있다.

"저한테 성공이나 만족으로 느껴지는 부분은 제가 뭘 팔려고 노력하지 않는다는 점이에요. 전 그냥 좋아하는 일을 하고 제가 생각하는 대로 정직

하고 진실하게 살지요. 저는 삶과 일에 대한 열정이 있어요. 제가 만족하
는 물건을 만들어낼 때 행복해요. 사람들은 그걸 타 보고 생각했던 대로
자전거가 아주 좋다고 말하지요. 제가 하는 일을 좋아하고 다른 사람들도
그걸 좋아해 주면 기분이 좋아지죠."

ISFP형이 만족할 수 있는 직업의 성격

매트와 캐리 그리고 토머스는 서로 다른 배경과 경험, 이력을 가지고
있지만 그들의 인생사를 하나로 엮을 수 있는 공통점이 있다. ISFP형인 이
세 사람은 구체적인 관심사나 능력, 가치관이 서로 다를지 모른다. 하지만
이들은 모두 감각적 인식형의 기질이며, 주기능인 감정을 내향화하고 부
기능인 감각을 외향화하는 동일한 심리학적 기능 구조를 갖고 있기 때문
에 우리는 이 세 사람을 통해서 ISFP형의 욕구에 대한 많은 것을 관찰할
수 있다.

아래의 열 가지 요소들은 개인에 따라 정도의 차이가 있고 중요성의 순
서는 다르지만, ISFP형이 직업 만족을 느끼기 위해 필요한 것을 나열한 것
이다.

비록 같은 성격형의 소유자라고 해도 모든 개인은 저마다의 개성이 다
르므로, 이 목록을 ISFP형 모두에게 똑같이 적용시킬 수는 없다.

우선 아래의 목록을 읽어 본 다음 자신이 중요하다고 생각되는 순서에
따라 이들 열 가지 요소의 순서를 다시 정하는 것이 좋을 것이다. 그러면
서 현재와 과거의 직업 중, 특히 좋았던 부분이나 싫었던 부분에 대해 생
각해 보고, 다양한 경험들을 관통하는 일관된 요소를 찾아보도록 하자.

1. 자신의 강력한 내적 가치와 일치하고, 깊은 관심을 가지고 있으며 자신의 에

너지와 재능을 쏟고 싶은 일.

2. 성실하고 협조적인 팀원이 되어 좋은 분위기에서 사람들과 함께하는 일.

3. 세심한 주의력이 필요한 일. 사람들에게 도움이 되는 실용적인 대상과 관련된 일.

4. 예의 바르고 좋은 사람들과 함께 자율적으로 할 수 있는 일. 그리고 과도한 규제나 규범, 혹은 융통성 없는 운영 절차에 구속당하지 않는 일.

5. 헌신할 수 있는 일. 목적의식을 가질 수 있고 자신이 한 일의 실질적인 결과를 보고 경험할 수 있는 일.

6. 자신의 취향과 심미안을 통해 작업의 질을 높이고 다른 사람들을 편하게 해줄 수 있는 일.

7. 밝고 협조적인 환경에서 조용히 할 수 있는 일. 사람과의 갈등이 거의 없는 일.

8. 중요성과 가치를 인정할 수 있는 일. 그 속에서 내적 성장과 발전을 경험할 수 있는 일.

9. 실질적인 도움을 제공해서 재빨리 문제를 해결할 수 있는 일.

10. 대중 앞에서 정기적으로 연설을 하거나, 잘 모르는 사람들의 집단을 지도하거나, 사람들에게 부정적인 말을 할 필요가 없는 일.

ISFP형에게 맞는 직업

아래 직업 목록을 살펴볼 때, 어떤 성격형을 가진 사람들이든 모든 종류의 직업에서 성공을 거둘 수 있다는 점에 주의하라. 하지만 다음은 특히 ISFP형이 만족을 느낄 만한 직업의 목록과 그 이유들이다. 여기에서 제시한 직업 목록 중 미처 생각하지 못했던 직업에 대해서도 그 가능성을 알아보도록 하자.

패션 디자이너 | 목수 | 보석 세공사 | 사운드 디자이너 | 음악가 | 녹음 기사 | 정원
사 | 도예가 | 화가 | 무용수 | 인테리어 및 조경 디자이너 | 주방장 | 예술가 | 만화
가 및 애니메이터 | 스케치 작가 | 재단사 | 악기 제작자

ISFP형이 수공업 분야에 어울리는 가장 큰 이유는 매력적이면서 유용한
물건을 자신의 손으로 직접 만들어 낼 수 있기 때문이다. 이들은 실제 세
계에서 실제 대상을 가지고 일하는 것은 물론, 실용적인 방식으로 오감을
사용하는 것을 즐긴다. 이러한 직업을 가지면 융통성 있게 시간을 사용할
수 있고 작업 스케줄을 자유롭게 짤 수 있다. ISFP형은 대부분 행정 지침
에 따를 필요 없이 자율적으로 일하는 것을 선호한다.

보건 의료 및 사회복지 분야

가정 방문 간호사 | 물리 치료사 | 마사지 치료사 | 방사선 기사 | 의료 보조원 | 치
과 위생사 | 가정 건강 조무사 | 1차 진료 기관 의사 | 식이요법사 및 영양사 | 안경
사 및 검안사 | 운동 생리학자 | 작업 치료사 | 미술 치료사 | 호흡 치료사 | 간호 조
무사 | 수술 전문인 | 개인 운동 트레이너 | 외과 의사 | 수의사 | 수의 보조사 | 언어
병리학자 및 청능사 | 약사 | 응급실 의사 | 소아과 의사 | 심장병 전문의 | 청력 측
정사 | 제약회사 연구원 | 간호사 | 의료 보조자 | 호스피스 | 개인 요양 조무사 | 약
물 중독 재활 상담사 | 혈액 관리 전문가 | 놀이 치료사 | 가정 보건 담당 사회복지
사 | 미술 치료사 | 아동복지 상담사 | 노인 및 아동 담당 사회복지사

ISFP형은 보건 의료 및 사회복지 분야의 직업에서 만족을 찾는 경우가 많은데 특히 환자와 고객을 직접 만나 일할 수 있는 직업을 선호한다. 이들은 병원과 같은 직장에서 육체적, 감정적으로 다른 사람들을 직접 도와주길 원한다. 일반적으로 날카로운 관찰력을 가지고 있고 미세한 변화에 잘 대응할 수 있으며 단기적 문제 해결을 좋아한다. ISFP형이 직업 만족을 얻기 위해서는 자신이 기여한 결과를 보고 느낄 수 있어야 하고, 자신이 하는 일의 중요성에 대한 믿음을 갖는 것이 필수적이다.

과학 및 기술 분야

산림 감독관 | 식물학자 | 지질학자 | 정비 기사 | 해양 생물학자 | 동물학자 | 방송 촬영 기사 | 토양 보전 전문가 | 고고학자 | 시스템 분석가 | 항공 안전 감독관 | 가정용 전자 제품 수리 기사

ISFP형은 이론보다 사실을 다루는 일을 좋아한다. 이들은 실용적이고 활동적인 기술을 선호하는 편이다. 특히 야외에서 활동하는 것을 좋아하고 다양하고 변화가 많은 일을 선호한다.

판매 및 서비스 분야

초등학교 교사(과학, 미술 과목) | 경찰관 및 교도관 | 비상 신고 전화 응대원 | 상점 경영자 | 피부 관리사 | 여행 상품 판매원 | 우수 고객 판매 대리인 | 상품 기획자 | 운동 기구 판매원 | 가정 건강 의료 상품 판매원 | 동물 조련사 | 유치원 교사 | 특수 교육 교사 | 보조 교사 및 교육 보조원 | 조경사 | 어린이집 교사 | 노인 요양 복지사 | 미술 치료사 | 수렵 감시관 | 자전거 디자이너 및 수리 기사 | 보험 사기 조사관 |

통역가 및 번역가 | 기관사 | 항공 교통 관제사 | 항공기 및 헬리콥터 조종사 | 고등
학교 및 대학 운동부 코치 | 족보학자 | 레지던스 카운슬러 | 원예 및 특산물 재배자
| 플로리스트 | 유기농 작물 재배자 | 소방관 | 자연 보호 구역 체험 전문가

이 ISFP형 가운데 많은 수가 서비스 분야의 직업에서 만족을 느낀다. 이
들에게는 구체적이고 눈에 보이는 방법으로 사람이나 동물의 요구를 만
족시켜 줄 수 있는 직업이 가장 보람되다. 이들은 자신의 가치관을 타인과
나눌 수 있는 업무 환경을 선호하는 경향이 있고, 화합을 도모하고 협동심
을 높이는 능력이 있으며 타인의 일을 인정해 준다. ISFP형은 정형화되지
않으면서 재미가 있어 어린이에게 구체적인 분야를 가르치는 일을 좋아
한다.

▮ 비즈니스 분야

회계 담당자 | 법률 비서 | 사무 관리사 | 일반 관리자 | 법률 보조원 | 보험 조정인
| 보험 조사관(손해 보험사)

ISFP형은 적당한 환경의 사무 업무에서 만족을 느낄 수 있다. 중요한 점
은 이들이 뛰어난 실용적 기능을 활용할 수 있는 동시에, 직장의 분위기가
좋아야 한다는 것이다. ISFP형은 사생활과 개인적 발전 욕구를 존중해 주는
안정된 업무 팀 내에서, 팀의 일원으로 일할 때 최고의 능력을 발휘한다.

기억해 둘 점은 위에 나열된 직업들은 이 성격 유형의 고유한 자질들을
만족스럽게 표현해 줄 수 있는 일부 영역에 지나지 않는다는 것이다.

자기 성격 유형의 장단점을 알고 있으면 구직 활동에 큰 도움이 된다. 자리나 유망한 고용주에 대해 조사하고 이력서를 작성하는 것에서부터 인터뷰를 준비하거나 연봉을 협상할 때도 사람들은 자신의 성격 유형대로 행동할 것이다. 당신의 장점을 활용하고 단점을 보완한다면 구직 활동을 더욱 성공적으로 해나갈 수 있다.

성격 유형의 차이는 때로는 눈에 잘 띄지 않기도 하고 어떤 경우에는 극적으로 드러난다. 구직 과정에서는 성격 유형과 같은 미묘한 변수가 성공이냐 실패냐를 가르기도 한다. 외향적인 사람들은 폭넓은 인맥 형성을 즐기지만, 내향적인 사람들은 이미 아는 사람들을 계속 만나는 것처럼 좀 더 제한적이고 좁게 인맥을 쌓는 편이다. 감각형들은 한정된 범위의 사람들을 만나는 경향이 있고, 직관형의 사람들은 자기와 관련 없어 보이는 사람들까지 포함하여 폭넓게 사람들을 만나는 경향이 있다. 감정형의 사람들은 매우 사적이고 친근하게 관계를 맺는 반면, 사고형 사람들은 더 객관적이고 초연한 태도로 사람들과 관계를 맺는다. 마지막으로 판단형은 모임에서 소수의 사람들에게 제한적인 질문을 하지만 인식형의 사람들은 온종일 상대방에게 모든 종류의 질문을 퍼부을 수도 있다.

ISFP형을 위한 성공적인 구직 활동법

구직 활동 과정에서 ISFP형의 장점은 따뜻한 인간성, 다른 사람을 즐겁게 해 주려는 욕구, 그리고 문제에 대한 상식적인 접근 능력이다. 그러나 만족스러운 직업을 찾으려면 자기주장을 세우기 위해 열심히 노력하고 거절에 상처받거나 실망하지 않도록 객관성을 가질 필요가 있다. ISFP형에게 가장 효과적인 전략은 자신이 가진 능력을 발휘하는 것이다.

광범위하게 조사해서 많은 자료를 수집한다.

— 생각 중인 분야, 직책, 또는 조직에 대해 가능한 많은 자료를 찾아 읽는다. 인터넷 및 그 기업이나 산업에 종사했던 사람들을 찾아가 정보를 수집한다.

— 면접을 준비하는 해당 회사에 직접 가서 직원들의 옷차림, 행동, 그리고 그들이 하는 일을 어떻게 느끼고 있는지를 살펴본다. 자신이 그 속에서 일하는 모습이 상상이 되는가?

아는 사람들과 연락을 취한다.

— 친한 친구, 가족, 동료들부터 먼저 시작한다. 이들의 도움을 받아 자신이 원하는 분야의 일에 대해 알 만한 사람들의 명단을 작성한다.

— 자신이 원하는 자리에서 일하는 사람들을 만나 정보를 수집한다. 실제로 일이 어떤지 그 책임과 한계는 무엇인지를 물어본다.

지원 시스템을 만들어서 이용한다.

— 실제 일을 하는 것보다 일자리를 찾는 데 시간과 에너지가 더 많이 들 수도 있다는 사실을 기억한다. 구직 기간 동안 친구들에게 조언과 지지를 부탁한다.

— 사람들의 도움을 받아들인다. 사람들과의 일상적인 만남에서 최상의 정보를 얻는 경우도 많다. 어떤 사람이든 정보 제공자가 될 수 있다는 사실을 기억한다.

실천을 통해 배운다.

— 직업 훈련을 받을 수 있는 기회를 찾아본다. 특히 고용주가 마련한 프로그램으로, 이수자에게 취업 우선권을 주는 직업 훈련 프로그램을 알아본다.

— 필요한 기술을 배운다는 차원에서 자원봉사자로 활동해 본다. 미래의 고용주에게 제시할 수 있는 기술과 경험을 동시에 갖게 될 것이다.

자신의 충동과 자연스러운 호기심에 따른다.

— 자신의 단기적 문제 해결 능력을 발휘하여 가끔은 길고도 압력을 주는 취업 활동을 관리가 가능한 부분으로 나눈다. 개별적인 목표를 달성할 때마다 스스로에게 보상을 한다.

— 문제가 생길 경우 해결할 수 있다는 의지를 가지고 도전한다. 미래의 고용주에게 변화하는 상황에 대한 자신의 적응력을 보여 준다.

구직 활동 중 ISFP형이 주의해야 할 점

ISFP형은 다음과 같은 보편적인 단점을 가지는데, 이것은 단지 구직 활동만이 아니라 인생의 다른 측면에도 영향을 미치게 된다. 그러므로 아래의 항목들 하나하나를 과거 경험과 결부시켜 생각해 보는 것이 도움이 될 것이다. '이건 나한테 맞는 얘기일까?'를 자문해 보고, 만약 그렇다면, '어떤 점이 내가 원하는 일을 성취하는 데 방해가 되었나?'에 대해서 생각해 보자. 자신이 가진 단점을 극복하기 위해서는 3차 기능인 직관과 열등 기능인 사고를 의식적으로 개발해야 한다는 것을 알게 될 것이다. 쉽지는 않겠지만, 자신에게 부족한 기능을 많이 사용하면 할수록, 앞으로 문제는 더욱 적게 발생하게 된다.

마음에 들지 않더라도, 이용 가능한 자료를 모두 참고한다.

— 자신이 한 행동이나 결정의 '현실적인 결과'를 직시한다. 어떤 직업에 대한 찬성과 반대 의견을 낱낱이 정리해 보고, 그 직업의 긍정적인 면과 부정적인 면을 동시에 알도록 한다.

— 어떤 정보를 액면 그대로 받아들이기 전에 정보를 분석하는 도구를 개발한다.

당장에 금방 알아볼 수 없는 직업들도 찾아본다.

— 경력이 있거나 자격이 있는 분야에만 한정시키지 말고 가능한 모든 직업을 다 적어

본다.

— 창의력을 발휘해서 상상 속의 직업에 대한 아이디어를 짜 본다. 자신을 잘 아는 친

구에게 부탁해서 도움을 받는다.

우선순위를 정해 조직적으로 행동할 수 있도록 노력한다.

— 자신이 할 일에 압도되지 않고 끝까지 해내기 위해 단기 계획에 능한 자신의 장점

을 이용한다.

— 취업 활동 계획을 완전하게 세우되, 쉽게 알아볼 수 있도록 단계를 구분한다.

객관적인 결정을 하도록 노력한다.

— 면접관과 우호적인 관계를 맺는 일의 중요성을 지나치게 강조하지 않는다. 사람을

너무 믿는 일은 없도록 한다.

— 기업 문화나 고용주의 철학과 같은 눈에 띄지는 않지만 결정적으로 중요한 요소들

에 대해 주목한다. 이것은 취직 후 발생할 수 있는 후회를 예방해 줄 것이다.

현실을 뛰어넘는 안목을 갖고, 좀 더 큰 맥락에서 자신의 선택을 이해하기 위해
미래에 주목한다.

— 지금으로부터 1년, 5년, 10년 뒤의 직업에 대해 상상해 본다. 이 직업은 내가 성장

할 수 있는 기회가 될 것인지, 아니면 이곳에 갇히는 결과를 낳을 것인지 고려한다.

— 이 직업의 시장성에 주목하고 그것이 미래에도 여전히 괜찮을지 생각해 본다. 당장

함께 일할 사람들이 좋다고 해서 그 직업이 괜찮은 것은 아니라는 것을 안다.

지금까지 ISFP형의 성격 유형에 대해 구체적으로 살펴보았다. 이제 자신의 장점과 기질이 어떻게 해서 특정 직업과 구직 방식에 맞는지 알게 되었을 것이다. 그러나 앞에서 제시한 직업들이 꼭 마음에 들지만은 않았을 것이다. 다음 단계에서는 자신이 바라는 직업과 그 분야를 좁혀 보도록 하겠다.

성격 유형뿐만 아니라, 자신의 가치관, 관심사, 기술 같은 다른 요소들도 직업 만족 수준을 높이는 데 기여한다. 즉 자신과 직업이 서로 잘 맞으면 맞을수록, 더욱 만족감을 얻을 수 있다. 전략적인 취업 계획을 수립하기 위해 지금까지 배운 모든 것들을 총동원할 준비를 하라. 23장의 연습 문제를 풀면서 이런 작업을 수행하게 된다.

하지만 어쩌면 현재 일자리를 유지하는 것이 더 현명한 결정일 수도 있다. 재정적인 압박, 가족들의 기대, 어려운 직업 시장 상황 등 다양한 이유 때문에 그렇다. 그래도 기운을 내길 바란다! 지금까지 이 책을 통해 배운 것들은 현재 일자리에서도 더 성공적이고 알차게 일하는데 도움이 된다. 혹은 직업을 바꿀 시기라면 이직에 관련된 훨씬 풍부한 아이디어를 얻을 수 있을 것이다.

더 만족스러운 직업을 찾을 수 없다면, 지금 하고 있는 일을 사랑하라

대부분의 직장에서는 직원들에게 업무를 수행할 때 융통성을 발휘할 수 있는 다양한 기회를 제공하고 있다는 것을 명심하라. 당신의 요구가 반영되도록 현재의 업무에 변화를 주는 방법을 아래에 제시한다.

— 인간적인 갈등을 해결하기 위해 도움을 청하라.

— 적극성 훈련 강좌에 참가해 보라.

— 상사에게 업무 기대치를 분명하게 해 달라고 요청하라.

— 일과 중에 틈틈이 재충전의 시간을 가져라.

— 동료들을 돕고, 지원하며, 그들과 유대를 맺을 수 있는 기회를 제공하는 일을 찾으라.

— 일상 업무에 상당한 다양성이 있다는 것을 확인하라.

— 오락 활동에 참여하라.

— 당신의 아이디어를 평가해 줄 수 있는 보완적인 기술을 지닌 사람을 찾아보라.

— 지금으로부터 5년 뒤 당신이 어느 위치에 있고 싶은지에 대해 고민해 보라.

— 단기 목표를 세워서 달성해 보라.

— 관심사와 가치관이 비슷한 직장 동료를 찾아보라.

원하는 바를 성취하기 위해 자신의 자산을 활용하라

최고의 성공 비결이란 간단히 말해, 자신의 강점을 발휘하고 약점을 보충하는 것이라 하겠다. 이렇게 하는 방법을 익히게 되면, 성공할 수 있고 자신의 일을 사랑하게 될 것이다. 여기 ISFP형의 강점과 약점 목록을 제시한다. 개개인 모두가 특별하지만, 다음 목록의 많은 부분을 ISFP형에게 적용할 수 있다.

업무와 관련된 ISFP형의 강점

— 변화를 환영하고 새로운 상황에 잘 적응한다.

— 타인의 요구에 민감하며 실질적인 방식으로 사람을 도우려 한다.

— 실용적이고 현실적으로 행동한다.

— 상식적으로 판단한다.

— 따뜻하고 친절하다.

— 존경하는 사람과 조직에 충성한다.

— 사람과 관련된 중요한 세부 사항에 집중을 잘한다.

— 사려 깊고 현재의 필요에 집중하는 능력이 있다.

— 조직의 목표를 달성하는 일에 기꺼이 지원한다.

— 현재의 상황을 정확히 판단하고 무엇이 필요한지를 안다.

— 위험을 감수하고 새로운 접근을 시도하려는 유연성과 열의를 갖고 있다.

업무와 관련된 ISFP형의 약점

— 사물을 액면 그대로 받아들여서, 더 깊은 의미를 찾지 못하는 경향이 있다.

— 현재 존재하지 않는 가능성과 대안을 보지 못한다.

— 비평과 부정적인 평가를 매우 개인적으로 받아들이는 편이다.

— 미리 준비하기를 싫어한다. 시간 관리에 어려움을 겪는다.

— 결정을 내리는 일이 힘들다.

— 과도한 규율이나 지나친 관료주의를 싫어한다.

— 개인들 간에 감정싸움이 있을 때, 논리적으로 판단하지 못한다.

— 고도로 복잡한 업무를 처리하기 힘들어 한다.

— 다툼을 싫어하기 때문에 자신의 아이디어나 자리를 위해 싸우려하지 않는다.

— 장기적인 계획 수립을 싫어하며 마감 기한을 맞추기 힘들다.

— 남을 평가하는 일을 어려워한다.

▌ ISFP형의 성공 비결 ▌

자기주장을 펼쳐라.

한 걸음 물러나서 '숲 전체'를 보라.

매사에 지나치게 사적인 의미를 부여하지 말라.

23

직업 계획, 어떻게 준비할 것인가
나에게 꼭 맞는 직업을 찾는 열 단계

앞에서 살핀 사례들은 만족스러운 직업 선택의 무한한 다양성을 보여 주고 있다. 사실 자신이 만족을 느낄 수 있는 직업은 한두 가지가 아닐 것이다. 하지만 자신과 같은 성격 유형을 가진 사람들이 만족해하는 직업군에서 하나를 선택하는 것만으로는 충분치 않다. 또 자신의 성격 유형을 아는 것만으로도 충분하지 않다. 중요한 것은 자신의 성격 유형의 장단점을 이해하고, 그것을 개인적 관심, 가치관과 결부시키는 것이다. 목표는 자신이 제일 잘할 수 있고 가장 즐길 수 있는 직업을 찾아내는 것인데, 이것은 자신의 흥미와 일치하고 자신의 기본 성격, 그리고 가치관과 어울리는 일이다.

다음은 이상적인 직업을 찾아내기 위해 자신의 재능과 경험을 개인적인 흥미와 결부시킨 사례이다.

ENFP형(외향적, 직관적, 감정적, 인식적 성격형)인 어니는 조직 개발 컨설턴트로 여러 비즈니스 팀들이 서로를 이해하고 효율적으로 협력할 수 있도록 돕는 일을 한다. 그는 자유롭게 일하는 것을 좋아하면서도 해마다 별반 다르지 않은 프로그램을 가르치는 것에 점점 싫증 나게 되었고 뭔가 새로운 것을 배우고 싶다는 욕구가 생겼다. 그의 새로운 관심 분야는 법률 쪽이다. 그의 아버지가 변호사여서 어니는 항상 법조계에 매혹을 느꼈고 변호사가 등장하는 드라마나 영화를 즐겨 시청했다. 그러나 어니는 법대에 진학해서 변호사가 될 정도로 법의 전문적 측면에 관심이 있는 것은 아니었다. 대신에 자신의 컨설팅 기술과 심리학에 대한 이해를 살려 재판 컨설턴트가 되기로 했다. 현재 어니는 변호사들을 상대로 이들의 의사소통과 발표 능력을 향상시키는 것을 돕는 일을 하고 있다. 또한 변호사들에게 자기편에 유리한 성향을 지닌 배심원을 고르는 방법을 가르친다.

ENTJ형(외향적, 직관적, 사고적, 판단적 성격형)인 파올라는 거의 20년 동안 신문 기자로 일했고 주요 일간지의 논설위원의 지위에까지 올랐다. 그녀는 '사회의 부조리를 조명하는' 일과 행정부의 정책 결정에 영향을 미치는 일을 좋아했다. 또한 직무 수행에 따른 긴장을 즐겼고, 신문 지상에서 자신이 쓴 사설을 보는 일을 좋아했다.

대학을 다닐 때 파올라는 여성 운동과 인권 운동에 참가했고 환경 소송을 주도한 경력이 있다. 그리고 그녀는 꾸준하게 이런 문제에 대한 관심을 버리지 않았다. 논설위원이 된 파올라는 자신이 이렇듯 오랫동안 간직해 온 목표를 위해 좀 더 많은 것을 할 수 있다고 생각하게 되었고 정책 결정에 어떤 역할을 하고 싶어졌다.

그래서 그녀는 언론계에서 자신과 비슷한 가치관을 지녔다고 평가되는 사람들의 명단을 작성했다. 그리고 이들과 아침이나 점심 식사를 하며 어떤 일자리를 제공할 수 있는지 물었다. 어느 날 그녀는 평소 존경하던 정치인을 만났다. 그는 그녀에게 수석 보좌관 자리가 곧 비게 된다고 말했다. 그 정치인은 지원자들의 자격을 심사하기 위해 재무 전략에 대한 전문적인 연설문 원고가 필요하다고 말했다. 파올라는 이틀 동안 정보를 수집해서 마감 시일까지 훌륭한 연설문 원고를 작성해서 제출했다. 결국 그녀는 그 정치인의 수석 보좌관으로 임명되었고 중요한 정책 결정에 참여하여 실질적인 변화를 이뤄 내는 새로운 일을 즐기고 있다.

ISFJ형(내향적, 감각적, 감정적, 판단적 성격형)인 조이는 고등학교 졸업 후, 좋은 조건으로 잘나가는 부동산 개발업자의 비서가 되었다. 조이는 다른 지원 부서 사람들과도 친해졌고 월급도 많이 받았다. 그녀는 오랜 시간 일하는 것에는 개의치 않았지만 의미 있는 기여를 하고 있다는 느낌을 받지 못했다. 조이는 타고난 '도우미'였지만 지금 그녀가 돕고 있는 것은 오직 사장이 부자가 되는 일뿐이었다. 고등학교 시절에 조이는 간호사나 의사가 되고 싶었지만 그녀의 부모에게는 딸을 대학에 보내 줄 만한 경제적 능력이 없었다. 조이는 돈을 모으려고도 해 봤지만 직장을 그만두고 의대에 가는 것은 불가능 했다. 그녀는 원래의 꿈을 이루고 싶었지만 의사나 간호사가 되는 것보다 비용이 덜 드는 길을 선택해야 한다는 사실을 깨달았다. 그녀는 치과 위생사가 되기 위해 어느 야간 교육 과정에 등록했다. 2년 뒤, 조이는 부동산 회사를 그만두고 환자들에 대한 교육을 실시하는 치과 의원에서 일을 시작했다. 조이는 사람들에게 치아 건강을 유지하는 법을 가르칠 수 있었다. 그녀는 환자들과 긴밀한 관계를 맺으며, 이들이 보다 건강하고 행복해지는 것을 도울 수 있었고, 마침내 자신이 놓치고 있던 만족을 찾게 되었다.

자신의 성격 유형과 원하는 직업을 맞추는 방법

어떤 직업이 자신에게 딱 맞는지 여부를 판단하는 일은 쉽지 않다. 앞에서 성격 유형과 관련된 직업적 만족을 위한 조건과 취업 전략을 읽어 보았다면 당신은 이미 마음속으로 다양한 가능성을 고려해 보고 특정 직업들을 떠올리고 있을 것이다. 이것을 구체적인 기회로 발전시키기 위해서는 자신이 생각하고 있는 직업에 대해 면밀히 조사해 보고 자신에게 적합한지 여부를 판단할 필요가 있을 것이다. 한 사람에게 적합한 직업이 다른 사람에게 맞지 않을 수도 있다. 성격 유형이 서로 같다고 해도 말이다.

직업 계획을 위한 열 단계

자신과 같은 성격 유형을 가진 사람들의 사례를 알아보는 것은 자신에게 도움이 되고 재미도 있다. 하지만 사람은 저마다 다른 개성적 존재이므로 우선 자신에 대해 진실하고 정직하게 따져보는 것이 필요하다. 자신의 성격 유형을 다루고 있는 장을 최대로 이용하여 다음의 연습 문제를 풀어 보자. 가능한 정직하게 이 질문들에 대답해야만 자신에게 꼭 맞는 직업에 대해 구체적으로 알 수 있게 되고, 그에 따른 취업 계획을 세울 수 있게 될 것이다.

제1단계 : 자신의 성격 유형에 내재한 장단점

이 단계는 자신의 '진짜' 성격 유형을 파악했는지 알려 주고, 가장 중요한 성격 특징을 확인하게 해 준다. 3장에 소개된 자신의 성격 유형의 특징을 이용해서 자신에게 가장 잘 맞는 단어나 구절을 적어 놓고 이러한 특징이 드러난 예를 적는다.

1.

예)

2.

예)

3.

예)

자신에게 맞지 않은 구절이 있다면 그것은 어떤 것인가?

1.

예)

2.

예)

3.

예)

그리고 3장에 소개된 자신의 성격 유형의 특징을 참고해서 자신의 모습을 가장 잘 드러내 주는 두 가지 단점을 적는다. 그리고 그러한 단점 때문에 좌절이나 곤란을 겪었던 예를 적는다.

1.

예)

2.

예)

3.

예)

제2단계 : 업무와 관련된 강점과 약점

자신이 제일 잘하는 일을 해야 만족감을 얻을 수 있다. 업무와 관련된 자신의 강점을 파악하는 것이 중요한 이유는 그렇게 해야 자신이 즐길 수 있는 일이 어떤 것인지 알 수 있기 때문이다.

자신의 성격 유형을 설명한 장에서 업무와 관련된 강점 목록을 찾는다. 이것을 이용해 자신의 가장 큰 강점 세 가지를 순서대로 나열하고, 자신이 그러한 강점을 어떻게 활용했는지를 나타내는 예를 한두 가지 든다.

1.

예)

2.

예)

3.

예)

자신의 성격 유형을 다룬 장에서 업무와 관련된 약점 목록을 찾는다. 이 목록을 이용해서 자신의 가장 큰 약점 세 가지를 순서대로 나열하고, 자신이 그러한 약점 때문에 좌절이나 곤란을 겪었던 예를 한두 가지 든다.

1.

예)

2.

예)

3.

예)

제3단계 : 직업 만족의 기준

당신의 성격 유형에 관해 설명한 장에서, 자신과 같은 유형의 성격을 가진 사람이 직업 만족을 얻기 위해 중요한 기준을 무엇이라고 했는지 다시 한 번 살펴보자. 그리고 자신에게 중요한 것과 그렇지 않은 것들을 나누어 중요한 순서대로 나열해 보자. 중요한 요소의 경중을 따지는 것은 어려울 수도 있으니 깊이 생각해 볼 필요가 있다. 하지만 그렇게 해놓으면 자신이 만족감을 느끼기 위해 필요한 것이 무엇인지에 관해 더 명확히 이해하게 될 것이다.

1.
예)
2.
예)
3.
예)

제4단계 : 직장에서 직업 만족감을 주는 요소들

현재나 과거의 직업에서 만족스러운 것이 있었다면 만족을 주는 요소 상위 세 가지가 존재했던 상황을 하나 이상 설명해 보라.

제5단계 : 흥미를 느끼는 요소

자신이 가장 흥미를 느끼는 것이 무엇인지 생각해 보자. 그것은 도보여행이나 글쓰기 같은 특정 활동일 수도 있고, 음악이나 사업 같은 포괄적 분야일 수도 있다. 어떤 것이든 자신이 돈을 안 벌어도 될 정도로 좋아하는 일이 있는지 생각해 보자.

제6단계 : 자신 있는 기능 파악하기

자신이 무엇을 잘하는지 알기 위해 아래의 기술 및 재능 목록을 참고하라. 목록에 없는 것을 포함해서, 자신을 가장 잘 나타내는 기술과 재능을 판단한다. 자신 있는 다섯 가지 기능을 정하고 과거에 이를 활용한 예를 적는다(과거 업무 경험에만 한정 짓지 않고, 여가에 활용한 일도 고려한다).

> ### 기술 및 재능
>
> 글쓰기 | 말하기 | 대중 연설 | 설득 | 판매 | 협상 | 단체 활동 | 협업 | 감독 | 교육 | 지도 | 상담 | 프로젝트 및 과제들의 조정 작업 | 관리 | 사교성 | 숫자에 능하다 | 정보 수집 | 데이터 해석 | 수량 문제의 해결 | 집중력 | 연구 | 조사 | 세부 사항에 집중하기 | 손재주 | 도구 및 기계 작업에 대한 이해 | 체력 | 마감 시한 지키기 | 정확성 | 미적 감각 | 상상력 | 개념에 대한 상상력 | 규율과 기강 세우기 | 의사 결정 | 가능성의 통찰 | 조언(멘토링) | 촉진 | 갈등 해소 | 고유 모델 개발 | 관찰력 | 절차와 규칙 정하기 | 위기관리 | 정보 통합 | 문제 분석 | 전략 세우기 | 시스템 유지 | 비평 | 우선순위 평가 | 새로운 기술 익히기 | 복잡한 개념의 이해 | 이론을 다루는 능력 | 변화하는 상황에 대한 적응력 | 유연한 태도

1.

예)

2.

예)

3.

예)

제7단계 : 고려해 볼 직업들

흥미를 느끼고 있는 직업들에 관한 목록을 작성하라. 이때 자신의 성격 유형에 관한 장에 있는 '성격형에 맞는 직업'을 참고한다. 자신의 흥미를 끄는 요소가 무엇인지를 간단하게 적어 본다.

제8단계 : 자신이 고른 직업들에 대한 평가

모든 직업을 하나하나 분석하며 자신에게 다음과 같은 질문을 던진다.

— 이것은 내가 가진 최고의 기술과 재능을 제대로 활용하는 일인가?
— 이것은 내 일과 관련된 강점을 제대로 활용하는 일인가? (업무와 관련된 강점을 찾기 위해, 2단계를 참고한다.)
— 이것은 직업 만족을 위한 상위 다섯 가지 기준을 만족시키는 일인가? (상위 다섯 가지 기준을 알아보기 위해 3단계를 참고한다.)

제9단계 : 유력한 직업에 대한 조사

위에서 자신에게 잘 맞는 것으로 확인된 분야나 직업에 대해 가능한 많은 것을 알기 위해서는 철저한 조사가 필요하다. 직업 선정이 잘됐는지 평가하기 위한 방법을 제시한다.

— 자신이 선택한 직업이나 분야가 실제로 어떤지, 그리고 사람들은 그 일에 대해 어떻게 느끼는지 알아보기 위해 그 분야에 있는 사람들을 만나서 정보를 수집한다. 자신의 관심, 기술, 자격 조건이 해당 직업과 맞는지 알아본다.
— 교육이나 훈련이 더 필요하다면 지역의 전문 대학이나 대학교, 아니면 직업 훈련

센터와 접촉해서 교육에 필요한 시간과 비용을 알아본다.

— 인터넷을 통해 특정 회사나 자신이 관심을 갖고 있는 분야에 대해 조사한다.

— 일자리가 어느 지역에 있는지, 이사할 필요가 있는지, 그리고 그것이 자신에게 가능한지 지리적 고려 사항에 대해 조사한다.

제10단계 : 목표를 향하여

자신의 타고난 장점을 활용하고 단점을 보강하는 적절한 취업 계획을 세우는 것이 다음 단계의 중요한 일이다. 자신의 성격 유형에 맞는 구직 활동을 했던 과거의 몇 가지 사례에 대해 생각한다. 그리고 구직 활동 중에 자신의 단점에 대해 주의하지 않아서 좌절이나 곤란을 겪었던 사례를 생각해 본다.

준비를 마치고 출발하자

이제 자신에게 꼭 맞는 직업을 하나 이상 찾아냈을 것이고, 또 인터넷을 활용해서 직업을 구하는 방법도 배웠을 것이다. 자신의 성격 유형에 관한 부분을 잘 표시해 놓고 필요할 때마다 구직 활동에 필요한 요소를 참고하기 바란다.

어떤 일에 대한 믿음이 강할 때, 그 일이 자신에게 진정으로 맞다고 확신하고 그 일을 하려는 강한 의지를 갖게 될 때, 그것을 해낼 수 있는 자원을 반드시 찾아낼 수 있다. 그렇게 되면 일은 재미있고 자극을 주며, 만족감과 자긍심을 가져다주는 것이 될 것이다. 게다가 경제적으로도 충분한 보상도 얻을 수 있다.

자신의 이름을 올릴 수 있는 멋진 직업이 적어도 한 가지는 있다. 여러분은 자신이 가장 좋아하고 가장 잘할 수 있는 일을 할 수 있으며, 그런 일을 할 만한 자격이 충분하다. 그러니 그보다 못한 일에 주저앉을 필요는 없다.

DO WHAT YOU ARE

만족스러운 인생 2막을 연 이들의 성공 이야기

"어두운 밤을 순순히 받아들이지 마라!"

영국의 시인 딜런 토마스는 제대로 저항 한번 해 보지 못하고 죽음에 굴복하는 것을 일컬어 이런 말을 했다. 그런데 우리는 이 말을 이런 뜻으로 바꿔 쓰고 싶다.

"퇴직 후에 있을 만족스러운 직업을 찾아보지도 않고 순순히 포기하지 마라."

이제 많은 사람들이 평생을 몸 바쳐 일했던 직장보다 '제2의 직업'에서 훨씬 더 큰 만족감을 경험하게 될 것이다. 이번 장은 당신이 더 큰 만족감을 얻을 수 있는 직업을 찾도록 돕기 위한 것이다.

예순다섯 살에 은퇴하는 시대는 더 이상 많은 사람들에게 현실이 아니다. 게다가 은퇴할 때 충분한 금전적 준비도 되어 있지 않다. 미국인의 평균 수명은 78세 반(남성은 76세, 여성은 81세)으로 늘어났다. 그 결과, 60대에 은퇴하는 사람들은 평균적으로 10년에서 20년은 무언가를 해야 한다. 이번 장은 여러분이 타고난 재능을 활용할 수 있고, 자신의 가치관과 일치하여 본질적으로 만족할 수 있는 '무언가'를 찾는 데 도움이 될 것이다. 다시 말해, 은퇴가 두렵지 않은 일을 찾게 될 것이다.

좋은 소식, 나쁜 소식, 훨씬 좋은 소식!

우선은 좋은 소식부터 말할까 한다. 당신은 부모 세대보다 더 오래 살 것이다. 하지만 스스로 원하거나 이 정도면 어느 정도 먹고살 만하다고 느끼기 전에 은퇴하게 될지도 모른다. 그래도 좋은 소식이 있다. 그중 제일 좋은 소식은 이제 당신에게 월급을 받는 일이든 자원봉사든 일을 찾을 기회가 생겼고, 그 일을 통해 이제껏 느껴 보지 못한 가장 큰 만족감을 찾게 되리라는 사실이다.

《2012 퍼레이드》라는 잡지에서 독자들을 대상으로 이런 설문 조사를 했다. '다시 태어나더라도 똑같은 직업을 선택하시겠습니까?' 그러자 놀랍게도 59퍼센트는 절대 같은 직업을 선택하지 않겠노라고 응답했다. 그런 대답을 한 데는 여러 가지 이유가 있겠지만, 가장 간단명료한 이유는 이렇다. 대부분의 사람들은 가장 준비가 덜 된 시기에 가장 중요한 직업적 선택을 해야 한다. 고등학교 졸업을 앞둔 시점에는 자신의 미래에 대해서 진지하게 생각할 필요가 있다. 대학을 갈 것인가(그런 선택을 할 정도로 운이 좋은 학생들의 경우), 만일 간다면 무엇을 전공할 것인가? 미국의 대학에서는 대부분 2학년이 끝날 무렵에 전공을 선택하도록 하고 있다. 그래 봤자 고작해야 19세나 20세이다. 그때 내린 결정이 평생 영향을 미칠 커리어를 좌우한다.

그 나이에 당신은 스스로를 얼마나 잘 알고 있었는지 돌이켜 생각해 보자. 아마도 대부분의 사람들처럼 이런 대답을 할 것이다. "별로 아는 게 없었지." 지금도 여전히 우리는 일생일대의 가장 중요한 결정을 해야 하는 기로에 서 있다.

다음과 같은 아주 흔한 상황을 가정해 보자. 브렌든은 영리하지만 딱히 좋아하는 게 없는 평범한 고등학생이다. 그런데 토론하는 걸 좋아해서 부모는 일찌감치 브렌든이 크면 훌륭한 법조인이 될 거라고 말하곤 한다. 그래서 브렌든은 문과 대학에 입학해서, 법학 전공을 앞둔 학생들이 흔히 권유받는 대로 19세에 정책과 행정을 전공하기로 결심한다. 수업은 그런대로 재미있지만 법률에 대한 열정은 발견되지도, 솟아나지도 않는다.

브렌든의 부모는 아들의 학부 과정에 20만 달러 이상의 비용을 투자한다. 그래서 브렌든이 졸업을 앞두자 은근히 아들이 법학부에 들어가서 자신들이 투자한 비용을 갚아 주기를 바라는 눈치이다. 3년 후, 사법고시를 통과한 브렌든은 명망 높은 법조계의 일원이 된다. 그리고 로스쿨 비용을 대기 위해 대출을 받았고, 졸업할 무렵에는 15만 달러가량의 빚을 지고 있다.

이제 본격적으로 압박이 시작된다. 다행히도 브렌든은 제법 빠른 시간 내에 중기업에 취직한다. 돈도 제법 쏠쏠하게 벌지만 일주일에 50시간에서 60시간을 일해야 하는 빡빡한 일정에 시달린다. 어쨌든 상당수의 동기들이 1년이 넘도록 여전히 첫 직장을 찾아 절박하게 헤매는 걸 보면 그는 운이 좋은 편이다.

3년의 세월이 흘러 27세가 된 브렌든에게는 약혼녀도 있다. 학자금 대출과 자동차 할부금 그리고 주택 담보 대출에 관리비까지 내야 하는 데다다달이 나가는 생활비도 만만치 않다. 브렌든은 여전히 어처구니없이 긴 시간 동안 일하지만, 큰 건수를 잡아 조만간 승진하기를 희망하고 있다.

한 가지 문제가 있는데, 브렌든은 변호사 일을 진심으로 좋아하지 않는다. 한 가지 더, 법조계에서 돈벌이가 되는 분야 중에도 브렌든의 마음에드는 게 하나도 없다.

안타깝게도 이는 비단 브렌든만의 이야기가 아니다. 미국 변호사 협회에서 조사한 바에 의하면, 변호사의 절반가량이 자신의 일에 불만을 느낀다고 하고, 고작해야 40퍼센트만이 법조계를 다른 사람들에게 추천할 만하다고 여긴다고 한다. 그러니 브렌든은 운이 좋은 편이다! 대학을 선택하지 못한 17세에서 18세 학생들의 경우에는 만족스럽고 성취감을 느낄 만한 일을 찾는다는 자체가 커다란 도전이다.

희한하게도 대부분의 사람들은 어떤 직업을 선택해야 가장 큰 만족을 얻고 성공할 수 있을지 보다 어떤 차를 사야 할지를 두고 더 많은 시간과 에너지를 쏟는다. 요점은 우리 중 많은 이들, 어쩌면 대부분이 본질적으로 만족스럽지 못한 일을 하다 인생을 마무리한다는 것이다. 설령 일찌감치 깨달았더라도 중대한 변화를 '적어도 당장은'이라며 미루고 있을지 모른다. 하지만 시간은 빠르게 흘러간다. 며칠은 순식간에 몇 주가 되고, 몇 주는 몇 달이, 몇 달은 몇 년이 된다. 그러다 보면 많은 사람들에게 이제는 변화를 줄 수조차 없다고 느끼는 시점이 오고 만다.

지금은 모든 게 달라졌어!

이제 당신은 예전보다 자신에 대해 훨씬 더 잘 알고 있다. 나이가 들고 경험도 늘면서 어느 정도 지혜가 생겼다. 당신은 자신의 강점과 약점을 파악하고 있다. 어떤 일을 하면 힘이 솟는지 그리고 진이 빠지는지도 알고 있다. 어떤 사람들이 당신을 미치게 하는지도 터득했고, 그런 사람들을 피하는 요령도 가졌다.

당신이 성숙한 만큼 가치관도 성숙했다. 시간은 당신에게 더 큰 그림을 볼 줄 알고 인생에서 진정으로 중요한 게 무엇인지 아는 능력을 선사했다. 지난 20년, 혹은 30년, 40년 동안 확실히 많은 점들이 달라졌다. 변하지 않은 것이 있다면 당신의 성격 유형과 기질이다. 그리고 이는 만족스럽고 성취감을 얻을 수 있는 제2의 직업을 찾게 해 줄 열쇠다.

기질은 직업 만족의 열쇠

4장 '나의 기질은 무엇인가'에서는 성격에 따라 사람들을 네 종류의 기질로 나눌 수 있다는 점에 대해 설명했다. 더 자세히 알고 싶다면 잠깐 시간을 내서 4장의 내용을 다시 확인하고 오는 것도 좋다. 다행히도 우리는 만족스러운 제2의 직업을 찾는 데 기질이 얼마나 중요한 역할을 하는지 이해하도록 도움을 주기 위해 이 내용을 아래에 정리해 두었다.

기억하겠지만 기질에는 크게 전통주의자, 경험주의자, 이상주의자, 개념주의자라는 네 가지 범주가 있다. 그리고 각 기질은 다시 네 가지 성격 유형으로 나뉜다.

SJ형 기질, 전통주의자	SP형 기질, 경험주의자	NF형 기질, 이상주의자	NT형 기질, 개념주의자
ESTJ	ESTP	ENFJ	ENTJ
ISTJ	ISTP	INFJ	INTJ
ESFJ	ESFP	ENFP	ENTP
ISFJ	ISFP	INFP	INTP

직업 만족과 성공에 있어 기질이 그토록 중요한 이유는 뭘까? 바로 기질이 우리의 핵심 가치와 동기를 나타내기 때문이다. 그래서 이번에는 네 가지 기질에 대해 간략히 살펴볼까 한다.

전통주의자: 미국인의 약 46퍼센트

전통주의자는 남에게 봉사하는 일에 끌린다. 이들은 책임감이 강하고 대단히 근면하다. 무언가를 해야겠다고 한번 마음먹으면 기필코 해내고 만다. 자신이 한 말은 반드시 지키려고 하는 편이다. 전통주의자는 삶의 전통을 고수하고 가족과 제도의 중요성을 대단히 가치 있게 여긴다. 권위를 신뢰하고 존중하며, 규칙을 엄수하고, 남들 또한 그렇게 하기를 바란다. 전통주의자가 추구하는 직업 유형은 다음과 같다.

— 남에게 봉사하는 일

— 막중한 책임감과 지배력을 갖는 일

— 큰 변화 없는 안정적인 환경

— 가능성과 방향성이 명확한 업종

— 노력의 결과를 예측할 수 있는 일

경험주의자: 미국인의 약 27퍼센트

경험주의자는 최대한 많은 걸 경험하며 삶을 만끽한다. 자발적으로 나서기를 좋아하고 주어지는 기회와 경험을 마다하지 않으며 자유로움과 생기를 느낀다. 경험주의자는 삶에 대해 보다 느긋하고 편안하게 대처하는 경향이 있고, 가끔은 몸으로 부딪치는 걸 즐긴다. 이들이 추구하는 직업 유형은 다음과 같다.

— 재미있는 일, 자신의 일과 동료와의 관계가 즐거운 일

— 일일이 간섭받지 않고 자유롭게 할 수 있는 일

— 규칙이 많지 않은 자유로운 작업 환경

— 몸으로 부딪치는 일

— 실질적이고 구체적인 업무를 해내기 위해 숙달된 기술을 사용하는 일

이상주의자: 미국인의 약 16퍼센트

이상주의자는 의미 있는 대인 관계를 추구하고, 이를 낙으로 삼는다. 사람에 대한 직관이 날카롭고 감정 이입에 능해서 남들을 돕는 일에서 큰 만족을 얻는다. 이상주의자에게 있어서 자기 자신과 남들에 대한 신뢰란 결코 양보할 수 없는 부분이다. 창의적이고 협동심이 강한 이상주의자는 사람들의 삶을 개선한다는 명분에 매달리곤 한다. 이상주의자는 다음과 같은 유형의 직업들을 선호한다.

— 개인적으로 의미 있는 일

— 남을 돕는 일

— 긴장감 없이 서로 돕는 작업 환경

— 동료나 고객과의 친밀한 대인 관계

— 창의적인 의견을 낼 수 있는 일

개념주의자: 미국인의 약 10퍼센트

개념주의자는 평생 지식을 추구한다. 지적인 도전을 좋아해서 뭐든지 빨리 배우고 문제를 창의적으로 해결하는 능력이 있다. 포괄적이고 전략적인 개념주의자는 자기 자신과 남들에 대한 기준을 높게 책정하고, 역량을 상당히 가치 있게 여긴다. 독립심 역시 중요한 특징이며, 성공에 대한 강한 열망을 품고 있다. 이들이 추구하는 직업 유형은 다음과 같다.

— 끝없이 도전할 수 있는 일

— 문제 해결에 창의력이 필요한 일

— 지속적으로 새로운 능력을 익히고 개발하는 일

— 상당한 독립심이 필요한 일

— 경력 향상의 기회

이번 장을 활용하는 방법

이번 장에서는 만족스러운 제2의 직업을 찾아낸 사람들을 기질별로 두 명씩 소개하려고 한다. 자신의 기질과 비슷한 사람들의 사례를 읽고 공감하는 일이 가장 중요하기 때문이다. 사례마다 그 사람의 첫 번째 직업과 두 번째 직업을 보여 주고, 두 번째 직업 선택이 각각의 인물 유형에 적합한 이유에 대한 분석이 이어진다.

우리는 사례를 분석하면서 각 인물의 주기능과 마찬가지로 기질이 왜 중요한지 보여 줄 것이다. 5장 '나의 주기능은 무엇인가'에는 인물 유형마다 그 유형의 타고난 장점을 보여 준다. 우리는 이 장점을 주기능이라 부른다.

자신의 주기능이 무엇인지 아는 일이 왜 중요할까? 자신의 주기능을 활용하면 더 큰 만족을 얻고 성공할 가능성이 더 높기 때문이다. 실제로 주기능을 활용하면 활력이 샘솟는다. 가령 자신의 주기능이 직관이라고(가능성을 보고 관련성을 찾는 것) 가정해 보자. 당신은 직장에서 온종일 힘들게 일하고 녹초가 되어 퇴근했다. 그런데 친구가 자신의 문제를 해결할 묘안이 없느냐고 물어오면 갑자기 정신이 번쩍 들면서 다시 활력이 솟는다. 그건 바로 자신의 주기능인 직관을 활용할 기회가 생겼기 때문이다.

자신의 주기능을 활용할 수 있는 일을 업으로 삼는 사람들이 얼마나 만족스럽게 살아가는지 확인하기란 결코 어렵지 않다. 물론 자신의 주기능을 그다지 활용하지 못하는 일을 업으로 삼으면서 불만을 토로하는 사람들을 보는 것도 마찬가지다.

우리는 각 인물의 발달 유형이 제2의 직업을 선택하는 데 어떤 역할을 하는지에 대해서도 분석한다. 그 역할을 아는 것은 왜 그토록 중요할까?

성격 유형 이론의 토대를 세운 칼 융은 누구에게나 태어나면서 평생 지속되는 성격 유형이 있다고 여겼다. 그런데 중년에 접어들어 인생 여정이 언젠가는 끝나리라는 사실을 체념하고 받아들이게 되면서 우리는 '온전함'을 추구하게 된다. 온전함은 자연스럽게 드러나지 않는 성격 유형의 다른 부분들을 사용할 때 찾아온다.

전문가들은 심지어 성격 유형마다 다양한 측면을 개발하기 위해, 열여섯 가지 기능이 무의식적으로 작동하는 시간표를 다르게 제시한다. 그래서 "한 번 ISTJ형이면 쭉 ISTJ형이다."라고 하더라도(모든 유형이 그렇다), 50세의 ISTJ형이 막 20세가 된 ISTJ형보다 자기 성격의 다양한 부분들을 더 잘 그려낼지 모른다.

예를 들어 천성적으로 (논리적이고 객관적인) 사고형의 사람이 있다고 하자. 지금 그녀가 (예민하고 가치 중심적인) 감각 기능을 개발한다면, 다른 사람에게 더 많은 관심을 보이고 자신의 감정적인 생활에도 훨씬 더 가까이 다가가게 될 것이다. 그녀가 사람들이 문제를 해결하도록 돕는 직업을 가졌다면, 초반에는 직장 생활에 크게 매력을 느끼지 못했더라도 이제는 대단히 매력적이라고 느낄 것이다. (유형 개발에 대한 자세한 논의는 6장 '나의 능력을 어떻게 향상시켜야 할까'에서 다룬다.)

이제 당신의 기질을 반영하는 각각의 사례들을 자세히 살펴볼 차례다.

전통주의자

사례 1 신문 기자에서 CEO를 거쳐 역사 선생님이 된 제이

"진작 선생님이 되었으면 좋았겠다 싶어요."

제이는 대학에서 행정학을 전공했고, 첫 번째 직업은 일주일에 기사를 너덧 개씩 쓰는 신문 기자였다. "올버니 같은 작은 마을의 뉴스를 만들기 위해 사람들과 이야기를 나눌 수 있어서 아주 좋았습니다." 제이는 그 일을 좋아했지만 2년 뒤에 어느 광고 회사의 홍보 관리자로 이직했다. 몇 년 후, 제이는 가족 문제로 예전에 살던 코네티컷으로 다시 이사했다. 그는 재무 분석가로 일하면서 동시에 MBA도 취득했다. 제이는 회계 일도 마음에 들었고 재무 분석도 재미있다고 여겼지만, 5년 후에 제조업을 하는 가족 회사에서 새로운 기회를 잡았다.

그는 가족 소유의 회사에서 판매원으로 일하기 시작했다. 160년 된 회사는 의류 산업에 필요한 공업용 재봉틀 부품을 제조하는 업체였다. 불과 2년 만에 제이는 사장이 되었다. "학교에서 배웠던 것들을 실제 작은 기업에 전부 적용해 볼 수 있다는 점이 아주 마음에 들었습니다. 하지만 유니언 숍(고용 조건이 모두 노사 간 협정으로 정해지는 직장—옮긴이)의 관리자 자리도 어느 정도 실질적인 도전이 되긴 했어요." 의류 산업은 멕시코, 중앙아메리카, 인도, 중국으로 옮겨 갔고, 경쟁이 치열했다. 그 회사에 계속 근무하면 시간의 대부분을 출장으로 보내야 한다는 사실을 깨달은 제이는 그만두기로 결심했다. 때마침 금융 위기를 맞았고, 1년 후에 가족은 회사 자산을 매각했다.

제이는 기업을 운영하는 동안 부업으로 스포츠 코치도 겸했다. 여섯 살 안팎의 사내아이 네 명과 함께 연습을 했다. 그래서 그는 '이제 마음을 따라갈 때가 되었다.'고 결심하고 교사가 되었다. 제이는 이후 4년 동안 임시 교사로 활동하면서 교육 과정과 교육학으로 석사 학위를 취득했다.

또 다른 도전

다양한 사업 분야에서 25년간 일하고 난 뒤, 제이는 마흔여섯의 나이에 뉴잉글랜드 근교의 고등학교에서 역사와 사회를 가르치면서 제2의 일을 시작했다. 제이가 교직에서 제일 마음에 든 점은 모든 아이들과 다 함께 계획을 세울 수 있다는 것이다. 그는 자신의 계획을 실행에 옮기면서 아이들 한 명 한 명이 자라는 모습을 볼 수 있어서 즐겁다. 제이가 고등학생을 선택한 이유는 아이들의 나이가 충분해서 인생 경험이 될 교훈을 들려주고 높은 수준의 기여를 할 수 있기 때문이다. 하지만 여느 직업처럼 실망하는 때도 있다. "아무리 일주일에 7일씩 근무해도 아이들을 위해 해 주어야 할 일을 전부 할 수 없다는 사실을 받아들이기가 힘듭니다. 시간이 충분치 않아요."

매해 교사들이 새로운 과정을 수업해야 하는 부분 역시 그에게는 도전이다. "그 덕에 훨씬 더 다재다능해지긴 했지만, 쓸데없이 시간을 낭비하게 되거든요. 솔직히 나는 한 주제에 대해 더 자세히, 제대로 아는 걸 좋아합니다. 그러면 가르치기가 쉬워지니까요." 막대한 시간이 필요하다는 점역시 제이의 진을 뺀다. "처음 몇 년 동안은 힘들었어요. 꼼꼼하게 일을 처리하지 않으면 일주일 내내 일하고 있는 나 자신을 발견할 수도 있다는 사실을 배웠습니다."

교사가 되기 위해 회사를 그만두기로 결심한 일을 두고 제이는 이렇게 말한다. "몇 년 동안 경제적으로 희생해야 했지만 변화를 줄 수 있어서 정말 다행이라고 생각합니다. 기쁩니다. 진작 했으면 좋았겠다 싶을 정도로요."

제2의 직업이 제이에게 잘 맞는 이유

그는 교사 생활 4년 만에 종신 재직권을 받았다. 고용 보장은 모든 유형이 바라는 바지만, 특히 남을 돕는 일인 만큼 전통주의자들이 가장 가치 있게 여기는 부분이다. "내 역할은 최대한 많은 사람들을 돕는 것입니다." 제이는 교사로서의 핵심 역량과 관련된 필요조건처럼 공립학교 특유의 구조와 분명한 기대치를 높이 평가한다. 제이는 막중한 책임감과 통제권을 갖는 것을 좋아한다. "학기마다 가르쳐야 하는 내용에 대한 지침이 있지만, 수업 계획을 내가 직접 짜는 편이 좋아요." 마지막으로 제이에게는 노력의 결과를 볼 수 있다는 점이 중요하다. "열심히 노력하는 아이들을 위해 계속 빛을 밝혀 주고 싶습니다. 열심히 노력하고 조금만 도와준다면 아이들은 진짜 해낼 수 있거든요."

제이는 ISTJ형(내향적, 감각적, 사고적, 판단적)이자 주기능이 감각으로, 역사를 가르치는 일에 끌리는 이유를 이해하기가 그리 어렵지 않다. 역사는 아주 오랫동안 실제 존재했던 사람들이 경험했던 실제 사건들을 연대순으로 기록하는 일이기 때문이다.

그리고 제이가 자신의 세 번째 기능인 감정을 개발하는 중이라는 증거는 풍부하다. "최근 몇 년 동안, 내가 매사에 아이들에게 정말 좋은 역할 모델이라는 확신을 얻는 것이 그 어느 때보다 더 중요해졌습니다." 제이와 그의 아내는 세계 여행을 많이 다니면서 비교적 유복하지 못한 문화권의 사람들이 겪는 역경에 훨씬 더 민감해졌다. 그는 탄자니아에 학교를 설립하는 비영리 재단인 아산테 사나 교육 재단을 시작한 아내 애슐리에 '지대한 감탄'을 금치 못한다. 제이는 아내의 노력을 후원할 뿐만 아니라 종종 방학 동안 급식 시설에서 일하면서 지역 사람들의 결핍에 대한 새로운 공감 능력을 키워 왔다.

꿈꾸던 일을 제2의 직업으로 갖게 된 롭

"인생이 던지는 도전들을 더 잘 받아들일 수 있게 되었어요."

롭은 대학에서 커뮤니케이션을 전공했고, 홍보 일을 하고 싶어서 큰 보험 회사에 지원했다. 그런데 안타깝게도 고용 한파로 인해 2년 동안 취업을 하지 못했다. 그러다 경기가 풀리자 롭은 보험금 지급부로 들어가는 편이 한결 쉽겠다고 생각했고, 언젠가는 홍보부로 옮길 계획을 세웠다. 하지만 18개월 후에 롭은 주임으로 승진되었고, 그때부터는 지급부에서 안정적으로 자리를 잡아 12년 동안 주임이자 팀장으로 지냈다.

롭은 직원들과 상담하고 그들이 업무를 더 잘 수행할 수 있도록 돕는 일을 가장 좋아했다. "직원들 중 상당수가 대학을 갓 졸업한 신입들이라, 그들에게 일을 처음 알려 주고 조직 행동을 이해하도록 돕는 일이 마음에 들었습니다." 반면 롭은 데이터를 수집하고 보고서를 제출하는 일이 제일 내키지 않았다. 사람들과의 관계가 배제된 일이기 때문이다. 롭은 기술적으로는 현장 직원이었지만, 실질적으로는 국내에서 인정받는 회사의 교육 집중 기관에서 훈련을 돕는 일에 참여했다. "회사는 지속적으로 나를 개발시켰고, 나는 다른 사람들을 지속적으로 개발시켰으니, 서로에게 이득이었죠. 그 일은 나 자신을 계속 알아갈 수 있을 뿐만 아니라 다른 사람들과 그 지식을 공유할 기회를 준 셈입니다." 롭은 전국에서 기관으로 모여든 사람들을 만나는 일도 좋아했고, 보험을 재미있게 만드는 자신의 능력에 자부심을 가졌다.

몇 년 후 롭은 다른 보험 회사로 이직해서 회계 관리자가 되었다. "민영보험과 계약이라는 전혀 다른 업무를 배워야 했지만, 아직은 더 많은 훈련과 지도를 하고 싶었어요." 롭은 일을 계속하면서 조직 행동 석사 학위를 받기 위해 다시 대학원에 진학했다.

롭의 다음 직장도 보험 회사였지만, 이번에는 훈련과 개발 책임자였다.

회사는 아주 빠르게 성장했는데, 막대한 손실이 나면서 어쩔 수 없이 사업을 접어야 하는 상황이 되었다. 그래서 롭은 다시 다른 보험 회사로 옮겼다. 이번 회사는 의료 사고 보험을 제공하는 특화된 보험 회사였다. "나는 늘 의사들을 대단히 존경했습니다. 마음속 깊이 말입니다. 그래서 의료 과실이 일어나지 않기를 바랐지만, 과실이 벌어지면 의사들이 어느 부분에서 실수를 저지르는지 지적해서 그들이 더 잘 해낼 수 있도록 돕습니다."

롭은 그 회사에서 10년을 재직했다. 하지만 경제 상황이 변하면서 롭은 다시 한 번 구조 조정에 휘말렸다. 운인지 하늘의 섭리인지, 그는 리더십 그레이터 하트포드에서 운영하는 '앙코르! 하트포드'라는 프로그램을 발견했다. 비영리 분야에서 일을 찾는 경영자들과 전문가들을 돕는 프로그램이었다. 그 프로그램 덕에 롭은 훈련도 받고 사람들과 만나기도 하고 확신도 얻으면서 다음 일을 찾게 되었다. 그가 찾은 일은 지역 병원의 조직 개발 상담가로, 그룹을 원활하게 만드는 책임을 맡았다. 롭은 신나게 일했지만, 전체적으로 대단한 이윤이 남지는 않았다.

또 다른 도전

몇 년 전 롭은 지역 대학에서 꿈에 그리던 자리를 손에 넣었다. "누구에게나 길은 있고, 내 길은 무수한 갈림길로 나를 이끌었지만, 그래도 그동안 해 왔던 일 중에 최고인 것 같습니다." 그 일은 롭이 가진 다양하고 뛰어난 기술들을 사용하는 자리이다. '성인을 위한 학구적 서비스 센터'의 보조 책임자로서, 롭은 대학원이나 학사 과정을 밟으려는 성인들을 모집하고 상담한다. 그리고 상당량의 직업이 홍보 일과 관련이 있는데, 롭이 오래전부터 추구했던 바로 그 영역이다.

롭은 사람들을 모집하고 조언하는 일 외에도 지역 전문 대학, 법인, 전문 단체에서 연설을 하면서 많은 봉사를 하고 있다. 150명 가량의 사람들이 다양한 단계에서 프로그램에 참여하고 있다. "특히 졸업식 날, 그들이 교육받는 동안 막대한 희생을 했을 가족들에게 축하 인사를 건넵니다. 나는 그들이 전문 기술을 익히고 삶을 향상시킨다는 자신감을 키우는 데 도움을 줄 수 있는 특권을 받은 셈이죠."

제2의 직업이 롭에게 잘 맞는 이유

ESFJ형(외향적, 감각적, 감정적, 판단적)인 롭은 전통주의자이면서 주기능이 감각이다. 롭이 직업을 무척 마음에 들어 했던 중요한 이유는 그가 가진 전통주의자의 가치를 상당 부분 채워 주기 때문이다. 롭은 프로그램의 사명을 진심으로 믿고 매일 실질적이고 구체적인 방법으로 사람들을 돕는다. 그는 남들이 자신에게 기대하는 것이 무엇인지 정확히 알고, 그 일을 잘 해낼 만한 책임감과 수완을 가졌다. 롭과 같은 전통주의자들은 강한 직업 윤리와 고된 노동의 구체적인 성과를 보려는 열망도 갖고 있다. 학생들과 맺는 개인적인 교류에 대한 롭의 욕구는 자신의 노력 덕분에 그들이 성공했다는 피드백을 받을 때도 종종 강화된다.

롭과 같은 유형의 사람들은 이제 세 번째 기능인 직관을 키울 때이다. 몇 년 전, 마흔한 살의 나이에 롭은 과거에는 그다지 생각해 보지 않았던 문제들에 대해 이유를 캐묻고 제대로 된 답들을 찾기 시작했다. 우연의 일치는 아니지만 롭은 하필 그때 다시 학교로 돌아가 석사 학위를 받기로 결심했다. 그는 자신이 점점 더 개방적인 사람이 되어 가고 "인생이 불가피하게 우리에게 던지는 도전들을 더 잘 받아들일 수 있게 되어 간다."고 이야기한다.

경험주의자

사례 1 **은행에서 자신에게 맞는 최적의 자리를 찾은 신디**

"딱히 전형적인 은행원은 아니지만 다양한 역할에서 만족감을 얻어요."

스키드모어 대학을 졸업한 뒤, 신디는 12년 동안 은행에서 다양한 업무를 담당했다. 소액 거래 은행 관리자, 개인 은행 담당자, 증권 중개업 부문의 지역 판매 총괄 관리자, 훈련과 개발 관리자 등의 업무를 맡았다. 신디는 은행 업무 중에서 고객들을 돕거나 동료들과 친분을 쌓는 일들은 좋아했지만, 자유로운 천성에 거슬리는 일들이 훨씬 많았다. 몇 가지 지겹고 지루한 일상의 책임들이 반복되었다. 게다가 규칙이 너무 많았다. "최선의 방식으로 일하고 싶은데, 은행에서는 그렇게 되지 않았어요. 나는 이런 식으로 일하는 게 좋아요. '뭘 하면 좋을지 말해 주고, 마감 시간을 정해 준 다음에는 나를 가만히 내버려 두세요. 그러면 알아서 하겠습니다.' 하지만 해야 할 일들은 대본에 적혀 있었죠."

사람들과 제대로 된 관계를 더 많이 맺고 싶어서 좀이 쑤셨던 신디는 교육 석사 학위를 받으려고 대학원에 등록했다. 그리고 심지어 은행에서 대출도 받았다. 신디는 자신에게 잘 맞는 프로그램을 신중하게 선택했다. "내가 배우는 프로그램은 이론에 치중하지 않았어요. 이론은 진짜가 아니라고 생각해요. 나는 개념적인 사람이 아니고 실용적인 사람이라 실제로 응용할 수 있는지에 초점을 맞추죠."

실무 경험을 원했던 신디는 상사에게 신입 직원들을 대상으로 한 트레이닝 업무를 제안했다. 그리고 금융 업무 부서에 트레이닝 관리자 자리가 나자 기존의 경험을 발판으로 업무를 훌륭히 해냈다. 신디는 팀원들과 함께 모든 트레이닝 프로그램을 새롭게 만드는 일이 마음에 들었지만, 일단 프로그램이 정립되고 나자 다시 반복되는 업무에 지루한 느낌이 들었다.

그녀는 다니던 은행이 인수되자 선임 트레이닝 관리자 자리로 옮겨서 2년을 더 근무했다.

그 후로 신디는 결혼해서 남편의 직장이 있는 뉴햄프셔로 이사했다. 그녀의 은행 근무 경력은 큰 변화를 맞게 되었다. 신디가 예전에 다니던 은행은 1만 8000명의 직원을 거느리고 있었던 데 비해 새로 다니게 된 은행은 직원이 고작 135명이었다. 그래도 신디는 변화가 마음에 들었다. 자신이 가르치는 내용을 직원들이 응용하고, 전날 가르친 기술을 사용하는 모습을 실제로 볼 수 있었기 때문이다. 신디는 시간제로 근무를 시작했지만 금세 직원 교육과 개발 부서의 부책임자로 승진했다. 그녀는 10년 동안 그 일을 계속했다. "매 순간 너무나 즐거웠어요. 내가 원하는 부분을 두고 직원들이 싫다고 말했던 일이 열 손가락에 꼽을 정도였으니까요."

2008년에 신디는 가족과 함께 버지니아로 옮겼다. 25년 동안 매일같이 은행을 다닌 신디는 1년 남짓 쉬고 난 뒤 직접 컨설팅 사무실을 차렸다. 하지만 안타깝게도 경제 상황이 도와주질 않아서 모두 허사가 되고 말았다. 그래서 2010년에 다시 은행으로 복귀했다.

또 다른 도전

신디의 첫 직업은 은행원이었고, 새 직업은 은행원 트레이너이다. "은행 안에서 자유롭고 독립적으로 지낼 수 있는 방법을 찾았죠." 이제 버지니아 지역 은행에서 트레이닝 책임자가 된 신디는 중요한 교육 계획을 설계하고 개발하고 전달하는 다양한 역할을 맡고 있다. "강연도 너무 좋고, 설계도 재미있어요. 개발은 그럭저럭할 수 있지만 힘이 많이 들죠." 또 조직 개발 업무도 수행한다. 그래서 사람들과 부서들이 더 성공적으로 교류할 수 있게 돕고, 리더십 과정을 만들어서 사람들이 신뢰하는 대인 관계를 개발할 수 있도록 돕는다. "나는 사람들에게 잘 배우는 방법을 가르쳐요. 그래서 그들이 업무에 필요한 지식을 익힐 수 있게 해 주죠. 사람들의 힘을 지렛대 삼아 서로 도우면 타고난 능력을 제대로 깨달을 수 있다고 굳게 믿으니까요."

제2의 직업이 신디에게 잘 맞는 이유

새로운 일이 경험주의자이자 ESTP형(외향적, 감각적, 사고적, 인식적)인 신디에게 긍정적인 영향을 미치는 데는 여러 가지 이유가 있다. 신디는 천성적으로 움직이기를 좋아하고, 매일 경험하는 다양한 업무를 좋아한다. 그녀는 은행의 교육 지도자로서 자신이 하는 일과 그 일을 수행하는 방법에 있어 상당 부분 재량권을 갖는다. 신디는 이미 잘 알고 있는 분야에서 숙련된 기술을 응용하는 안정적인 자리에 안착해 있다.

모든 경험주의자가 그렇듯이 신디 역시 매 순간을 즐기고 자발적으로 행동하기를 좋아한다. 예를 들어, 그녀는 어떤 프로그램 과정이든 그룹마다 완전히 다른 식으로 교육해야 한다는 사실을 안다. "나는 언제든 급회전할 수 있는 자유가 좋아요."

신디는 주기능이 감각이라 '남들은 못 보고 지나치는 것들을 본다.' 그리고 부기능인 사고는 그녀가 그런 점들을 끄집어내도록 만든다. 어쨌든 신디의 유형 개발도 성공을 거머쥐는 데 한몫한다. 지금은 인생에서 ESTP형에게 선천적으로 부족한 세 번째 기능인 감정을 개발하는 단계이다. 신디는 사람들이 하는 말에 훨씬 더 참을성을 갖고 예민하게 귀를 기울일 수 있게 되었고, 그들의 말을 새로운 관점에서 이해하는 능력도 탁월해졌다.

법원 직원에서 세무 대리인이 된 세르히오

"다양성과 자유를 충분히 제공하는 이 직업이 마음에 듭니다."

아르헨티나 태생의 세르히오는 여덟 살 때 미국으로 왔다. 세르히오는 지역 대학에 입학했을 때만 해도 무슨 일을 하고 싶은지 전혀 감을 잡지 못했다. 그래서 학교를 중퇴하고 다양한 방안을 모색했다. 그는 고등학교 과정 수학 보조 교사도 해 봤다. "그 일은 좋았어요. 내가 하고 싶어 하는 건 뭐든지 하게 해 줬거든요. 나는 반바지 차림에 머리도 길게 길렀죠." 제일 마음에 들었던 점은 학생들에게 실생활과 관련된 예를 들어 이해를 도왔던 부분이다.

마침내 세르히오는 다시 학교로 돌아가서 학사 학위를 받았다. 직업이 필요했던 그는 아이들이 만드는 비영리 방송 프로그램을 제작하기 위해 제안서를 작성해 보조금을 받았다. "대본 집필과 소품 제작부터 무대 제작과 촬영까지 전부 아이들이 했어요." 프로그램은 12회까지 방영되었고, 꽤나 성공적이었다. 그 후에 세르히오는 세 가지 다른 직업을 제안받았다. 그는 코네티컷 주 사법부에서 일하기로 결정했다.

세르히오는 자녀 양육을 담당하는 법원 직원으로 근무하게 되었다. 그가 맡은 일은 양육비를 체납한 사람들을 찾기 위해 자료를 구석구석 뒤지고, 그들이 조항을 준수하도록 만든 다음 판사들에게 사건을 제출하는 것이었다. 그는 담당 건수를 조절할 수 있는 유연성이 마음에 들었다. "내가 알아서 우선순위를 정하고 일정을 짜서 일할 수 있었어요." 세르히오는 교육 프로그램 만드는 일을 맡게 되자 활력이 넘쳤다. 전 지역을 돌며 직원들에게 컴퓨터 활용법과 법원에 사건을 제출하는 방법 등을 가르쳤고, 정기 소식지를 만들었다. 세르히오는 그 일이 정규직으로 바뀌었지만 다른 사람이 담당하게 되자 무척 실망했다.

평소 하는 일에는 만족할 만한 구석이 그다지 많지 않았다. "판사들마다 다 달라서 실질적으로 일관성이 없었어요. 온갖 술수가 난무하고 팀 활동도 없었죠. 승진은 연줄이 있어야 했고요." 관리자로 승진되자 상황은 더욱 악화되었다. "자유가 완전히 없어졌어요. 그때부터는 온갖 미치광이들을 관리해야 했거든요." 그는 사소하기 짝이 없는 이유들로 갖가지 불만을 제기하는 사람들을 상대해야 했다. "매일 문을 열고 들어설 때마다 이런 생각이 들었죠. '또 시작이구나!'"

그래도 주 정부는 세르히오에게 상당한 수준의 재정적 보장을 해 주어서 가족을 부양할 수 있었고, 56세의 나이로 은퇴할 때까지 일을 계속했다.

또 다른 도전

안타깝게도 세르히오가 은퇴하자마자 아내가 병에 걸렸다. 그리고 아내의 병이 진행되자 여행 계획을 축소했다. 세르히오는 세금에 대해서 아는 바가 전혀 없었지만 수학은 잘했기 때문에 충동적으로 국가 세금 준비 회사의 세무사 과정을 들었다. 한 가지 끌리는 점은 시험을 통과하면 바로 취직이 보장된다는 점이었고, 물론 그렇게 되었다.

세르히오는 2010년부터 세무 대리인으로 사람들을 돕고 있다. "나는 정말로 다양성을 좋아해요. 고객들 중에는 코끼리 조련사도 있고, 예절 강사도 있답니다. 나는 갖가지 문젯거리들을 안고 찾아오는 사람들을 돕고 있습니다." 세르히오는 시기를 타는 직업에서 누릴 수 있는 유연성도 마음에 든다. 넉 달 반 정도는 정신없이 바쁘지만 나머지 기간에는 수업을 들으며 지식도 늘리고 모자란 부분도 보충한다. "나는 겨울이 싫고 여름이 좋아요. 그런데 이 일을 하니 사이클이나 카약, 테니스처럼 내가 좋아하는 일들을 할 수 있는 시간이 많더군요." 확실한 기술이 있으면 전 세계 어디서고 일할 수 있어서 세르히오는 다양한 선택권을 누릴 수 있다. 한동안 그는 이 일을 계속할 것이다.

제2의 직업이 세르히오에게 잘 맞는 이유

일반적으로 행동하는 걸 좋아하는 경험주의자에게 세무 대리인이란 직업은 언뜻 보기에 너무 활기 없게 느껴지지만, 오히려 그들이 낙으로 삼는 다양성과 유연성 그리고 자유를 충분히 제공한다. 세르히오의 첫 번째 직업인 법원 직원이 가장 불만스러웠던 부분은 자유와 자율성이 부족하다는 점이었다. 오랜 세월이 지나고 나자 그곳에서 해 왔던 모든 일이 한눈에 보였다. 하지만 세무 대리인인 그의 사무실 문을 열고 들어오는 모든 사람들에게는 저마다 다양한 사연이 있었다.

ESFP형(외향적, 감각적, 감정적, 인식적)인 세르히오의 주기능은 감각이고, 세세한 부분까지 꼼꼼하게 관심을 기울이는 일이 잘 맞는다. 그리고 현실적인 사고를 지닌 감각적인 유형은 실질적인 도전에 부딪친 사람들을 상대하는 일을 즐긴다. 반면 부기능인 감정은 다른 사람들을 도와주고 싶게 만든다. 세르히오의 감정 기능은 매일 그 일을 하면서 더욱 풍부해진다.

세르히오는 이제 자신의 유형 개발에 있어서 세 번째 기능인 사고를 개발하고 있다. 예를 들어 불쾌한 상관의 잔소리에는 이렇게 대처한다. "그냥 흘려듣습니다. 늘 그런 건 아니니까요." 세르히오는 삶의 다른 면들을 채우면서 자신의 유형을 개발한다.

이상주의자

사례 1 대학교수에서 영적 삶의 코치가 된 거스리
"진실한 자아를 개발하는 것보다 만족스러운 일은 없어요."

거스리는 프린스턴 대학을 졸업하고 4년 동안 "미국과 유럽을 두루 다니면서 여행도 하고 온갖 희한한 일들과 별의별 미친 짓들을 다 해 보았다." 뉴욕으로 옮겨 온 후에는 출판사 행정 보조원으로 취업했는데, 금세 판촉 책임자로 승진했다. 영어를 전공했던 거스리에게 그 일은 엄청난 기회들을 안겨 주었다. 하루는 동료 편집자에게 베스트셀러가 될 거라고 생각하는 차기 작품을 읽어도 되냐고 물었다. 알고 보니 그 책은 존 어빙의 『가프가 본 세상』이었다. 거스리는 당시 일을 이렇게 회상한다. "바로 그런 점 때문에 내가 출판사에 들어갔던 거예요. 정말 굉장했어요! 도저히 그 책에서 손을 뗄 수 없었죠. 그래서 틈날 때마다 다음 이야기가 궁금해 서점에 들어갔어요." 존 어빙을 만나게 된 그는 이렇게 말했다. "『호밀밭의 파수꾼』의 홀든 콜필드가 된 기분이에요! 혹시라도 다른 작가를 만나서 이야기를 나누고 싶으시거든 제 사무실로 연락을 주십시오."

그 당시 대대적인 출판사 정리 해고의 희생자가 된 거스리는 한동안 여러 출판사에서 프리랜서로 전전하다가 고향으로 돌아가 저널리스트가 되었다. 자신이 흥미를 느끼는 이야기들을 자유롭게 쓸 수 있는 자율성과 기회는 마음에 들었지만, "초등학교 6학년 수준의 어휘만 사용해야 하는 점"에는 실망했다. 그래서 신문사를 나와 프리랜서 저널리스트가 되었다. 그러다 어느 날 그는 생소한 역사적 상황에 대한 글을 맡게 되었다. "그때부터 책을 읽기 시작했고, 결국 박사 학위까지 땄습니다."

대학원에 들어간 거스리의 목표는 대학교수였다. "대학에 들어가자마자 제일 좋았던 것은 내가 아는 어휘를 충분히 활용할 수 있다는 점이었어요! 사람들이 현재를 더 충분하고 깊게 이해할 수 있도록 과거에서 의미를 찾기 위해 어떤 시도를 하든, 생각을 나누고 진실을 찾을 수 있을 것 같았죠."

자료를 이해하고, 명확하게 설명하고, 학생들이 관심을 갖고 참여해서 진전을 이루는 모습을 보는 일은 즐거웠다. 하지만 결국 강의의 매력은 희미해졌다. "진실을 찾는 방법의 일환으로 역사 같은 교과를 활용하는 시도

전체에 대한 믿음을 잃었습니다. 나 자신의 능력은 입증했지만 더 큰 의미가 필요했어요."

또 다른 도전

7년간 상아탑에서 확고하게 자리 잡았던 거스리는 라이프 코치로 제2의 직업을 시작했다. 라이프 코치를 하는 방법은 다양하지만, 거스리는 영적 접근법을 사용했다. "나는 사람들에게 가장 깊은 차원에 있는 그들 자신을 소개합니다." 거스리가 하는 일은 완전히 개인적이며, 집중력을 요한다. "나는 사람들이 자신이 갖고 있는 가장 깊은 고통과 약점을 공유할 수 있을 만큼 안정감을 조성합니다. 대개는 고통이 자신의 약점과 실패를 입증한다고 생각하죠. 하지만 나는 그들에게 고통이 얼마나 소중한 것인지 깨닫도록 돕습니다. 고통이 있어야만 자신의 인간성뿐 아니라 다른 사람들의 인간성까지 존중할 수 있으니까요."

거스리는 진정한 소명을 찾았다. "내가 제일 잘하는 일인 데다 다른 사람들을 도울 수 있으니, 정말 한없이 만족스러워요." 거스리는 코칭 학교의 교직원이기도 하다. 온라인 강습을 하면서 작은 그룹들을 운영하고, 다른 코치들에게 조언을 해 준다. "일대일 작업은 경이롭기도 하거니와 최고의 효과를 자아냅니다. 저는 멘티들이 마음 깊은 곳에 자리한 자신과 마주하고 그들의 인생에 변화를 만들어 낼 수 있다고 믿습니다. 특히 자신이 고객들에게 영향을 미칠 수 있다는 믿음을 만들어 낼 거라고요."

라이프 코치라는 직업은 확실히 만족스럽지만 가끔 실망스러울 때도 있다. 혼자 일을 하다 보니 처리해야 할 사업의 일상적인 세부사항들로 인해 고단하다. "유독 힘이 많이 필요한 수업을 끝내고 나면 현실로 돌아와 일상적인 일들을 처리하는 게 힘듭니다." 하지만 거스리는 이런 자연스러운 약점을 잘 알고, 오히려 결과적으로 자신과 고객들에게 이득이 되도록 활용한다. "설교하는 내용 그대로 실천하려고 노력합니다. 수업 준비는 늘 철저하게 하고 회계 정리도 명확하게 하려고 하죠. 그런 종류의 대화가 불편할 수 있지만, 고객들은 그런 긍정적인 실천을 본보기 삼아 더 성장합니다."

제2의 직업이 거스리에게 잘 맞는 이유

네 가지 이상주의자 유형 중에서도 거스리 같은 INFP형(내향적, 직관적, 감정적, 인식적)은 개인적으로 의미 있으면서 자신의 가장 깊은 가치를 반영하는 일을 하는 게 가장 중요하다고 여긴다. 거스리의 핵심 가치는 성실함이고, 그의 사명은 "사람들이 진정한 자아를 찾도록 돕는 일"이다. 개개인을 코치하고, 다른 코치들에게 조언해 주고, 강습회를 열면서 거스리는 긴밀하고도 소중한 관계들을 많이 키워 냈다. 특별한 공감 능력 덕분에 다른 사람들의 고통과 기쁨까지 체험할 수 있었다. 그러한 능력은 그의 주기능인 감정이 잘 개발된 덕분이었다.

지난 5년에서 10년 동안 거스리는 다른 사람들에게 완전히 충실하고 자신의 몸을 충분히 느끼는 일의 중요성을 한층 의식하게 되었다. 그는 숲을 걷거나 밖에서 운동이나 요가를 하면서 세 번째 기능인 감각을 의식적으로 단련시킨다. 거스리는 다른 사람들이 매일 가장 충만하고도 진정한 자아를 찾도록 도우면서 자신의 가장 진실한 자아를 개발하는 일처럼 만족스러운 일은 없다고 생각한다.

사례 2 대기업을 그만두고 상담가가 된 뎁

"다시 선택한다 하더라도 같은 길을 걸어갈 거예요."

세상을 구하려던 뎁의 계획은 새 휴대폰을 사러 갔다가 예기치 못한 국

면을 맞았다. 그날 이후로 그가 24년 동안 전화 회사에 다니게 될 줄은 상상도 못 했다.

아동 발달을 전공하고 인간의 성(性)을 부전공한 뎁은 원래 성 치료사(섹스 테라피스트)가 될 계획이었다. "나는 제2의 윌리엄 매스터즈와 버지니아 존슨(인간의 성적 반응에 대해 공동 연구한 부부―옮긴이)이 될 꿈을 꾸고 있었어요." 일자리를 찾던 중 우연히 휴대폰 가게에 들어갔다가 어린이집에서 받는 것보다 거의 두 배나 많은 급여와 함께 등록금도 지원해 주는 일을 발견했다. 뎁은 우선 그 일부터 하고 난 뒤 세상을 구하기로 마음먹었다.

뎁은 AT&T에서 작은 기업에 장거리 서비스를 판매하는 일부터 시작했고, 그 후로 국제적인 기업들에 국제적인 서비스를 판매하는 일을 했다. 뎁은 대인 관계, 판매, 멘토링과 코칭을 좋아했다. "나는 서비스업이 사람들을 돕는 일이라고 생각했어요." 뎁은 승진을 거듭하면서 상당한 권력을 가진 사람들과 일하게 되었고, 이국적인 장소로 출장도 다녔다. "그 사람들처럼 행세하고 다니다 보니 내가 중요한 사람처럼 느껴졌어요. 그들이 내가 제공하는 것들을 받아들이고 나를 존중해 주자, 그런 느낌은 더 강해졌죠."

뎁은 사소한 부분들까지 일일이 신경 쓰는 일 그리고 고객이나 직원들에게 안 좋은 소식을 전달하거나 대비하는 일이 썩 마음에 들지 않았다. 그리고 감정적 유형인 그녀에게 감정을 표현하는 일이 거의 용납되지 않는 근무 환경은 때로 힘겹기도 했다. 뎁은 고객의 요구가 아니라 바로 그런 현실에 실망했다. 중요한 일을 한다는 사실이 즐거우면서도 자신이 즉각 책임져야 하는 위기를 겪는 고객이 있을 때면 유독 스트레스를 받았다. "가족 곁을 떠나서 출장을 갈 때마다 짐 가방만큼이나 무거운 죄책감을 느꼈어요."

뎁은 AT&T에서 24년을 일하다가 병에 걸려 병원 신세를 지게 되었다.

아픈 중에도 일을 해야 한다는 생각을 하다 문득 깨달았다. "늘 나 자신은 팽개친 채 남들만 돌보고 있다는 사실을 깨달았어요." 때마침 일에 기술적인 부분이 추가되어 교육을 더 받아야 하는 상황이 발생했다. 뎁은 그다지 흥미를 느끼지 않는 분야였다. 그래서 일찌감치 퇴직하기로 결심했다. 뎁은 자신이 선택한 분야에서 석사 학위를 받았다. 이후 2년은 공부하면서 그리고 3년은 인턴을 거치면서 보냈다. 그리고 마침내 정식 자격증을 갖추어 '부부와 가족 치료사 겸 직업 상담사' 사무실을 열었다.

또 다른 도전

뎁은 과도기를 겪고 있는 부부들을 상담하며 대부분의 시간을 보내면서도 결코 한쪽으로 치우치지 않는 조언을 해 주었다. "특히 마음에 드는 점은 내가 사업에 대해 잘 알기 때문에 상당수의 남자 고객들이 나에게 자신의 상황을 말할 수 있다는 거예요. 그들이 겪는 실망과 스트레스도 잘 알고, 그들이 쓰는 말투도 알기 때문에 나에게 자신들의 감정을 털어놓아도 괜찮다고 느끼거든요." 뎁은 직업을 바꾸려는 사람들, 대학을 졸업하고 기업이라는 세상에 뛰어들려는 젊은이들 그리고 앞으로 어떤 일이 펼쳐질지 예상하려고 애쓰는 은퇴자들도 돕고 있다.

(대단히 감각적, 사고적인 문화권 속에서 직관적, 감정적인 유형인) 뎁은 휴대폰 회사에서 함께 일했던 동료들과는 상당히 달랐기 때문에 종종 "외톨이"라고 느꼈다. 그녀의 경력은 치료사에게는 정통적이지 않은 과정 같아 보이지만, 그녀는 이렇게 말한다. "다시 할 수 있다 해도 달라지는 건 아무것도 없을 거예요. 회사에서 보냈던 오랜 경험 덕분에 다른 치료사들과 차별화되니까요. 나는 다른 사람들이 갖지 못한 색다르면서도 대단히 유용한 관점을 갖고 있다고 생각해요." 뎁은 자신의 경력이 뻗어가는 방식에 가슴이 두근거린다. "나는 지금 그 어느 때보다 행복해요. 오래 걸리긴 했

지만 마침내 진정한 자아를 찾은 기분이에요."

제2의 직업이 뎁에게 잘 맞는 이유

치료사 중에는 유독 이상주의자가 많은데, 그럴 만한 이유가 있다. 직관과 감정이 결합된 뎁에게는 특별한 지각 능력과 공감 능력이 있다. 뎁은 고객들과 함께 앉아서도 그들이 얼마나 고통스러운지 느낄 뿐만 아니라 어떻게 하면 치료할 수 있는지 그 방법까지 떠오른다. "나는 천성적으로 낙천주의자라서 사람들에게 터널 끝에 빛이 있다고 믿게 할 수 있어요. 그렇게 말해 주면 그들도 기분이 좋아질 테고요." 물론 뎁은 많은 이상주의자들이 공유하는 놀라운 의사소통 능력도 갖고 있다.

뎁이 첫 번째 직업에서 가장 만족스러웠던 부분은 고객들 그리고 동료들과 친밀한 인간관계를 맺을 수 있다는 점으로, 이는 주기능인 감정 덕분에 가능했다. 뎁은 기회가 있을 때마다 유용하고 든든한 사람이 되려고 애썼다. 다행히 ENFJ형(외향적, 직관적, 감정적, 판단적)인 치료사 겸 상담가는 그런 재주를 타고났고, 하루하루 거듭될수록 그 능력은 더욱 커져 간다.

세 번째 기능인 감각과 네 번째 기능인 사고를 개발하면서 뎁은 현실에서 훨씬 실용적인 사람이 되었다. 과거에는 자신을 희생해 가면서까지 남들을 도왔다면 이제는 자신부터 챙길 줄 안다. "제일 먼저 산소마스크를 쓸 수도 있는 사람이 되었어요. 그러고는 심호흡을 하고 이렇게 묻죠. '나는 과연 누구를 위해서 이 일을 하는가, 다른 사람인가 아니면 나 자신인가?' 그리고 그 물음에 대한 대답이 나라는 사실에 기분이 좋아져요."

개념주의자

저널리스트에서 국제 아동복지 변호사가 된 아담

"사람들의 삶에서 우리가 일으킨 변화를 보는 것이 가장 만족스럽습니다."

아담은 대학 신문에 기사를 쓰면서 저널리즘에 대한 열정을 키웠고, 결국 22년 동안 보스턴 글로브에서 일하게 되었다. 아담은 교열 담당자로 시작했지만 재직 중에 외신 편집자, 워싱턴 뉴스 편집자, 외교 통신원, 전국 정책 통신원 그리고 가족과 아동 문제 전문 기자 등 스무 가지의 다양한 일을 했다.

글쓰기 외에 아담이 제일 좋아했던 일은 "역사를 기록하는 것"이었다. 사람들이 이해하는 것들에 분명한 형태를 부여해서 삶에 실질적인 영향을 미치는 정책과 실행 변화를 이끄는 일이 저널리즘의 가장 중요한 사명이라고 생각했다. 아담은 전쟁이라든지 심각한 범죄 관련 재판, 대통령 선거같이 그날 있었던 가장 큰 사건들을 다루는 일에서 흥미와 흥분을 느꼈다. "그런 일들은 사람들의 삶에서 가장 중요하고 치명적인 일들이었어요. 어떤 일들은 역사를 변화시키는 일이었고, 어떤 일들은 소소하면서도 감동적이었죠."

아담은 "편집 회의실에 앉아서 어떤 기사를 써야 할지 그리고 누가 기사를 작성해야 할지를 결정해야 하는 관료적인 면모들과 시시콜콜한 일들"이 제일 내키지 않았다. 그리고 국제 정책과 예산 그리고 다른 상세한 부분들 역시 마찬가지였다.

또 다른 도전

'제2의 직업'이라는 씨앗은 아담이 보스턴 글로브에서 일하며 아들을 입양했을 때 뿌려졌다. 아담은 처음 참석한 모임에서 입양 과정에 흥미를 느꼈다. "제대로 이해하는 사람도 거의 없고 나 역시 잘 알지 못했지만 너무도 많은 사람들에게 영향을 미치는 세상을 보았습니다." 그는 입양에 관한 3부작 기사를 편집자들에게 제안했다. 편집자들은 처음에는 탐탁지 않아 했지만 아담이 고집을 꺾지 않자 결국 시리즈로 기사를 실었을 뿐 아니라 퓰리처상 후보에 올랐다. 아담은 이렇게 설명한다. "저널리스트라면 누구나 책을 쓰고 싶어 하는데 나는 나만의 이야깃거리를 찾아냈던 거죠." 그는 잠시 휴가를 내어 『입양 국가』라는 책을 썼다. 세상을 교화하고 지속적으로 영향을 미치려는 의도에서 쓴 책이었다. 이 책은 사람들의 대화를 변화시켰고, 지금은 새로운 시대의 한 획을 긋는 책으로 평가받는다.

연구의 결과로, 아담은 책을 쓰는 일이 단순한 기자 활동보다 훨씬 대단하다는 사실을 깨달았다. "내 아들뿐만 아니라 다른 사람들의 자식들에 관한 일이었고, 아주 많은 사람들에게 부당한 정책에 관한 일이었습니다." 그는 그 일을 더 개인적으로 만들기 위해 다시 책을 썼고, 그러면서 자신의 새로운 사명을 명확하게 깨달았다. 그렇게 아동복지 변호사라는 제2의 직업이 싹을 틔웠다.

전국적으로 유명한 전문가로 자리 잡은 아담은 상담가로 나설 결심을 했고, 오래지 않아 전국 규모의 비영리 단체이자 그 분야에서 저명한 연구, 정책, 교육 기관의 대표직을 제안받았다.

연구소 대표인 아담이 맡은 주요 업무는 입양과 연관된 모든 이의 삶을 개선시킨다는 연구소의 취지를 실행하는 일이다. 그가 처음 왔을 때만 해도 지부는 재정적으로 어려움을 겪고 있었고, 머잖아 자본금이 바닥날 상황이었다. 아담은 상황을 반전시켜 두 명뿐이던 직원을 아홉 명으로 늘리고 재정적 토대를 다지는 데 기여했다는 사실에 긍지를 느낀다. 아담이 일상적으로 하는 일들은 중요하지만 본질적으로 다른 다양한 임무들이다. 그는 프로그램을 개발하고, 체험담을 제공하고, 간행물을 집필·편집하고, 자금을 모으고, 위원회와 임원진을 관리한다. 그리고 언론을 활용해 전문가들과 소통하고, 그의 사명과 영향을 단체가 더욱 발전시켜 가는 일에도 상당한 시간을 할애한다. 그의 지휘 아래 연구소는 "지식을 개발하고, 통합하고, 보급하는 씽크탱크 운동가 집단이 되어 최고의 실천을 위해 애쓰고 있다."

아담은 "실제 사람들의 삶에서 우리가 일으킨 변화를 보는 일"이 제일 만족스럽다. 그는 연설을 하고 지도하면서 빚어지는 개인적인 상호 작용을 좋아한다. 그리고 "게이와 레즈비언이 가정을 꾸릴 수 있도록" 법을 바꾸는 데 영향을 미칠 때, 어느 단체로부터 그의 실천법을 이용해 다른 사람들을 지도한다는 이야기를 들을 때 힘이 난다. "이런 점들이 내가 정말 옳은 일을 하고 있다고 느끼게 합니다."

제2의 직업이 아담에게 잘 맞는 이유

아담 같은 개념주의자들은 능력에 대한 강렬한 욕구에서 힘을 얻는다. 그리고 자기 자신과 다른 사람들에 대해 기준을 높이 세우기 때문에 자신이 선택한 일이 무엇이든 탁월하게 해낸다. 아담과 기질이 같은 사람들은 대개 평생 배움을 추구하는 사람들로, 아담이 양육 관련 분야에서 국제적인 지도자로서 그러했듯 지속적으로 지식과 경험을 쌓으려고 노력한다. 그리고 개념주의자들은 대개 다른 사람들이 자신들의 사상과 주장을 포용하도록 만드는 데 필요한 확신을 가진 전형적인 몽상가들이다.

주기능이 사고인 대부분의 사람들처럼, 아담은 공정성에 집착하다시피 한다. 그는 사람들이 어떻게 대접받는지 보고 부당함을 느끼면 잘못들을 바로잡으려고 노력해야 한다고 느낀다. 논리적이고 객관적인 아담은 자신의 관점을 널리 알리는 일에 단호하다. 개인적으로 사람들을 돕기보다 대중에게 영향을 미치는 정책을 변화시키는 일에서 더 활력을 느낀다.

아담의 성격 유형과 비슷한 사람들, ENTJ형(외향적, 직관적, 사고적, 판단적)이 대부분의 단체에서 수장의 위치를 차지하고 있다는 점은 그리 놀랍지 않다. 그들은 외향적인 성향 때문에 세계로 뻗어나가고, 분명한 주관을 가지며, 실질적으로 판단력의 영향을 받는다. 하지만 아담은 점점 나이가 들수록 세 번째 기능인 감각을 개발하면서, 실질적인 변화를 초래하는 일에 시간이 얼마나 걸리는지를 두고 더욱 현실적이 되어 간다.

사례2 인사과 경험을 살려 비영리 단체 컨설팅을 시작한 로니

"사람들의 이야기에 귀 기울이고, 그들이 목적을 이룰 수 있게 도와줍니다."

"당신은 인사 담당 업무에 적합합니다." 면접관이 대형 백화점의 일자리를 제안한 후로 로니는 30년 넘게 기업 인사과에서 근무했다. 그리고 제2의 직업으로 강사 겸 상담가, 교사 그리고 지역 자원봉사자로 일했다.

로니는 '인사'라는 용어의 뜻조차 제대로 모르면서 경영 훈련 신참으로 고용되어 백화점 인사과에 배치되었다. "제일 좋았던 점은 나도 경영팀원인 것처럼 대우받았다는 거예요. 인사부는 전략적으로 사업에 통합되었거든요." 4년 만에 로니는 승진해서 다른 백화점 인사과로 자리를 옮겼다. 그리고 4년이 지난 뒤 새로운 도전을 해 볼 준비가 된 로니는 대형 서점의 수석 인사부장으로 채용되었지만, 이번에는 18개월밖에 근무하지 못했다. "말하자면 서로의 눈높이가 맞지 않았어요. 사실 내가 너무 위험을 무릅쓰고 지나친 시도를 했어요. 예를 들어, 월급 지급 시스템을 바꾸려고 노력했는데, 그런 거창한 계획을 진행할 정도로 제대로 월급 지급에 대해 알지 못했어요."

하지만 로니는 금세 난관을 극복하고 월스트리트의 저명한 대형 법률 회사의 인사과장으로 채용되었다. "그곳 사람들은 전 세계에서 제일 똑똑한 사람들이에요. 그리고 저돌적이죠. 누구든 막 몰아붙이거든요." 그녀가 제일 좋아했던 점은 무엇일까? "내가 볼 때 문제다 싶은 건 뭐든 손을 대서 바로잡았어요." 그런데 시간이 지나 두 번째 아이를 임신해 매일 힘든 통근에 지치게 된 로니는 가족과 함께 더 많은 시간을 보내고 싶어졌다. 게다가 회사에서 할 수 있는 건 다 했다는 사실을 깨달았다. 결국 로니는 가족들과 가까운 곳인 노스캐롤라이나에서 일자리를 찾았고, 혁신적이면서 명망 높은 창조적 리더십 센터(CCL)에 채용되었다.

로니는 센터에서 맡은 임무가 마음에 들었다. 하지만 시간이 지나자 자신은 조금 더 사업적이고 조금 덜 과정 중심적인 단체에 적합하다는 사실을 깨닫게 되었다. "앉아 있다가 놀라서 뒤로 물러나는 경우가 얼마나 많았는지 몰라요. 10년 동안 누구 하나 안아 주는 사람 없는 월스트리트에 있다가, CCL에서 처음 참석한 대규모 임원 미팅에서 마무리로 단체 포옹을 했으니 말이에요." 로니는 CCL에서 코치가 되기 위한 훈련을 거쳤고, 3년 후에는 소매업으로 되돌아갔다.

그녀의 다음 직무는 칼라일 앤 컴퍼니 보석 회사의 인사과 부사장이었다. 그녀는 사업 전략을 다루는 경영팀의 일원이라는 점이 마음에 들었다. 칼라일에서 로니는 "정답을 찾아서 실행하고 유지하는 길만이 성공 전략이 아니라 대인관계도 맺어야 한다."는 점을 터득하게 되었다. 그리고 일주일에 4일 근무하기로 협상했기 때문에 CCL에서도 코치로 계속 근무할 수 있었다. "이 모든 경험을 통해 이룰 수 있는 목적을 설정하기 위해 꿈을 활용해야 한다는 것을 배웠어요." 회사가 파산하자 로니는 정리와 파산 과정을 주의 깊게 지켜보면서 집에 사무실을 만들어 네트워크를 구축하고 상담 업무를 시작했다.

또 다른 도전

그때부터 로니는 임원진 코치와 인사 담당 상담사를 겸해 왔다. 노스캐

롤라이나 대학의 MBA 프로그램에서 리더십과 경력 과정을 가르치기도 했다. 게다가 가족들과 아이들을 후원하는 단체에서 활발하게 자원봉사자로 활동하기도 했다. "사람들은 내가 네트워크의 달인쯤 되는 줄 알아요. 마을 사람들을 모두 알거든요." 로니는 그 정도로는 성에 안 찬다는 듯 예술가 단체의 회장직도 맡고 있다.

로니는 비영리 단체 컨설팅이 자신에게 안성맞춤이라고 생각한다. "사업 전략과 재무처럼 골치 아픈 일들을 데려다가 조금 더 부드러운 분야인 조직 개발과 결합시키죠." 동시에 여러 개의 공으로 저글링 하는 일은 활기를 북돋우고, 각각의 활동은 서로 다른 욕구를 충족시킨다. "코칭을 하면서 사람들의 이야기에 귀를 기울이고, 과거에 일어난 일을 연결하고, 모든 요소들을 들여다보고 그들이 목적을 이룰 수 있도록 도와줘요." 그리고 로니는 자신이 가진 사업과 전략 기술을 적용해서 단체들이 보다 효율적으로 운영되도록 자원봉사를 한다.

제2의 직업이 로니에게 잘 맞는 이유

로니 같은 개념주의자들은 지속적으로 배우고 성장할 필요를 느낀다. 결코 과거에 이룬 업적에 만족하는 법이 없는 이들은 꾸준히 새로운 도전을 찾는다. 로니에게는 새로운 도전이 바로 커리어였다. 개념주의자들은 문제를 해결하고 전략을 세우는 데 탁월한 재능을 갖고 있다. 로니는 이런 힘들을 활용해 개인과 그들의 목적에 부합하는 단체들을 돕곤 한다.

로니는 ENTP형(외향적, 직관적, 사고적, 인식적)이자 주기능이 직관이며, 어디에서든 가능성을 발견하고 쉽게 연결점을 찾고 문제를 해결하는 일을 낙으로 삼는다. 로니는 평생 시간을 선택하고 동시에 다양한 노력을 기울였다. 이 점은 많은 개념주의자들에게서 일관적으로 찾을 수 있으며, 특히 ENTP형은 더욱 그러하다.

로니와 같은 유형의 사람들은 중년에 접어들면서 그동안 충분히 개발되지 않은 감정 영역에 접근한다. 로니는 막내 아이를 대학에 보낼 준비를 하면서 자신이 얼마나 크게 영향받고 있는지 깨닫고 놀랐다. 최근 들어서 지역 공동체와 뭔가를 하고 싶은 충동이 드는 점 역시 감정 영역이 솟는다는 뚜렷한 증거다.

DO WHAT YOU ARE

직업 전문가를 위하여

직업 전문가라면 의심의 여지없이 성격 유형이 고객들이 직업을 개발하는 데 매우 도움이 되는 강력한 도구라는 것을 깨달았을 것이다. 이 책을 읽는 것은 좋은 출발이긴 하지만 그것은 단지 시작일 뿐이다. 이미 직업 컨설턴트로서 성격 유형을 활용해 왔다면 이 책을 통해서 성격 유형에 관해 알고 있는 지식의 상당 부분을 재확인 할 수 있을 것이다. 그러나 배워야 할 부분은 아직 많이 남아 있다.

성격 유형은 인간을 이해하고 그들의 직업에 관련된 욕구를 인식하는 데 매우 다채로운 모델을 제공하기는 하지만, 독서를 통해 쌓은 지식만으로는 성격 유형 전문가가 될 수 없다. 성격 유형을 효과적이고 윤리적으로 활용하기 위해서는 매우 다양한 고객들과의 집중적인 작업과 깊이 있는 직업 훈련이 필요하다.

여러분에게 직업 전문가들을 대상으로 한 특별 훈련 프로그램에 참석해서 성격 유형의 활용에 관한 이해와 역량을 꾸준히 계발하기를 강력하게 권한다. 1982년 이후로 우리는 수천 명의 직업 상담가들과 인력 개발 전문가들을 훈련시켜 왔다. 그 과정에서 초급, 중급, 고급 수준의 워크숍을 수행해 나가면서 성격 유형을 이해하는 일이 상담가들의 고객에게 도움을 줄 뿐만이 아니라 상담가들 자신이 다양한 고객들과 더욱 효과적으로 작업할 수 있도록 도움을 줬다는 것도 알게 되었다.

성격 유형의 윤리적인 사용

우리는 종종 워크숍에서 참석자들에게 성격 유형은 망치와 같은 도구라고 말하곤 한다. 즉 위대한 미켈란젤로의 손에서 망치는 「피에타」 같은 걸작을 창조하는 데 쓰일 것이고 미치광이의 손에서 망치는 누군가의 머리를 후려치는 데 쓰일 수 있다.

도구를 사용하는 사람의 기술과 의도의 차이가 이러한 결과를 만들어 낸다. 상담가들이 생각하는 것 이상으로 사람들은 성격 유형의 결과를 매우 진지하게 받아들인다. 따라서 전문가들은 강한 책임감을 가지고 숙련된 기술과 진지한 의도로 성격 유형이라는 도구를 사용해야 한다. 성격 유형의 사용에 관한 윤리 문제는 논쟁을 가져오기도 한다. 성격 유형을 사용하는 사람들은 매우 다양한 배경과 이력을 가지고 있으며 성격 유형의 응용 분야도 매우 넓기 때문이다.

성격 유형 협회APT, the Association for Psychological Type에서는 성격 유형의 윤리적 사용을 촉진하기 위해 윤리 원칙을 정해 놓았다. APT의 허가를 받아서 우리는 이 윤리 원칙들을 아래에 풀어서 설명해 놓았다. 모든 직업 전문가들이 이 원칙을 잘 이해하고 고객들과 작업할 때 적용하길 권한다.

성격 유형 협회의 윤리 원칙 강령

1. MBTI 검사를 받는 사람들은 검사를 받기 전에 검사의 목적과 검사 결과의 사용에 대한 정보를 제공받아야 한다. 다른 심리학적인 도구와 마찬가지로 MBTI 검사를

받는 것은 자발적이어야 한다.

2. 개인의 성격 유형에 대한 결과를 당사자의 동의 없이 타인과 공유해서는 안 된다. 다시 말해서, 어떤 사람의 성격 유형은 보호받아야 하는 비밀 정보다. 하지만 특정 인을 구별할 수 없는 집단 데이터는 공유될 수도 있다. 예컨대 당신이 신입생들을 대상으로 MBTI 검사를 실시한다면, 개별 학생 이름이 공개되지 않는 한 성격 유형 의 분포도를 발표하는 것은 허용될 수 있다.

3. 성격형에 관한 정보는 개인이나 집단의 만족도를 향상시킬 목적으로 사용되어야 지, 개인이나 집단을 통제하려는 목적으로 쓰여서는 안 된다.

   MBTI를 직원 선발 과정에서 사람을 직원을 뽑는 과정에서 사람을 걸러 내는 목적으로 MBTI를 사용하는 것은 비윤리적인 일이다. 또한 단지 성격형만을 근거로 한 직원의 담당 업무를 제한하는 것도 비윤리적이다. 성격 유형은 팀 구축이나 근로자 행위의 선호도를 이해하는데 도움을 준다.

4. 성격 유형 이론에 관한 적절한 정보나 개인의 검사 결과는 직접적인 만남을 통해서 제공되어야 한다.

   MBTI 검사를 받고 결과를 우편이나 이메일로 통보받기를 원하는 고객이 있 을 수도 있다. 직접 만남을 통해서 피드백이 제공되어야 하는 주된 이유는 고객에게 자신의 성격 유형을 검증할 수 있는 기회를 제공하고, 그 고객이 MBTI 검사 결과를 정확히 이해를 할 수 있도록 충분한 시간을 제공하기 위 함이다. 전문가와 고객이 직접 만나서 피드백을 주고받는 것이 이상적이지 만, 이메일을 통해서 고객이 어떤 의문 사항에 대해서 질문을 하고 전문가와 토의를 할 수 있는 기회를 가질 수 있다면 이메일도 역시 효과적으로 사용될 수 있다.

5. 고객들에게는 항상 자신의 성격형을 정확하게 검증할 수 있는 기회가 주어져야 한다.

   우리는 이것이 가장 중요한 지침이라고 생각한다. 하지만 불행히도 이러한 지침은 항상 지켜지지 않는다. 우리는 MBTI나 성격 유형을 사용하는 어떤 전문가든지 충분한 기술과 시간을 확보하여 모든 고객들이 자신의 성격형을 검증할 수 있도록 완전한 안내 문서를 제공할 수 있어야 한다.

6. 성격 유형의 특성들은 선호도나 추세, 경향과 같은 긍정적이고 비판단적인 용어를 사용하여 설명되어야 한다.

7. 고객들에게 성격 유형은 한 개인의 능력이나 지능 또는 성공 가능성을 반영하는 것이 아니라 개인의 선호도를 반영하는 것이라고 설명해 주어야 한다. 사람들은 오로지 자신의 성격 유형만을 근거로 특정 직업을 선택해야 할지 말아야 할지에 대한 상담을 요청해서는 안 된다.

실제로 성격 유형의 선호도들은 특정 능력과 관련이 있다. 예컨대, ESFJ형과 ENFJ형과 같은 감정을 외향화하는 유형의 사람들은 사교성이 매우 뛰어난 경우가 많다. 하지만 이것은 절대적인 현실이라기보다는 그런 경향이 있다는 것이기 때문에, 특정 성격형과 특정한 재주를 연결시키는 일은 위험하다. 어떤 성격형의 사람들은 자기 자신이 그런 사교성이 없다고 생각하면 기분이 나쁠 수도 있으며, 또 다른 성격형의 사람은 그런 사교술을 갖지 못할 것이라고 단정하는 위험에 빠질 수 있다.

성격형은 직업 만족을 예측할 때 고려해야 하는 중요한 요소이기는 하지만 그것이 고려해야 하는 유일한 요소는 분명 아니다.

8. 성격 유형의 묘사가 맞는지 그렇지 않은지를 판단하는 최고의 결정권자는 고객이어야 한다.

이것은 자주 성격 유형을 경험해 본 사람들 사이에서 갈등 요인이 된다. 성격형을 판단할 때 고객과 상담자의 의견이 일치하지 않는 경우가 흔하기 때문이다.

제안하고 싶은 것은 당신은 고객의 성격형에 대한 임시의 가설을 탐구하되, 결국 어떤 성격형이 자신에게 딱 맞는지 판단해야만 하는 사람은 고객 자신이며, 당신은 고객의 판단을 존중해야만 한다는 것이다.

9. 상담가는 성격 유형이 모든 것을 설명한다는 진술을 하거나 암시를 주지 말아야 한

다. 그러나 성격 유형은 우리 인간이 갖는 매우 복잡한 성격의 중요한 요소이기는 하다.

"성격 유형이 모든 것을 설명해 준다."는 믿음에 가까운 신드롬은 성격 유형에 흠뻑 빠졌던 많은 사람들이 경험해 왔다. 이러한 성격 유형에 관한 매우 많은 응용 모델이 있었는데 많은 모델들은 아주 쉽게 사라졌다. 따라서 상담가들은 그런 덫에 걸리지 않도록 주의해야 한다.

10. 해석자들은 자기 자신의 성격 유형에 관한 편견에 민감해야 하고 그런 편견을 고객들에게 주입하지 말아야 한다.

이것은 말로는 쉽지만 행하기는 어렵다. 왜냐하면 모든 사람들은 자신의 성격 유형에 대한 편견을 가지고 있기 때문이다. 성격 유형의 개념을 발표하거나 선호도에 대해 설명할 때 가능하면 긍정적이고, 적어도 중립적으로 설명하는지 각별히 주의를 기울이는 것은 성격 유형의 초심자들에게 특히 중요하다.

이러한 기술을 연마하는 방법 한 가지는 자신과 다른 선호도를 갖는 사람들 앞에서 성격형을 설명하는 연습을 하고 그들에게 자신의 발표 내용의 객관성을 평가해 달라고 요청하는 것이다.

11. 상담가들은 신뢰도와 타당성이 검증되지 않은 성격 유형 검사를 사용하지 말아야 한다.

MBTI 검사는 성격 유형을 평가하는 도구로 가장 널리 사용되고 있는데 최근에는 새로운 검사도 많이 개발되었다. 상담가들은 검사 도구의 신뢰도와 타당성을 확인해야 한다.

12. 상담자들은 자신의 숙련도와 경험을 성격형에 관한 정보를 구하려는 고객들에게 정확히 알려야 한다.

위 사항은 성격 유형을 활용하는 상담자들뿐 아니라 모든 상담자들이 준수해야만 한다.

마지막으로 APT에서 강조하는 사항이 있다. 그것은 성격 유형의 사용자들은 성격 유형에 대한 자료 조사에 익숙해져야 한다는 것이다. 성격 유형에 대한 추론은 객관적인 자료에 바탕을 두어야 한다.《성격 유형 저널 The Journal of Psychological Type》과 심리학을 위한 성격 유형 라이브러리The Type Resources Library at the Center for Applications of Psychological는 성격 유형의 자료 조사를 위한 탁월한 정보처이다.

어떤 사람들이 성격 유형을 활용하면 좋을까

성격 유형은 어떤 사람에게든 유용하고 강력한 도구가 될 수 있다. 명백히 사람은 나이를 먹을수록 자기 이해의 수준이 높아진다. 비판단적이고 정확한 설명을 제시한다면 대부분의 사람들은 성격 유형이라는 새로운 도구를 이용하여 자신의 직업 결정에 관한 훌륭한 결정을 내릴 수 있다. 직업 상담을 하면서 우리는 특히 아래와 같은 집단의 사람들에게 성격 유형이 유용하다는 것을 알게 되었다.

1. 고등학교 2~3학년 학생
2. 대학생
3. 대학원생
4. 전직을 원하는 사람들
5. 직업을 바꾸려는 중년들
6. 은퇴자 또는 제2의 직업을 찾는 사람들

성격 유형을 사용하기 위한 일반적 지침들

1. 성격 유형을 배우려는 목적에 대해 토론해 보고 그 과정에서 그들의 반응을 이끌어 내라.

   고객들에게 결과를 제시할 때 더 좋거나 나쁘거나, 더 건강하거나 허약하거나, 더 똑똑하거나 열등한 성격 유형은 없다는 것을 확신시켜라. 그러한 정보는 직업 개발 과정에서 고객들을 도울 때 매우 유용하다. 고객들이 결과를 비공개적으로 받을 것임을 알려주라.

2. 성격 유형의 모델에는 네 가지의 영역이 있다는 것을 설명하고 여덟 가지 선호도들의 가장 중요한 특징을 설명해 주어라.

   이 책의 2장을 포함해서 선호도들의 차이를 설명하는 이용 가능한 자료들이 많이 있다.

3. 성격 유형의 네 가지 영역에 대해 설명해준 뒤, 고객들에게 각 영역에서 그들의 선호를 추정할 수 있는 기회를 제공하라. 고객이 추정한 것을 기록하라.

4. 다음은 고객들이 이 책의 3장에서 자신의 성격형의 적절한 사례들을 읽도록 하거나 또 다른 검증된 사례들을 읽게 한다. 어떤 고객들에게는 자신의 성격형을 찾을 때까지 여러 사례들을 읽어 보는 것이 필요하다.

5. 당신의 고객이 자신의 실제 성격 유형을 찾았다면 당신은 고객에게 직업 선택이나 구직 활동과 관련된 정보를 제공한다.

MBTI를 사용하기

MBTI 관련 자료의 구입이나 검사 실시에 관한 정보를 얻거나 MBTI를 해석하고 사용하는데 필요한 자료에 대한 정보를 얻기 위해서는 컨설팅 사이콜로지스트 프레스*Consulting Psychologists Press* 출판사에 연락해보기를 권한다.

고객들에게 성격 유형에 대한 피드백 제공

고객들에게 피드백을 제공하는 것은 중요하다. 따라서 우리는 허락을 받아서, 『사람의 유형*People Types*』과 『호랑이의 줄무늬*Tiger Stripes*』의 저자이자 존경받는 교육자인 고든 로렌스 선생이 저술한 『MBTI를 설명하기 위한 지침들*Guidelines for Explaining the MBTI*』에서 몇 가지 필수적인 충고들을 풀어서 설명해놓았다. 그리고 우리의 업무 경험을 바탕으로 몇 가지 제안을 추가했다.

1. MBTI는 시험이 아니라 기준이 되는 표지라는 사실을 설명하라. 따라서 그것은 옳고 그른 답이 없고, 좋고 나쁜 거나 건강하거나 아픈 성격 유형은 없다. 모든 성격 유형은 서로 다른 장점과 약점이 있는 동등한 가치를 지니고 있다.
2. 점수는 어떤 특정한 선호도의 수준을 나타내는 것이 아니라 단지 하나의 요소가 다른 요소보다 상대적으로 강하다는 것을 의미하는 것이다.
3. 성격 유형의 개념들을 간단하고 분명하게 설명하도록 노력하라. 사고와 감정과 같은 성격 유형과 관련된 단어들은 자주 우리가 일상생활에서 쓰는 의미와는 달리 쓰인다는 점을 알리라.
4. 자기 자신의 성격 유형에 대한 편견을 인식하라. 그러한 정보를 가능한 중립적이고 긍정적으로 발표하라.
5. 성격 유형의 선호도에 대해 설명할 때 경향이나 패턴 같은 말을 사용하라. 결

과를 설명할 때는 "이것이 당신의 성격형입니다."라고 단정적으로 전달하지 말고 "이 결과가 당신에게 진실하게 들리나요?"라고 물어라.

6. 고객이 혼란을 느낀다면 이것은 평범한 반응이라고 고객들을 안심시키라. 성격 유형의 개념을 설명하기 위해서는 기술과 인내심이 필요하다.

더욱 유능한 상담자가 되기 위한 성격 유형 사용법

성격 유형을 이해하게 되면 당신의 고객을 도울 수 있을 뿐만 아니라 상담가인 당신에게도 커다란 도움이 될 수 있다. 기본적으로 우리는 타인을 이해하고 그들에게 도움을 줄 수 있는 아이디어를 제공하는 등 타인과 소통을 하는 분야에 종사하고 있다.

이것은 의사소통을 증진시키기 위한 워크숍은 아니지만 성격 유형과 의사소통 법을 배우는 것은 분명 도움이 된다.

1. 같거나 비슷한 성격유형의 사람들은 대개 서로를 공정하고 쉽게 이해할 수 있다(이것은 항상 그들의 의견이 일치를 한다는 뜻은 아니다).

2. 위의 반대도 또한 진실이다. 즉 일반적으로 당신의 성격형이 고객의 성격형과 많이 차이가 날수록 서로 소통이 안 될 가능성이 더욱 커진다. 그 결과로 서로 좌절감에 빠질 수 있다.

3. 우리는 의사소통을 할 때 황금률을 따르는 경향이 있다. 즉 우리는 자신이 대접받고 싶은 만큼 다른 사람들을 대접한다. 하지만 이보다 백금률이 더 낫다. 효과적인 소통을 위해서는 타인에게 그들이 대접받고 싶은 만큼의 대우해 주어라. 말하자면 우리는 상대방의 언어로 말하는 것이 필요하다.

4. 성격 유형은 다양한 성격형의 고객들과 매우 효과적으로 소통하는 것을 도와주는 강력한 도구를 제공한다.

직업 상담가로서 당신은 종종 자신의 성격형과 매우 다른 성격형의 고객들을 상대하기도 한다. 이런 상황에 직면하는 당신을 돕기 위해서 우리는 다른 선호도를 가진 사람들로부터 기대할 수 있는 것과 이들과 가장 효과적으로 소통하기 위한 구체적인 제안을 제공한다.

여덟 가지 선호 경향

지금까지 당신은 자신의 성격 유형을 통해 당신에게 맞는 직업과 구직 방법 등에 대하여 알아보았다. 그렇다면 당신이 판단한 당신의 성격 유형이 맞는지 다음의 선호 경향을 읽어 보면서 최종적으로 확인하길 바란다. 만약 조금이라도 의심되는 부분이 있다면 처음으로 돌아가 당신의 성격 유형을 다시 정한 뒤 그에 맞는 취업 계획을 세우길 바란다.

외향형

— 많은 정보를 쏟아 내고 빠르게 행동하는 경향이 있다. 때로는 사전에 충분히 생각하지 않고 말하거나 행동한다.
— 관심의 폭은 넓지만 문제를 깊이 있게 탐구하려면 노력이 필요하다.
— 시간이 많이 걸리거나 속도가 느린 일을 하려면 노력이 필요하다. 기억해 두고 싶은 것을 글로 적으려면 의식적인 노력이 필요하다.
— 행동을 취하기 전에 먼저 생각을 하도록 행동의 속도를 늦추는 연습이 필요하다.

이때 상담가의 과제는 외향형의 사람들이 행동으로 나아가기 전에 충분히 생각을 하도록 진정시키는 것이다.

— 말하게 하라.

— 다양한 주제를 활용하라.

— 말로 대화하라.

— 높은 에너지 수준을 기대하라.

— 듣기를 요구하라.

내향형

— 자신의 생각과 감정을 잘 드러내지 않는 경향이 있다.

— 생각을 행동으로 나타내는 데 시간이 걸릴 수도 있다.

— 내향형, 특히 내향화된 감각형은 창조적 두뇌 활동이나 장래의 가능성을 상상하는 일보다는 구체적인 활동에 더 뛰어난 경우가 많다.

상담가의 과제는 내향형의 사람들이 생각하는 무대에서 행동하는 무대로 움직이도록 돕는 것이다.

— 먼저 질문하고 그다음 들어라.

— 한번에 한 가지 주제에 대해 이야기하라.

— 생각하고 준비할 충분한 시간을 제공하라.

— 읽을거리를 제공하라.

— 일의 진행 속도를 조절하도록 하라.

감각형

— 창조적 두뇌 활동을 통해 가능성을 보려는 의지와 능력이 모자랄 수 있다.

— 과거의 경험과 관습적인 방식에 더욱 크게 영향받을 가능성이 높다.

— 상상력이 필요한 일보다는 구체적 업무에 능력을 발휘한다.

상담가의 과제는 감각형의 사람들이 바로 지금 존재하지 않는 가능성을 찾고 큰 그림을 보고 장기적인 시야를 갖도록 도움을 주는 것이다.

— 사실들을 정확히 제공하라.

— 현실적이고 구체적인 예를 들어라. 명확하게 표현하라.

— 단계별로 차근차근 정보를 제공하라.

— 현실적인 응용을 강조하라.

— 분명한 충고와 제안을 하라.

직관형

— 세부적인 사실보다 큰 그림에 집중하는 능력이 뛰어나다.

— 포괄적으로 사고한다. 사실을 주의 깊게 관찰하는 노력이 필요하다.

— 임무를 완수하거나 지시에 따르는 일을 어렵게 느낄 수도 있다.

상담가의 과제는 직관형들이 직업 선택과 계획에 대해서 현실적인 판단을 내리도록 도와주는 것이다.

— 큰 그림과 숨겨진 의미에 대해서 대화하라.

— 가능성에 대해 얘기를 나눠라.

— 유추와 은유를 사용하라.

— 상상력을 발휘하게 하라.

— 세부 사항에 휩쓸리지 않게 하라.

사고형

— 논리적이고 객관적으로 생각하고 판단한다.

— 어떤 활동이 논리적으로 '납득이 될 때' 그 일에 에너지를 투입한다.

— 능력과 결과에 대해 강한 인상을 받는다.

상담가의 과제는 사고형의 사람들에게 그들의 결정이 다른 사람들에게 미치는 영향을 상기시키는 것이다.

— 조직적이고 논리적이 되라.
— 결과에 초점을 맞추라.
— 결과와 산출물을 강조하라.
— 사고형의 고객들에게 어떻게 느끼는지보다 무엇을 생각하는지 질문하라.
— 반복하지 말라.

감정형

— 자신의 가치관에 근거해서 판단하고 보다 인간 중심적이며 타인의 감정에 예민하다.
— 타인을 즐겁게 해 주려고 애쓴다. 자신의 요구를 충족시키기 위해 자기주장을 하려면 노력이 필요하다.
— 친근하고, 따뜻하고, 협조적인 환경에서 가장 큰 기쁨을 느낀다. 어떤 직장에 대해 생각할 때 이러한 기준을 충족시켜 줄 수 있는지 고려해야 한다.
— 직업에 대해 객관적으로 평가하고 거절이나 실패를 지나치게 개인적으로 받아들이지 않도록 노력한다.

상담가의 과제는 감정형의 사람들이 좀 더 객관적으로 선택 사항을 판단하고 주관적인 판단으로 거부를 하거나 좌절에 빠지지 않도록 돕는 것이다.

— 어떤 비평을 하기 전에 동의하는 부분을 언급하라.
— 그들의 노력과 기여를 높이 평가하라.

— 감정형이 가진 감정의 정당성을 인식하라.

— 사람들의 걱정거리에 대해 대화하라.

— 그들의 가치관을 존중하라.

판단형

— 판단을 내리기 전에 충분한 정보를 받아들이고 싶어 한다. 계획을 세우고 이에 따르는 것을 좋아한다.

— 대개 조직적으로 행동하는 경향이 있기 때문에 체계적인 활동에 이끌린다. 이들은 목표를 향해 매진하지만 지나치게 오랜 시간이 걸릴 때 좌절을 느낄 수 있다.

— 계획을 구체적인 실행 단계로 전개시킬 때 도움이 필요할 수 있다.

상담가의 과제는 판단형의 사람들이 급히 서두르지 않고 결정을 내리도록 돕고 새로운 정보에 열린 태도를 갖도록 격려하는 것이다.

— 정시에 조직하고 준비하라.

— 결론에 이르고 문제를 해결하도록 노력하라.

— 단호하고 결단력 있게 행동하라.

— 시간을 낭비하지 않고 효율적으로 행동하라.

— 융통성 있는 태도의 이로움을 설명하라.

인식형

— 결론을 내리지 않고 여러 가지 가능성을 열어 둔 채 계속 정보를 수집하는 것을 좋아한다.

— 뭔가 새롭고 재미난 일을 배울 수 있는 활동을 즐긴다.

— 유연하고 적응력이 높다. 다양한 방법과 기술을 받아들이기 위해 재빨리 자신을 변화시킨다. 타고난 호기심으로 여러 가지 가능성을 탐색한다.

상담가의 과제는 인식형의 사람들이 계속 일을 하도록 돕고 적당한 시기에 결정을 내리도록 권하는 것이다.

— 질문을 많이 하도록 유도하라.

— 결정을 밀어붙이지 말라.

— 선택지에 대해 의견을 나눌 기회를 주어라.

— 결정을 내리기 전까지 충분한 시간을 제공하라.

— 한번 내린 결정은 번복할 수 있다는 점을 알려라.

마치며

    우리가 보고 듣고 있는 모든 것들은 사회 구성원들이 자신의 직업을 스스로 개척하고 경영해 나가는 쪽으로 움직이고 있다는 믿음을 확인시켜 주고 있다. 자신에 대해서 더욱 많이 알면 알수록, 앞으로 다가올 다양한 변화들에 더 잘 대응하고 더욱 현명한 결정을 내릴 수 있을 것이다. 그런 점에서 성격 유형 검사인 MBTI는 강력한 도구다.

    우리는 여러분이 계속해서 배움의 과정으로 나아가는 것을 지지한다. 앞으로 이 책의 개정판에 관한 아이디어, 제안 사항이 있다거나 고객들에게 성격 유형을 적용하면서 공유하고 싶은 정보가 있다면, 연락을 주길 바란다. 진정한 직업 만족을 얻을 길에 커다란 행운과 성공이 함께하기를 기원한다.

폴 D. 티거와 바버라 배런 그리고 켈리 티거

옮긴이

이민철

중앙대학교 경제학과를 졸업하고 기업체에서 다양한 일을 두루 경험해 보았다. 현재는 번역과 글쓰기 작업을 위해 다방면으로 연구 중이다. 심리학, 음악, 미술, 영화, 문학 등 다양한 분야에 꾸준히 관심을 기울이고 있다.

백영미

서울대학교 간호학과를 졸업했으며, 현재 전문 번역가로 활동하고 있다. 『셜록 홈즈』 시리즈를 비롯해 『의식 혁명』, 『진실 대 거짓』 등 데이비드 호킨스 박사의 저서를 다수 번역하였다.

나에게 꼭 맞는 직업을 찾는 책

4판 1쇄 펴냄   2021년 9월 30일
4판 2쇄 펴냄   2023년 3월 9일
3판 1쇄 펴냄   2016년 6월 28일
3판 5쇄 펴냄   2020년 11월 27일
2판 1쇄 펴냄   2012년 6월 11일
2판 5쇄 펴냄   2015년 2월 17일
1판 1쇄 펴냄   2002년 2월 8일
1판 10쇄 펴냄 2009년 2월 18일

지은이 | 폴 D. 티거 · 바버라 배런 · 켈리 티거
옮긴이 | 이민철 · 백영미
발행인 | 박근섭
책임 편집 | 정지영
펴낸곳 | ㈜민음인

출판등록 | 2009. 10. 8 (제2009-000273호)
주소 | 06027 서울 강남구 도산대로 1길 62 강남출판문화센터 5층
전화 | 영업부 515-2000 **편집부** 3446-8774 **팩시밀리** 515-2007
홈페이지 | minumin.minumsa.com

도서 파본 등의 이유로 반송이 필요할 경우에는 구매처에서 교환하시고
출판사 교환이 필요할 경우에는 아래 주소로 반송 사유를 적어 도서와 함께 보내주세요.
06027 서울 강남구 도산대로 1길 62 강남출판문화센터 6층 민음인 마케팅부

한국어판 © ㈜민음인, 2021. Printed in Seoul, Korea
ISBN 979-11-7052-010-8   03320

㈜민음인은 민음사 출판 그룹의 자회사입니다.